# 权威·前沿·原创

皮书系列为
"十二五""十三五""十四五"时期国家重点出版物出版专项规划项目

# B

## BLUE BOOK

智库成果出版与传播平台

应急管理人才蓝皮书

**BLUE BOOK** OF EMERGENCY
MANAGEMENT TALENTS

# 中国安全应急管理人才
# 发展报告
## （2024）

REPORT ON THE DEVELOPMENT OF
SAFETY AND EMERGENCY MANAGEMENT TALENTS IN CHINA
(2024)

主　　编／黄盛初
组织编写／中关村安全管理技术人才发展促进会

社会科学文献出版社
SOCIAL SCIENCES ACADEMIC PRESS（CHINA）

**图书在版编目（CIP）数据**

中国安全应急管理人才发展报告.2024／黄盛初主
编；中关村安全管理技术人才发展促进会组织编写.
北京：社会科学文献出版社，2024.11.--（应急管理人
才蓝皮书）.--ISBN 978-7-5228-4120-5

Ⅰ.D630.8

中国国家版本馆 CIP 数据核字第 2024M3B944 号

应急管理人才蓝皮书
中国安全应急管理人才发展报告（2024）

主　　编／黄盛初
组织编写／中关村安全管理技术人才发展促进会

出 版 人／冀祥德
责任编辑／陈　颖　常春苗
责任印制／王京美

出　　版／社会科学文献出版社·皮书分社 （010）59367127
　　　　　地址：北京市北三环中路甲 29 号院华龙大厦　邮编：100029
　　　　　网址：www.ssap.com.cn
发　　行／社会科学文献出版社 （010）59367028
印　　装／三河市东方印刷有限公司

规　　格／开　本：787mm×1092mm　1/16
　　　　　印　张：24.25　字　数：363 千字
版　　次／2024 年 11 月第 1 版　2024 年 11 月第 1 次印刷
书　　号／ISBN 978-7-5228-4120-5
定　　价／168.00 元

读者服务电话：4008918866

# 《中国安全应急管理人才发展报告》
## 编 委 会

**主 任：**

黄玉治　第十四届全国政协农业和农村委员会副主任　应急管理部原党委委员、副部长　国家矿山安全监察局原党组书记、局长

**副主任：**

马宝成　第十四届全国政协委员　中央党校（国家行政学院）应急管理培训中心（中欧应急管理学院）主任（院长）

洪　都　中国机构编制管理研究会常务副会长兼秘书长　中央机构编制委员会办公室一司原司长

杨玉洲　应急管理部人事司原司长

**委 员：**

黄盛初　应急管理部研究中心原主任　中关村安全管理技术人才发展促进会专家委员会常务副主任

洪福忠　国家海洋局人事司原常务副司长　北海局局长　中关村安全管理技术人才发展促进会名誉会长

邬燕云　应急管理部政策法规司原副司长　一级巡视员

胡予红　应急管理部国际合作交流中心副主任

张　麟　应急管理部原培训中心主任

王海军　应急管理部原应急指挥专员　安全生产应急救援中心原副主任

弯效杰　国家矿山安全监察局煤矿安全监察司原副司长（部委副司局长级）　一级巡视员

曲国胜　应急管理部地震救援专家组组长　中关村安全管理技术人才发展促进会专家委员

全　勇　国防大学研究生院原副院长　中关村安全管理技术人才发展促进会专家委员会副主任

孙建超　中关村安全管理技术人才发展促进会副会长兼秘书长　中国太平洋学会安全应急产业研究分会副会长兼秘书长

# 《中国安全应急管理人才发展报告（2024）》
# 编　委　会

**主　编**　黄盛初

**副主编**　邬燕云　　胡予红　　胡象明　　孙建超　　苏国锋
　　　　　　曲国胜　　傅　贵　　安泽志　　范宗海　　付其锐
　　　　　　张立新　　董域埔　　鹿卷涛　　董全令　　奚新新
　　　　　　姜永利　　黄元立　　郭志勇　　朱会军　　何　毅
　　　　　　刘运华

**委　员**　布继雄　　蔡建军　　陈　涛　　陈嘉贤　　陈帅豪
　　　　　　崔焕章　　崔岩峰　　代　龙　　翟振岗　　吴宏林
　　　　　　叶　松　　范雪峰　　高　炬　　高耀光　　韩建广
　　　　　　刘宏华　　贾海清　　冷寒松　　李　强　　李加萍
　　　　　　李金梅　　李希腾　　连会青　　梁艳举　　刘　健
　　　　　　刘宏波　　安红昌　　韩菁雯　　刘景凯　　刘双庆
　　　　　　栾国华　　戚治华　　祁　超　　窦园园　　荣佑彬
　　　　　　石亚楠　　宋　浩　　孙勇帅　　唐彦东　　王　猛
　　　　　　王　溶　　王　伟　　王洪良　　王慧飞　　王明晓
　　　　　　王永豪　　尉洪山　　魏　娜　　闫亭豫　　杨怀宁
　　　　　　杨万科　　毕　慧　　董炳艳　　依马木麦麦提·巴拉提

尤秋菊　于　理　张　玉　张　锎　张　煜
张书坤　张文学　张小兵　赵　柱　赵海军
郑存玺　郑建春　仲米东　朱　锴

**统　稿**　翟振岗

**审　稿**　胡象明

# 主编简介

**黄盛初** 博士，研究员，联邦德国留学回国人员，国家安全生产专家组成员，科技部国家科技奖励评审专家，中国职业安全与健康协会城市安全专家组组长。历任国家安监总局信息研究院院长、应急管理部研究中心主任。从事安全生产和应急管理、能源和气候变化领域研究工作40余年，科研成果获得部级科技进步奖20余项，主持编写出版《煤矿总工程师手册》《美国煤矿安全监察体系》《安全生产与经济社会发展报告》《企业应急管理基础》《企业应急管理能力》等多部著作，在《煤炭学报》、*Natural Resources Forum*（联合国期刊《自然资源论坛》）等期刊上发表论文60余篇。1996年被人事部授予国家有突出贡献中青年专家称号，2000年被评为享受国务院政府特殊津贴专家。担任联合国开发计划署、欧盟、世界银行、亚洲开发银行等国际机构能源、安全生产和环境项目专家。1999年起，担任联合国政府间气候变化专门委员会（IPCC）专家组成员，与来自100个国家的IPCC专家及美国前总统戈尔共同分享"2007年诺贝尔和平奖"殊荣。

# 序

李毅中*

安全生产事关人民生命财产安全和社会稳定大局。习近平总书记就安全生产和应急管理工作发表了一系列重要讲话、批示和指示，内涵丰富，意义重大，为我们做好安全生产和应急管理工作提供了根本遵循。党的二十届三中全会提出，要完善大安全大应急框架下应急指挥机制，强化基层应急基础和力量，提高防灾减灾救灾能力。完善安全生产风险排查整治和责任倒查机制。党的二十届三中全会《决定》为安全生产和应急管理领域的改革发展指明了方向。

在全社会共同努力下，我国安全生产与应急管理体系和能力现代化建设日益增强，各类安全事故死亡人数和重特大事故起数逐年下降。同时，还应该清醒地认识到，在加快推进工业化、城镇化进程中，我国仍处于事故易发多发期。企业做强做大、经济体量增加、物流运输剧增、危险源叠加扩大，深度开发加工、数字化转型升级，同时也带来新的挑战和风险。城市繁荣扩张，人口流动聚集，社会活动活跃频繁，生活方式丰富多样，也潜伏着安全隐患。我国地域辽阔、自然灾害多发，生态变异，防灾减灾救灾压力增大。在新形势新变局下，将生产安全、社会公共安全及防控灾害统筹安排，构筑"大安全、大应急"框架并纳入国家安全体系，提高了站位、优化了资源、增强了应急能力。其中保障生产安全、防范重特大事

---

\* 注：李毅中是中国工业经济联合会会长、工业和信息化部原部长、原国家安全监督管理总局局长。

故仍然是工作重点。

发展是第一要务，安全是第一责任，人才是第一资源。当前，我国对安全生产和应急管理人才的培养与社会的需求还存在较大差距。我国注册安全工程师 56.7 万人，与《中华人民共和国安全生产法》的要求有较大差距；相关研究显示，全国应急人才总需求为 1600 万人，现有全国各类应急人才 1050 万人，缺口人数为 550 万人。值得欣慰的是，全国已有 156 所院校设立了相关专业，年招生 1.6 万人，开局良好但远不够。要加大力度培养综合监管人才、专业技术人才、企业安全管理和技能人才，课程和教材的设置要注重专业性、实践性和关联性，理工科专业应增加安全应急必修科目。更重要的是要提高从业人员的安全技术技能、提升全民的安全素养。要牢固树立安全理念，遵守安全法律法规和职业操守，形成安全第一、生命至上、遵章守法、行为规范的安全文化和社会风尚。

中关村安全管理技术人才发展促进会是安全应急领域的一个全国性社会团体，聚集了相关科研机构、高等院校和企业的一大批专家学者。近两年，他们组织了两届全国安全应急管理人才建设大会，意在搭建安全应急管理人才交流平台、提供智力支撑。促进会组织编写《应急管理人才蓝皮书：中国安全应急管理人才发展报告》，由应急管理部研究中心原主任黄盛初担任主编，之前他曾在原国家安监总局担任信息研究院院长。加上来自相关高等院校、科研机构、政府部门和企业的专家组成了编写团队，精心编纂，力求打造安全应急领域的精品皮书。

本书旨在全面剖析我国安全应急管理人才队伍的现状、需求、成就、趋势，面临的挑战和解决方案，为构建与新时代安全生产和应急管理事业发展相适应的人才体系提供科学指导和战略建议。蓝皮书基础资料丰富，数据翔实，视角宽广，体系完整，系统梳理了安全监管、应急救援、科研和咨询、教育培训及企业安全生产和应急管理等各方面的人才现状与需求，提出了一系列具有针对性、操作性的对策和建议。蓝皮书的编写和出版为安全应急领域相关政府管理部门、行业管理部门、高等院校、科研机构、企业和社会各界提供了一个重要参考，对于加快我国安全应急人才建设具有重要的意义。

　　我们深信，在习近平新时代中国特色社会主义思想指引下，通过大家的共同努力，一定能够培养和造就一支素质更高、能力更强的安全应急管理人才队伍，为推动我国安全应急管理事业发展、建设更高水平的平安中国作出新贡献。

李毅中

2024 年 9 月 15 日

# 前　言

　　生命重于泰山。各级党委和政府务必把安全生产摆到重要位置，树牢安全发展理念。应急管理是国家治理体系和治理能力的重要组成部分，担负保护人民群众生命财产安全和维护社会稳定的重要使命。党中央、国务院历来高度重视安全生产和应急管理工作。习近平总书记就安全生产和应急管理发表了一系列重要论述，为安全生产和应急管理工作提供了根本遵循。党的二十大报告指出：要提高公共安全治理水平。坚持安全第一、预防为主，建立大安全大应急框架，完善公共安全体系，推动公共安全治理模式向事前预防转型。2018 年 4 月，应急管理部挂牌成立，标志着我国应急管理事业进入一个新的发展时期。

　　党的十八大以来，我国安全生产和应急管理事业不断加强，体制机制不断完善。与此相适应，我国安全应急管理人才发展总体规模不断扩大、质量持续提升，安全生产监管、自然灾害防治、应急救援、企业安全应急管理队伍能力和水平持续提高，促进了我国安全生产形势持续稳定好转，各类事故和灾害死亡人数及重特大事故起数呈现逐年下降态势。但是，我们还应当清醒地认识到，我国地域辽阔，自然灾害种类多，发生频率高。同时，当前我国正处于工业化、城镇化加快发展时期，经济体量巨大、企业数量众多，各类安全风险和事故隐患交织叠加，影响公共安全的因素日益增多，生产安全事故易发多发，这是基本国情。加强应急管理体系和能力建设，既是一项紧迫任务，又是一项长期任务。

　　2019 年 11 月 29 日，中央政治局就我国应急管理体系和能力建设进行第十九次集体学习，习近平总书记在主持学习时明确指出，要大力培养应急管理人才，加强应急管理学科建设。2020年4月国务院学位办发布《关于推动部分学位授予单位加强应急管理学科建设的通知》，在公共管理一级学科下增设应急管理二级学科以来，应急管理学科步入规范化发展阶段。北京大学、清华大学等20所代表性高校先试先行，依托自身学科核心优势，高水平开展研究生培养层次公共管理学科下应急管理二级学科建设。2021年8月20日，公布了截至2021年6月30日完成备案的学位授予单位自设二级学科和交叉学科。2021年底，国务院印发《"十四五"国家应急体系规划》，提出要加强应急管理学科专业体系建设，鼓励高校开设应急管理相关专业；鼓励各地依托现有资源建设一批应急管理专业院校和应急管理职业学院。经过多年来的探索实践，形成了中国特色的安全应急管理人才的培养体系，第一是以各类高校专业教育、职业教育为主的人才培养主体，第二是以党校（行政学院）和干部学院为主的领导干部培训主体，第三是以相关部委、行业协会、企业所属培训中心为主的干部能力提升和岗位技能培训主体。此外，应急管理部建立国际合作机制，定期组织安全生产和应急管理干部出国考察和培训，提升了我国安全应急管理干部队伍的素质和能力。

站在新的历史方位，准确把握中国安全应急管理人才发展态势，前瞻性谋划人才强国战略，对于推进国家安全应急管理体系和能力现代化、实现公共安全治理模式向事前预防转型、全面建设社会主义现代化国家具有重大意义。由此，2023年初，中关村安全管理技术人才发展促进会副会长兼秘书长孙建超及促进会专家团队针对我国安全应急人才发展的迫切需求，初步调研了安全应急人才领域发展现状，提出编写《应急管理人才蓝皮书：中国安全应急管理人才发展报告（2024）》，邀请应急管理部研究中心原主任黄盛初博士担任主编，和相关专家一起研究，制定编写提纲、内容框架和编写工作计划，向社会科学文献出版社提交皮书准入申请，并于2023年11月论证通过。

我们建立了一支强大的编写专家队伍，由来自相关政府部门、高等院校、科研机构和企业等各方面权威专家学者组成。2023年12月，召开《应急管理人才蓝皮书：中国安全应急管理人才发展报告（2024）》第一次编撰工作研讨会，进一步明确了编撰工作思路、编写大纲和主要内容，确定了主编、副主编和各分篇章负责人。2024年4月，全书各分篇章初稿完成，召开第二次编撰工作研讨会，各编写专家对初稿进行交流和研讨，提出了修改工作建议。5月15日，召开第三次编撰工作研讨会，对全书进行统稿、调整和完善。2024年7月，全书提交社会科学文献出版社。

本报告研究分析中国安全应急管理人才建设现状、重要成果、人才需求和发展趋势、面临的突出问题和挑战，提出加快安全应急管理人才建设的对策建议，强调要立足当前，着眼未来，在人才培养布局上将区域灾情与高校优势统筹考虑，人才培养与培训主体朝着"主—辅"二元格局迈进，把对口衔接的匹配型人才培养、技术赋能驱动下"安全应急+新兴技术"复合型人才培养摆在更加突出位置，进一步强化安全应急领域高层次人才培养，为推动高质量发展和高水平安全的良性互动、推进中国式现代化提供强有力的人才保障。

《应急管理人才蓝皮书：中国安全应急管理人才发展报告（2024）》是中国安全应急管理人才建设领域的第一本蓝皮书，希望本报告对于读者了解中国安全应急管理人才发展态势、安全应急管理相关部门和企业的人才需求，相关部门研究制定人才发展战略、人才政策和教育培训发展规划有所裨益。

在《应急管理人才蓝皮书：中国安全应急管理人才发展报告（2024）》即将付梓之际，俯首掩卷，感慨诸多。衷心感谢工业和信息化部原部长、原国家安全监督管理总局首任局长李毅中，应急管理部原副部长、国家矿山安全监察局原局长黄玉治给予的关怀和指导，李毅中部长欣然为本书作序，黄玉治副部长对本书编写工作出版作了重要指示，使我们深受鼓舞和鞭策。同时，要感谢中央党校（国家行政学院）应急管理培训中心主任马宝成、中央机构编制委员会办公室一司原司长洪都、应急管理部人事司原司长杨玉洲和编委会的各位领导、专家给予的大力支持和指导。还要感谢报告副主编邬燕云、胡予红、胡象明、孙建超等，各报告撰稿人和统稿人翟振岗等付出的大量心血和重要贡献。再次，感谢相关单位、促进会会员单位及个人会员、企业家同仁和促进会秘书处的同志给予的支持和帮助。社会科学文献出版社分社副社长陈颖老师等为本书的出版给予了指导和认真细致的审校工作，由于篇幅有限，就不一一列举，在此一并表示诚挚的谢意。

由于编者水平和基于公开获取的数据与资料有所局限，本书中难免有遗漏和不当之处，恳请读者给予指正，以便我们改进工作，在后续编写出版的蓝皮书中进一步完善，在此谨向广大读者致以衷心感谢！

《中国安全应急管理人才发展报告》主编
应急管理部研究中心原主任

黄盛初

2024 年 9 月 16 日于北京

# 摘　要

安全生产和应急管理事关人民群众生命财产安全、经济社会发展和稳定大局。党中央、国务院历来高度重视安全生产和应急管理工作，2018年4月，应急管理部挂牌成立，标志着我国应急管理事业进入一个新的发展时期。安全应急管理人才建设对于推动中国安全生产、应急管理体系和能力现代化至关重要。由此，中关村安全管理技术人才发展促进会组织相关政府部门、科研机构和高等院校等各方专家、学者撰写《应急管理人才蓝皮书：中国安全应急管理人才发展报告（2024）》，研究分析中国安全应急管理人才建设现状、重要成果、人才需求和发展趋势、面临的突出问题和挑战，提出加快安全应急管理人才建设的对策建议。

党的十八大以来，我国安全生产和应急管理事业不断加强，体制机制不断完善。与此相适应，我国安全应急管理人才发展的总体规模不断扩大、质量水平持续优化提升，安全生产监管、应急救援、企业安全应急等方面的队伍能力持续提高，促进了我国安全生产形势持续稳定好转，事故和灾害死亡人数、重特大事故起数呈现逐年下降态势。安全生产综合监管人才资源总量基本满足实际需求，化工等重点行业安全监管人员明显增加；国家综合性消防救援队伍实行一体化管理，专业应急救援力量体系基本形成，社会应急力量数量不断增加，基层综合应急救援队伍快速发展，救援装备水平显著提升，初步建立起以国家综合性消防救援队伍为核心，辅以专业救援队伍协同、军队应急力量突击、社会力量补充的中国特色应急救援力量架构。全国高校安全应急专业人才呈现以本科与研究生教育为主，职业教育与应急科普相结合的多层次人才培养体系，国际型人才培养快速发展，注册安全工程师报考人数稳步增加，注册消防工程师报考人数快速增长并维持高位态势，安全评价检测检验机构专业技术人员水平不断提升。建立了以高校、科研机构、重点实验室、企业研发中心等为依托的安全应急科技与产业支撑体系。企业更加重视安全应急人才队伍建设和培训工作，石油企业机构培训的安全应急人才队伍逐渐壮大，煤炭开采企业安全生产管理人才经验丰富。

当前我国正处于工业化、城镇化加快发展时期，经济体量巨大、企业数量众多，生产安全事故多发，情况异常复杂，同时我国由于地域广阔、气候多样和自然环境多变等因素，洪涝灾害、地质灾害和地震灾害每年都在发生，加上防灾减灾救灾力量相对薄弱，对安全应急专业人才需求数量大，专业能力要求高。现阶段，安全应急人员培养与人才需求之间仍存在较大差距。本书对人才需求进行了测度分析，总体来看，安全应急人才仍存在着总量不足、专业能力不适应形势变化、人才政策制度不健全等问题，亟须摸清安全应急人才底数，建立人才发展长效机制，进一步吸纳更多人才进入安全应急领域，不断提升安全应急队伍专业技术水平，逐步建立起适合中国国情、与中国经济社会加快发展相适应的具有中国特色的应急管理人才体系。

《应急管理人才蓝皮书：中国安全应急管理人才发展报告（2024）》是中国安全应急管理人才建设领域的第一部蓝皮书的第一本。全书分为总报告、分报告、专题篇、区域篇、案例篇。总报告既是独立的研究报告，同时概括了本书篇章的研究成果要点，站在新的历史方位，准确把握中国安全应急管理人才发展态势，前瞻性谋划人才强国战略，对于提升国家安全应急管理能力、全面建设社会主义现代化国家具有重大意义。希望本报告对于读者了解中国安全应急管理人才发展态势、人才政策、教育培训、安全应急管理相关部门和企业的人才需求和人才发展趋势有所裨益。

**关键词：** 安全生产　应急管理人才　人才强国战略

# Abstract

Occupational safety and emergency management concerns people's live and property safety, economic and social development, and stability. The Central Committee of the CPC and the State Council of P. R. C. have always attached great importance to occupational safety and emergency management. In April 2018, the Ministy of Emergency Management was established, marking a new development period for China's emergency management cause. The development of safety and emergency management talents is crucial for promoting the modernization of China's safety and emergency management system and capabilities. Therefore, the Zhongguancun Safety Management Technical Talents Development Promotion Association organized experts and scholars from relevant governmental departments, research institutions and universities to write *Report on the Development of Safety and Emergency Management Talents in China* ( 2024 ), researching and analyzing the current situation, important achievements, demands for talents and development trends, main problems and challenges of s safety and emergency management talent development in China and hence proposing countermeasures and suggestions to accelerate the development of safety and emergency management talents.

Since the 18th National Congress of the Party, safety and emergency management undertakings in China have been continuously strengthened, and the institutional mechanisms have been continuously improved. Correspondingly, the overall scale and quality of safety and emergency management talent development have been continuously optimized and improved a lot. The team capabilities and levels in aspects such as safety supervision, emergency rescue, and enterprise safety and emergency management have been continuously upgraded, promoting the contined improvement of safety situations in China. The fatalities of deaths in accidents and disasters and the number of serious and extremely serious accidents have been reduced a lot year by year. The total amount of comprehensive safety supervision talent resources basically meets the actual needs, and the number of safety supervision personnel in key industries such as the chemical industry has increased significantly; the national comprehensive fire and rescue teams implement integrated management, the emergency rescue force system of industrial sector has basically taken shape, the number of social voluntary emergency forces is continuously increasing, grass-roots comprehensive emergency rescue teams are developing rapidly. Meanwhile, the level of rescue equipment has been significantly upgraded. An emergency rescue force structure with Chinese characteristics has been initially established including the national comprehensive fire and rescue team as the core, supplemented by coordinated rescue teams of industrial sector, supported by military emergency forces, and supplementation by social forces. The multi-level talent education and training systems mainly composed of undergraduate and graduate education at universities with major of safety and emergency management combined with vocational education and emergency science popularization. The cultivation of international talents are developing rapidly. The number of applicants for certified safety engineers is steadily increasing, and the number of applicants for certified fire engineers is growing rapidly and maintained at a high level. The professional technical level of safety evaluation, inspection and testing institutions is continuously improving. A support system for safety and emergency technology and industrial development has been established with support of universities, scientific research institutions, key laboratories, and enterprise R & D centers. Enterprises pay more attention to building and training of safety and emergency talent teams. In particular, petroleum enterprises attached great importance to the gradual growth of safety and emergency talent teams in training institutions. The safety management talents of coal sector are rich in experience.

At present, China is in a period of accelerated industrialization and urbanization. With a huge economic volume and a large number of enterprises, safety accidents happened from time to time as the situations were very complicatd.

At the same time, due to factors such as vast territory, diverse climates, and changeable natural environments in China, floods, geological disasters, and earthquake disasters occured from year to year. Coupled with relatively weakness of disaster prevention and mitigation and relief forces, there is a large demand for safety and emergency professionals and high professional ability. At this stage, there is still a big gap between the training capacity of safety and emergency personnel and demands for talents. This book estimated and analyzed the demands for talents. Generally speaking, there are problems in development of safety and emergency talents such as inadequate number of of talents, shortage of professional abilities for adapting to situation changes, and imperfect talent policy systems. It is urgent to find out the bottom line of safety and emergency talents, establish a long-term talent development mechanism, attract more talents into the sector of safety and emergency management, continuously improve the professional level of safety and emergency teams, and gradually establish an emergency management talent system with Chinese characteristics in order to be suitable for China's national conditions and compatible with China's accelerated economic and social development.

*Report on the Development of Safety and Emergency Management Talents in China* (*2024*) is the first blue book in the area of safety and emergency management talent development in China. The book includes a general report, sub-reports, special topics, regional study, and casestudy. The general report is not only an independent study report but also summarizes the key research results of the chapters of this book. Standing at a new historical position, accurately grasping the development trend of China's safety and emergency management talents and proactively planning the strategy for Making China Great with talents are of great significance for enhancing national safety and emergency management capabilities and overall building of a modern socialist country. It is hoped that this report will be beneficial for readers to understand the talent development trend, policies, education and training in China as well as the demands for the talents of safety and emergency management in related departments and enterprises.

**Keywords**: Safe Production; Emergency Management Talents; Strategy for Making China Great with Talents

# 目 录 ▷

## I 总报告

## II 分报告

# Ⅲ 专题篇

# Ⅳ 区域篇

# Ⅴ 案例篇

皮书数据库阅读**使用指南**

# CONTENTS ⟁

## I General Report

## Ⅲ   Special Reports

## Ⅳ   Regional Reports

# V Case Reports

# 总 报 告

## B.1

# 2023年中国安全应急管理人才
# 发展现状及趋势分析报告

马宝成　黄盛初　胡象明　苏国锋　魏　娜*

**摘　要：** 2023年是全面贯彻落实党的二十大精神的开局之年，是推进实施"十四五"规划承上启下的关键之年。站在新的历史起点，准确把握中国安全应急管理人才发展态势，前瞻性谋划人才强国战略，对于提升国家安全应急管理能力、全面建设社会主义现代化国家具有重大意义。总报告在各分报告的基础上，立足我国安全应急管理人才培养与发展的背景与需求，基于整体性视野，分析我国安全应急管理人才的分类与培养体系。根据安全应

* 马宝成，中共中央党校（国家行政学院）应急管理培训中心（中欧应急管理学院）主任（院长），教授，博士，博士生导师，主要研究方向为政治学理论、公共管理、国家安全与应急管理；黄盛初，应急管理部研究中心原主任，中关村安全管理技术人才发展促进会专家委员会副主任委员，研究员，博士，主要研究方向为安全生产、应急管理、煤炭安全；胡象明，教授，博导，法学博士，北京航空航天大学安全应急管理研究中心主任、公共管理学院原副院长，中关村安全管理技术人才发展促进会副会长，主要研究方向为公共政策、风险评估与治理、应急管理；苏国锋，清华大学安全科学研究院副院长，博士，首席研究员，主要研究方向为应急管理理论、灾害事故监测与预警方法、城市安全治理与技术；魏娜，北京邮电大学经济管理学院副教授、副主任，主要研究方向为数字治理、数字应急、网络综合治理。

急管理人才的分类、领域及全国省、市、县的数量，测算全国各类安全应急管理人才总需求与缺口。从安全应急管理人才的学科与专业设置、培养规模、支撑体系、培训供需等维度阐释当前安全应急管理人才发展面临的问题与挑战。最后，从人才培养布局、人才培养与培训主体、高层次人才培养、匹配性人才培养模式以及技术驱动等维度对我国安全应急管理人才建设的着力点和发展趋势进行了探讨。

**关键词：** 安全生产 应急管理人才体系 人才需求

当前，全球风险挑战加剧，不稳定不确定因素明显增多，应对各类安全风险、维护经济社会稳定运行的任务更加艰巨。党的二十大报告指出：必须坚持总体国家安全观，健全国家安全体系，完善国家应急管理体系，提高防范和抵御国家安全风险能力。要提高公共安全治理水平。坚持安全第一、预防为主，建立大安全大应急框架，完善公共安全体系，推动公共安全治理模式向事前预防转型。在此背景下，安全应急管理事业正站在新的历史起点上，对人才队伍建设提出了更高要求①。

纵观中国安全应急管理人才发展历程，改革开放以来，特别是党的十八大以来，在以习近平同志为核心的党中央坚强领导下，我国安全生产形势持续向好，自然灾害综合风险水平不断下降，应急管理体制机制日益健全，一支能力过硬、经验丰富的安全应急管理人才队伍加速成长，为保障人民生命财产安全、维护社会和谐稳定发挥了重要作用。

我们也必须清醒地认识到，我国是世界上自然灾害最为严峻的国家之一，灾害种类多、分布地域广、发生频率高、造成损失重。我国 70%以上的城市、50%以上的人口分布在气象、地震、地质、海洋等灾害高风险区，

---

① 陈丰：《总体国家安全观视域下重大风险防控的挑战与应对》，《华东理工大学学报》（社会科学版）2023 年第 1 期，第 67~75 页。

58%的国土面积处于7度以上地震烈度的高风险区，全国每年都有自然灾害发生，因灾造成的直接经济损失达3000亿元以上[①]。我国目前仍处于工业化、城镇化快速发展阶段，工业总产值和200余种工业品产量已居世界第一，有各类企业2100多万家，其中煤矿4000余处、非煤矿山4万余座、危化品企业21万多家、建筑企业10万余家、尾矿库7000余座、油气管道16万公里[②]，很多企业安全基础薄弱，从业人员中有很大一部分安全素质不高，各类风险隐患交织叠加，安全生产仍处于爬坡过坎期。近年来，危化品、交通、煤矿、非煤矿山、城市燃气、火灾、建筑施工等重点行业领域重特大事故时有发生。总体来看，我国安全形势复杂严峻，既有存量风险、又有增量风险，安全风险防范压力持续加大，这些都对安全应急管理人才提出了较大需求与挑战。然而，当前我国安全应急管理人才发展仍存在一些亟待解决的问题，主要表现为人才培养规模不足、人才培养学科与专业设置上不能很好地适应需求、人才培养知识体系不完善、条件资源较匮乏、人才培训供给与需求不匹配等问题非常突出。

2023年是全面贯彻落实党的二十大精神的开局之年，是推进实施"十四五"规划承上启下的关键之年。站在新的历史起点，准确把握中国安全应急管理人才发展态势，前瞻性谋划人才强国战略，对于提升国家安全应急管理能力、全面建设社会主义现代化国家具有重大意义。展望未来，中国安全应急管理人才发展应立足国家战略需求，着力优化人才发展环境，构建完善人才培养的标准，按照"招—培—用"一体化思路大力加强高层次创新人才培养，强化新型信息技术在人才培养中的深度应用，为防范化解重大安全风险、应对处置各类灾害事故提供坚实的人才支撑和智力保障。

---

① 蔡立辉、祁越、张广泉等：《新时代如何构建新型应急管理学科体系》，《中国应急管理》2023年第1期，第18~31页。

② 杨柳、杨塱、翁翼飞：《加快培养与大国应急体系相匹配的高素质人才》，《中国人才》2024年第4期，第33~35页。

# 一 党和国家高度重视对安全应急管理人才的培养与发展

安全应急管理体系和能力的现代化，说到底是"人的现代化"①。强化安全应急管理学科体系构建和专业人才培养，既是提高党和政府应对风险挑战的能力和推动社会和谐发展的核心保障，也是安全应急管理的先导性、基础性和战略性工程。

党的十八大以来，以习近平同志为核心的党中央始终站在总体国家安全观的战略高度，统筹安全应急管理体系和能力现代化建设及安全应急管理学科建设全局，不断推进安全应急管理学科建设与人才培养工作。2012 年，教育部修订本科专业目录和专业设置管理规定，支持有条件的高校依法自主设置应急管理领域相关专业，大力培养专业人才②。2018 年，在深化党和国家机构改革中，党中央组建应急管理部和国家综合性消防救援队伍，对我国应急管理体制进行系统性、整体性重构，推动我国应急管理事业取得历史性成就、发生历史性变革，应急管理相关专业进一步得到重视和加强③。2019 年 11 月，习近平总书记在主持中央政治局第十九次集体学习关于"积极推进我国应急管理体系和能力现代化"的重要讲话中指出：要加强应急救援队伍建设，建设一支专常兼备、反应灵敏、作风过硬、本领高强的应急救援队伍，提高各类灾害事故救援能力；要加强队伍指挥机制建设，大力培养应急管理人才，加强应急管理学科建设④。2020 年 4 月，国务院学位办发布

---

① 颜烨、左广兵：《中国式应急管理现代化：内涵特征与发展要求》，《党政研究》2023 年第 5 期，第 18~25、123 页。

② 《面向新时代的应急管理学科建设》，中国社会科学网（2023 年 3 月 22 日）https://www.cssn.cn/skgz/bwyc/202303/t20230322_ 5614798. shtml，最后检索时间：2024 年 6 月 10 日。

③ 姚亚奇：《应急管理部：中国特色应急管理体制基本形成》，《光明日报》2022 年 8 月 31 日，第 3 版。

④ 《习近平在中央政治局第十九次集体学习时强调　充分发挥我国应急管理体系特色和优势　积极推进我国应急管理体系和能力现代化》，新华网（2019 年 11 月 30 日），http://www.xinhuanet. com/politics/leaders/2019-11/30/c_ 1125292909. htm，最后检索时间：2024 年 6 月 10 日。

《关于推动部分学位授予单位加强应急管理学科建设的通知》，在公共管理一级学科下增设应急管理二级学科，应急管理学科步入规范化发展阶段。北京大学、清华大学等20所代表性高校先试先行，依托自身学科核心优势，高水平开展研究生培养层次公共管理学科下应急管理二级学科建设。2021年8月20日，教育部公布了截至2021年6月30日完成备案的学位授予单位自设的二级学科和交叉学科。2021年底，国务院印发《"十四五"国家应急体系规划》，提出要加强应急管理学科专业体系建设，鼓励高校开设应急管理相关专业；鼓励各地依托现有资源建设一批应急管理专业院校和应急管理职业学院；加强综合型、复合型、创新型、应用型、技能型应急管理人才培养。这些部署与举措为安全应急管理学科建设和人才培养奠定了坚实基础①。同时，应急管理国际合作积极推进，建立了"一带一路"自然灾害防治和应急管理国际合作机制，包括建立灾害管理部长会议机制。务实推进国际合作，组织国际安全应急论坛，开展国际合作研究项目，每年选送安全生产和应急管理人员出国考察和培训，借鉴国际先进理念，完善安全应急管理体制机制，提升我国安全生产和减灾防灾能力。积极组织参加国际救援，同时为共建"一带一路"国家提供安全应急培训。多措并举，培养了国际型人才队伍，提升了我国安全应急管理队伍和应急救援人才队伍的素质和能力。

安全应急管理事关人民生命财产安全和社会稳定大局，从事安全应急管理工作的人员随时可能面对极端情况和生死考验，具有高负荷、高压力、高风险的特点，对专业人才的政治素养、专业素质、技术能力要求很高，这样的复合型实战型人才，需要针对性的学科建设与人才培养体系方能成就。建设适合安全应急管理事业需要的安全应急管理人才培养体系，加快培育符合安全应急管理需要的复合型一专多能的人才，是完善国家安全应急管理体系的重要支撑，也是提高公共安全治理水平的关键举措。

---

① 《国务院关于印发"十四五"国家应急体系规划的通知》（国发〔2021〕36号），中华人民共和国中央人民政府网站（2022年2月14日），https://www.gov.cn/zhengce/zhengceku/2022-02/14/content_5673424.htm，最后检索时间：2024年6月10日。

# 二 中国安全应急管理人才分类与培养体系

## （一）安全应急管理人才的分类

"分类"是适应复杂性与提升针对性的一般路径[①]。考察我国安全应急管理人才的发展，首先需要对安全应急管理人才进行分类。已有研究对于我国安全应急管理人才的分类大致有如下三种维度。一是按照来源和行业进行分类，将安全应急管理人才分为公务员、专家学者、解放军和武警、社会工作者、志愿者和其他人才。二是按照所从事的工作内容和职责进行分类，将其分为：安全应急管理人才、安全应急资源与物资管理人才、安全应急产业人才、安全应急物流管理人才、安全应急财政管理人才、安全应急指挥人才（包括安全应急总指挥、现场处置与救援指挥人才、安全应急疏散协调指挥人才）、密集人群管理人才、安全应急志愿者与民间团体管理人才、安全应急新闻人才、安全应急管理系统技术人才、安全应急风险评估人才、危机沟通与网络舆情和媒介管理人才、安全应急文化人才等。三是按照专业技能进行分类，安全应急管理人才又分布在交通安全、消防安全、食品安全、公共卫生安全、化工安全、矿山安全、电力安全、生态环境安全、地质灾害应急、气象灾害应急、森林火灾应急、校园突发事件、防旱防汛应急、社会治安应急等多个专业领域。

本报告在上述分类的视角下，结合各分报告的研究内容，从安全应急协调综合管理能力和安全应急专业技术能力两个维度将安全应急管理人才分为：领导型人才、实战型人才、专家型人才、保障型人才、复合型人才、国际型人才等类别。需要注意的是，此种人才分类方式不限于政府领域，行业协会、企业等都包含这些类型的人才。

---

① 魏娜、陈志豪：《公共安全理论》，陕西人民教育出版社，2021。

### 1. 领导型安全应急管理人才

领导型人才主要是指在政府、行业、企业等组织中担任关键安全应急管理角色的高层管理人员，承担着对特定地区、行业或企业安全应急管理工作的主导责任[①]。基于公共应急管理的公共性、复杂性、协同性特点，按照"管行业必须管安全、管业务必须管安全、管生产经营必须管安全"的原则，安全是政府、行业、企业的重要职责内容。领导型安全应急管理人才不仅参与一个地区、行业、企业等组织安全政策的制定与执行、监督内部管理流程、部署安全治理和应急处置、协调各方资源和信息，而且在危急时刻负责沟通和信息发布，确保安全和秩序。这些人才需要具备高度的管理能力和业务专业性，以及跨领域的知识和技能，以确保在面对紧急情况时能够有效地保护人民生命财产安全和组织运营的连续性。

### 2. 实战型安全应急管理人才

实战型人才主要指突发事件（自然灾害、生产事故）发生后对灾害或事故现场进行处置的专业人才队伍。这些人才构成了安全应急救援的核心力量，不仅包括正在被大力培养的综合性消防救援队伍成员，还涵盖了具备灾变现场处置和救援能力的企业员工、志愿者队伍及其他具备实战能力的人员。实战型人才不仅需要具备高水平的专业技术能力，能够迅速有效地处理紧急情况，还应具备高度的安全应急管理综合协调能力，以便在复杂多变的救援现场进行有效的指挥和协调。

### 3. 专家型安全应急管理人才

专家型安全应急管理人才是指具备较高专业知识和丰富专业经验的专家学者、高级技术人员等。这些专业型人才在安全风险防控和突发事件的预警分析、风险评估、安全工程治理、安全应急管理理论研究和科技攻关、应急指挥决策咨询与技术方案解决、医疗卫生保障等相关安全应急管理事项中提供了坚实的专业支撑。专家型人才在各自的专业领域内展现出卓越的技术专

---

[①] 祁慧、李泽荃、张瑞新等：《应急管理专业人才培养体系研究——基于多学科基础与实践需求双视角》，《煤炭高等教育》2022年第1期，第6~12页。

长，他们不仅参与日常的安全应急管理和科学研究，还在紧急情况下提供关键的决策支持和技术解决方案。

**4. 保障型安全应急管理人才**

安全应急管理是一项综合性管理事务，围绕防灾减灾救灾的核心任务衍生出了对人、财、物、信息等多方面要素的需求，由此形成了包括信息技术、装备研发、物资调配、资金保障、舆论引导、社会协调、国际协作等诸多相互支撑合作的具体工作。在上述领域中，服务于安全应急管理的从业人员可被统称为安全应急保障人才。安全应急保障人才不仅在其专业领域内拥有深厚的技术知识和实践经验，而且具备一定的应急管理业务能力，以确保在面对紧急情况时能够有效地进行资源整合、信息沟通、技术支持和参与决策。

**5. 复合型安全应急管理人才**

复合型安全应急管理人才是指在政府、行业、企业等组织中，既具备相应安全管理能力和安全生产知识，又具备实战能力、组织能力强、管理水平高、专业技术精的综合型人才。复合型人才能够高效组织资源应对紧急情况，制定执行安全政策，运用专业知识解决实际问题，能够识别潜在风险隐患并采取防控措施，迅速有效地组织应急响应，与多学科团队协作，致力于持续改进安全应急体系。

**6. 国际型安全应急管理人才**

国际型安全应急管理人才是指在安全应急领域具有国际视野、通晓国际规则、能够参与国际事务和国际竞争的国际化高端人才。通过研究对标国际安全应急管理体系，参与和管理安全应急国际合作项目，开展安全应急管理培训，组织参加国际救援活动，致力于推动我国安全应急管理体系与国际接轨和与国际合作。

## （二）中国安全应急管理人才的培养主体

### 1. 以各类高校专业教育、职业教育为主的人才培养主体

行业特色高校为提高从业人员专业技能而提供培训是其社会服务的重要

功能。我国以"安全、应急"为特色的高校在安全应急管理教育培训方面也作出了大量的工作。如国内较早成立应急管理学院的暨南大学、河南理工大学等，均面向社会各界，积极开展安全应急管理教育培训工作[①]。暨南大学应急管理学院于2009年挂牌成立，近几年来先后承办了400余期安全应急管理人才培训班和高级研讨班，累计培训4万人次。

**2. 领导干部和从业人员等多层次培训主体**

首先是以党校（行政学院）、干部学院、培训中心为主的培养主体。根据实际需求，近年来利用党校（行政学院）、干部学院、培训中心和组织部门认可的培训渠道开展干部安全应急管理培训的形式不断增多，各类主体各有侧重、互有补充。从培训师资角度看，当前各级党校（行政学院）和干部学院教师绝大多数理论水平较高，但缺乏安全应急管理实战经验，对安全应急管理工作的了解程度有待提升。各系统为增加培训效果，在课程建设上均作出了积极有益探索。为解决干部应急管理能力素质不足、人才短缺的问题，各地区持续推动适应区域发展需求的安全应急管理培训和人才培养基地建设。目前，北京市依托市委党校（行政学院）、高等院校和科研院所为重要基地的安全应急管理培训体系已初具规模，上海、贵州、广西、广东等地安全应急管理培训基地建设也较为完善。

其次是以应急管理部直属培训机构为主的培养主体。应急管理部下有培训中心、宣教中心及中国煤矿安全技术培训中心等具备培训能力的事业单位。以中国煤矿安全技术培训中心（华北科技学院）为例，中心承担应急管理部、国家矿山安全监察局、国家安全生产应急救援中心、矿山救援中心、人力资源和社会保障部下达的各类培训任务。同时，中心积极开展网络培训。下一步，中心将积极完善网络学院运营模式，将网络学院建设成为针对国家煤矿安监人员、煤矿安管人员、安全应急管理人员、矿山救援人员、企业主要负责人、安全生产管理人员、特种作业人员和一般从业人员等八类

---

① 叶先宝、苏瑛荃、黄璟：《高校应急管理教育体系构建研究——基于西方发达国家的经验分析》，《发展研究》2020年第9期，第79~87页。

人员的网络培训平台，打造安全生产人员泛在式网络学习平台，不断提升服务安全生产水平。

最后是以行业协会、企业在职培训为主的培养主体。各类行业协会与企业也是安全应急管理人才的重要培养主体。目前部分全国性或地方性的协会承担了一些应急管理教育培训的职能，主要是面向企业开展服务。如煤炭工业协会、中国职业安全健康协会、广东省应急管理服务协会、中关村安全管理技术人才发展促进会等，面向高危行业企业提供安全与应急技术和技能类的培训服务。此外，随着应急产业的发展，从事应急服务的企业也可能提供面向组织和社区的培训与演练服务。如中石油共有8个直属培训机构，为安全应急管理人才培训提供有力支持，培训内容不仅包括安全生产法律法规、HSE 管理基本知识、重大危险源管理等，还涉及对专业应急救援队伍的培训。社会公益组织在应急科普、居民避灾与自救互救技能等方面亦将有所作为。如青岛红十字蓝天救援队不仅向民众传授普及防灾、减灾、救灾知识与技能，还协助政府或独立开展应急救护、应急救灾服务。

此外，应急管理部将"一带一路"国际合作机制建设作为国际合作重要抓手，建立灾害管理部长会议机制，为共建"一带一路"国家提供安全应急培训，积极组织参加国际救援，定期组织安全生产和应急管理干部出国考察和培训，提升了我国安全应急管理干部队伍的素质和能力。

### （三）中国高校安全应急管理人才培养的专业设置与学科基础

探索符合安全应急管理规律的培养学科方向和人才培养路径是当前我国高校安全应急管理学科建设和人才培养的一种共识。当前我国安全应急管理的主要专业设置与学科基础如下。

#### 1. 应急管理

应急管理专业是一门融合灾害学、地理学、公共管理、信息科学、法学、心理学、经济学、社会学、政治学、传播学和大数据科学等多学科知识的新兴学科，具有显著的多学科交叉特征。既包括宏观层面的应急决策、风险沟通、风险治理等内容，也包括应用层面的预防与应急准备、监测预警、应急处置与救援、恢复与重建等一系列活动。

本科应急管理专业是根据教育部印发的《普通高等学校本科专业目录》建立的应急管理专业（Emergency Management），专业代码为120111T，修业年限为四年，授予管理学学士学位。应急管理专业主要培养掌握应急管理基本理论与知识，熟悉应急管理法律法规，具备突发事件应急管理的专门知识与技能，能够在各级应急管理部门、公共事业单位、社区管理机构等从事突发事件的预防与预警、应急决策与应急指挥、应急预案管理、应急处置、危机公关等工作的复合型、应用型专门人才。高职高专类有关应急管理专业院校已为部分中等职业学校开设了应急管理与减灾专业。2019年6月教育部确定的《中等职业学校专业目录》增补专业中，增设了应急管理与减灾技术专业，专业代码为022700，属于资源环境类专业，三年基本修业学制，包括灾害信息管理、消防安全管理和防灾减灾技术三个方向。2020年4月之前，全国开展应急管理方向研究生教育的高校和科研院所有50多家，均是依托其他相关学科开展应急管理方向人才培养，包含依托"管理科学与工程"、"公共管理"、"安全科学与工程"和"地理学"等学科。

**2. 应急技术与管理**

应急技术与管理专业是一门综合性学科，旨在通过研究紧急情况下的有效组织、协调、指挥和管理，来降低灾害损失、保护人民生命财产安全及维护社会稳定。该专业覆盖了应急管理、灾害防范、安全管理、应急资源管理、社会心理学、应急通信和信息管理以及应急法律与政策等领域。应急技术与管理专业旨在培养在公共安全、矿山、建筑、施工、消防、机械与电气、化工等行业和领域，从事安全方面的管理、设计与生产、研究、评价、监察、检测与监控、应急救援、教育与培训等工作的应用创新型高级专门人才。应急技术与管理专业主要为本科专业及研究生部分专业的学科方向。根据教育部印发的《普通高等学校本科专业目录》，应急技术与管理（Emergency Technology and Management）专业代码为082902T，是2018年新增的国家控制布点专业，属于安全科学与工程类，学位授予门类为工学，修业年限为四年。

### 3. 安全科学与工程

安全科学与工程专业以力学、化学、机械工程为主干学科，重点学习工程系统与产品的碰撞冲击损害机理、系统安全性评估和监测，易燃易爆物质的安全性评估和安全防护设计，环境安全与监测等学科方向的基础理论和专业知识。安全科学与工程专业主要培养从事安全防护技术与工程领域的理论研究、实验研究、设计开发及安全监测、监理维护以及技术管理等工作的安全工程学科技术管理人才。高职高专类根据教育部普通高等学校高等职业教育（专科）专业目录（2019 年版），安全科学与工程类有 7 个专业，包括安全技术与管理、安全健康与环保、安全生产监测控、化工安全技术、救援技术（其中一个专业方向是安全应急管理）、工程安全评价与监理、职业卫生技术与管理。从安全生产、防灾减灾、应急救援 3 个维度统计高职专业可以被纳入应急管理类的专业仅有 17 个，归属在 9 个不同专业类中。2011 年 3 月，国务院学位委员会第二十八次会议通过的《学位授予和人才培养学科目录（2011 年）》正式将安全科学与工程（代码：0837）学科单列为一级学科，安全科学与工程由原矿业工程下的二级学科升格为工学门类下的第 37 个一级学科。2012 年，教育部颁布《普通高等学校本科专业目录（2012 年）》，将安全科学与工程单列为一个类，安全工程（Safety Engineering）专业代码为 082901，修业年限为四年，属安全科学与工程类专业，授予工学学士学位。

### 4. 防灾减灾科学与工程

防灾减灾科学与工程专业主要研究气象灾害产生的机理和自然规律、衍生灾害的探测、预警和减灾，培养能在极端天气预警、极端天气次生灾害处理、雷电科学与防护工程、空间天气灾害与预报等各相关领域从事勘察、设计、施工、管理等工作的应用型、复合型工程技术人才。高职高专类有关防灾减灾科学与工程专业以中等职业学校中应急管理与减灾技术下的防灾减灾技术专业方向为主。本科防灾减灾科学与工程专业根据教育部印发的《普通高等学校本科专业目录》，防灾减灾科学与工程（Disaster Prevention and

Mitigation Science and Engineering）专业代码为 070803T，修业年限为四年，属地球物理学类专业，授予工学学士学位。防灾减灾科学与工程专业是一门跨学科的综合性专业，它涉及自然科学、社会科学、工程技术等多个领域，旨在通过科学的方法和技术手段，预防和减轻自然灾害和人为灾害对人类社会的危害。众多高校在培养涉灾领域的研究生教育中，涵盖了从综合灾害防治到特定类型的自然灾害，包括综合防灾减灾、地震灾害、气象灾害、水文灾害、矿山灾害、海洋灾害等，多设置在土木工程、地理学、环境科学与工程等一级学科框架内，并进一步细分为防灾减灾工程及防护工程、岩土工程、结构工程、桥梁与隧道工程、环境科学与工程、自然地理学、自然灾害学、水文学及水资源、水利工程、第四纪地质学、构造地质学等二级学科。

### 5. 消防类专业

消防类专业主要为本科专业及研究生部分专业的学科方向。其中，消防类专业本科生的培养以中国人民警察大学、中国消防救援学院、四川警察学院为主。中国人民警察大学（前身为中国人民武装警察部队学院）开设的消防本科专业有：消防指挥（专业代码：030608TK）、消防工程（专业代码：083102K）、火灾勘查（专业代码：083107TK）、抢险救援指挥与技术（专业代码：083106TK）、核生化消防（专业代码：083109TK）、电子信息工程（专业代码：080701）。中国消防救援学院（2018 年成立，前身为武警警种学院）2004 年开办本科教育，2008 年获学士学位授予权，目前开设的消防本科专业有：消防指挥、消防工程、抢险救援指挥与技术、飞行器控制与信息工程等。以上专业都可被视为与应急管理及应急辅助支撑系统相关的专业。此外，沈阳航空航天大学还开展了消防工程专业第二学士学位教育。

### 6. 其他相关专业

除了上述几类专业外，还有一些相关的学科、专业。比如灾害科学类专业：为安全应急管理研究和实践活动探明各类灾害（自然灾害、生产事故）的成灾机理及其演化规律，是构建科学化应急管理理论体系的基石。目前在地理学、地质学、地球物理学、大气科学、海洋科学以及安全科学与工程（事故致因机理）等一级学科下均有涉及与灾害及风险相关的基础研究与人才培养[①]。系统管理类专业：为安全应急管理实践提供理论指导和方法支持，考虑到人类对灾害机理的有限认识以及技术手段的发展阶段，采用系统管理的理论与方法，在宏观层面强化政府主导的应急管理体系，包括体制、机制和法制的完善，在中观层面优化系统运行和提升决策支持系统，增强应急管理的决策质量和响应速度。工程技术类专业：为强化防灾、减灾及救灾活动提供工程技术的理论与方法，是提升安全应急管理实践效能的关键支撑。工程技术涉及较多的一级学科，包括基于自然灾害机理的土木工程、水利工程、地质资源与地质工程，还涵盖了矿业工程、化学工程与技术、公安技术等针对特定高风险行业的专业领域，在上述学科下也均有探究运用工程和技术等手段来实现灾害预防、减缓和有效应对的基础研究及专业人才培养[②]。

## 三 中国安全应急管理人才需求测度与分析

大力培养安全应急管理人才需要建立科学的人才培养体系，包括培养层次、专业设置、重点课程、培养模式等。而安全应急管理领域的人才需求测度和分析则是人才培养体系设计的起点。本部分将对我国安全应急管理人才的需求进行测算。

### （一）全国安全应急管理人才总需求量测算

根据安全应急管理人才的分类及全国省、市、县的数量，测算全国各类安全应急管理人才总需求。其中领导型安全应急管理人才包括省、市、县政

---

① 蔡立辉、祁越、张广泉等：《新时代如何构建新型应急管理学科体系》，《中国应急管理》2023 年第 1 期，第 18~31 页。
② 祁慧、李泽荃、张瑞新等：《应急管理专业人才培养体系研究——基于多学科基础与实践需求双视角》，《煤炭高等教育》2022 年第 1 期，第 6~12 页。

府领导，各级应急管理部门领导和各相关业务部门领导[①]。实战型安全应急管理人才是各省区市主要救援队伍的指挥型人才，涉及范围包括专职消防队伍、森林消防队伍、危险化学品救援队伍、抗洪抢险队伍、地质灾害救援队伍、安全生产救援队伍、矿山救护队伍、隧道施工队伍、石油输送管道应急队伍、燃气抢险队伍、建筑施工应急队伍、电力抢险应急队伍、环境保护应急队伍、卫生医疗应急队伍、交通运输应急队伍、民用运输机场应急队伍等，测算方法是依据队伍现有规模，按照 AB 角需求测定。专家型应急管理类人才是按照可能的突发事件规模及专家所属领域，根据省、市、县三级进行估测。保障型应急管理型人才需求估测覆盖了通信、医疗救援、交通、物资供应、专业队伍（覆盖范围同上）、信息化、执法、宣教、规划评估等领域的人员。

测算依据主要参考清华大学安全科学学院以及陈风等相关研究中关于安全人才的测算方法[②]，具体如下。

1. 领导型安全应急管理人才

省、市、县政府主要领导、分管领导：省级 34×2＋市级 333×2＋县级 2843×2＝6420 人；

省、市、县各级应急管理部门领导和各相关业务部门领导：省级 34×9＋45＋市级 333×7＋12×2×333＋县级 2843×4＋5×2×2843＝50476 人。

全国政府部门领导型安全应急管理人才预计 56896 人。

2. 实战型安全应急管理人才

实战型人才主要按照各类应急队伍 AB 角来计算，我国应急队伍主要包括：专职消防队伍、森林消防队伍、危险化学品救援队伍、抗洪抢险队伍、地质灾害救援队伍、安全生产救援队伍、矿山救护队、隧道施工队伍、石油输送管道应急队伍、燃气抢险队伍、建筑施工应急队伍、电力抢险应急队伍、环境保护应急队伍、卫生医疗应急队伍、交通运输应急队伍、民用运输

---

[①] 由于行业、企业等组织的领导型安全应急管理人才缺乏相应的数据，故这里只测算政府部门的领导型安全应急管理人才的需求数据。

[②] 陈风：《应急管理人才需求量将突破百万——从应急管理行业发展前景看人才培养需求方向》，《中国应急管理》2020 年第 3 期，第 62~63 页。

机场应急队伍等。

省、市、县各级实战型人才：省级34×16×2+市级333×16×3×2+县级2843×8×2＝78544人。

**3. 专家型安全应急管理人才**

省级34×30×5（30类主要突发事件每类应有5个省级专家）+市级333×20×2（20类主要突发事件每类应有2个市级专家）+县级2843×10×2（10类主要突发事件每类应有2个县级专家）＝75280人。

全国专家型人才预计75280人。

**4. 保障型安全应急管理人才**

相关安全应急保障的各类人才包括通信、医疗救援、交通、物资供应、专业队伍、信息化、执法、宣教、规划评估等。

通信：省级34×10（每个省按照10名通信应急保障省级人才计算）+市级333×25（每个市按照25名通信应急保障市级人才计算）+县级2843×5（每个县按照5名通信应急保障县级人才计算）＝22880人。

医疗救援：省级34×20（每个省按照20名医疗救援应急保障省级人才计算）+市级333×40（每个市按照40名医疗救援应急保障市级人才计算）+县级2843×10（每个县按照10名医疗救援应急保障县级人才计算）＝42430人。

交通：省级34×80（每个省按照80名交通应急保障省级人才计算）+市级333×60（每个市按照60名交通应急保障市级人才计算）+县级2843×30（每个县按照30名交通应急保障县级人才计算）＝107990人。

物资供应：省级34×6+市级333×10+县级2843×3＝12063人。

信息化：省级34×10+市级333×5+县级2843×2＝7691人。

执法：省级34×10+市级333×6+县级2843×2＝8024人。

宣教：省级34×6+市级333×3+县级2843×2＝6889人。

规划评估：省级34×5+市级333×3+县级2843×2＝6855人。

专职消防队伍：省级34×10×20（按照10支省级专职消防队，每队20人计算）+市级333×6×15（按照6支市级专职消防队，每队15人计算）+

县级 2843×3×8（按照 3 支县级专职消防队，每队 8 人计算）= 105002 人。

森林消防队伍：省级 34×5×20＋市级 333×3×12＋县级 2843×1×8 = 38132 人。

危险化学品救援队伍：省级 34×5×15＋市级 333×3×12＋县级 2843×1×8 = 37282 人。

抗洪抢险队伍：省级 34×5×20＋市级 333×3×15＋县级 2843×2×6 = 52501 人。

地质灾害救援队伍：省级 34×3×12＋市级 333×2×8＋县级 2843×1×4 = 17924 人。

安全生产救援队伍：省级 34×5×15＋市级 333×3×12＋县级 2843×2×5 = 42968 人。

矿山救护队：省级 34×1×15＋市级 333×1×10＋县级 2843×1×2 = 9526 人。

隧道施工队伍：省级 34×3×10＋市级 333×2×8＋县级 2843×1×4 = 17720 人。

石油输送管道应急队伍：省级 34×3×10＋市级 333×2×8＋县级 2843×1×5 = 20563 人。

燃气抢险队伍：省级 34×5×15＋市级 333×3×9＋县级 2843×1×7 = 31442 人。

建筑施工应急队伍：省级 34×6×15＋市级 333×4×8＋县级 2843×1×7 = 33617 人。

电力抢险应急队伍：省级 34×4×12＋市级 333×2×8＋县级 2843×1×6 = 24018 人。

环境保护应急队伍：省级 34×2×10＋市级 333×2×6＋县级 2843×1×3 = 13205 人。

民用运输机场应急队伍：省级 34×1×10＋市级 333×1×8＋县级 2843×1×2 = 8690 人。

其他应急保障人才：5000 人。

### （二）分领域安全应急管理人才需求与缺口测算

#### 1. 基层村居安全应急管理人才缺口估测

目前，全国共有 10 万个城市社区，农村社区覆盖范围不断扩大。健全的社区安全应急组织机构是社区应急管理工作得以正常运转的前提①。随着我国安全应急管理事业的不断推进，全国已有多地开展社区安全应急管理组织建设工作，采取有效整合居委会、物业、业主委员会等社区基层组织的形式，成立应急管理办公室、应急管理服务站等多种形式的应急管理组织，领导和协调社区内的应急管理工作。初步测算，我国社区应急组织机构人才缺口达 10 万~30 万人。

#### 2. 安全生产类企业人才需求量

我国工矿商贸企业对安全生产管理人才的需求高达 636.4 万人。根据我国《安全生产人才中长期发展规划（2011—2020 年）》的要求，截至 2020 年，工矿商贸企业安全生产管理人才总量应该达到 430 万人，人才缺口达 206.4 万人②。

#### 3. 安全应急产业人才需求量

安全应急产业拥有覆盖面广、产业链长、涵盖领域多的特点，对安全应急管理和安全应急技术等学科人才需求旺盛，但目前安全应急产业专业人才、专业团队严重不足。根据 2015~2019 年五年的平均增长数估算，2020 年安全应急产业类企业为 34.19 万家，2025 年将达到 51.73 万家，届时增量企业的安全应急产业类企业人才需求为 353.87 万人。考虑 2019 年 9 月原有企业规模不断发展壮大，至 2025 年，每家需增加 6 年×1 人／年＝6 人计算，存量企业的应急产业人才需求为 185.16 万人。到 2025 年，安全应急产业类企业的人才供需缺口将达到 539.03 万人。

---

① 杨学芬、江兰兰：《社区应急管理中存在的问题及对策探析》，《农村经济》2008 年第 11 期，第 59~61 页。
② 《国家安全监管总局关于印发安全生产人才中长期发展规划（2011—2020 年）的通知》，《国家安全生产监督管理总局国家煤矿安全监察局公告》2011 年第 5 期，第 47 页。

### 4. 社会安全应急力量人才需求量

社会安全应急力量是我国应急体系的重要组成部分，具有组织灵活、服务多样、贴近一线、参与热情高、活动范围广等独特优势。我国社会应急力量存在规模和能力不均衡、分布与人口灾情经济关联性弱、多数队伍规模小能力弱且发展无序的问题。《应急管理部办公厅关于开展全国社会应急力量基本情况调查摸底工作的通知》显示，我国社会应急力量队伍为 1709 支，救援队员共计 18.9 万人，志愿者人数 42.3 万人，二者之和为 61.2 万人。《2020 年中国志愿服务发展指数报告》显示，2019 年度志愿者总量为 2.1 亿人，占我国总人口的 15%。社会应急力量人数（含救援队员和志愿者）不及我国志愿者总人数的 0.3%，比例明显偏低。若把我国应急救援志愿者比例提高到志愿者总人数的 1%，则人才缺口达 148.8 万人。

综合基层村居应急管理人才需求、安全生产人才需求、应急产业人才需求及社会应急力量的需求，总体人才缺口接近 900 万人。

## 四　中国安全应急管理人才发展面临的挑战

近年来，党和国家对安全应急管理事业高度重视，对安全应急管理人才培养也提出了新的更高要求。但安全应急管理人才培养的现状与安全应急管理体系与能力现代化的要求仍然存在较大差距，主要体现在以下几个方面。

### （一）学科与专业设置上：学历教育未能很好地适应"全灾种、大应急"需求

对于安全生产、防灾减灾救灾、应急救援各领域，我国高等教育有相关的人才培养积累。研究生教育层面，安全科学与工程、防灾减灾工程及防护工程、消防技术与工程等学科可以为安全应急管理系统提供高层次人才。本科教育层面，安全工程开办学校多，培养规模较大，专业比较成熟；公安技术类专业由公安系统高校开办，培养规模小，毕业生直接进入公安系统工作，未来对应急救援队伍的支持不大；其他应急管理主体专业均为 2018 年

后才开始招生，毕业生规模较小，虽然专业布点增长较快，但由于安全应急管理系统高校较少，无法实现对于服务安全应急管理全领域、满足"全灾种、全过程、全链条"大应急的人才需求。我国高校应急管理专业的发展尚存在学科定位模糊、人才培养体系不健全、招生数量少和师资队伍力量薄弱等问题，其中典型的学科与专业设置问题主要为以下四个方面。

### 1. 应急管理学科知识覆盖不全面

应急管理学科为应急管理事业提供理论引领和政策支持，但无法满足对应急管理全领域的科技支撑。应急管理的准备、预测、响应、处置、恢复过程，对于科技创新的需求十分迫切。灾害因子、承灾体脆弱性、监测预警等风险管控环节需要理学、工学支持；应急预案及演练、应急资源管理、应急管理综合行政执法等应急准备环节需要管理学、社会学、法学支持；应急救援队伍建设、应急救援指挥、抢险救援技术与装备等应急救援各方面需要军事学、公安技术支持；救灾组织与管理、应急物资管理、灾害调查与统计、责任调查与追究、灾后经济社会治理、经济社会恢复、受灾群众生活保障与恢复等救灾与恢复重建环境需要管理学、社会学、法学支持等。城市安全管理更是自然科学、人文社会科学各类知识的大交叉。显然只有应急管理一个二级学科不可能涵盖应急管理所有知识领域。

### 2. 学科归属不明确与体系尚未形成

当前，我国应急管理学科体系构建尚未完善，导致相关研究呈现碎片化，难以形成整合效应。尽管应急管理体系在不断进步，但高校在安全应急专业人才培养方面与应急管理实践融合不足，尤其在理论创新和科技支撑方面存在欠缺，影响了毕业生与实际工作的衔接。安全科学与工程学科需扩展研究范畴，加强与应急管理、行政管理、法学等学科的交叉融合，丰富安全生产监管的理论基础，并提升研究视野，以培养能够适应未来挑战的高素质专业人才。

### 3. 学科建设规划不足

应急管理学科建设与实际需求存在偏差，主要问题包括学科体系不完善、教学与实践脱节。高校安全应急专业面临师资力量薄弱、缺乏经验丰富的教师，难以满足高质量教学要求。防灾减灾学科体系分散，未形成统一支撑，且灾害学研究受限于单一学科，导致应急管理研究呈现碎片化。为提升应急管理学科建设，需加强跨学科整合，构建综合性知识体系，以适应应急管理人才培养和事业发展需求。

4. 专业设置与人才培养不匹配

我国应急管理专业人才培养与国家应急安全体系需求之间存在差距。部分高等教育机构在安全应急专业的人才培养上，倾向于侧重特定类型的灾害或单一领域，而忽视了培养学生综合应对各类灾害的能力。鉴于防灾减灾业务原本分散于多个行政部门，应急管理学科体系尚未形成完整的架构。特别是在土木工程领域，防灾减灾工程及防护工程这一二级学科的研究范畴主要聚焦于建（构）筑物的防灾减灾，其覆盖面远小于广义防灾减灾的广泛需求。

## （二）培养规模上：人才体量不足以支撑安全应急能力和体系现代化需求

当前安全应急管理人才存量严重不足。当前政府安全应急管理、企业安全管理、应急产业、基层应急社会服务等方面均存在巨大的人才需求，各级安全应急管理新增工作领域人员普遍匮乏。比如火灾防治管理、防汛抗旱、地震和地质灾害救援、风险监测和综合减灾、救援协调和预案管理、救灾和物资保障等专业人才较为不足。清华大学关于安全应急人才的需求研究显示：全国应急人才总需求量为 1606.88 万人，现有全国各类应急人才为 1050.85 万人，缺口人数在 556.03 万人。截至 2023 年底，除军事院校外，全国已有 36 所高校自行设立了应急管理、卫生应急管理、安全与应急管理等二级学科，6 家单位已设立了应急管理交叉学科专业，部分高校针对国家在公共卫生与预防医学、应急技术与管理等方向的迫切需求，开设了第二学士学位专业，预计年培养规模在 3000 人左右；开设安全工程本科专业的高校有 222 所，在校生人数 4 万余人，年招收本科生 8100 名左右；消防类本科生年培养规模约为 1700 人。安全科学与工程学科研究所年招生约 1000 人，防灾减灾工程及防护工程学科研究所年招生约 1600 人；另外，全国依托"管理科学与工程""公共管理""安全科学与工程""地理学"等其他相关学科开展应急管理方向研究生教育的高校和科研院所有 50 多家，年培养规模约 500 人；综上，安全应急管理人才年培养规模约为 2 万人，面对巨大的安全应急管理人才需求缺口，现有的培养规模显然杯水车薪。

### （三）支撑体系上：人才培养知识体系和条件资源较为匮乏

目前安全应急管理学科人才培养方案、培养模式多借鉴已有的相关专业，师资队伍也多为跨学科跨专业，因此存在诸多问题[①]。

#### 1. 在岗人员素质不契合实际需求

安全应急管理是一项复杂的系统工程，其有效运行涉及多个领域的知识、技能及技术方法，现有人才培养是被置于割裂的学科下进行培养的，专业背景单一，缺乏必要的安全科学和综合管理知识，新增专业又缺乏人才培养质量标准的指引，并且高等教育环节普遍重理论轻实战，导致目前的人才难以满足当前全灾种大应急视野和总体国家安全观战略的需要。

#### 2. 人才进入安全应急体制内通路不畅

目前应急管理系统改革、业务整合之后，很多专业岗位人员比较缺乏，且目前并没有足够的编制可用于新增人员招录，因此解决人才进入系统工作的通路问题迫在眉睫。安全应急管理工作具有特殊性，可能面临极端情形，一般公务员招录的方式无法完全满足安全应急管理队伍的需求，应考虑制定特殊的人员招录政策。

#### 3. 高校应急管理实践机会和资源有限

一些高校对应急管理专业学生的实践机会安排不足，学生缺乏参与实际应急管理工作的机会和经验，影响了对他们实践能力和应对能力的培养。

---

① 孙颖妮：《从人才需求出发　统筹规划　系统性进行学科建设——应急管理学科专业建设研讨会综述》，《中国应急管理》2019 年第 7 期，第 28~31 页。

## （四）培训供需上：培训供给与需求不匹配难以胜任工作需求

当前我国安全应急管理人才供给与需求不匹配。现有安全应急管理相关人才培养主要集中在安全工程、防灾减灾与防护工程、消防工程等专业，与实际需求的火灾防治管理、防汛抗旱、地震和地质灾害救援、风险监测和综合减灾、救援协调和预案管理、救灾和物资保障等专业匹配性不强，近年来，新增应急管理相关专业应瞄准需求，找准定位，做到按需培养。存在的困难挑战为以下四点。

**1.缺少专业机构，供给能力不充足**

当前，安全应急管理教育培训需求旺盛，但培训的有效供给不够。当前人才培养多依赖内部机制，教育培训机构虽然总体上数量不少，但其中专业机构不多，缺乏有效的对接和培训机制，且存在培训资源分散、专业性不强、有效性差等问题。

**2.顶层设计缺失，供给质量无保证**

没有统一的安全应急管理培训顶层设计和可以遵循的统编大纲，也没有形成针对不同地域、不同行业的需求调研分析制度和体系，导致培训机构制定培训方案和进行课程设计时无的放矢，授课内容与培训对象的工作实际存在脱节现象[1]。参培学员学非所用、用非所学，应急处置实际工作需求没有得到充分回应，培训内容更新不够及时，不能紧贴实战需要，培训的精准度和实效性有待提高。据应急管理部调研，认为针对安全应急管理培训系统性、针对性、实效性方面需要加强的人员均超过半数。

**3.不同层级、类型混培，供给资源不均衡**

一方面是没有考虑不同层级、不同岗位的干部对安全应急管理培训的不同需求，放在一起混合培训。另一方面是越到顶层，安全应急管理培训资源越集中；越到基层，安全应急管理培训办学条件越不好，从场地到师资都远

---

[1] 闪淳昌、周玲、秦绪坤等：《我国应急管理体系的现状、问题及解决路径》，《公共管理评论》2020年第2期，第5～20页。

远不能满足要求。同时，工学矛盾没有解决，"想学的（工作离不开）来不了、不想学的（工作用不着）经常来"的现象仍然存在。

4.内容脱离实际，供给匹配不精准

同一部门各层级、各业务岗位的安全应急管理能力素质要求有很大差异，即使是在同一部门、同一岗位，由于人员来源不同，安全应急管理能力素质也是参差不齐，尤其是在基层部门，这一问题更为突出。这些方面都对培训内容与工作岗位的匹配度提出了差异化要求，而现实当中培训没有分层级、分岗位、分领域，缺乏针对性。

## 五 中国安全应急管理人才培养着力点与发展趋势

### （一）在人才培养布局上将区域灾情与高校优势统筹考虑

我国人口众多，地理地质环境复杂，气候异常多样，自然环境在变异过程中引发的自然灾害种类很多[①]，根据全国各地区的地理地质环境和以往灾害事故发生的特点，统筹考虑各区域高校优势，针对性地进行安全应急人才培养体系建设与布局是未来发展的重要趋势。东北针对洪涝灾害、低温灾害，雪灾及森林、草原火灾的灾害特点，增加对森林、草原防火专业的人才培养，同时在洪涝灾害应对上，可协同培养洪涝防灾与应急管理相关专业人才。西北地区可针对地震、滑坡、泥石流等地质灾害，土壤沙化环境灾害，以及雪灾等灾害特点，培养地质灾害防治与应急管理相关人才。华北地区总体灾害事故发生率相对较低，人口基数大，高校分布广泛，人才众多，师资力量雄厚，可以培养综合素质应急救援人才，建立国际救援团队和医疗救援团队来支援其他各个国家和地区。如中国消防救援学院、中国人民警察大学是综合性救援人才的重要培养院校；应急管理大学（筹）组建之后将转型

---

① 高萍、高怡、李海君等：《我国基于应急管理的突发自然灾害区域划分》，《灾害学》2013年第3期，第138~141、165页。

面向应急管理主责主业开展针对理、工、文、管、医多个学科门类培养综合性应急管理人才。华中地区易发生洪涝灾害，应重视针对水利方面的应急人才培养，除省级应急管理院校外，还可协同武汉大学、郑州大学、华北水利水电大学、中国地质大学等水利工程专业排名比较靠前的学校，针对洪涝灾害进行重点布局，加强人才培养。西南地区位于亚欧板块与印度洋板块交界处、地中海—喜马拉雅地震带，地壳运动活跃，地震频发。另外，地势落差大，干湿季分明，暴雨集中，容易发生山体滑坡、泥石流等地质灾害。可重点加强对地质灾害相关专业人才的培养，以加强对泥石流、山体滑坡等地质灾害的预防和救援。东南沿海地区位于台风主要活动区，是洪涝、大风、风暴潮等最为严重的地区。针对该区域的灾害特点，可基于已有高校培养基础进行水害应对人才的培养。

## （二）人才培养与培训主体朝着"主—辅"二元格局迈进

安全应急管理属于多主体、多对象、多阶段、多目标的复杂巨系统，涉及各级政府部门、国民经济各领域以及各学科领域，学科体系的建立非常复杂，获得行政系统和学术界的共识更难。政府主导的安全应急管理工作体系，以实际问题为导向，旨在预防和解决问题，注重实践性，强调功效性。而安全应急管理学科体系由学术界构建，旨在为工作体系提供理论和方法支撑，要具有系统性、基础性和应用性[1]。

鉴于安全应急管理工作的特殊性，形成以安全应急管理系统高校为主力、以普通高校为补充的安全应急管理人才培养体系也是未来重要发展趋势之一。安全应急管理工作具有非常大的特殊性，随时面临突发状况，且部分专业人才需求较为局限，应用性强，要求具备这些特征的专业人才可以由安全应急管理系统的高校作为主体培养单位来进行培养。全国其他高等院校，围绕应急管理发展需求，从各自的学科优势、人才培养资源出发，有差异地

---

[1]　冯双剑、周文光：《探讨应急本源　聚焦学科前沿——应急管理本科专业建设研讨会侧记》，《中国应急管理》2021年第6期，第76~79页。

培养各类应急管理人才，形成"主—辅"二元格局的人才培养体系。从人才的定位来看，我国高等教育总体上可分为研究型、应用型和职业技能型三大类型，即研究型高等学校、应用型高等学校、职业技能型高等学校。未来，作为人才培养辅助方的研究型高校设置原理和技术类专业，小规模招生，硕士起点，为学术型博士培养预备人才，关注其创新能力，以基础理论与方法等知识的教授为主。而作为人才培养主体承担单位的系统内高校，偏向应用型人才培养，其他应用类高校亦可在应急特色类学科下进行应用型人才培养，设置综合管理类、技术类、救援类专业，培养应用型人才，本科起点，也包括应用型硕士和博士人才培养，关注实际问题解决能力，以对工具、技术和方法等知识的教授和多种形式的实践教学为主。技能型高校则可设置技术类、救援类专业，培养职业技能型人才，专科起点，主要面向就业。"主—辅"二元培养格局相辅相成，协同配合，共同促进我国安全应急管理人才的培养与发展。

## （三）安全应急领域高层次人才培养进一步强化

鉴于全球风险挑战加剧、不稳定不确定因素明显增多的大趋势，未来我国安全应急领域对于管理型、专家型等高层次人才需求将会持续增长，对硕士、博士研究生培养提出新的要求。我国当前安全应急管理研究生教育分布在安全科学与工程、矿业工程、地理学、公共管理、管理科学与工程等多个学科领域。"立足于本学科又不仅限于本学科"是安全应急领域研究生培养的重要方向，学科是人才培养的根基，跨学科高层次人才培养又将进一步推动学科建设和发展。借鉴国际高校硕士研究生授课型与研究型的划分方法，未来将会更侧重从"以基础科学为导向"、"以工程技术为导向"和"以系统管理为导向"三个方向构建研究生培养体系，专业型硕士旨在通过系统的学科内理论学习构建应急管理基础知识体系，锻炼沟通、决策、管理和执行等关键技能，并通过大量实操内化知识，成为应急管理领域内相关方向的高级决策者。根据硕士研究生培养的趋势，逐渐减少对学术型硕士研究生的培养，大力扩展专业型硕士研究生培养规模。博士生培养可以分为应用型和学术型两类，重点培养博士生的创新型科研能力，使其能通过自身研究推动应急管理领域的理论或技术创新，且本人具备从事应急管理科学研究与教育教学的能力。通过高层次人才培养促进知识汇聚，优化学科建设路径，培育新的知识生长源，最终形成新的学科领域，是遵循学科建设规律较为切实有效的做法，也是未来安全应急领域高层次复合型人才培养的重要着力点。

## （四）对口衔接的匹配性人才培养模式更加凸显

安全应急管理人才素养与就业领域具有高度匹配的特点，这与公安、司法系统的人才培养具有相似性，未来可参照公安、司法系统采取"对口衔接、匹配培养"的模式。公安、司法系统已经形成了业务部门直属和主管的专业院校体系，以部属高等院校为龙头，在全国具有数量可观的公安、司法专业院校，既有部属层次院校，又有省属层次院校，既有本科院校，又有高职专科院校，瞄准公安和司法机关的需求源源不断地输送专业人才。基于应急管理实际工作的实战性和复杂性，未来需要在人才培养过程中强化对专业人才理论与实践并重、拓展事故灾害防抗救治全面性知识和能力的培养，坚持德智体美劳全面发展，强化政治素质养成和实战能力培养，对应急管理主干专业人才培养实施职业化、实战化、准军事化及学分制、书院制、双导师制等模式。进一步强化多学科交叉和产教融合，培养适应多灾种、大应急、一专多能实战型人才，弥补高等教育在新兴领域人才培养的短板，有效解决应急管理队伍专业化能力不足的问题。

此外，应急管理部作为人才需求及人才培养促进的主体部门，未来可采取部门主导的"定向"人才培养模式。一是抓住筹建中国应急管理大学的重大机遇，构建以中国应急管理大学为龙头的专业人才院校序列梯队，形成部属与省属、本科与专科多层次的人才培养结构；二是稳步推进应急管理院校毕业生单独联考招录政策，在人才培养与就业之间搭建稳固畅通的桥梁；三是推动专业院校与用人单位在人才培养中展开全过程深度合作，将教育内容与实际工作紧密结合，引导用人需求向人才培养的前端延伸，并覆盖人才培养方案、课程设置、师资交流、专业实习、毕业设计等各个环节，试点

"双导师制""双基地制""跟岗实训"等长效合作机制，积极推广相关试点经验；四是指导地方应急管理部门与当地院校合作建立属地应急管理人才合作培养机制，开展针对性的在职培训，弥补当前应急管理人才的短缺。

### （五）技术赋能驱动下"安全应急+新兴技术"复合型人才培养更加凸显

随着以人工智能、大数据、云计算等为代表的新一代信息技术的革命性进步，安全应急管理领域正面临前所未有的变革机遇与挑战。一方面，新技术的广泛应用为提升防灾减灾和应急处置能力提供了全新解决方案，推动安全应急管理模式从经验驱动向数据驱动、从被动响应向主动预防转变。另一方面，技术赋能也对安全应急管理人才能力提出了更高要求，亟须培养一批懂技术、善管理、能处置的复合型高端人才。

事实上，近年来各类突发事件应对均凸显了技术赋能应急的重要价值。以新冠疫情防控为例，新一代信息技术在疫情监测预警、病毒溯源、接触者追踪、医疗诊断等环节发挥了不可或缺的作用，大数据分析为精准施策提供了有力支撑。但实践中也暴露出"技术与管理两张皮"的问题，缺乏既懂技术又懂管理的复合型人才，无法充分发挥新技术赋能应急管理的潜力。这一困境凸显了加快"安全应急+新兴技术"复合型人才培养的紧迫性。为了适应安全应急领域对高层次人才的迫切需求，我们必须不断壮大和优化创新型科技人才队伍，通过提供丰富的科研资源、搭建高水平的学术交流平台以及建立有效的激励机制，激发科研人员的创新热情和潜力，为应急管理领域注入源源不断的创新活力。一是优化学科专业布局，加快应急管理与人工智能、大数据、云计算等学科交叉融合，打造一批"安全应急+新兴技术"特色专业，为培养复合型人才提供制度化保障。二是创新人才培养模式，强化实践实训环节，依托应急管理大数据中心、虚拟仿真实验室等新型教学平台，提升人才技术运用能力。三是深化产学研协同，鼓励企业和科研机构参与人才培养全过程，建立供需精准对接、共建共享的人才培养新机制。

# 分 报 告

## B.2

# 2023年中国安全生产综合监督管理人才发展报告

洪 都*

**摘 要：** 立足安全生产综合监督管理实务工作的重要性、复杂性，结合"管行业必须管安全、管业务必须管安全、管生产经营必须管安全"原则，本文首先对中国安全生产综合监督管理人才发展进行研究，在概念界定的基础上进行人才的五大类划分，并以坚持人民至上、生命至上的"两个至上"和统筹好发展与安全"两件大事"为理论基础，立足国内外现有研究的文献综述，从宏观、中观、微观三个角度对中国安全生产综合监督管理人才发展进行政策研究和环境分析。其次，坚持问题导向、结果导向并基于公开获取的数据和资料，对中国安全生产综合监督管理人才发展进行现状研究和问题分析，发现我国安全生产综合监督管理人才发展成绩显著，人才规模与质量持续优化，安全生产监管能力稳步提升，安全生产形势呈现持续稳定向好

* 洪都，中国机构编制管理研究会常务副会长兼秘书长，中关村安全管理技术人才发展促进会名誉会长，主要研究方向为行政学及国家行政管理。

的态势，但是仍然存在基层执法队伍"质弱量少"、执法效果"宽松软虚"、统计分析制度缺失等七方面的问题亟待解决。最后，以高质量的人才创新引领新时代的安全发展为出发点，提出对中国安全生产综合监督管理人才发展未来的展望与对策，包括：明确基本原则，设定高水平、高质量的人才发展路径；科学设定目标，树立可持续、实用型的人才发展导向；分类规划任务，规范多层次、多领域的人才发展标准；健全机制政策，优化全链条、全周期的人才发展环境。

**关键词：** 安全生产　综合监督管理　人才发展

# 一　绪论

安全生产事关人民群众生命财产安全和社会稳定大局，安全发展是贯彻落实科学发展观、构建和谐社会的必然要求。随着我国经济和社会不断发展，全社会对安全生产的要求越来越高。安全生产人才是安全发展第一资源，是实现安全生产状况根本好转的重要保障，而安全生产综合监督管理的人才是安全生产人才的重要组成。

安全生产综合监督管理是安全生产的重要内容，事关明确部门监管责任、完善监督管理体制、提高政府监管效能与健全落实安全生产责任制；安全生产综合监督管理的工作成效，事关严格遵守并切实执行"三管三必须"原则，事关建立健全"党政同责、一岗双责、齐抓共管"的安全生产责任体系，事关建立企业负责、职工参与、政府监管、行业自律和社会监督的安全生产工作机制与治理格局，事关推进安全生产治理体系和治理能力现代化，事关以高水平安全保障高质量发展，事关让人民群众安全感更加充实、更有保障、更可持续，不断增强人民群众的获得感、幸福感、安全感。

根据相关法律和政策制度，安全生产综合监督管理的政府职责主要由应急管理部门承担。2021年《安全生产法》规定："国务院应急管理部门依照本法，对全国安全生产工作实施综合监督管理；县级以上地方各级人民政府应急管理部门依照本法，对本行政区域内安全生产工作实施综合监督管理。"2018年《应急管理部职能配置、内设机构和人员编制规定》规定，应急管理部贯彻落实党中央关于应急工作的方针政策和决策部署，在履行职责过程中坚持和加强党对应急工作的集中统一领导，主要职责包括"依法行使国家安全生产综合监督管理职权，指导协调、监督检查国务院有关部门和各省（自治区、直辖市）政府安全生产工作，组织开展安全生产巡查、考核工作"。各级应急管理部门在严格遵守相关法律法规要求的基础上，应坚定不移地推动综合监管职能落实，进一步细化工作措施，不断强化风险识别、评估、预警和处置能力，防范化解安全生产领域可能存在的各类风险隐患，做到关口前移，根源治理。同时，落实地方党委政府和有关部门、企业的安全生产责任，形成全社会共同参与、共同维护安全的良好氛围。

加速政府职能转型与升级，落实政府监管职能，需要不断完善跨部门综合监管机制，优化安全生产综合监督管理制度设计，向条块结合、区域联动的协同管理模式转变。2023年1月《国务院办公厅关于深入推进跨部门综合监管的指导意见》（国办发〔2023〕1号）提出"对食品、药品、医疗器械、危险化学品、燃气、特种设备、建筑工程质量、非法金融活动等直接关系人民群众生命财产安全、公共安全和潜在风险大、社会风险高的重点领域及新兴领域中涉及多部门监管的事项，要积极开展跨部门综合监管"。而人才发展也是跨部门安全生产综合监督管理的必要支撑，为有效提升跨部门综合监管的效能，应不断优化资源配置，落实人员、技术、经费等多方面保障，依据跨部门综合监管的具体需求，定制专项业务培训课程。深入推进综合行政执法改革，整合执法资源，优化执法流程，精简执法业务，提升执法能力，建设"一专多能"的综合执法队伍，提升依法履职能力。

本文以安全生产综合监督管理人才作为研究对象，主要研究方法为文献研究法、案例研究法，通过收集分析公开数据、查阅文献资料、研究相关政策文件等，界定安全生产综合监督管理、安全生产综合监督管理人才等相关概念，通过对相关资料的收集和研究，对现状进行调查与分析，梳理出人才建设存在的问题，提出具体可行的对策和建议，以求能为中国安全生产综合监督管理人才建设提供有价值的参考。

## 二　理论研究与规律分析

### （一）概念界定

#### 1. 安全生产综合监督管理

2016年12月9日《中共中央　国务院关于推进安全生产领域改革发展的意见》提出："明确部门监管责任。按照管行业必须管安全、管业务必须管安全、管生产经营必须管安全和谁主管谁负责的原则，厘清安全生产综合监管与行业监管的关系，明确各有关部门安全生产和职业健康工作职责，并落实到部门工作职责规定中。"

狭义上的安全生产综合监督管理是应急管理部门所具备的职责，指的是各级应急管理部门依照《安全生产法》等法律法规和政策制度，按照分级、属地原则，依法对本行政区域内安全生产工作实施综合监督管理，宏观指导、综合协调、监督检查同级政府行业监管部门的安全生产工作，监督考核并通报安全生产控制指标执行情况，起草安全生产方面的综合性法律、行政法规和规章，监督事故查处和责任追究落实情况，总体可概括为《安全生产法》标准和政策规划的制定修订、执法监督、事故调查处理、应急救援管理、统计分析、宣传教育培训等综合性工作，以保证党和国家的各项方针政策与《安全生产法》等法律法规在本地区得到全面的贯彻落实。目前各类各级政策文件中出现的"安全生产综合监管"，基本上均指的是其狭义界定。

从广义上看，安全生产综合监督管理应涵盖具备对安全生产进行监督、管理、执法等权力、职责或责任的部门、属地和单位，依法依规落实管行业必须管安全、管业务必须管安全、管生产经营必须管安全的"三管三必须"监管责任。《安全生产法》对于具备安全生产监督管理职责的四类主体及其责任进行有效明确，包括：第一类：应急管理部门；第二类：负有安全生产监督管理职责的部门：除了应急管理部门之外，对有关行业、领域的安全生产工作实施监督管理的部门，包括负有安全监管职责的部门（一般简称"行业监管部门"，主要指执法权、管理权均有的部门）、负有安全生产管理责任的行业领域主管部门（一般简称"行业管理部门"，主要指没有执法权但有管理权的部门）和其他有关部门；第三类：地方政府，一般是指县级及以上地方各级人民政府，包括省级行政区（省、自治区、直辖市、特别行政区）、地级行政区（地级市、地区、自治州、盟）、县级行政区（县级市、市辖区、自治县、县、旗、自治旗、特区、林区）三个层级；第四类：基层政府和功能区，包括乡镇人民政府和街道办事处的基层政府以及开发区、工业园区、港区、风景区等功能区。

在实务中，安全生产综合监督管理的内涵已经超出政府监管的范畴，而渗透到社会的方方面面。依据相关法律法规和政策规定，我国安全生产工作实行管行业必须管安全、管业务必须管安全、管生产经营必须管安全，强化和落实生产经营单位主体责任与政府监管责任，建立生产经营单位负责、职工参与、政府监管、行业自律和社会监督的机制，事实上的"安全生产综合监督管理"由相关的社会全员依法依规、分类分级共同承担。第一，法律法规和政策明确规定，企业（生产经营单位）应承担起安全生产的主体责任，严格履行《安全生产法》规定的职责和义务；既包括企业作为个体的主体责任，也包括企业所有员工的岗位责任，在落实主体责任的过程中企业加强对全员安全生产责任制落实情况的监督考核，监督从业人员按照规则佩戴、使用符合国家标准或者行业标准的劳动防护用品，企业的安全生产管理人员应当对本单位的安全生产状况进行经常性检查和纪实报告、处理、记录在案；生产经营单位对承包单位、承租单位的安全生产工作统一协调、管理并定期进行安全检查等。第二，在政府监管责任中，一方面，全面建立"党政同责、一岗双责、齐抓共管"的安全生产责任体系，充分发挥党建引领作用，认真履行党支部、党员的安全职责，以高度责任感和使命感，发挥党组织在安全生产监管领域的战斗堡垒作用；另一方面，依照"三管三必须"的要求，全面构建政府安全生产的精细化管理体系，明确各级政府部门的安全生产综合监督管理职责，形成上下贯通、协同联动的责任链条，切实将安全生产综合监督管理工作融入行业监管、生产经营的全过程中，确保安全生产工作的每一环节都有明确的责任主体。第三，工会、有关协会组织以及依法设立的为安全生产提供技术或管理服务的机构，依照法律、行政法规、组织章程、执业准则等，依法对安全生产工作进行不同形式、层次、维度的监督与管理工作。

### 2. 安全生产综合监督管理人才

《国家中长期人才发展规划纲要（2010—2020 年）》中明确，人才是指具有一定的专业知识或专门技能，进行创造性劳动并对社会作出贡献的人，是人力资源中能力和素质较高的劳动者。应急管理人才指满足上述条件且从事安全生产综合监督管理相关工作的人员。

立足我国安全生产综合监督管理实务工作的重要性、复杂性，结合我国安全生产应切实做到管行业必须管安全、管业务必须管安全、管生产经营必须管安全，全面建立"党政同责、一岗双责、齐抓共管"的安全生产责任体系，基于企业负责、职工参与、政府监管、行业自律和社会监督的安全生产工作机制与治理格局等相关要求，本研究针对的安全生产综合监督管理人才，将应用"安全生产综合监督管理"更广义的界定，并将其所属的工作性质和单位属性不限定于公职人员和公共部门，而是将所有领域、单位、岗位中与安全生产综合监督管理有关的人才均考虑进来。

基于此，安全生产综合监督管理人才是指在安全生产综合监督管理及与其相关的行业监察、企业管理、应急救援、理论研究、政策法规、科技教育、职业健康和专业服务等方面具有一定专业知识或专门技能，进行创造性劳动并对社会作出贡献的人，是安全生产领域人力资源中能力和素质较高的劳动者。

### 3. 安全生产综合监督管理人才的分类

根据安全生产综合监督管理人才所在的单位行政级别、掌握的知识技能特征、承担的职责与发挥的功能等，结合《安全生产人才中长期发展规划

（2011—2020 年）》①，可将安全生产综合监督管理人才分为以下五类。

一是公共部门监管监察人才，主要指各级安全生产监管机构、执法机构和煤矿安全监察机构中的公务员以及参照《公务员法》管理的事业单位工作人员，包括各级地方政府应急管理行政执法人员、各级地方政府应急管理综合行政执法队伍、乡镇（街道）基层应急管理综合执法人员、安全生产执法人员、负有安全生产监督管理职责有关部门的安全生产监督管理人员、负有行业领域管理职责有关部门的安全生产管理和综合监管执法人员等。

二是企业安全生产综合监督管理人才，主要指生产经营单位的主要负责人、安全生产管理人员、专职安全生产分管负责人。

三是安全生产综合监督管理高技能人才，主要指特种作业人员中取得高级技师、技师和高级技工职业资格及相应职级的人员，以及在安全生产应急救援岗位的专职管理、技术和作业人员。

四是安全生产综合监督管理专业服务人才，主要指在安全生产及职业健康评价、咨询、检测检验、培训、宣传教育等专业服务机构中职业素质优良、专业技术精湛、取得相关职业资格的专业人员，各级安全生产监管机构、执法机构和煤矿安全监察机构直属事业单位的专业技术人员。

五是安全生产综合监督管理专家学者人才，主要指在安全生产科技、教育、管理、职业危害预防控制、突发事件应急救援等特定行业领域作出突出贡献、提供决策支撑的专家学者。

## （二）理论基础

中国安全生产综合监督管理人才发展的理论研究，以习近平新时代中国特色社会主义思想为最基本、最根本的理论指导和思想引领；其中，坚持人民至上、生命至上的"两个至上"和统筹好发展和安全"两件大事"，是事关安全生产综合监督管理人才发展的核心理论。

---

① 国家安全生产监督管理总局（原国家安全生产监督管理局）：《国家安全监管总局关于印发安全生产人才中长期发展规划（2011—2020 年）的通知》，2011 年 4 月 18 日。

### 1. 坚持人民至上、生命至上

生命重于泰山，人民的生命安全高于一切。安全生产事关人民福祉，事关经济社会发展大局，是党和政府对人民利益高度负责的要求。在安全生产领域，习近平总书记多次强调人民至上、生命至上，鲜明昭示了我们党以人民为中心的发展思想，生动诠释了人民至上、生命至上的价值理念，充分彰显了中国共产党人的初心使命，集中体现了人民领袖的强烈责任担当。

人民至上、生命至上的"两个至上"，也成为国家法律明文规定和重大政策反复强调的要求。《安全生产法》要求"安全生产工作应当以人为本，坚持人民至上、生命至上，把保护人民生命安全摆在首位，树牢安全发展理念，坚持安全第一、预防为主、综合治理的方针，从源头上防范化解重大安全风险。"2018年1月中办国办印发的《关于推进城市安全发展的意见》明确，"坚持生命至上、安全第一。牢固树立以人民为中心的发展思想，始终坚守发展决不能以牺牲安全为代价这条不可逾越的红线"。2016年12月9日，《中共中央 国务院关于推进安全生产领域改革发展的意见》提出"贯彻以人民为中心的发展思想，始终把人的生命安全放在首位"。各级党委和政府、各级领导干部要提高政治站位，坚持"两个至上"，坚定不移地落实以人民为中心的发展思想，牢牢守住安全底线，在制定决策或采取行动时，必须将人民群众的福祉和安全置于首位。

### 2. 统筹好发展和安全两件大事

"越是开放越要重视安全，统筹好发展和安全两件大事""安全和发展是一体之两翼、驱动之双轮"。党的十九届五中全会就统筹抓好发展和安全两件大事作出重要部署。辩证把握发展和安全的关系，对于统筹好发展和安全两件大事、在复杂环境下更好推进我国经济社会发展具有重大意义。历史和实践证明，在推进国家高质量发展的进程中，科学统筹发展和安全至关重要。既要深入发掘并充分利用经济社会发展的丰硕成果，不断夯实国家安全的坚实基础，又要努力塑造有利于经济社会持续健康发展的安全环境，确保经济的稳健运行和社会的和谐稳定。通过统筹发展和安全的双轮驱动，为实现国家长治久安和人民幸福安康提供坚实的保障。

统筹好发展和安全两件大事，要做到两手抓、两手都要硬，实现高质量发展和高水平安全的良性互动、相得益彰。一方面，在推动国家发展进程中，要坚决落实总体国家安全观，切实将国家安全战略付诸实践。既要全面兼顾传统安全与非传统安全，确保安全发展的理念贯穿国家发展各领域和全过程，又要不断推进国家安全体系和能力现代化，确保国家经济安全、人民安全和社会稳定，为高质量发展筑牢国家安全屏障，以高水平安全促进高质量发展。另一方面，进入新发展阶段，必须坚定不移把发展作为党执政兴国的第一要务，坚定不移贯彻新发展理念，坚持稳中求进工作总基调，以推动高质量发展为主题，以深化供给侧结构性改革为主线，以改革创新为动力，加快实现高质量发展，以高质量发展保障高水平安全。

（三）文献综述

国外工业发达国家，其安全生产相关研究发展较早，在 20 世纪便构建了较为完善的法律体系和监管部门，分工明确且详细，其中有经验的安全管理人员发挥着重要作用。随着时代的发展，安全生产问题出现变化，并展现了高度的安全风险，因此，国外安全生产的管理也面临着更新和提升。对相关国外期刊进行主题分析发现，国外安全生产的最新研究主要从技术层面和文化层面展开，对安全生产监管的制度性研究较少。较为典型的研究例如：联合国国际劳工组织（International Labour Organization，ILO）采用专家监督和民主监督相结合的监督机制，目标是使各方主体能够充分、平等地从中受益，保障各个部门、各个层次男女劳动者的安全[1]；美国职业安全与健康管理局（Department of Labor Occupational Safety and Health Administration，OSHA）通过评价企业事故绩效来减少事故率，促进安全发展。荷兰皇家壳牌石油公司 1989 年发布了基于健康、安全和环境（Health-Safety-Environment）的 HSE 管理体系，通过事故预防与风险控制落实各方责任，降低事故率，

---

① Forsythe N., Korzeniewicz R. P., Majid N., et al. "*International Labour Organization*". East European Monographs, 2003.

减少人员伤害、财产损失和环境污染①。

相较于西方发达国家，国内对于安全生产监管方面的研究起步较晚，但是随着我国经济和工业化的快速发展，人们对安全生产问题越来越关注，相关方面的研究越来越多，研究范围也更加广泛，主要包括政府安全管制效果研究、《安全生产法》法律体系研究、安全监管体系及机制研究、安全监管方法研究、基层安全监管研究、安全生产基础建设研究、企业安全管理研究等多种角度；国内的安全生产监管研究在安全生产管理技术、安全生产监管体制机制法制，以及基层安全生产监管等方面都有广泛的研究探讨。总之，在当前政府职能转变的大背景下，随着相关政策法规的不断完善，安全生产综合监管工作逐渐精细化、制度化、科学化、体系化。主要体现在：要求全面开展安全生产综合监管，形成监管网格；要求各级部门职责划分精细化，完善责任体系；要求安全生产综合监管与互联网深度融合科学化，形成网络平台；要求结合地方特色形成监管监察体制，提升综合监管效能；但是大多数研究只是把这一问题作为众多问题中的一项提出，缺乏统筹协调角度的综合监管方法研究，而针对安全生产综合监督管理人才的专项研究更加匮乏，亟待填补空白。

## 三 政策研究与环境分析

政策与环境是促进人才发展的基础，对此，本报告梳理近年来与中国安全生产综合监督管理人才相关的政策制度规范，全面评估中国安全生产综合监督管理人才发展的社会、政治、经济等环境。

### （一）安全生产综合监督管理的宏观维度

安全生产的宏观维度，主要包括相关重要论述、领导人指示、会议精

---

① JA Torrecilla-García, Pardo-Ferreira M , Rubio-Romero J. C. , et al. "Assessment of Research, Development and Innovation in Occupational Health and Safety in Spain" [J] . *Safety Science*, 2021, 141 (1)：105321.

神。国家重要领导人高度关注安全生产综合监督管理工作，多次发表重要讲话、作出重要批示要求，党中央、国务院对于安全生产作出多次决策部署，深刻论述安全生产红线、安全发展战略、安全生产责任制等重大理论和实践问题，要求以统筹发展和安全为核心抓手，强化依法治理的理念，持续构建安全生产责任体系，责任落实到岗到人，以完备的安全生产责任考核制度推动安全生产综合监督管理健康发展；不断创新安全生产的新型科技应用，推动安全生产领域的产业转型和升级，赋能智能监管、风险防控和应急救援，以高水平安全保障高质量发展等多方面的论述，对安全生产综合监督管理人才建设具有重要指导作用。

### （二）安全生产综合监督管理的中观维度

安全生产综合监督管理的中观维度，主要包括两方面：一是相关法律法规、政策制度、标准规范等的制定完善，二是相关部门机构及其职责、编制人员等的运行和优化。

一方面，我国陆续出台了关于安全生产综合监督管理的政策法规制度规范近百项，为中国安全生产综合监督管理人才发展创造良好的制度环境，重点包括《关于进一步加强安全生产综合监管工作的指导意见》《国务院安全生产委员会成员单位安全生产工作职责》《国务院关于进一步加强企业安全生产工作的通知》《安全生产违法行为行政处罚办法》《国务院办公厅关于加强安全生产监管执法的通知》《中共中央 国务院关于推进安全生产领域改革发展的意见》《安全生产执法程序规定》《关于推进城市安全发展的意见》《安全生产监管执法监督办法》《地方党政领导干部安全生产责任制规定》《应急管理部职能配置、内设机构和人员编制规定》《全国安全生产专项整治三年行动计划》《国务院安全生产委员会成员单位安全生产工作任务分工》《关于深化应急管理综合行政执法改革的意见》《中华人民共和国安全生产法》《应急管理部关于加强安全生产执法工作的意见》《"十四五"国家安全生产规划》《安全生产治本攻坚三年行动方案（2024—2026年）》等。

另一方面，安全生产综合监督管理相关部门机构的运行和优化，集中体现为以下两方面。一是应急管理部门的机构设置和职能变革的历史沿革。新中国成立后，我国的安全监管可以划分为三个阶段，第一阶段由劳动部门负责安全生产，第二阶段 2001 年成立安全生产监督管理部门，第三阶段 2018 年组建成立应急管理部门；当前在中央层面，应急管理部整合了 11 个部门的 13 项职能，涉及 5 个国家议事协调机构，顺利完成机构组建、职能融合、人员转隶，基本理顺应急管理统与分、防与救的关系，逐步实现了从"简单叠加"到"深度融合"的跨越式转变，总体效果显著，达到了"一加一大于二"的协同增效目标。二是安全生产委员会制度的实施和优化：安全生产委员会制度是各级党委政府的议事协调机构，也是应急管理部门履行安全生产综合监管职责的重要抓手，自 1984 年成立至今，在运行过程中不断优化、完善相应的工作机制和管理制度。安委会制度是安全生产综合监管的核心和关键，在国务院和各级地方政府的统一领导下，安委会及其办公室充分发挥议事协调机构职能作用，研究部署、指导协调、监督检查全国和各地安全生产工作，不断压实各方责任，推动各成员单位形成齐抓共管合力，督促各地加强组织领导，确保各项措施落实落地。

## （三）人才发展的微观维度

一是安全生产综合监督管理人员从业的标准和规范。应急管理部 2019 年发布《安全生产行政执法规范用语指引》，规范了安全生产综合监督管理的执法流程和工作要求；2022 年发布《安全生产执法人员入职培训和复训大纲（试行）》，填补应急管理系统在安全生产执法人员入职培训和复训相关内容设置与制度建设等方面的空白；各地方结合实际情况，针对安全生产综合监督管理、安全生产执法、应急管理综合行政执法等出台相应的执法标准、操作规范，典型包括《北京市应急管理综合行政执法"四位一体"标准化建设实施方案》《广东省应急管理执法工作标准化示范点建设规范》《江苏省应急管理综合行政执法队伍规范化建设标准》等。

二是安全生产综合监督管理人员执法的保障能力建设。当前，各地区地方应急管理部门因地制宜，积极争取地方党委、政府的重视和支持，认真落实财政部、司法部印发的《综合行政执法制式服装和标志管理办法》，统一配备应急管理综合行政执法制式服装和标志，健全完善执法经费保障机制，配齐配强执法装备、仪器设备、防护用品、执法车辆，加大对基层应急管理部门及其执法机构装备建设的支持保障力度，全面提高基层执法装备配备使用水平。

三是安全生产综合监督管理队伍建设与能力提升的专项工作。当前，部分省区市出台提升执法能力、水平、素质、效能的专项行动方案。例如：内蒙古自治区实施为期三年的执法能力提升行动（2022～2024），积极举办"执法行为规范年""执法能力提升年""执法成效巩固年"等系列活动，同时深入推进执法工作的规范化、专业化与高效化，确保执法能力得到显著提升。落实执法队伍编制、加强基层执法力量建设，健全执法工作体系、加强制度机制建设，强化执法人员教育培训、提高执法能力水平，严格执法程序、规范执法行为，创新执法手段、提高执法信息化智能化水平，严格执法处罚、提高执法效能六方面的重点工作，并以形式多样的检查督导活动促进各项行动的稳步推进。

四是安全生产综合监督管理人才的综合服务管理政策及其环境。当前，从中央到地方，围绕安全生产综合监督管理、安全生产执法以及应急管理综合行政执法人员的资格准入、教育培训、绩效考核、业务交流、薪酬福利、奖励晋升等，切实提升人才管理和服务的政策水平，改善人才发展的综合环境。例如：国家高度重视对安全生产综合监督管理人才的执法教育培训，《应急管理部关于加强安全生产执法工作的意见》专门提出"健全系统化执法教育培训机制，建立并规范实施入职培训、定期轮训和考核制度。制定年度执法教育培训计划，把理论学习与实践锻炼、课程讲授与实际运用有机结合，突出执法工作重点环节，采取理论考试、现场实操、模拟执法等方式组织开展执法队伍岗位比武练兵"。再如：应急管理部印发了《应急管理行政执法人员依法履职管理规定》，进一步明确行政执法责任制和问责制，确保责任到人、任务明确、追究到位，形成严密的责任链条；建立健全监督、保障和激励机制，加强对应急管理行政执法人员的日常管理和考核，确保应急管理行政执法人员能够严格依法行使职责，恪尽职守、勇于担当。

五是安全生产综合监督管理人才培养、激励、吸引、聚集的其他具体举措，包括且不限于：与人才吸引环境相关的研究发展规划、科研投入体制、课题研究项目；与人才培养环境相关的学科建设、学位学历设置、高等院校和职业学院发展、教育培训、职业发展、组织交流等；与人才聚集环境相关的工作站、示范区、人才中心、创新基地等。例如，我国从 2012 年开始，在河北省、湖南省、重庆市建设国家安全监管监察执法综合实训华北、中南、西南三个基地，为各级政府职能部门、企事业单位、大专院校提供安全生产综合监督管理人才队伍的优质实训考核服务保障和技术支撑；再如，我国持续推动安全生产监管人才培养与高校教学的深度融合，在 2023 年 4 月，正式设立安全生产监管专业，并通过普通高等学校本科专业备案和审批流程。该专业被正式纳入《普通高等学校本科专业目录》，标志着我国在安全生产监管领域的人才培养获得极大进展。

## 四　现状研究与问题分析

坚持问题导向、结果导向，本报告基于公开获取的数据和资料，对中国安全生产综合监督管理人才发展的基本情况、规律特点、现存问题等进行分析。

### （一）中国安全生产综合监督管理人才发展的整体现状基本评估

#### 1. 人才发展的总体规模和质量水平持续优化提升

根据国家《"十四五"国家安全生产规划》《"十四五"国家应急体系规划》及中央对于危险化学品、矿山等行业领域安全生产专项规划和地方省区市有关安全生产、应急管理的规划，结合近年来《中国应急管理年鉴》、地方《应急管理年鉴》及北京市年度应急管理事业发展统计公报中的相关资料信息，认为当前我国安全生产综合监督管理的人才资源总量基本满足安全生产发展需要，人才素质有所提升。例如：我国注册安全工程师

（含注册助理安全工程师、安全主任）自 2004 年首次开展全国统一考试以来，全国累计 56.7 万人通过考试取得中级注册安全工程师职业资格[①]，基层安全生产监管监察人员执法能力有所提高。但是限于相关公开数据资料的不完整性，有关我国安全生产综合监督管理人才的数量、规模、结构、分布等暂不能进行科学统计和全面分析。

**2. 人才发展助力我国安全生产监管能力持续提高**

依托人才发展，各地区各部门认真贯彻实施《安全生产法》，严格规范监管执法，加强监管执法能力建设，不断提高依法治安水平，典型做法和成效例如：推动建立应急管理综合行政执法技术检查员和社会监督员制度，截至 2023 年 10 月底，各级应急管理部门共聘用专（兼）职技术检查员和社会监督员 4942 人[②]；江苏省通过"开小灶"专项整治，在全省一次性解决监管执法力量不足的问题，为省市县三级安委办增加编制 467 个，为 14 个负有安全监管职责、任务较重的部门增设监管机构，在全省 170 个省级开发区配备专业管理人员，8 个化工重点市、20 个重点县全部建立了专业执法队伍，专业监管人员占比达到 84.8%，提前达到专业执法人员数量不低于应急管理在职执法人员 75% 的要求。

**3. 人才发展促进我国安全生产形势持续稳定好转**

近年来，我国安全生产形势持续向好，各项安全生产工作取得显著成效，安全生产科技不断进步，安全生产监管监察能力及企业安全生产管理水平均显著提升。这一成绩的取得，离不开安全生产监督管理人才的努力付出和持续创新。

"十三五"期间，全国安全生产水平稳步提高，事故总量、较大事故、重特大事故数量持续下降，按可比口径计算，2020 年全国各类事故、较大事故和重特大事故起数比 2015 年分别下降 43.3%、36.1% 和 57.9%，死亡

---

① 中国安全生产科学研究院：《安全生产管理（2024 版）》，应急管理出版社，2024。
② 《全国人民代表大会常务委员会执法检查组关于检查〈中华人民共和国安全生产法〉实施情况的报告》全国人民代表大会网站，2023 年 12 月 27 日，http：//www. npc. gov. cn/c2/c30834/202312/t20231227_ 433820. html。

人数分别下降38.8%、37.3%和65.9%。相比2013~2017年，从2018年到2022年我国生产安全事故总量下降80.8%，死亡人数降低51.4%，年均重特大事故数量下降了21.4起，其中2022年生产安全事故总量和死亡人数同比分别下降24.1%、20.3%。

## （二）中国安全生产综合监督管理人才建设的现存共性问题分析

当前安全生产综合监督管理人才发展仍存在多方面问题，《"十四五"国家安全生产规划》中即提出"安全生产监管监察执法干部和人才队伍建设滞后，发现问题、解决问题的能力不足"，安全生产综合监督管理人才建设主要存在以下问题。

### 1. 基层执法队伍"人少质弱"，阻塞人才发展的神经末梢

安全生产综合监督管理的基层执法队伍亟待健全，基层执法人员数量不足和专业人才缺口较大、基层事务权能不匹配等问题仍然存在，严重阻塞安全生产综合监督管理人才发展的神经末梢。一方面，执法力量不足，执法机构人手少。从结构上来看，上级部门的安全监管人员数量较多，但是承担的主要是宏观层面的任务，而具体的监管责任落到了基层执法人员身上，但基层执法人员数量不足，其专业化和规范化建设仍然有待提升。与此同时，严格的问责和考核机制加重了基层人员的负担，"多干多出错，不干不出错"的思想较为普遍。部分上级单位将安全生产行政执法权下放，但未能切实结合基层的实际工作能力和承载力，导致"层层加码"，基层面临较大的上级压力和工作压力，倾向于将工作任务"一放了之"。随着应急管理综合行政执法改革深入推进，一些地方安全监管执法队伍增加了其他相关方面的执法职责，但人员编制没有增加，摊薄了本就薄弱的安全监管执法力量。有的地方省区市对行政执法权力重新划分后，本不充足的基层执法人员数量进一步减少。

另一方面，专业能力不够，执法队伍素质弱。安全生产工作的复杂性决定了安全生产监管对象的多样性，其造成的风险和隐患种类繁多、数量庞大，并且具有较强的隐蔽性，迫切需要提升安全生产执法工作的

专业化水平。有的地方简单地撤并了安全监管执法队伍，实行跨领域、跨部门综合执法，综合执法人员大多承担多个行业领域的执法职责，无法专职负责安全生产执法；与此同时，受繁重的安全生产执法工作影响，安全监管执法人员受到的系统性执法培训普遍较少，难以在实践中科学地应用专业知识。同时，由于新型风险的不断涌现，事故的发生形式、扩散路径、防控方式逐渐复杂化，监管工作的"盲点"随之增多，这对其工作需求提出了新的挑战；现场工作要点不明确，不熟悉处罚相应的法律法规和程序，基层监管部门对于相关法律法规和程序的了解不够深入，在生产经营单位进行检查时，监管人员往往面临"不知道查什么"以及"查到问题不知道怎么办"的困境；部分突击联合检查任务需要广泛调动乡镇街道人员参与，然而在实际操作中，人员能力不足、配合不够默契等问题仍然存在，进而引发"难以有效承接任务、难以发现问题、缺乏有效检查方法"的情况。

《全国人民代表大会常务委员会执法检查组关于检查〈中华人民共和国安全生产法〉实施情况的报告》显示，矿山安全、危化品安全监管人员中具有专业背景的不足1/3，与75%的要求有很大差距；在部分省区市，具备安全工程、防灾减灾等专业背景的应急管理干部不足150人，占比仅为总数的18.26%，其中具备"注册安全工程师"等专业证书和相关职称的人员数量更少。根据北京市安全生产执法监察机构队伍建设调研的相关情况①，专业人员占比不高。北京市区执法监察机构人员多为"半路出家"，具有安全工程、矿山、化工、法律等相关专业学历的有139人，占在编人员总数的29%，取得注册安全工程师资格的有60人，占在编人员总数的12%；执法业务能力不足，部分执法监察人员相关知识储备不足，对法规标准、自由裁量、执法程序等运用不熟练，技术要求掌握不精准，依法办案能力不强。

---

① 《调研文汇｜北京市安全生产执法监察机构队伍建设调研报告》，"北京应急"微信公众号（2021年1月25日），https://mp.weixin.qq.com/s/s2nn1HoIJO67iePm7ahYIA。

**2. 监管执法效果"宽松软虚"，加剧人才发展的恶性循环**

安全生产综合监督管理的监管执法效果"宽松软虚"是安全生产领域的另一重点问题，不仅导致安全隐患排查整治质量不高、成效不稳，严重者导致各类重特大安全生产事故的发生，还会对安全生产综合监督管理人才发展产生不利影响，加剧人才发展的恶性循环。

监管执法效果"宽松软虚"的成因复杂。《安全生产法》第 62 条规定要严格检查容易发生重大生产安全事故的生产经营单位；要分类分级制定安全生产年度监督检查计划。但在实际工作中，部分地区安全生产监管工作流于形式，"年终检查""安全生产月"等活动层出不穷，但未能起到提高安全水平的效果，大量的形式主义工作，反而加大了监管部门和生产单位的负担，各部门都疲于应对检查，工作作风浮躁。此外，过重的监管压力使得生产单位缺乏提高安全水平的积极性，"只查不改""以监管代替整改"等行为浮现，重大安全隐患长期得不到有效治理，已发生的事故反复发生，安全监察和整治工作成为"纸面上"的工作，违法违规行为难以彻底禁止。北京市安全生产执法监察机构队伍建设调研的相关情况显示，安全生产执法质量和效能仍需提升，执法办案中，不同程度存在宽松软、重检查、轻处罚、职权履行率低等现象，责令停产停业整顿、停止建设施工、吊销安全生产许可证、没收违法所得等"硬举措"少，借助新闻媒体曝光、有震慑力、影响力大的重大行政处罚案件少，防范化解重大安全风险作用发挥不充分。

监管执法效果"宽松软虚"的后果严重。近年来，有些发生事故的企业，都接受过政府部门的安全检查，也受到多次行政处罚，有些甚至是前一天刚检查，第二天就发生事故，其中既有企业主体责任不落实的内因，也有部分监管执法"宽、松、软、虚"的外因。例如，2023 年 11 月和 12 月接连发生双鸭山市双阳煤矿"11·28"瓦斯爆炸、鸡西市坤源煤矿"12·20"斜井跑车两起重大事故，分别造成 11 人、12 人遇难，且存在瞒报、谎报问题，暴露出地方教训吸取不深刻、企业法制意识淡薄、瞒报谎报事故屡禁不止，以及安全许可层层失守、监管执法"宽松软虚"、隐患排查浮于表面等形式主义问题突出。① 再如，内蒙古阿拉善新井煤业有限公司露天煤矿"2·22"特别重大坍塌事故调查报告显示，该事故是一起企业在井工转露天技改期间边建设边生产，违法包给不具备矿山建设资质的施工单位长期冒险蛮干，相关部门监管执法"宽松软虚"，地方党委政府失管失察，致使重大风险隐患长期存在而导致的生产安全责任事故②。

### 3. 人才的统计分析制度尚未建立，人才底数掌握不全不准

人才统计分析是一个国家和地区制定实施人才政策的基础和前提，是提高人才工作针对性的必要环节，也是为特定行业领域的党委政府部门提供决策的重要参考依据。

当前，针对我国安全生产综合监督管理人才的统计分析制度及其规范、标准等尚未建立，因此难以获取全面、真实、准确的数据资料和基本信息，从而难以从人才发展的数量规模、教育水平、文化素质、学历结构、技能认定等多方面来对我国安全生产综合监督管理人才发展进行现状评估。具体表现如下：一方面，人才发展基本属性的统计分析制度亟待建立，从而对中国安全生产综合监督管理人才发展现状进行初步分析，包括总量规模、文化素质、学历结构、职位分布、区域分布、行业分布、专业技术、技能认定、供需现状、作用发挥等；另一方面，人才培养核心要素的统计分析制度亟待建立，从而对中国安全生产综合监督管理人才发展情况进行整体评估，包括思想政治素质、业务技术素质、专项精尖素质、创新发展素质、品行作风素质、职业道德素质、综合监督管理权威、综合监督管理效能等。

### 4. 综合监管的责任边界不清、衔接不紧，不利于激励人才发展

在经济快速发展的过程中，产业不断迭代升级，特别是在科技领域，人工智能、大数据、云计算等技术的迅猛发展，不仅极大地提升了生产效率，

---

① 《国务院安委会办公室约谈黑龙江省人民政府 国务院安委会对黑龙江鸡西坤源煤矿"12·20"重大运输事故调查处理挂牌督办》，中华人民共和国应急管理部网站（2023年12月15日），https：//www.mem.gov.cn/xw/yjyw/202312/t20231225_ 473026. shtml。

② 《内蒙古阿拉善新井煤业有限公司露天煤矿"2·22"特别重大坍塌事故调查报告公布》，中华人民共和国应急管理部网站（2023年8月29日），https：//www.mem.gov.cn/xw/bndt/202308/t20230829_ 460836. shtml。

也带来了多样化的监管需求，不同层级的地方政府及其相关部门在履行监督管理职责时，必须确保权责明确、分工清晰，并保障各方之间的协调配合畅通无阻。

目前，虽然我国已初步建立了以《安全生产法》为主体法的安全生产法律体系，但仍存在安全生产的综合监管与行业直接监管职责边界不清、衔接不紧的情况，从而不利于激励安全生产综合监督管理人才发展。

一方面，综合监管、行业监管、属地监管三者的职责边界不清，从而形成综合监管就是"什么都要管"或者"没人管的你来管"的误区，导致安全生产监管范围过于宽泛，责任无限而实际无法真正落实。《安全生产法》第3条关于"三管三必须"的要求，在领域交叉、行业全链条覆盖等复杂形态下，落实不彻底，"认不清、想不到、管不到"的情况时有发生。部门职能交叉、重叠，造成遇事互相推诿和重复执法，大大地降低了安全生产监管工作的统一性、权威性[①]。

另一方面，综合监管、行业监管、属地监管的职责衔接不紧。以安全生产事故为例，不少事故中均暴露出监管责任不明确、信息传递不畅、处置决策迟缓等问题，紧急情况下，负有监管职责的各级部门难以形成有效联动，导致应急处置效率低下，甚至错失救援的最佳时期。同时，属地专业监管力量不足，重复监管、队伍建设不完备、资源配置不合理等问题亟待解决，尤其是在面对复杂多变的安全生产环境时，显得尤为力不从心。

《安全生产法》第10条关于"按照业务相近的原则"确定监督管理部门的规定，地方还在探索适用，部分新兴行业领域缺少安全标准、运营规范，容易出现监管盲区。《安全生产法》第17条规定的"编制安全生产权力和责任清单"落实得还不到位，有的地方不标明权力和责任的法律依据，有的权力和责任区分不明确，编制工作不规范。

---

① 王利群、毕雅静、曾明荣：《政府安全生产监督管理人员事故责任分析与履职对策——基于186份生产安全事故调查报告的统计分析》，《工业安全与环保》2022年第11期，第75~78页。

**5. 综合监管的执法机制不顺、联动不畅，不利于鼓励人才建设**

安全生产综合监督管理，尤其是涉及综合行政执法的工作中，"纵向"机制不顺、"横向"联动不畅，产生安全生产综合监督管理的现实操作问题，同时不利于鼓励安全生产综合监督管理人才建设。

一方面，执法"纵向"机制不顺。在应急管理综合行政执法改革实施过程中，考虑到安全生产工作的特殊性，大部分地区市县两级执法队伍均保留设置，但也有个别地区简单撤销地市级执法队伍。有的地方安全生产行政处罚、行政强制职责调整由综合行政执法部门承担，应急管理部门不直接参与行政处罚等执法活动，难以从专业角度发现执法中的问题；有的地方应急管理部门和综合执法机构信息共享、案件移送、协调会商等机制不完善，降低了执法效率；有的地区将执法权限简单下放至乡镇（街道），没有充分考虑乡镇一级的承接能力，导致出现"上面放得快、下面接不住"的问题，执法职责与执法力量资源不匹配。

另一方面，执法"横向"联动不畅。《安全生产法》第10条、第69条关于加强部门合作、联合检查的规定，现实操作中存在落实不力的问题，个别地方的相关部门之间尚未形成较强的执法合力，联合执法、事故线索举报核查、信息共享等工作机制还不健全；个别地方监管部门与执法部门协同不畅，安全生产检察工作中监管与执法职能相互分离。监管部门在缺乏执法权限的背景下，一旦发现问题，必须依赖于与综合执法部门的沟通与核实，工作流程烦琐，严重制约了工作效率。例如，消防职能调整后，消防设计审查验收工作职责衔接不畅，住建部门履行相应职责不到位容易导致新建工程安全底数不清和出现先天性安全隐患[①]。

**6. 综合监管的法制理解不统一、适用不合理，不利于促进人才培养**

现实操作中，针对安全生产综合监督管理的法律规范制度的理解适用存在不统一、不合理的问题，减损法律实施效果的同时，不利于促进人才

---

① 雷长群：《权力责任有清单 职责任务要分清——地方党委和政府部门落实安全生产监管职责的调查》，《中国应急管理》2020年第5期，第70~73页。

培养。

一是部分条款理解适用存在争议。较多法律法规中的术语较为宏观，在现场工作中容易导致理解上的差异和争议。例如，《安全生产法》中对于生产经营单位的界定有待优化，对于特殊情况下生产经营单位主要负责人的处罚标准有待进一步明确。《安全生产法》第六章"法律责任"明确了行政处罚金额上下限，但因缺乏具体裁量标准，对相同或类似的违法违规行为给予行政处罚的尺度不统一。

二是法律法规的统一性有待加强。在安全生产领域，现行法律法规在具体事务的规定上存在一定差异，不同法律法规对同一违法行为的处罚力度不一，影响法制统一和实施效果。部分法律法规未根据《安全生产法》新的规定作修订，难以适应新的安全生产工作需求。

三是标准制定与更新工作亟须跟进。新型的安全风险不断涌现，安全生产、产品运输等多个环节均出现了显著的变革，相关标准长期未得到修订，难以适应不断动态变化的现实需求；部分新行业、新业态引发的新兴风险缺乏规范。近年来国务院有关部门按照《安全生产法》的要求，制定了一大批相关行业领域重大事故隐患的判定标准，但仍有部分行业领域的重大事故隐患标准尚未发布，相关监管执法人员对重大事故隐患判定不严谨。

四是权责清单有待进一步细化。安全生产综合监管包含事前受理、事中审查、事后监管等多重环节，各环节事项不一，但事件中权责清单难以涵盖全面，对于具体事项的表述不具体，对职责任务的考核标准不明确，导致权责清单的可操作性不强；此外，权责清单的标准大多由上级部门制定，其履职标准未切实结合基层工作实际，仍然存在部门化、碎片化等问题。

7. 综合监管的社会面保障制度"不全不实"，影响人才发展的共治环境

安全生产工作具有长期性、复杂性、艰巨性，安全生产综合监督管理工作涉及面广、任务艰巨、责任重大，需要多方面的联动配合、多维度的综合保障，但现实中综合监管的社会面保障制度仍"不全不实"，影响人才发展

的共治环境建设。

一是执法保障基础差、地区发展不平衡。部分地方的应急管理部门存在执法服装不统一、装备车辆不到位等问题，有的地区执法用车等装备保障水平较低，一些基层安全监管执法队伍采取租车、"私车公用"、乘坐公交车、骑电动车或自行车等方式开展日常监管执法。地区之间执法信息化水平存在较大差距，有的地区没有执法信息化系统，仍然使用"手写文书"；有的地区使用"互联网+执法"系统，但无力购买手持终端和移动式执法装备，无法达到执法全过程上线入网的要求。

二是执法未能与司法形成高效联动。安全生产违法案件查处中，部分地方的执法部门与司法部门未做好配合，信息沟通和协作机制尚不完善，导致部分违法案件未能及时得到司法追究，从而削弱了执法的威慑力；部分案件执法依据不明确，执法标准不统一，情景相同的违法案件查处依据不一致，导致案件定性存在争议；部分执法人员对法律法规的理解存在偏差，对违法行为采取较为宽容的态度，导致执法过程中出现权力滥用和腐败现象；刑法规定的缓刑期间禁止令和刑罚执行完毕后的从业禁止措施的适用条件，还存在理解问题；非刑事处罚未能起到震慑作用，处罚流于形式，无法切实降低安全风险。

三是社会化服务问题多。社会化服务机构作为安全生产综合监督管理工作的重要单位，承担安全生产标准化审查、安全生产培训、事故应急救援等多项职责。但是社会化服务机构数量不足，尤其是在一些偏远地区或经济欠发达地区，社会化服务机构的覆盖范围和服务能力有限，无法满足当地的安全服务需求；服务机构质量参差不齐，部分服务机构存在专业人员匮乏、技术水平不高、服务质量不高等问题，甚至存在做虚假台账、恶性竞争等现象；部分服务机构与政府部门、企业之间的沟通协调不畅，在与政府、企业之间的沟通协调中遇到诸多困难。应急管理部自 2021 年 11 月至 2022 年 10 月开展安全生产培训"走过场"专项整治，截至 2022 年 12 月底，各地全覆盖执法检查培训机构 4171 家、淘汰清退 315 家、停业整顿 299 家、责令整改 2445 家；检查考试机构和考试点 2213 家，取消考试点 212 家、停考整顿 153 家、责令整改 997 家[1]。

四是信息化建设尚显迟滞。不同地区的安全生产监管信息系统建设水平存在客观差异，部分地区的信息化建设仍然停留在基础的数据录入和查询阶段，未能充分发挥信息化在安全生产监管中的预警、预测和决策支持作用；行业间的信息化发展不平衡，一些高风险行业如化工、矿山等，其安全生产监管信息系统相对完善，而一些新兴行业或中小型企业则投入不足，信息化水平相对较低。总体上来看，上层缺乏信息化建设和资源共享的顶层设计，下层缺乏打通数据壁垒和联合作战的有力手段，承担安全生产监督管理职责的部门难以实现高效配合、共建共享，在一定程度上影响了人才发展的环境。

# 五　未来展望与对策分析

结合理论前沿，立足实务需要，服务安全发展、突出用好人才、创新体制机制、坚持统筹推进，以高质量的人才创新引领新时代的安全发展，现提出对中国安全生产综合监督管理人才发展的未来展望与对策建议。

## （一）明确基本原则，设定高水平、高质量的人才发展路径

以习近平新时代中国特色社会主义思想为指导，深入贯彻落实党的二十大精神，坚持总体国家安全观，树立系统观念，统筹发展和安全，将安全发展贯穿于经济社会发展各领域和全过程，努力塑造与安全发展相适应的安全生产综合监督管理人才发展路径，筑牢本质安全防线，构建新安全格局，更好统筹发展和安全、当前和长远、防范与救援、监管与服务，实现发展质量、结构、规模、速度、效益、安全相统一。具体而言：一是依法依规，加快转变政府职能、提高政府监管效能；二是强化效能，既要"综合"，形成

---

[1] 《应急管理部开展安全生产培训"走过场"专项整治责令整改 2445 家培训机构》，中华人民共和国应急管理部网站（2023 年 4 月 19 日），https：//www.mem.gov.cn/xw/xwfbh/2023n4y19rxwfbh_5087/mtbd_4262/202304/t20230419_448451.shtml。

统筹优势，更要"专业监管"，各司其职；三是同频发展，既要综合监督管理，还要安全发展，更要高质量发展。

（二）科学设定目标，树立可持续、实用型的人才发展导向

立足问题和结果，从整体上科学设定人才发展的目标，促进安全生产综合监督管理人才的可持续发展和实用型发展。具体而言如下。

一是法治导向，加强"立法修法+普法宣法"，以人才发展促进深化安全生产体制机制改革，加快形成系统完整、责权清晰、监管高效的安全生产治理制度体系，深入推进科学立法、严格执法、公正司法、全民守法。

二是系统导向，落实"集成改革+责任联动"，在人才培养中重视责任落实教育，以压紧压实党委、政府领导责任和部门监管责任，构建更为严密的安全生产责任体系，形成企业负责、职工参与、政府监管、行业自律、社会监督的格局。

三是权威导向，树立"行政权威+专业权威"，综合监管部门及其监管执法人员的人才，既要具有行政权威，确保指导、协调和监督同级部门时能够有效指挥、切实监督、确保履责，也要具有专业权威，有技能、懂安全、会管理，逐步提升具有应急管理相关学历、职业资格和实践经验的执法人员数量。

四是共治导向，深化"技术支撑+外力辅助"，既要综合运用互联网、云计算、大数据等现代信息技术，以"技"和"物"弥补"人"的不足和短板，提升监管执法数字化、精细化、智慧化水平，同时强化外力辅助，切实发挥专家队伍、科研单位、行业协会、促进会、技术联盟、社会组织、第三方机构、保险机构等广泛参与。

五是成效导向，优化"绩效考核+责任追究"，对于人才的绩效考核应科学合理，激励"主动作为、勇于担当"，促进改变"形式主义""痕迹主义"，引导重视事前隐患整改和风险防控，从注重灾后救助向注重灾前预防转变，从减少灾害损失向减轻灾害风险转变；事后追责应依法依规、精准到位、量化科学区分、符合社会预期，改观"背锅式追责""避责式管理"，

对事前违法行为应严打、加大追责力度，前移追责关口，提高违法成本，惩恶于已然、防患于未然。

### （三）分类规划任务，规范多层次、多领域的人才发展标准

分类规划建设人才发展的核心任务和相关标准规范，紧密结合我国安全生产的整体布局，深入考虑各地在安全生产方面的实际需求，努力实现人才发展与安全生产需求的相互匹配，加快塑造素质优良、总量充裕、结构优化、分布合理的安全生产综合监督管理高水平人才队伍，包括高素质的公共部门监管监察人才、高复合型的企业安全生产综合监督管理人才、实用型的安全生产综合监督管理高技能人才、职业化的安全生产综合监督管理专业服务人才、高层次的安全生产综合监督管理专家学者人才，具体而言如下。

一是高素质的公共部门监管监察人才：充分发挥现有的基层安全生产监管监察干部布局的优势，选取具备扎实专业背景、高度政治敏锐性和严谨职业道德的人才，强化监管监察和执法能力的系统培训，构建政治立场坚定、工作作风过硬、业务能力突出、实践经验丰富的高素质安全生产监管监察人才队伍。

二是高复合型的企业安全生产综合监督管理人才：以企业一线安全生产管理专业人才培养为抓手，选拔企业内部具有扎实安全生产理论基础和丰富实践经验的专业人才，在提升其安全生产水平的同时加强管理知识培训，培养造就既懂安全生产管理又具备跨学科知识的高复合型企业安全生产综合监督管理人才。

三是实用型的安全生产综合监督管理高技能人才：针对基层安全生产工作的实际需求，结合煤矿、交通运输等高危行业的行业特征，聚焦于特种作业岗位以及风险防控、防灾减灾、应急救援等关键领域，通过校企合作、实训基地建设等多重途径，打造以技师和高级技师为中坚力量的、掌握安全生产技能和管理知识的实用型安全生产高技能人才队伍。

四是职业化的安全生产综合监督管理专业服务人才：以安全生产领域内的专业服务需求为导向，加强对安全生产服务机构人员的培育和管理，建立

健全安全生产服务行业的标准和规范，构建完善的职业资格认证制度。同时，通过政策引导、资金支持等方式，完善安全生产综合监督管理专业服务人才储备，打造涵盖安全生产咨询、评估、检测、培训等专项技能的、具有高度职业素养、丰富实践经验的安全生产综合服务人才队伍。

五是高层次的安全生产综合监督管理专家学者人才：紧密贴合安全生产事业的发展需求，不断创新安全生产新模式，以科技进步推动安全生产高速健康发展，以安全生产科技领军人才为重点，聚焦于安全生产领域的前沿研究，以安全生产理论研究、法规建设、技术创新、成果转化、现场应用为抓手，培养造就在国内外有影响的高层次安全生产综合监督管理专家学者人才。

### （四）健全机制政策，优化全链条、全周期的人才发展环境

聚焦安全生产综合监督管理的重点领域、高危行业、盲区环节和人才发展的难点、短板、误区等，立足人才发展的全链条与全周期，发挥现有环境优势特长，弥补不足短板，广开门路引才纳才，多元培训育才成才，营造环境留才聚才，创新机制管才用才，形成全方位引才、多维度育才、宽领域用才、可持续聚才的良好环境和政策优势，在"引得进""育得精""用得好""留得住"上下功夫，为实现安全生产形势根本好转提供支撑。重点包括以下四方面。

一是全方位的人才使用、管理、服务政策环境：健全应急管理综合行政执法人员的资格准入、教育培训、考核奖惩、容错纠错、准军事化管理等制度，推动建立专业化、职业化安全生产行政执法队伍。配齐配强行政执法专业人员力量。完善执法人员实操实训条件，定期开展专业培训。强化执法保障，将执法工作经费纳入本级财政预算，加强执法人员职业保障，按规定参加工伤保险，完善工资待遇、人身意外险等保障机制。加强各级应急管理综合行政执法机构标准化建设和负有安全生产监管职责的部门监管能力建设，完善执法装备配备标准，强化执法工作条件保障。

二是多层次的人才教育、培训、考核政策环境：实施高危行业领域从业

人员安全技能提升专项行动，严格对企业主要负责人、安全生产管理人员进行安全生产知识和管理能力考核，以及对特种作业人员进行安全技能培训考核。加快建设一批高水平的安全技能培训和特种作业人员实操考试基地，加强高危行业重点岗位系列安全生产培训教材开发。实现重点行业规模以上企业新增从业人员安全技能培训率达到100%。加强注册安全工程师、注册消防工程师等职业资格管理，探索工程教育专业认证与国家职业资格证书衔接机制。加强注册消防工程师资格考试指导。建设安全生产监管监察人员执法资格考试平台，升级改造现有考试机构考场。完善应急管理和安全监管干部网络学院信息平台、网络培训资源库等，打造线上与线下相结合、虚拟与现实相融合、多终端、全覆盖、互联互通、共建共享的安全生产线上培训生态圈。

三是高质量的人才培养、交流、提升政策环境：加强安全科学与工程及相关学科建设，创新卓越安全工程师培养模式，培育一批既懂技术又懂管理的安全生产复合型人才。按程序和标准筹建应急管理类大学。加强安全科学与工程专业技术领军人才和青年拔尖人才培养，建设一批创新人才培养基地，造就一批高端安全科技创新人才。完善与理论研究、技术创新、装备研发和应用研究等工作相适应的科技人才激励机制。培养安全生产管理、评价、认证认可和检验检测等专业人才。健全安全生产监管干部培养与使用体系，建立安全生产监管干部到基层锻炼的交流机制。

四是人才发展的配套保障机制平台建设，包括且不限于：建立健全安全生产考核考察"三项制度""三个纳入"机制，安全监管鼓励激励、容错纠错、能上能下机制，安全生产"三基"建设工作机制，安全生产第三方专业服务机制，安全生产专家指导咨询工作机制，人才服务市场化机制，资金多元化投入机制，科研技术成果转化机制，典型示范经验学习推广机制；强化科技创新引领，健全与研发平台配套的安全生产综合监管的科技支撑链条，加快推进相关的安全生产国家级重点实验室、技术创新中心、协同创新中心、战略理论政策智库创建，建立安全生产装备与服务需求信息平台、技术创新转化交易平台；推动社会协同治理，进一步实行企业安全生产信用风险分类管理制度，探索建立上市公司安全生产信息强制性披露机制，探索实施安全绩效"领跑者"制度，积极发展安全生产综合监管的相关专业化服务，健全安全生产专业技术服务机构依法从业和健康发展机制，制定政府购买安全生产服务清单，鼓励协会、促进会、联合会、商会、慈善组织等社会组织参与安全生产工作；健全区域安全生产协调联动机制，搭建交流合作平台，促进安全发展理念、安全监管执法、法规政策标准、企业安全管理能力提升等方面的国内外交流合作。

# B.3

# 2023年中国消防安全监督
# 管理人才发展报告

宋浩　荣佑彬　闫亭豫*

**摘　要：** 从事消防安全监督管理工作的专门人才队伍，为消防安全、社会稳定和经济发展提供了有力保障。本文在厘清消防安全监督管理人才的内涵、任务和职责的基础上，讨论了人才发展呈现的职业性、执法性、专业性、服务性等特点规律，深入阐述了消防安全监督管理人才发展的地位作用。通过分析我国消防安全监督管理人才队伍建设的基本情况，发现当前人才队伍存在与总体国家安全观和大国应急体系建设的更高要求还不相匹配、与有效应对复杂多变的公共安全形势的风险挑战还不相协调、与加快建设"大安全大应急"框架下的新安全格局还不相适应等问题，并在思想认识站位、力量统筹整合、法律法规制度、专业能力素质、组织管理机制、人才类型发展等方面找出相关原因。本文重点从坚持政治引领、依法建设、改革创新和科技赋能等方面提出了相应的对策建议，同时展望了中国消防安全监督管理人才的发展趋势，以期推动人才队伍的高质量发展，确保国家消防安全形势的稳定。

**关键词：** 消防安全　监督管理　人才发展　职业建设

---

\* 宋浩，中国消防救援学院应急救援系应急管理教研室主任、教授，主要研究方向为应急管理、消防管理；荣佑彬，中国消防救援学院基础部语文教研室讲师，主要研究方向为消防教育、消防管理；闫亭豫，中国消防救援学院应急救援系应急管理教研室副教授，主要研究方向为应急管理、消防管理。

# 一  中国消防安全监督管理人才发展的内涵要义

消防安全监督管理工作，是负有相应法定权利和义务的有关部门及人员，依法对消防安全所进行的监督管理工作。

## （一）消防安全监督管理人才的含义

消防安全监督管理人才，是从事消防安全监督管理工作的专门人才，主要包括在消防救援机构、住建部门和公安部门中从事消防安全监督管理的专门人才。这些主要人员具体指的是在国家综合性消防救援队伍内部从事火灾防控、确保社会面火灾形势平稳的管理人员，在住房和城乡建设主管部门履行建设工程消防设计审查、消防验收、备案抽查和消防安全检查职责的管理人员，以及在公安部门履行日常消防监督检查、开展消防宣传教育的警务管理人员。消防安全监督管理人才除上述主要人员外，还包括城乡规划人才，军事设施的消防安全监督管理人才，以及矿井地下部分、核电厂、海上石油天然气设施等特殊情形的消防安全监督管理人才等。

## （二）消防安全监督管理人才的任务

消防安全监督管理人才的主要工作内容，是贯彻预防为主、防消结合的方针，对各部门、各单位和居民住宅的消防工作进行检查监督，进行消防宣传，监督检查建设项目在设计、施工中执行有关防火规定的情况，监督检查公共消防设施，组织火灾原因调查，对消防器材、设备的生产，在规格、质量方面实行监督等。

## （三）消防安全监督管理人才的职责

### 1.搞好火灾风险评估

定期研判火灾形势，针对影响本地区火灾形势稳定的突出问题和季节性火灾特点，分析隐患成因和治理难点，提出解决对策和防控措施，及时提请当地政府和有关单位（部门）落实消防工作联席会议制度，组织开展消防安全专项治理和火灾隐患排查整治，推进多种形式消防队伍建设，加强农村和社区消防工作，保持火灾形势稳定，有效预防和遏制重特大尤其是群死群伤火灾事故发生。

### 2.加强消防监督检查

依据《消防监督检查规定》①，结合本地区火灾发生的特点规律，适时对机关、团体、企业、事业等单位遵守消防法规、落实消防责任情况进行监督检查抽查，并依法实施消防行政处罚和行政强制措施。推行"双随机、一公开"监管模式（即在监管过程中随机抽取检查对象，随机选派执法检查人员，抽查情况及查处结果及时向社会公开），规范执法行为，提升监管效能，实现阳光监督，杜绝任性执法，始终保持火灾隐患整治的高压态势，为经济社会发展营造良好的消防安全环境。

### 3.开展消防宣传教育

实施消防"大宣传、大教育、大培训"工程，开展消防新闻宣传、消防站开放和消防宣传"七进"、"119"宣传日、防灾减灾日、安全生产月等消防宣传活动。指导农村、社区和公安派出所有针对性地开展消防宣传教育。指导建立群众消防志愿者队伍，发挥社区宣传大使、消防代言人等作用，开展消防志愿者服务活动。

### 4.组织火灾事故调查

及时调查火灾事故，做到程序合法、证据充分、事实清楚、结论准确。注重火灾原因与责任教训并查，不断完善用火灾调查成果指导监督执法的工作机制。依法办理失火案件和消防责任事故案件。火灾统计真实准确、上报及时，无瞒报、漏报。火灾发生24小时内将火灾基本信息录入全国火灾统计管理系统，并根据调查进展情况及时完善。

---

① 《消防监督检查规定》，中国政府网（2012年7月17日），https：//www.gov.cn/zhengce/2012-07/17/content_ 5712814. htm，最后检索时间：2024年5月17日。

## 二 中国消防安全监督管理人才发展的特点规律

当前，着眼推进消防治理体系和治理能力现代化，为了打造多元化的消防安全监督管理人才体系、推动消防安全监督管理人才队伍整合改革和业务融合以适应形势任务的要求，研究总结消防安全监督管理人才发展的特点规律至关重要。

### （一）职业性

职业性是保持人才队伍相对稳定、培养专业人做专业事的坚强保障。消防安全监督管理人才的职业性，可以理解为，以防范化解重大安全风险为专门职业，具备独特的职业意识、职业技能、职业文化、职业地位和职业保障，是职业价值观、职业行为标准和职业保障的有机统一。消防安全监督管理人才职业化标准体系，包括职业岗位、职业荣誉、职业意识、职业道德、职业形象、职业技能、职业保障、职业监督等标准。职业性要求最大限度地延续人才的职业生涯，确保人才享受职业健康保障和集体荣誉，以职业人才支撑激活队伍高质量发展动能。

### （二）执法性

严格执法是消防安全监督管理人才的法定职责，是维护稳定消防法律关系的重要手段。消防安全监督管理工作包括日常消防监督检查、举报投诉核查、专项检查、火灾调查和公众聚集场所投入使用营业前消防安全检查等，严格限制处罚自由裁量权，实行执法全程监督，严肃执法责任追究等。目前已被纳入地方行政执法体系与地方追责系统。消防安全监督管理人才代表国家履行相关法定权力，从执法主体、内容、程序、结果等方面都必须符合合法性、合理性、规范性要求。例如，《中华人民共和国刑法修正案（十一）》颁布施行，其中相关追究消防安全领域刑事责任内容，显示了对重大消防违法行为的震慑力。

## （三）专业性

监督执法队伍是消防工作的专业主体。消防安全监督管理人才懂执法是本职、能协调是本事。2019 年，消防监督执法模式出现变化，住房和城乡建设部门开展消防（设施）审核、验收、备案工作，在消防审批程序上实行源头把关，消防监督执法与住建、应急管理等部门密切配合，形成工作合力，共同解决消防监管中的重难点问题。随机检查变为"双随机一公开"检查模式，行政审批、监督执法等业务下放地方应急管理部门，全面推行执法人员资格考评认证、持证上岗制度，完善火灾案件行刑衔接机制，健全执法质量考核评价体系。重视人才队伍的专业性，顺应了服务地方经济社会发展及"放管服"优化营商环境的需要，切实以改革新成效开创事业新局面，发挥了固根本、利长远的保障作用。

## （四）服务性

党的二十大报告①明确提出要"推动公共安全治理模式向事前预防转型"。热情服务是消防安全监督管理工作的出发点和落脚点，是严格执法的方式。消防安全监督管理人才队伍建设，是持续深化"放管服"改革的必然要求，是大力提升监管质效和执法服务水平的现实举措，是加强社会共治、坚持和发展新时代"枫桥经验"的具体体现，是顺应简政放权、便民利企，最大限度推行"证照分离"，坚决破除消防监督管理工作中的不合理现象，提升服务质量的时代呼唤。要推动将消防安全纳入网格化服务管理事项，纳入平安建设、城市改造、乡村振兴等工作中，促进各项统筹发展，形成强大声势和合力。以防火监督能力建设为抓手，加强执法人员思想教育和业务培训，既要做到善于斗争，也要做到精于服务。

---

① 《习近平：高举中国特色社会主义伟大旗帜　为全面建设社会主义现代化国家而团结奋斗——在中国共产党第二十次全国代表大会上的报告》，中国政府网（2022 年 10 月 25 日），https：//www.gov.cn/xinwen/2022 - 10/25/content_ 5721685.htm，最后检索时间：2024 年 5 月 17 日。

# 三 中国消防安全监督管理人才发展的地位作用

## （一）消防安全监督管理人才发展是适应党和国家事业发展战略需要的重大举措

党的十八大以来，以习近平同志为核心的党中央高度重视人的现代化建设，创造性地提出"现代化的本质是人的现代化"这一科学论断，围绕实现应急管理体系和能力现代化这一目标，作出一系列重要论述和决策部署，为新时代加强消防安全监督管理人才队伍建设发展奠定了理论基础，为积极推进中国式现代化提供了行动指南。新时代消防安全监督管理人才队伍建设发展，是建设更高水平的平安中国、夯实民族复兴的根基，是以新安全格局保障新发展格局的现代化的必然要求。这是由我国灾害种类多、分布地域广、发生频率高、造成损失重这一基本国情决定的。消防安全监督管理人才队伍建设必须同中华民族伟大复兴的战略需求相适应。新时代消防安全监督管理人才队伍现代化，是完善国家安全力量体系，实现科学化、专业化、智能化、精细化融合发展的现代化的现实举措。

习近平总书记强调，要强化应急管理装备技术支撑，优化整合各类科技资源，推进应急管理科技自主创新，依靠科技提高应急管理的科学化、专业化、智能化、精细化水平。要加强关键技术研发，提高突发事件响应和处置能力[1]。贯彻习近平总书记指示要求，就要积极适应科技信息化发展大势，以信息化推进应急管理现代化，全方位提升应急管理能力，这些为消防安全监督管理人才队伍建设赋予了新的时代内涵。新时代消防安全监督管理人才队伍现代化，是构建全域联动、立体高效的国家安全防护体系，永葆消防安全监督管理人才队伍性质宗旨本色的具体体现。党的领导，是消防安全监督

---

[1]《习近平：充分发挥我国应急管理体系特色和优势 积极推进我国应急管理体系和能力现代化》，中国政府网（2019年11月30日），https://www.gov.cn/xinwen/2019-11/30/content_5457226.htm? ivk_ sa=1023197a，最后检索时间：2024年5月17日。

管理人才队伍始终保持强大凝聚力、向心力、创造力、战斗力的根本保证。新的时代条件下，必须全面贯彻党的领导，增强"四个意识"、坚定"四个自信"、捍卫"两个确立"、做到"两个维护"，始终坚持全心全意为人民服务这一根本宗旨，始终保持艰苦奋斗、牺牲奉献的革命精神，确保在任何时候、任何条件下绝对忠诚、绝对纯洁、绝对可靠。

### （二）消防安全监督管理人才发展是贯彻"以人民为中心"发展思想、推进中国式现代化的本质要求

习近平新时代中国特色社会主义思想强调坚持以人民为中心，把人民对美好生活的向往作为奋斗目标。总体国家安全观强调以人民安全为宗旨，这既是马克思主义唯物史观的根本要求，也是中国共产党百年奋斗积累的宝贵历史经验。坚持人民至上是消防安全监督管理人才队伍应对风险挑战的根本保证，是新时代消防安全监督管理人才队伍现代化建设的科学内涵。党的二十大报告用专门章节来部署提高公共安全治理水平，强调应急管理工作，这在历次党代会的报告当中还是第一次，充分体现了以习近平同志为核心的党中央对应急管理的高度重视，体现了我们党以人民为中心的发展思想，体现了人民至上、生命至上的执政理念。新时代消防安全监督管理人才队伍现代化建设，是中国特色社会主义建设的重要组成部分，从属于实现中华民族伟大复兴的中国梦和共产主义远大理想。在全面实现应急管理队伍现代化的实践中，必须牢牢把握实现人的自由全面发展的终极目标。

新时代消防安全监督管理人才队伍现代化建设基本特征是：队伍建设理论体系的现代化，积极跟踪现代应急管理手段演变趋势，把握智慧应急特点规律，与时俱进创新救援战法，发展具有中国特色、符合生产安全和事故灾害救援规律的应急管理队伍建设理论；队伍管理组织形态的现代化，围绕体系支撑、特灾作战、联合制胜，完善应急管理部门管理体制，加快体系化力量建设；专业人才资源的现代化，实施更加积极、更加开放、更加有效的人才政策，完善院校教育、训练实践、职业培训三位一体新型应急管理人才培养体系，推进应急管理队伍能力素质全面升级、结构布局全面优化、管理模

式全面转型；装备建设的现代化，积极适应现代科技变革，加速装备升级换代和智能化应急装备发展，牵引带动消防安全监督管理人才队伍装备建设实现体系跃升。

### （三）消防安全监督管理人才发展是走好中国特色消防安全监督管理新路子的关键保障

消防安全监督管理人才队伍发展包括指导思想现代化、专业能力发展、人才培养发展，是一个系统工程。消防安全监督管理人才队伍指导思想发展，就是以习近平新时代中国特色社会主义思想武装头脑，更加深刻领会习近平总书记关于应急管理重要论述和对人才培养的重要指示精神，只有以科学理论武装起来的队伍，才能精准把握发展方向，走好中国特色消防安全监督管理新路子。消防安全监督管理人才队伍专业能力发展，就是要增强把握风险规律和发展态势的敏锐感知力，聚焦经济社会发展新风险新问题和新领域新业态，革新能力结构，破解发展难题。消防安全监督管理人才队伍人才培养发展，就是要构建起符合中国国情的消防安全监督管理人才队伍高质量教育训练体系，在政策支撑、硬件基础、人才结构等方面充分体现时代性、科学性。

提升应急人才专业能力，着力拓展灾害防控人才覆盖面，逐步形成"一专多能"的人才素质结构以及"通才专才互补"的人才队伍结构，对全面履行政府职能、提升应对处置突发事件的能力、形成共建共治共享的应急管理新格局具有重要实践意义。面对消防安全监督管理事业发展需要，要遵循人才成长规律，把发展要求贯穿到人才引进、培养、使用、评价、服务、支持、激励等各个环节，为各类人才队伍搭建干事创业的平台，让事业激励人才，让人才成就事业，做到人尽其才、才尽其用，切实肩负起中国式现代化赋予消防安全监督管理人才队伍的时代重任。

## 四 中国消防安全监督管理人才发展的现状与问题

我国消防安全监督管理人才队伍自组建以来，应对重大安全风险考验，坚持人民至上、生命至上，为国家社会和谐稳定和经济发展提供了有力的消防安全保障。

## （一）中国消防安全监督管理人才队伍建设基本情况

组建应急管理部门以来队伍建设成效。2018年，在深化党和国家机构改革中，国家新设应急管理部并组建国家综合性消防救援队伍，强化消防安全监督管理人才队伍的综合管理、全过程管理和力量资源的优化管理，推动我国消防安全监督管理事业取得历史性成就、发生历史性变革。以全国火灾事故为例，2023年全国火灾总量和死亡人数同比分别下降15%、7.8%，较大火灾事故下降30.2%，重大火灾事故下降66.7%，全年未发生特别重大火灾事故。[①] 虽然我国火灾事故并未得到根本性遏制，但是火灾死亡人数同比下降的现实可以表明，自应急管理部和国家综合性消防救援队伍组建以来，我国消防安全监督管理人才队伍发挥了应有作用，承担起了防灾减灾救灾的职责。

当前我国消防安全监督管理人才队伍概况。应急管理部门以习近平新时代中国特色社会主义思想为指导，积极构建应急管理体制机制新格局，消防安全监督管理人才队伍建设取得显著成效。统筹优化防抗救队伍一体化管理。按照统一领导、权责一致、权威高效的目标要求，应急管理系统优化整合全体干部职工力量，实施防范、救援、救灾一体化管理，统筹应对"全灾种、大应急"，队伍建设取得新突破。加强国家综合性消防救援队伍建设。应急管理部门自组建以来，加强在整合体制机制、创新监督预警、完善应急预案、组建救援力量、强化科技支撑等方面的建设，提升了正规化、专业化、职业化水平，加快专业队伍组建培养。引进紧缺专业人才，突出安全生产执法特色，加强骨干力量培养，拓宽人才体系建设。注重发挥专家团队专业技术支撑保障的智库智囊作用，将具有行业领域影响力的

---

① 《国家消防救援局：2023年共接报处置各类警情213万余起》，"北京日报客户端"百家号（2024年1月4日），https://baijiahao.baidu.com/s?id=1787156040631092864&wfr=spider&for=pc，最后检索时间：2024年9月20日。

专业学者和技术人才纳入数据库，为消防安全监督管理事业发展提供理论和技术支持。

## （二）消防安全监督管理人才队伍存在的问题

与总体国家安全观和大国应急体系建设的更高要求还不相匹配。当前，我国基层消防安全监督管理人才力量相对薄弱、能力相对不足等问题比较突出。应急管理部门整合了 11 个部门 13 项职责，工作人员来源广泛，体制内专业人才不足，具有新行业、新业态专业背景的技术人员占比不高，专业人员非常匮乏。高层次专业人才数量不足，难以满足高层次人才在突发事件预报和发现、应急指挥决策咨询和技术支撑、应急管理理论研究和科技攻关等相关事项中的需求。改革转隶后，消防执法全面融入地方行政执法体系与地方追责系统一事推进缓慢。目前来看，实施综合监管意识尚未真正形成，综合监管手段不多，缺少可供操作的具体制度设计。有的地区党委政府抓消防工作主动性不强，在城乡规划、项目建设、资金投入上重经济效益、轻消防安全。有的行业主管部门对监管责任认识不到位，消防安全管理制度和标准不健全。

与有效应对复杂多变的公共安全形势的风险挑战还不相协调。面对实现中华民族伟大复兴进程中的各种风险挑战，应急管理体制改革还处于深化过程中，一些地方改革还处于磨合期，亟待进一步优化合作。消防安全监督管理人才资源缺乏有效整合，不同地区、不同部门之间消防安全监督管理联动机制以及人才调配的协调机制尚未建立，消防安全监督管理人才数据信息库还不健全，在重要工作、重大项目和重点环节难以充分发挥作用。人才分类评价认定与考核机制不够健全，行业人才标准不够统一规范，科学合理的干部考核机制、行之有效的专业技术人员评价机制还未建立，专业不对口、人岗不相适的现象依然存在。权责边界存在交叉。消防审验职能移交住建部门后，源头监管的主动权从消防部门剥离，一定程度上增加了监管难度。公安派出所履行消防监督职能的积极性日趋削弱，数量众多的小单位、小场所失控漏管现象进一步凸显。

与加快建立"大安全大应急"框架下的新安全格局还不相适应。在新发展战略引领和高水平改革开放政策驱动下，一些地区的先进制造、生物医药、新能源汽车、储能电站等一大批新兴产业加快布局。对照新时代大国应急的建设目标，现阶段消防安全监督管理人才建设存在专业力量不足的问题，特别是专业人才培养滞后，高层次专业化人才培养力量薄弱，专业队伍、社会力量建设有待加强，操作技能型、协调组织型、综合复合型等各层次人才培养还相对滞后。全国仅有 1 所消防救援高等院校，对消防安全监督管理人才培养支撑不够。相比于政法、教育、交通等行业系统，消防救援队伍还没有成立本行业的中高等职业技术院校，现有的地方职业教育院校也缺乏对消防安全监督管理人才的专业培养，对口专业人才十分有限。这也导致消防安全监督管理人才在能力素质上参差不齐，无法做到一专多能。

### （三）消防安全监督管理人才队伍存在问题的原因

思想认识站位有待进一步提升。由于新旧体制处于转换过渡中，中国特色消防安全监督管理核心文化价值观尚未完全形成，新时代应急监管职业精神培育不足，对自身职责使命定位不够清晰、干事创业的思想理念还有待统一，把党的建设与安全生产等具体工作结合还不紧密，对"两坚持三转变"理念认识还不到位，一些行业部门落实消防安全责任不主动，缺乏依法履责的担当，导致新老问题叠加，守土有责、守土负责、守土尽责的意识还不牢固。

力量统筹整合有待进一步加强。当前消防安全监督管理人才队伍由多支背景不同、性质不同、编制不同的队伍改革转隶、专业整合而来，大国消防安全监督管理的整体理念尚未完全树立，有的还存在本位主义、注重局部利益，把握消防安全监督管理人才整体底数还不清、规划建设还不明、创新发展还不全、力量分布尚不均，特别是县级消防安全监督管理人才队伍职数较少、职权难统一、作用难发挥，公安派出所参与消防工作弱化。

法律法规制度有待进一步健全。近年来，人民群众对消防安全的要求不断提高，社会问题呈多样化发展，现行消防法律法规与社会现实需要还不相适应，消防安全监督管理人员法定职责修正不彻底。改革转隶后，《消防法》历经两次修正，重点对消防机构称谓以及住建、消防部门职责划分等进行了原则性修改，仍沿用按照区域性划分消防监管事权的表述，未能体现综合监管定位，责任边界不够清晰，监督对象不够明确，滞后于消防治理体系和治理能力现代化需求。消防法制标准体系搭建相对落后，地方消防法规、规章、标准量少质弱，与国家有关法律法规衔接不紧密。

专业能力素质有待进一步提高。消防安全监督管理人才尚未完全按照纪律队伍标准进行建设打造，整体缺乏严格教育训练，难以做到严格管理要求，人员纪律意识还不够牢固。队伍人员培养缺少规范体系教材，教育培训机制尚不健全，专业领军人才稀缺，特别是理论与实践相结合的复合型人才尤为短缺。一些防火监督人员身兼数职，不能全身心地投入防火监督工作中去。

组织管理机制有待进一步完善。组织模式不够成熟，岗位目标责任制、职业能力评价、资格认证等制度机制不够健全，难以有效激发队伍活力。省级以下除消防救援队伍外，其他消防安全监督管理人才队伍大多为行业部门、企业、社会自建，没有政策保障，缺少资金支持，普遍存在经费保障不足、人员编制偏少、训练场地缺乏等突出问题。

人才类型发展有待进一步均衡。具备大数据、人工智能、高端装备研发等知识背景的专业人才相对较少。具备一定实战经验的指挥人员缺乏专业化培训，既懂理论又能实战的指挥干部较为紧缺。在消防救援队伍内部，从专业技术干部序列看，消防安全监督管理岗位高级专业技术人才稀少，火因调查领域专业人才存在断档现象。

## 五　中国消防安全监督管理人才发展的对策建议

深入学习贯彻习近平总书记关于应急管理的重要论述，以时时放心不下的责任感和积极担当作为的精气神，打造清正廉洁、作风优良、服务为民的消防执法队伍，全力防范化解重大安全风险，以高水平消防安全监督管理人才队伍建设服务高素质发展，以新安全格局保障新发展格局。

## （一）坚持政治引领，形成以"两个至上"为内涵的中国特色消防安全监督管理人才发展文化

党的二十大报告明确指出，高质量发展是全面建设社会主义现代化国家的首要任务。首次将教育、科技、人才统筹安排、一体部署，强调"教育、科技、人才是全面建设社会主义现代化国家的基础性、战略性支撑"。坚持以人民为中心发展思想，坚持安全发展理念，按照深化"放管服"改革决策部署，推动消防执法理念、制度、作风全方位深层次变革，以"两个至上"为基本内涵全面打造消防安全监督管理核心文化，弘扬极端认真负责、甘于牺牲奉献、敢于善于斗争的优良作风。深化全域聚合、系统融合，科学树立现代消防安全监督管理理念，摒弃本位主义、局部利益，不断聚合融合、科学应变，落实党的领导、政府负责、社会协同、公众参与的新时代消防安全监督管理系统，加强事中事后监管，坚持"事前管标准、事中管检查、事后管追责、信用管终身"，着力构建"双随机、一公开"监管、重点监管、信用监管、"互联网+监管"、火灾事故责任调查处理"五位一体"监管等新型模式。

实行单位"三自主两公开一承诺"管理，加强预防为主与防抗救相结合的全程消防安全监督管理，以及涵盖公共安全的一切空间领域的全域消防安全监督管理。党委政府和人民群众对消防安全监督管理工作的满意认可度，直接关系对消防事业发展、队伍建设的支持程度，直接关系消防安全监督管理人才队伍声誉。要秉持胸怀天下、自信自立，创新树立大国消防安全监督管理建设理念，以"大国应急"的战略眼光与站位格局牢牢把握使命任务与职责定位，既立足中国实际寻找解决中国问题的方案，又拓展世界眼光，从政治上考量、在大局下行事，以更高的境界格局、更宽的视野胸怀、更强的使命意识，推进队伍建设现代化。

**（二）坚持依法建设，以正规化建设为抓手打造人民满意的过硬人才队伍**

切实强化法纪规矩意识，将党纪国法、队伍纪律和规章制度纳入经常化、系统化的理论学习和思想政治教育，重点突出针对性和实效性，不断提高法纪理念和法纪素养。进一步明确管理属性，确定"中央主建、地方主用"的消防安全监督管理工作具体事宜，发挥垂直管理的全局统筹、力量集中的优势，凸显属地管理的因地制宜、协同发展的特点。针对多元的人员构成，结合工作实际充分调研论证，研究制订出台相关人才队伍建设指导意见，明确人才队伍建设的指导思想、工作目标、具体措施、工作要求，指明队伍建设的方向和路径，用铁的纪律打造铁的队伍。全面落实从严管理制度，毫不动摇地坚持从严治队方针，严格执行廉洁自律各项规定。严格遵守《国务院办公厅关于全面推行行政执法公示制度执法全过程记录制度重大执法决定法制审核制度的指导意见》的要求，全面推行执法公示制度、实施消防执法全过程记录、法制审核，严格限制处罚自由裁量权，严格执行双人执法、持证上岗、岗位交流制度。

将消防监督执法信息全部纳入消防监督管理信息系统，实现消防监督执法所有环节网上流转、全程留痕、闭环管理。强化消防安全监督管理人员职业规范，明确消防人员及其近亲属从业限制，严格落实回避制度。消防部门与消防行业协会、中介组织彻底脱钩，现职消防人员一律不得在消防行业协会、中介机构兼职（任职）。离退休人员在消防行业协会兼职（任职）的，必须符合国家有关规定且不得领取报酬。消防部门管理的科研、认证机构一律不得开展与消防执法相关的中介服务。加强对队伍人员全方位全周期管理，做到思想与行动相统一、八小时内与八小时外相贯通，加强监督检查和考核奖惩，深化纪律作风建设，建立正规运行秩序，规范言行举止、礼节礼貌，切实树立起新时代应急管理队伍的好标杆。

（三）坚持改革创新，以专业化建设为导向全面培养高素质骨干人才

消防安全监督管理跨度广、涉及面宽、专业性强，必须梯次接续、前后衔接、压茬进行、有序推进地调整改革，在危急关头才能做到临战不慌、应对得当。要建立健全终身教育训练制度，将终身教育训练作为基础工程置于优先发展的位置，以深化教育训练改革创新加快推动队伍转型升级。要从入职培训、适岗培训、专业培训、实践锻炼、基层历练、考察研修等各环节加强专业能力建设，建立各类岗位教育训练学习成果认定、积累和转换机制，提高"事、岗、人、能"匹配度。依托消防文员、专职队员招聘，加强与其他部门相互联系，挑选一些综合实践能力较强，体力和实战能力比较出色的，能够快速适应新的工作的人员融入监督执法队伍中来。建立完善科学的监督考评体系，强化对队伍权力运行的制约和监督，形成决策科学、执行坚决、监督有力的权力运行机制。立足队伍实际开展岗位目标责任制考核，科学制定队伍各级各类人员岗位职责规范，明确考察考核指标，实行分级分类量化考核。

针对"选育管用"环节，把各级人员放在安全执法、风险防控等工作实践中综合衡量，严格执行选拔任用程序，抓好平时考核与年度考核，真正把急难险重任务中能够顶得上、拿得下的同志选出来、用起来，立起能战者用、谋事者香的鲜明导向。完善队伍建设各类保障机制。从优待队是凝聚向心力、战斗力的重要保障，进一步加强暖心保障、延伸惠队范围，真正做到"安身、安心、安业"。要建立健全激励机制，合理制定人员职业成长规划，明确个人工作目标和努力方向，充分发掘、发挥个人潜力。制定出台应急管理队伍职业荣誉、政治待遇、标志标识、救援补偿、立功表彰、安置抚恤、人身保险等方面的政策制度。研究建立应急管理岗位津贴制度，调动人员积极性主动性。要实行人性化关心关爱工程，强制年休假制度和每年全员体检机制，建立人员职业健康档案，实行生病住院、退休慰问制度及领导家访、谈心制度，使人员切身感受组织的关怀和温暖。完善火灾调查区域协作和技

术指导服务机制，进一步加强与高校、科研机构的合作培养、双向交流，建立健全科研人员参与消防信息化、火灾事故调查的工作制度。

### （四）坚持科技赋能，以职业化建设为主线加快推进队伍实现现代化

结合消防安全监督管理工作规律及职业特点，制定消防安全监督管理人才职业化标准体系，拟定职业岗位标准、职业荣誉、职业意识、职业道德、职业形象、职业技能、职业保障、职业监督等，从根本上解决思想认识模糊、目标方向不清、工作抓手不牢等问题。强化职业荣誉体系建设，准确提炼、培育宣传应急管理队伍职业精神、职业道德、核心价值观，加快形成队伍高度一致的思想认同、行为认同、情感认同。科学建立个人素质能力评估标准指南。基于岗位胜任力，建立以业务能力为核心的多维度职业能力评价体系，明确岗位素质能力基本标准，对队伍人员开展素质能力测评。根据测评结果，并结合多维评价，了解人员管理风格、心理素质、职业发展动力、职位胜任能力、潜质和业绩等全方位情况，更好地进行人岗匹配，有利于对各类人员的选拔、任用、培养、激励等。完善以消防大数据为支撑，"双随机、一公开"监管为基本手段、重点监管为补充、信用监管为基础、火灾事故责任调查处理为保障的"五位一体"监管模式，创新开展"人联、质联、责联、物联"四网建设，落实"全生命周期"监管。

融入数字城市战略，建立消防基础数据标准和共享赋能机制，加固网络数据安全措施，搭建标准化通用智联组件；升级消防数字体征，拓展评价指标体系应用和专题板块；制定消防救援"一网统管"平台建设标准，打造高效处置消防警情、火灾隐患等"消防一件事"，不断提升监管效能。探索打造消防安全监督管理人才数据标准平台。积极推进消防安全监督管理从业人员职业资格证书认证制度，鼓励专业人才参加相关职业技能鉴定，建立职业技能等级与工资挂钩制度。加强消防安全监督管理人才队伍信息化建设，打造人员数据标准、动态信息平台，建立应急资源、典型案例以及预案等数据库，动态掌握专家、装备、器材等社会应急资源，实时掌握、数据分析前

端具体状态，针对具体情况及时作出行动响应，更加有效有序地进行指挥支援，使队伍建设更加专业安全，反应更加快速高效。与国（境）外消防安全监督管理部门及相关科研单位联合开展协同监管、学术研究、标准研制、师生交流等合作，加快培养达到国际标准的急需人才的同时，贡献消防安全监督管理的中国智慧、中国经验和中国方案。

## 六 中国消防安全监督管理人才发展的趋势展望

要更加自觉将消防安全监督管理人才队伍建设融入党和国家事业大局、应急管理事业全局，加快建设适应中国式现代化要求的消防安全监督管理人才队伍，为中国式现代化行稳致远保驾护航。

### （一）在发展方向上，注重垂直管与协同建相结合

垂直管理凸显了改革制度优势，消防救援队伍实行中央垂直管理，保证了消防安全监督管理人才队伍的上级权威和专业优势，也便于全国性统一建设。同时，消防安全监督管理人才为社会提供新型公共安全服务产品，完善了政府服务内容，提升了服务型政府形象。垂直管不等于单打独斗，必须融合协同、共治共建。从"防"和"控"的角度来看，消防安全问题的实质是经济社会发展问题，安全隐患根源的多元化决定了监督执法主体的多元性，要建立跨部门协同配合机制，健全完善政府、市场和社会等多元化投入机制，除了消防部门监管执法外，还需要应急、公安、住建、林业等相关部门配合，特别是地方党委政府的综合协调管理、整体统筹建设尤为重要。要建立国家层面消防安全议事协调机构，合理划分中央和地方火灾防范事权，厘清与行业部门的权责关系，国家层面以部署专项治理为主，宏观指导、政策供给、责任追究。

党委政府承担领导责任、行业部门承担管理责任、职能部门承担监督责任、单位法人承担主体责任、人民群众承担社会责任等，有效履行消防安全"五大责任"，切实健全基层消防治理体系。深化对中央主建、地方主用地

认识，充分发挥中央和地方两个积极性，厘清与应急、住建、公安等部门的职责边界，理顺"条块结合、以条为主"的双重领导关系、"垂直管理"的调度指挥关系、火灾风险防控的统筹管理关系、适应事业发展的供给保障关系，更加突出消防救援队伍的主力军和国家队地位作用。要突出明责落责，聚焦模糊地带，立足新能源全过程监管、新业态归口化管理、新产业专业化管理，全面厘清监管边界、职责清单，分行业开展消防安全标准化达标验收，明确火灾事故调查组织、程序、内容，实现"以果溯因、以果决行"，切实分好"责任田"。

### （二）在发展路径上，注重长期建与重点建相结合

消防安全监督管理人才队伍建设是一个系统工程，需要持续发力、久久为功。在接续发展中要更加注重速度规模和质量效益相统一，增强发展设计的预见性、均衡性和灵活性，实现队伍建设整体又好又快发展。要立足推进消防安全监督管理体系和能力现代化这一定位，突出政府职能属性，聚焦制约消防改革发展的大事、难事、急事，及时谋划提出一揽子解决方案。把握建设重点。提升防范化解重大安全风险是根本目标，补齐改革发展短板、打牢社会治理基础、推动队伍科学发展是重点任务，要全力推动消防安全管理向多元共治转型，探索构建党委领导、政府负责、群团助推、社会协同、公众参与的消防安全共治格局。

要积极吸纳社会力量，提高社会力量参与度，设置适当的分级技术，完善安全评价力量体系，努力实现消防安全监督管理人才队伍正规化建设、专业化管理、职业化发展，拓展在职学历提升平台，锻造职业资格、技能等级、学历证书"三位一体"人才队伍。建议将国务院办公厅《消防安全责任制实施办法》①有关内容上升至法律法规层面，将"党政同责、一岗双责""管行业必须管安全、管业务必须管安全、管生产经营必须管安全"的

---

① 《国务院办公厅关于印发消防安全责任制实施办法的通知》，中国政府网（2017年11月9日），https://www.gov.cn/zhengce/content/2017-11/09/content_5238316.htm，最后检索时间：2024年5月17日。

要求写入《消防法》，进一步明确地方各级人民政府、有关行业部门和社会单位消防安全责任。

## （三）在发展内容上，注重严执法与强服务相结合

消防安全监督管理人才职业特点，具有鲜明的社会公共服务属性。消防安全监督管理人才队伍建设要突出执法和服务相统一。严格执法是消防安全监督管理人才的法定职责，是维护稳定消防法律关系的重要手段。热情服务是消防安全监督管理工作的出发点和落脚点，是严格执法的方式。要突出解决消防规划不落实、消防建设用地随意挪用、重大火灾隐患和区域性火灾隐患未及时销单、政府专职消防员队伍保障机制不落实等重点难题，推动安委会、消委会强化约谈警示、挂牌督办、问责通报，提请各级人大开展执法检查，提高消防工作考核针对性、权重比，切实攥紧"指挥棒"。

健全地方党委政府统领火灾防范机制，分散消防救援机构承担的几乎包揽发现、督促、指导、整改火灾隐患的全流程责任。强化专业化防范能力培训，规范社会消防技术服务机构，夯实火灾防范基础工作。要持续深化"放管服"，坚持主动服务、靠前服务，深化"减证便民""减证利企"等举措，切实优化营商环境，增强底线思维、系统思维，持续深化消防执法改革，既要"放得下"，也要"管得好"，更要"服务到位"。

## 参考文献

习近平：《习近平谈治国理政》（第二卷），外文出版社，2017。
习近平：《习近平谈治国理政》（第三卷），外文出版社，2020。
冯时进主编《消防部队基层政治工作》，机械工业出版社，2014。
中国消防协会编《中国消防协会年鉴2022》，新华出版社，2023。
肖方：《黄明：在应急管理部学习贯彻全国两会精神视频会议上强调 加快推进应急管理体系和能力现代化以实际行动迎接党的二十大胜利召开》，《中国消防》2022年第3期。

钟雯彬：《对应急响应体系的观察与思考——基于地方治理视角》，《中国应急管理科学》2022 年第 2 期。

刘夏村、严赋憬：《加快推进应急管理体系和能力现代化》，《新华每日电讯》2022 年 8 月 31 日。

盖宏伟、牛朝文：《从"刚性"到"韧性"——社区风险治理的范式嬗变及制度因应》，《青海社会科学》2021 年第 6 期。

卡哈尔江·艾力：《基层消防救援队伍建设现状分析及对策》，《水上安全》2023 年第 16 期。

高艳、乔志宏、宋慧婷：《职业认同研究现状与展望》，《北京师范大学学报》（社会科学版）2011 年第 4 期。

张睿、陈静、周习文：《消防员职业倦怠与心理创伤的关系》，《中国应急管理科学》2021 年第 7 期。

曹海峰：《新时期加快推进我国消防救援队伍体系建设的思考》，《行政管理改革》2019 年第 8 期。

# B.4
# 2019~2023年中国应急救援队伍建设实践与发展

曲国胜[*]

**摘　要：**　本文对我国应急救援队伍的起源和发展进行了概述，包括截至2024年6月我国各类应急救援队伍，尤其是我国城镇救援队伍（地震灾害救援队伍）的发展。本文总结了我国各类各级地震救援队伍能力建设及其进展，基本构建了从国际到国内城镇地震搜索与营救队伍能力体系，特别阐述了中国国际救援队（国家地震灾害紧急救援队）的成立与发展；2018年应急管理部成立后，中国救援队、国家消防救援局组建，矿山与安全生产救援力量、社会救援力量快速发展，能力建设进一步提升。文章还分析了我国应急救援队伍能力建设面临的问题，阐述了我国应急救援队伍及能力建设发展趋势，指出了应急救援队伍人才培养的任务、方向和主要发展趋势。

**关键词：**　应急救援队伍　队伍能力建设　人才培养

## 一　2018年前中国应急救援队伍建设实践与发展

### （一）2001年前我国应急救援队伍发展沿革

黄帝时期，设置管理用火安全的官员为火政，因此消防员在我国是有着

---

* 曲国胜，中国地震应急搜救中心原总工程师/科技委主任，研究员，博导，国家防灾减灾救灾委员会专家委员会委员，国际应急管理学会原副主席，主要研究方向为地震灾害应急响应与救援决策、地震灾害预评估与应急准备能力评估。

4000多年历史的古老职业。殷商时期"殷王法"记载了消防法规；春秋时期知火不报要砍头，隋唐时期不救火要坐牢。到了宋朝，世界上第一支由国家建立的城市消防队诞生了，被称为防隅、军巡铺，专用工作用语为"天干物燥，小心火烛"，拥有了简易的消防装备，由水袋、水囊、唧筒、麻搭组成的灭火工具套组，水囊水袋用来储水，唧筒相当于抽拉式水枪，麻搭用于蘸吸泥水扑灭着火点。元代家用消防装备更齐全，清代消防队伍各项功能接近完备。晚清时期，我国近代消防队伍在香港和内地相继成立。1868年，英国驻香港总督召集志愿者组建了一支消防队伍，1902年，清政府在天津成立南段巡警总局，租界消防队交由清政府管理，称为南段巡警总局消防队，也就是我国第一支消防警察队。

1949年以来，在经历各类重大自然灾害、事故灾难后，如1966年邢台地震、1975年海城地震、1976年唐山地震、1998年长江洪水救援等重特大灾害救援之后，逐渐建立了以解放军、武警消防部队等为应急救援主力军的救援队伍，我国应急救援能力逐渐提升。武警消防部队、交通部队、森林消防部队、水利水电和黄金武警部队构成了我国主要的应急救援力量。

## （二）2001~2018年我国应急救援队伍发展

2001年，中国国际救援队成立，标志着中国政府逐渐进入国际城镇搜索与营救体系，2003年至2008年汶川地震期间，我国成立了以下与应急救援相关的队伍和机构。

（1）2001年，成立中国国际救援队，由38军工兵团、中国地震局和武警总医院构成，队员222人，2008年汶川地震后扩编到480人，以国内外重特大地震灾害、台风洪涝灾害等自然灾害和事故灾难救援处置为职责，代表中国政府参加国际重特大灾害救援行动。

（2）2003年，成立民政部国家减灾中心，利用遥感技术等开展自然灾害防范和应对，尤其是气象洪涝灾害的防范和应对。

（3）2003年，中国地震局设立震灾应急救援司，以协调国内外重特大地震灾害应急救援工作。2003~2008年，由消防救援、武警总队和矿山救援队伍组成了 24 支中国省级地震救援队。

（4）2004 年，成立中国地震应急搜救中心，是中国国际救援队和国际救援行动的技术支撑机构。

（5）2005 年，成立国务院应急办，并在各省份陆续成立省级、市级应急办和应急指挥机构，开展应急突发事件的应急指挥与协调。

（6）2005 年，成立交通部海上搜救中心，开展海上和江河流域的应急救援。

（7）2006 年，成立国家安全生产应急救援指挥中心，对全国安全生产应急救援队伍开展能力建设。

（8）2008 年汶川地震后，我国依托消防救援、森林消防、武警、军队和多部门多行业组建了多支综合性地震紧急救援队伍，其中省级地震灾害紧急救援队 78 支，以及若干矿山救护队、海上应急搜救队、核生化应急救援队等。这些救援队伍的建设原则多为"一专多能、一队多用"，针对重特大自然灾害（地震、地质、洪涝等）导致建（构）筑物严重破坏倒塌开展了以生命救援行动为主的地震灾害救援队伍能力建设。

（9）2008 年汶川地震后，我国社会救援力量大批成立，2008 年被称为社会救援力量建设的元年。

（10）2009 年 11 月 14 日，中国国际救援队（国家地震灾害紧急救援队）第一次通过了联合国国际搜索与营救咨询团重型救援队能力分级测评，成为亚洲第 2 支、国际上第 12 支联合国认证的重型救援队伍。

（11）2014 年，中国国际救援队再次通过联合国国际搜索与营救咨询团重型救援队能力复测。

（12）2016 年，甘肃省地震灾害紧急救援队（武警）、2017 福建省地震灾害紧急救援队（消防）通过了我国地震重型救援队能力分级测评。

（13）2016 年 11 月，中国地震局发布了《中国地震灾害专业救援队能力分级测评工作指南》，以指导和规范我国专业地震救援队的能力建设。

（14）2001~2018 年，中国国际救援队参与了 2003 年阿尔及利亚地震、伊朗巴姆地震、2004 年印度洋地震海啸、2005 年南亚地震、2006 年印度尼西亚日惹地震、2008 年汶川地震、2010 年海地地震、2010 年玉树地震、2010 年巴基斯坦洪水、2011 年新西兰基督城地震、2011 年东日本大地震海啸、2013 年芦山地震、2014 年鲁甸地震、2015 年尼泊尔地震以及国内若干次地震与地质等灾害救援。我国各类救援队伍参加了国内地震和洪涝灾害救援，挽救了大量生命。

（15）2010 年，由中国地震应急搜救中心、德国技术救援署（THW）与四川省德阳市组织的第一响应人培训在四川省德阳市绵竹汉旺镇首次举办。2015 年，在亚洲基金会支持下，由中国地震应急搜救中心、北京大学数字减灾与应急管理研究中心、成都市应急办和美国联邦紧急措施署（FEMA）国际合作部合作在成都举办"社区应急响应队伍"教官培训首次举办。

## 二 2018年以来中国应急救援队伍建设实践与发展

### （一）应急救援队伍能力建设政策依据

#### 1.党和国家应急救援队伍能力建设依据和要求

党的十八大以来，习近平总书记对我国应急救援队伍以及应急管理部门应急救援能力建设提出了一系列要求。

2018 年 7 月，习近平对防汛抢险救灾工作作出重要指示强调：要牢固树立以人民为中心的发展思想，全力组织开展抢险救灾工作，最大限度减少人员伤亡，妥善安排好受灾群众生活，最大限度降低灾害损失。要加强应急值守，全面落实工作责任，细化预案措施，确保灾情能够快速处置。要加强气象、洪涝、地质灾害监测预警，紧盯各类重点隐患区域，开展拉网式排查，严防各类灾害和次生灾害发生。

2018 年 5 月 12 日，习近平向汶川地震十周年国际研讨会暨第四届大陆地震国际研讨会致信强调，人类对自然规律的认知没有止境，防灾减灾、抗灾救灾是人类生存发展的永恒课题。科学认识致灾规律，有效减轻灾害风险，实现人与自然和谐共处，需要国际社会共同努力。中国将坚持以人民为中心的发展理念，坚持以防为主、防灾抗灾救灾相结合，全面提升综合防灾能力，为人民生命财产安全提供坚实保障。

2016 年 7 月 28 日，习近平在河北唐山市考察时指出：要总结经验，进一步增强忧患意识、责任意识，坚持以防为主、防抗救相结合，坚持常态减灾和非常态救灾相统一，努力实现从注重灾后救助向注重灾前预防转变、从应对单一灾种向综合减灾转变、从减少灾害损失向减轻灾害风险转变，全面提升全社会抵御自然灾害的综合防范能力。

2016 年 7 月 28 日，习近平在河北唐山市考察指出：要总结经验，进一步增强忧患意识、责任意识，坚持以防为主、防抗救相结合，坚持常态减灾和非常态救灾相统一，努力实现从注重灾后救助向注重灾前预防转变、从应对单一灾种向综合减灾转变、从减少灾害损失向减轻灾害风险转变，全面提升全社会抵御自然灾害的综合防范能力。

2019 年 11 月 29 日，习近平在主持中共中央政治局第十九次集体学习时强调：一是要健全风险防范化解机制，坚持从源头上防范化解重大安全风险，真正把问题解决在萌芽之时、成灾之前。要加强应急救援队伍建设，建设一支专常兼备、反应灵敏、作风过硬、本领高强的应急救援队伍。要强化应急管理装备技术支撑，优化整合各类科技资源，推进应急管理科技自主创新，依靠科技提高应急管理的科学化、专业化、智能化、精细化水平。二是应急管理部门全年 365 天、每天 24 小时都应急值守，随时可能面对极端情况和生死考验。应急救援队伍全体指战员要做到对党忠诚、纪律严明、赴汤蹈火、竭诚为民，成为党和人民信得过的力量。三是组建国家综合性消防救援队伍，是党中央适应国家治理体系和治理能力现代化作出的战略决策，是立足我国国情和灾害事故特点、构建新时代国家应急救援体系的重要举措，对提高防灾减灾救灾能力、维护社会公共安全、保护人民生命财产安全具有重大意义。要针对关键领域和薄弱环节，推动建设若干重点工程。

2019 年 11 月 29 日，习近平总书记对城市—基层应急响应能力建设提出以下新要求。一是要发挥我国应急管理体系的特色和优势，借鉴国外应急管理有益做法，积极推进我国应急管理体系和能力现代化。二是要加强应急预案管理，健全应急预案体系，落实各环节责任和措施。三是要实施精准治理，预警发布要精准，抢险救援要精准，恢复重建要精准，监管执法要精准。四是要坚持依法管理，运用法治思维和法治方式提高应急管理的法治化、规范化水平，系统梳理和修订应急管理相关法律法规，抓紧研究制定应急管理、自然灾害防治、应急救援组织、国家消防救援人员、危险化学品安全等方面的法律法规，加强安全生产监管执法工作。五是要坚持群众观点和群众路线，坚持社会共治，完善公民安全教育体系，推动安全宣传进企业、进农村、进社区、进学校、进家庭，加强公益宣传，普及安全知识，培育安全文化，开展常态化应急疏散演练，支持引导社区居民开展风险隐患排查和治理，积极推进安全风险网格化管理，筑牢防灾减灾救灾的人民防线。六是要采取多种措施加强国家综合性救援力量建设，采取与地方专业队伍、志愿者队伍相结合和建立共训共练、救援合作机制等方式，发挥好各方面力量作用。七是要坚持少而精的原则，打造尖刀和拳头力量，按照就近调配、快速行动、有序救援的原则建设区域应急救援中心。

**2. 政策标准规范能力建设**

《"十四五"应急救援力量建设规划》明确指出以下要求。

（1）强化关键专业应急救援力量建设。建强国家级自然灾害工程应急救援力量，强化工程抢险专业能力建设；支持各地区结合实际建设洪涝灾害应急救援力量。在高危地区和重点林区有序推进区域性森林（草原）火灾机械化扑救专业力量建设，提高力量投送速度和扑救成效；支持地方因地制宜建设基层森林（草原）火灾专业扑救队伍。遴选一批地震和地质灾害救援队伍，建设成为国家级专业救援队伍，加强地震易发高发及地质灾害高风险地区应急救援队伍建设，提升第一时间救援救助能力。

调整优化现有国家级安全生产应急救援队伍规模、结构、布局。针对空白领域新建一批国家级安全生产应急救援队伍。加快推进关键装备转型升级，推进国家级安全生产应急救援队伍正规化建设、专业化救援，提升科学化管理水平。支持各地区加强化工园区、产业园区、重大项目实施等安全生产应急救援力量建设，完善综合救援基地，推动政府和企业联合建立专职应急救援队伍，指导高危行业企业依法加强专职安全生产应急救援队伍建设。立足运输机场现有供水、供油网络，建立联接运输机场、航空护林站、通用机场及起降点的航空救援水源、油料保障体系。推动组建航空应急救援指挥调度中心，建设航空应急救援信息平台，健全完善灾情动态通报、联合勘测、需求提报、协同保障机制，强化军地协同搜寻救援。支持航空应急救援配套专业建设，加强航空应急救援专业人才培养。

（2）积极引导社会应急力量有序发展。制定出台加强社会应急力量建设的意见，对登记注册、应急响应、服务保障、奖惩评价、救援补偿等作出制度性安排，对社会应急力量参与应急救援行动进行规范引导。开展社会应急力量应急理论和救援技能培训，加强与国家综合性消防救援队伍等联合演练，定期举办全国性和区域性社会应急力量技能竞赛，组织实施分级分类测评。鼓励社会应急力量深入基层社区排查风险隐患、普及应急知识、就近就便参与应急处置等。完善社会应急力量现场协调机制，深入推进社会应急力量参与重特大灾害抢险救援行动现场协调机制建设，完善统筹指导、任务调派和服务保障等措施，支持地方应急管理部门与本地社会应急力量建立协调联动机制。

（3）持续推进基层应急救援力量建设。坚持专业化与社会化相结合，推动乡镇街道、村居社区加快组建基层应急救援队伍，建设微型应急救援站（点），持续提升基层隐患排查和救早救小的防范处置能力。指导乡镇街道、村居社区结合本地灾害事故特点，组建应急救援队伍，承担灾害事故先期处置和自救互救任务。各地根据本行政区域特点和需要，制定基层应急救援力量建设方案，细化队伍职责，配备必要的物资装备，加强与专业队伍互动演练，提高应急救援能力。

（4）加强重大项目应急救援力量建设。强化重点铁路建设运行应急处置能力，合理布局隧道和建设施工应急救援力量，提升项目建设运行灾害事故风险防范和应急处置能力。加强长江经济带水上救援力量建设，加强打桩护岸、吊运装卸、抛石堵缺、切滩导流、落水人员搜救、遇险人员救助、船舶灭火和航运工程施工事故救援等能力建设。

（5）航空应急救援力量建设。《应急救援航空体系建设方案》印发实施，国家级自然灾害工程应急救援队伍建设、社会应急力量建设等制度规范和技术标准制定工作稳步推进；四川、陕西、湖南、浙江等省应急管理部门相继出台应急救援队伍建设管理、救援补偿等制度，应急救援力量建设标准化、响应规范化、救援专业化进程加快。

## （二）我国应急救援队伍能力建设

### 1. 我国区域应急救援能力不断提升

党的十八大以来，在以习近平同志为核心的党中央坚强领导下，我国应急管理事业改革发展取得历史性成就，统一指挥、专常兼备、反应灵敏、上下联动的应急管理体制初步形成，应急救援能力现代化迈出坚实步伐，专业应急救援力量、社会应急力量、基层应急救援力量建设不断加强，对国家综合性消防救援队伍的支撑协同作用进一步凸显。

2018年应急管理部成立后，我国逐渐形成了以综合消防救援为主体、专业救援为骨干、军队救援为参与和社会救援力量为辅助的重特大灾害救援能力建设体系。提出加强水域、山岳、地震、航空、森林灭火和化工园区爆炸等特种灾害救援能力建设的具体措施，开展了综合类和专业类应急救援队伍能力建设。

截至2023年底，我国已组建约80支国家和省级地震专业救援队（USAR），地震救援队伍总量达461支。另外还有相关的专业救援队，如安全生产事故灾难1193支救援队、各级消防和武警可参与地震救援的队伍约5000支，2018年应急管理部成立后，成立了1000余支社会救援力量和组织。目前我国各类灾害救援力量已达50万~60万人，基本形成了我国专业救援（重中轻）和基层应急救援/第一响应人队伍的架构体系。

2018年10月10日，习近平总书记在第三次财经委员会会议上提出我国新时期应急救援能力建设的九大工程，包括：一要实施灾害风险调查和重点隐患排查工程，掌握风险隐患底数；二要实施重点生态功能区生态修复工程，恢复森林、草原、河湖、湿地、荒漠、海洋生态系统功能；三要实施海岸带保护修复工程，建设生态海堤，提升抵御台风、风暴潮等海洋灾害能力；四要实施地震易发区房屋设施加固工程，提高抗震防灾能力；五要实施防汛抗旱水利提升工程，完善防洪抗旱工程体系；六要实施地质灾害综合治理和避险移民搬迁工程，落实好"十三五"地质灾害避险搬迁任务；七要实施应急救援中心建设工程，建设若干区域性应急救援中心；八要实施自然灾害监测预警信息化工程，提高多灾种和灾害链综合监测、风险早期识别和预报预警能力；九要实施自然灾害防治技术装备现代化工程，加大关键技术攻关力度，提高我国救援队伍专业化技术装备水平。

**2. 六大区域应急救援中心建设**

（1）区域应急救援中心分布。2019年以来，我国按照一年启动、两年全面建设、三年形成能力的总体要求，规划建设了6个国家区域救援中心。每个区域救援中心包括1+4功能；"1"即1个区域应急指挥中心，"4"即1支标准化的重型救援队、1个实训演练基地、1个物资装备储备库和1个直升机救援基地。6个国家区域救援中心分别是：东北区域救援中心（大庆），重点担负森林、草原火灾和雪灾、洪涝灾害救援等任务；西北区域应急救援中心（兰州），重点担负地震、地质灾害和雪灾救援等任务；华北区域应急救援中心（张家口），重点担负地震、洪涝等专业人才培养、医疗救援、国际救援等任务；华中区域应急救援中心（武汉），重点担负洪涝灾害救援等任务；西南区域应急救援中心（成都），重点担负地震、地质灾害和森林火灾等任务；东南区域应急救援中心（潮州），重点担负台风灾害应急救援等任务。

（2）区域应急救援中心能力建设。一是应急反应能力提升。体制机制健全，应急准备扎实，国家区域应急救援中心常年保持一定规模的在训队伍，直属队伍出勤率保持在90%以上，救援装备完好率达到90%以上，随时响应，快速出动。二是专业指挥能力提升。熟悉特别重大灾害处置要点和应急响应程序，熟练应用信息化指挥手段，实时掌握灾区现场信息、应急资源情况，准确把握灾情发展趋势，科学制定行动方案，高效指挥灾区各类应急救援力量实施抢险救援行动。三是快速投送能力提升。救援力量和物资投送机制协调顺畅，建立军民融合、政企一体的运输保障网络，人员编组规范化，装备物资模块化，适应空中、铁路、公路快速运输需要。四是综合救援能力提升。各级指挥机构和应急救援队伍具备适应多灾种、跨区域抢险救援需要的综合能力素质，能够高效组织、协调任务区域内消防救援、森林消防、安全生产和军队等应急救援力量协同展开行动。

**3. 专业应急救援力量体系基本形成**

经过多年救援队伍能力建设与发展，我国形成了以国家队为核心、行业队为骨干、企（事）业队为基础的专兼结合、优势互补、功能综合的应急救援队伍体系，涵盖消防、地震、危险化学品、矿山集中区域、水上、铁路、电力、森林消防等领域和行业的应急救援队伍。截至2023年底，有5支应急救援队伍被纳入应急管理部直接管理，包括消防救援队伍、森林消防救援队伍、国家地震灾害紧急救援队伍、国家安全生产应急救援队伍和国家矿山救护队伍（见表1）。组建了应急管理部自然灾害工程应急救援中心（中国安能）和救援基地，完善国家级危险化学品、隧道施工应急救援队伍布局，建成地震、矿山、危险化学品、隧道施工、工程抢险、航空救援等国家级应急救援队伍90余支共计2万余人，各地建成抗洪抢险、森林（草原）灭火、地震和地质灾害救援及生产安全事故救援等专业应急救援队伍3.4万支共计130余万人，形成了灾害事故抢险救援重要力量。

**表1  我国应急救援队力量组成基本情况**

| 序号 | 灾种和救援任务 | 力量编成 |
| --- | --- | --- |
| 1 | 消防救援 | 消防员17.5万人，合同消防员10万人，地方专职消防员1万人，企业专职消防员7万人 |
| 2 | 森林消防救援 | 森林消防员及地方林业扑火队约2.5万人 |
| 3 | 地震救援 | 国家级及省级地震灾害救援队约1.5万人，其中中国国际救援队480人、中国救援队220人；省队60~300人，共78支 |
| 4 | 安全生产应急救援 | 国家级队伍121支，1.82万人，各类安全生产应急救援专业队伍1000余支，7.2万人 |
| 5 | 矿山救援 | 矿山救护队2.7万人 |

　　《国家突发公共事件总体应急预案》规定"公安（消防）、医疗卫生、地震救援、海上搜救、矿山救护、森林消防、防洪抢险、核与辐射、环境监控、危险化学品事故救援、铁路事故、民航事故、基础信息网络和重要信息系统事故处置，以及水、电、油、气等工程抢险救援队伍是应急救援的专业队伍和骨干力量"。

　　（1）国家地震灾害紧急救援队。2001 年 4 月 27 日，经国务院、中央军委批准，成立了国家地震灾害紧急救援队，对外称中国国际救援队。救援队按照"一队多用、专兼结合、军民结合、平战结合"的原则，由应急管理部和中央军委联合参谋部共同管理调用，队员由应急管理部专家、中国人民解放军某部队和中国人民解放军第三医学中心医务人员联合组成，人数 480 人。这支队伍成立 20 余年来，先后执行国内外灾害紧急救援任务 20 余次，灾害种类涵盖地震、山洪泥石流、滑坡、雪崩、洪水等。截至 2023 年底，救援队已执行 11 次国内救援任务和 10 次 13 批国际救援任务，共成功营救 63 名幸存者，医治 4 万余名伤病员。在国内救援行动中，救援队共执行了四川汶川、青海玉树、四川芦山、四川九寨沟等重特大地震灾害以及甘肃舟曲特大山洪泥石流、青海门源雪崩、天津蓟县滑坡、都江堰山洪泥石流等 11 次国内紧急救援任务。在国际救援行动中，救援队共实施了赴阿尔及利亚、伊朗、印度尼西亚、巴基斯坦、海地、新西兰、日本、尼泊尔、莫桑比克等国 10 次 13 批人道主义紧急救援任务。

　　（2）中国救援队。2018 年，应急管理部为适应新时期国内国际的救援需要，依托北京消防救援总队、应急总医院和中国地震应急搜救中心组建中国救援队，核心队伍规模 220 人。中国救援队中承担国际救援的队伍按"1+N"模式模块化建设。"1"是中国救援队的核心主力队伍，"N"是在灾害事故不同领域建设的专业化模块，整体组合成"务实、高效、便利、快捷"的国际救援队伍。队伍成立以来，执行了非洲莫桑比克热带风暴和土耳其大地震国际人道主义救援任务。

　　（3）安全生产救援队伍。近年来，全国形成了比较完整的安全生产应急救援体系，建设了覆盖矿山、危险化学品、油气田开采、隧道施工等行业领域的 121 支国家级安全生产应急救援队伍，显著提升了应对重特大、复杂生产安全事故的能力。同时，铁路、民航、水域、海上溢油等行业领域应急救援队伍建设稳步推进。目前，全国已有各类安全生产应急救援专业队伍 1000 余支共计 7.2 万余人，在多次重特大事故灾难救援中发挥了专业骨干作用，并按照属地就近原则及时快速地响应了福建泰宁"5·8"泥石流灾害、深圳"12·20"渣土场滑坡事故、云南麻栗坡泥石流灾害等地质灾害救援行动。

（4）应急工程抢险队伍。2019 年消防救援局印发《总队综合应急救援机动支队建设指导意见》（应急消〔2019〕73 号），全国 24 个消防救援总队建设了综合应急救援机动支队，标志着我国消防救援队伍跨区域快速机动处置重特大灾害事故的"尖刀"和"拳头"力量正在逐步形成。各省区市总队主动对标国家队主力军职责定位和适应"全灾种、大应急"任务的需求，在地质灾害高发省份和地市部署了重型地质灾害救援大队、重型工程机械大队等地质灾害工程救援队伍，推动消防救援力量转型升级，全面建设一支敢打必胜的消防救援铁军，对维护社会公共安全、保护人民生命财产安全具有重大意义。

**4. 社会应急力量建设积极稳步发展**

在民政等部门注册登记的社会应急力量约 1700 余支共计 10 万余人，发挥其志愿公益、贴近群众、响应迅速、各有专长的优势，参与山地、水上、航空、潜水、医疗辅助等抢险救援和应急处置工作，在生命救援、灾民救助等方面发挥了重要作用。据不完全统计，2018～2020 年，全国社会应急力量累计参与救灾救援 30 万人次，参与应急志愿服务 180 万人次，已逐步成为应急救援力量体系的重要组成部分。[1]

除专业救援队以外，社会救援力量作为专业队伍的补充，在救援行动中也发挥了重要作用。社会救援力量包括社区志愿者队伍、第一响应人队伍和

---

[1]　资料来源：《应急部关于印发〈"十四五"应急救援力量建设规划〉的通知》，中国政府网（2022 年 6 月 22 日），https://www.gov.cn/gongbao/content/2022/content_ 5708947.htm。

专业志愿者队伍等。

（1）社区志愿者队伍。社区的志愿者队伍依托社区建设，规模一般为20~100人，通常下设应急抢险消防突击分队，应急救援突击分队，治安联防分队，通信联络分队，后勤保障与物资供应分队，灾情速报分队，医疗救护分队，动物宏观异常观测分队，法律、科普知识宣传教育分队，水电保障分队，次生灾害源控制分队等，为一专多能、震时主要发挥自救互救作用的志愿者队伍。目前已在四川、陕西等省市推行、培训10万人。

（2）第一响应人队伍。第一响应人是指经过训练的，在突发事件发生后第一时间赶到现场，能够组织信息收集与上报、指挥现场民众徒手或利用简单工具开展应急与救援的人员，包括灾区当地的居民、警察、基层官员、消防人员、急救医护人员、保安员、学校教师、社区负责人、公司企业负责人及志愿者等。第一响应人培训由联合国资深救援专家组倡导并发起，旨在提高基层应急响应人员的防灾减灾意识、灾害处置能力和基本应急救援能力。目前，第一响应人培训已在四川、广东、福建、云南、山东、甘肃、宁夏、湖北等10余个省份推广，累计培训数万人，得到了地方政府和社会各界的广泛好评。

（3）专业志愿者队伍。目前，我国大部分地区都设有民间山地或户外救援队，在山地以及各类自然灾害救援中起到了很大的作用。尤其是在近年来发生的几次大地震中，民间救援队作为专业救援力量的补充，始终活跃在抗震救灾的第一线。多支知名民间救援队如蓝天救援队、蓝豹救援队、深圳山地救援队等都参与过汶川、玉树、芦山、鲁甸等特别重大地震灾害的救援行动，积累了较为丰富的实战经验，并拥有较为专业的破拆、顶升、支撑、搜索、营救等救援装备以及营地灯、卫星电话等后勤、通信保障装备。在2015年4月25日发生的尼泊尔8.1级地震中，中国各类联合救援、救灾联盟、信息中心等组织纷纷参与，开始更多地尝试联合行动，体现出民间救援日趋成熟。中国扶贫基金会—蓝天救援队联合救援、蓝豹救援队与其他三支救援队联合尼泊尔中华医院一并组成"救援者联盟"，在救援行动中发挥了重要的作用，得到了国际社会及专业救援队的一致好评。

5.基层应急救援力量持续加强巩固

全国乡镇街道建有基层综合应急救援队伍，基本覆盖了我国东部和中部发达地区；基层应急能力标准化建设稳步推进，社会参与程度不断提高，逐步构建起基层应急救援网格体系。

万亿国债基层综合应急救援能力提升项目要求全国地市级、区县级和乡镇（街道）级专业和专职救援队伍覆盖我国70%的区域，这些基层救援力量将极大提升我国基层组织的应急救援能力。

### （三）面临的问题与挑战

"十四五"时期，我国发展仍然处于重要战略机遇期。以习近平同志为核心的党中央坚持以人民为中心的发展思想，统筹发展和安全两件大事，对防范化解重大风险挑战、推进应急管理体制改革、提高应急救援能力等作出全面部署，为加强应急救援力量建设提供了根本遵循；各部门、各地区认真贯彻党中央、国务院决策部署，全面加强应急救援力量建设，积极推进应急管理体系和能力现代化；全社会广泛参与、支持应急救援力量建设，形成了应急救援力量建设发展的良好社会环境；新一轮科技革命和产业变革创新发展，新技术、新装备的不断涌现为应急救援力量建设形成坚实支撑。

同时也看到，我国自然灾害多发频发，安全生产仍处于爬坡过坎期，积累和新增的安全隐患风险大量存在，极端天气灾害进入多发期，防灾减灾基础薄弱，应急救援力量建设处于打基础、攻难关、上水平的关键阶段，发展不平衡不充分问题仍然突出。

1.应急救援能力不足

现有抗洪抢险、地方森林（草原）灭火、地震和地质灾害救援等专业救援能力还不能满足复杂灾害救援需要，社会应急力量和基层应急救援力量还处在起步阶段，航空救援、工程抢险、勘测保障等新型救援力量数量不足，全社会参与应急救援的局面还没有完全形成。

## 2. 力量布局不够均衡

在中西部自然灾害易发多发、经济欠发达地区，特别是四川、云南、青海、西藏、甘肃、新疆等灾害严重省份，专业应急救援力量、社会应急力量和基层应急救援力量亟待加强。

（1）我国地域广、面积大，不同区域灾害类型和程度有较大差异，可依据区域划分为6个不同的综合自然灾害分区：

东北区：辽宁、吉林、黑龙江、内蒙古东部；

西北区：陕西、甘肃、青海、新疆、宁夏，内蒙古西部；

华北区：河北、山西、北京、天津、山东、内蒙古中部；

华中区：河南、江苏、安徽、湖北、江西、湖南；

西南区；西藏、云南、贵州、重庆、四川；

东南区：广西、广东、海南、福建、浙江、上海。

（2）6个不同的综合自然灾害分区灾害类型及其风险程度存在差异：

东北区：森林火灾、洪涝、高寒冰雪灾害、地震、泥石流；

西北区：地震、滑坡/泥石流、山洪、雪灾、森林火灾、沙尘暴；

华北区：洪涝、地质灾害（滑坡/泥石流/砂土液化）、地震、沙尘暴；

华中区：洪涝、台风、地震、风暴潮、滑坡、泥石流；

西南区：地震、滑坡/泥石流、洪涝、森林火灾、雪崩、风灾；

东南区：台风、洪涝、滑坡/泥石流、风暴潮、地震。

依据不同灾害类型和风险程度组建救援队伍的空间布局不合理，亟待加强与灾害分区和灾害类型相适应的应急救援队伍建设，以提升灾区生命救援全覆盖的速度。

## 3. 现场具有实战经验的指挥官严重不足

若干次重大自然灾害和事故灾难救援案例分析表明，我国现代化的指挥人才和实战经验丰富的专家不足，具有丰富实战经验的现场指挥官严重缺失，导致在重大灾害灾难救援现场救援人员出现严重伤亡。

## 4. 人才科技创新能力不强

应急救援装备的实用性、智能化、轻型化、模块化水平不高，恶劣环境下应急救援装备体系还亟待研发和生产，如水陆两栖多功能救援车辆，水陆两栖大飞机和灭火大飞机等关键技术装备亟待突破。

### 5. 保障机制有待完善

指导支持应急救援力量建设的政策法规标准体系尚未全面形成，保障应急救援力量持续健康发展的政府投入、考核评估、救援补偿、奖惩激励等方面制度有待健全，救援队伍的能力分级与分级测评及各类各级救援队伍的标准化建设亟待开展。

### 6. 各类救援队伍普遍存在的问题

（1）救援队伍构成和组织结构标准化程度不够，各灾种救援队标准化构成体系亟待解决。

（2）我国各级各类救援队伍的救援决策体系或救援队管理团队组成不健全（除中国国际救援队和中国救援队外）。

（3）救援队行动综合的协调与指挥能力不足，尤其是重特大灾害灾难救援期间队伍间的协调能力不足。

（4）救援队岗位培训与综合培训不足，我国亟须加快区域应急救援中心建设和各类灾害灾难单项和综合的实训基地建设，在水域、山岳、地震、航空、森林和化工园区爆炸等方面加强实训基地实训设施的建设，以满足多灾种救援力量的培训演练需求。

（5）救援队整体综合演练不足，2018年以来，应急管理部每年均组织应急使命的大型演练，各省区市每年也在组织各类灾害灾难的演练，但演练以演的形式居多，距离实战还有一定差距。

（6）救援队装备的模块化能力建设问题突出，大量的地方救援力量没有异地救援的能力，亟待通过救援队伍能力分级测评，确定队伍的救援能力层级并开展相应的队伍能力建设。

（7）救援队救援目标动态研判能力较低，尤其是对重特大灾害灾难的快速研判能力较低，响应速度较慢。

（8）救援队远程综合救援能力亟待提升，尤其是跨区域应急救援能力亟待大力提升。

# 三 中国应急救援队伍及能力建设发展趋势

## （一）我国应急救援队伍能力建设发展趋势

### 1.国家基层应急救援队伍能力建设

在国家、省级和地市级应急救援队伍能力建设的基础上，面向区县、街道（乡镇）和社区的应急响应与救援队伍能力建设将进一步得到大力发展；面对重特大自然灾害和事故灾难，航空（低空）应急救援力量能力建设也将是未来的重要发展趋势，二者均可在短时间内解决突发事件情况下快速响应、救援处置大面积全覆盖和高效救援等问题。

### 2.国家城镇救援队的能力建设与分级测评

基于联合国人道主义事务协调办公室（UNOCHA）国际搜索与营救指南（INSARAG），在中国国际救援队和中国救援队国际重型城镇救援队能力分级测评的经验积累基础上，逐渐开展我国城镇救援队伍（重型、中型、轻型和微型）能力建设与分级测评，是我国重特大地震、洪涝等自然灾害现场救援行动协调与指挥、各级各类队伍能力建设与实训演练的迫切需求和重要发展趋势。

### 3.重特大灾害灾难恶劣环境应急救援能力提升

重特大自然灾害与事故灾难应急救援均在恶劣环境下开展，在解决了应急救援队伍一般装备的情况下，如能提升恶劣环境下应急救援的效能，如大量配备具有能透雨、雾、烟、霾、沙、雪等的高清灾情视频监控终端和强声应急广播能力的灾情获取与通信装备，拥有水陆两栖和极强越野能力的多功能车载应急救援车辆等，将极大提升各类应急救援队伍的应急响应与救援处置效能，全灾种、大应急的新形势建设能力也将得到全面提升。

## （二）我国应急救援队伍能力提升与人才培养发展趋势

### 1.我国区域应急救援能力提升与人才培养

随着我国6个区域应急救援中心以及若干个省级区域应急救援中心的建

设，我国将实现国家—省级—地市—区县—街道—社区救援响应能力的极大提升，为此需要对各级区域应急救援机构和基层救援机构的大规模人才进行培养和培训。

**2. 我国自然灾害监测预警和响应能力提升与人才培养**

随着万亿国债项目的开展，我国将在全国范围内加大自然灾害的监测和预警能力，在第一时间发现风险及其灾情，实现快速监测预警与灾情研判和救援目标的确定，实现灾前、灾时、灾中和灾后全过程的监测预警与响应，在监测预警、预警响应与救援行动的快速研判方面亟待加大人才培训力度。

**3. 我国基层—地市应急救援综合能力提升与人才培养**

2018年10月10日中央提出的九大工程和2024年万亿国债项目的相继实施，将对我国省级、市级、区县级和街道（乡镇）级应急救援队伍的能力提升起到极大的推动作用，我国基层综合性应急救援能力建设将提升到新的高度，亟待对基层救援能力提升的人才队伍开展培训。

**4. 我国特种灾害应急救援能力提升与人才培养**

随着国家消防救援局的成立以及水域、山岳、地震、航空、森林和化工园区爆炸救援力量，矿山和安全生产等救援队伍能力建设，我国需要大量的特种灾害专业救援人员，尤其是现场决策指挥人员，并开展救援队伍能力分级与分级测评的专业培训与演练。

**5. 我国社会救援力量能力提升与人才培养**

我国社会力量发展迅速，并积极参与了近年来国内外重特大自然灾害的应对，随着我国经济的快速提升，社会救援力量将得到进一步发展，为了提升社会救援力量的专业水平和社区志愿者的应急响应能力，迫切需要对第一响应人和社区应急响应队伍进行系统的培训。这些培训将涵盖关键技能和知识，确保他们在紧急情况下能够迅速、有效地采取行动。同时，中国安全生产协会、中关村安全管理技术人才发展促进会等社会团体，为这类培训计划增添了专业深度，进一步强化了应急救援队伍的整体实力。通过这些精心设计的培训项目，不仅培养了一支反应迅速、技术精湛的救援队伍，也为社区的安全和稳定提供了坚实的保障。

综上所述，我国应急救援队伍的能力建设还处在全灾种大应急能力建设的初期阶段，向专业化救援队伍转型和基层应急救援能力提升将成为未来发展和人才需求的主要方向。

**参考文献**

曲国胜主编《汶川特大地震专业救援案例》，地震出版社，2009。

曲国胜、杨文龙、常晓阳、吴晨编译《社区应急响应能力基础培训教程》，北京交通大学出版社，2016。

宁宝坤、张俊主编《应急救援"第一响应人"能力建设指南》，应急管理出版社，2021。

# B.5
# 2023年中国社会应急力量建设实践

杨怀宁　陈　涛　张　煜*

**摘　要：** 2023年，中国社会应急力量在救援能力、队伍建设、参与机制等方面都取得了长足进步，展现出强大的生命力。社会应急力量不断增强，专业领域日益丰富，地域覆盖范围逐步扩大，救援装备水平显著提升，通过大量实战锻炼，救援能力持续增强，在重大自然灾害救援中贡献突出。但也存在一些问题和短板，如整体水平参差不齐、经费保障不足等。本报告全面分析了社会应急力量发展的背景和现状，总结了典型案例，并对其未来发展提出了可行性对策建议：社会应急力量要融入地方应急力量体系，采取分类分级建设、差异化发展模式，坚持平战结合、规范参与救援行动，进一步提高专业化水平和救援能力。只有这样，社会应急力量才能为维护国家安全和保障人民生命财产安全贡献更大力量。

**关键词：** 社会应急力量　灾害救援　分级分类建设

## 一　中国社会应急力量发展背景

### （一）中国特色社会主义建设背景

中国特色社会主义进入了新时代，我国社会主要矛盾已经转化为人民日

---

* 杨怀宁，博士，应急管理部中国地震应急搜救中心高工，主要研究方向为地震地质灾害评估和应急处置；陈涛，中国灾害防御协会科技标准部副部长，高工，硕士研究生导师，主要从事应急管理与防灾减灾救灾标准、预案、培训相关工作；张煜，应急管理部中国地震应急搜救中心高工，主要从事地震救援培训工作。

益增长的美好生活需要和不平衡不充分的发展之间的矛盾。在中国特色社会主义建设进程中，应急管理被赋予了更为重要的地位。党和国家高度重视应急管理工作，将其纳入国家治理体系和治理能力现代化的总体布局，提出了构建中国特色应急管理体系的重要任务。在维护社会安全稳定、保障人民生命财产安全方面发挥着重要作用。

## （二）应急管理体制建设背景

2016 年，党中央、国务院印发了《中共中央　国务院关于推进防灾减灾救灾体制机制改革的意见》。2018 年，中共中央印发《深化党和国家机构改革方案》，组建应急管理部，4 月 16 日，中华人民共和国应急管理部正式挂牌。这对于保障人民的生命财产安全、维护社会的长治久安、促进国家治理体系和治理能力的现代化建设，将起到重要的作用。中国应急管理体系日趋完善，逐步形成了政府主导、多部门参与、全社会共同应对的应急管理体制。

## （三）法律法规背景

中国制定了一系列法律法规，为社会应急力量的建设提供了法律法规依据。《中华人民共和国突发事件应对法》为"调动应急救援队伍和社会力量"提供了法律依据，《生产安全事故应急条例》提出"国家鼓励和支持生产经营单位和其他社会力量建立提供社会化应急救援服务的应急救援队伍"，要求"在重点行业、领域单独建立或者依托有条件的生产经营单位、社会组织共同建立应急救援队伍"。

## （四）社会背景

随着我国经济社会发展和人民生活水平的逐步提高，社会公众对减轻灾害事故的灾情要求越来越高，自救互救的意识不断增强，社会应急力量主动参与应急志愿服务、应急处置和抢险救援的热情持续高涨，并逐渐成为应急救援领域的一支补充力量。社会应急力量发挥组织灵活、反应迅速、贴近基层的优势，主动投入地震地质、防汛抗旱等灾害事故抢险救援、救灾救助、医疗救护行动。①

近年来，社会应急力量作为我国应急救援领域的有益补充，凭借覆盖面广、贴近基层、组织灵活等优势，在灾情报送、生命救援、灾民救助、疫情防控和科普宣教等工作中，受到了社会各界的广泛认可。②

社会应急力量是指从事防灾减灾救灾工作的社会组织和应急志愿者，以及相关群团组织和企事业单位指导管理的，从事防灾减灾救灾等活动的组织。③但目前被纳入国家应急管理部门协调管理的社会应急力量主要是在民政部门登记注册的社会团体、民非等社会组织，以及红十字会等群团组织组建的社会应急力量。

### （五）政策背景

《国务院关于印发"十四五"国家应急体系规划的通知》在引导社会应急力量有序发展中明确要求："制定出台加强社会应急力量建设的意见，对队伍建设、登记管理、参与方式、保障手段、激励机制、征用补偿等作出制度性安排，对社会应急力量参与应急救援行动进行规范引导。开展社会应急力量应急理论和救援技能培训，加强与国家综合性消防救援队伍等联合演练，定期举办全国性和区域性社会应急力量技能竞赛，组织实施分级分类测评。鼓励社会应急力量深入基层社区排查风险隐患、普及应急知识、就近就便参与应急处置等。推动将社会应急力量参与防灾减灾救灾、应急处置等纳入政府购买服务和保险范围，在道路通行、后勤保障等方面提供必要支持。"应急管理部《"十四五"应急救援力量建设规划》对以上内容再次进行了明确和强调，同时提出完善社会应急力量现场协调机制，深入推进社会应急力量参与重特大灾害抢险救援行动现场协调机制建设，完善统筹指导、任务调派和服务保障等措施，支持地方应急管理部门与本地社会应急力量建

---

① 《YJ/T 1.1—2022 社会应急力量建设基础规范　第1部分：总体要求》。
② 王久平、张煜、陈涛等：《科学合理建队伍　对标实战提能力——社会应急力量建设系列标准解读》，《中国应急管理》2022年第12期，第18~23页。
③ 《YJ/T 1.1—2022 社会应急力量建设基础规范　第1部分：总体要求》。

立协调联动机制。

应急管理部等相关部门出台了一系列政策措施支持社会应急力量发展，有序引导其参与基层应急能力建设和抢险救援工作。在国家层面，初步形成了"1 部指导意见+7 项支撑配套措施"的社会应急力量政策制度体系。

2022 年，《应急管理部　中央文明办　民政部　共青团中央关于进一步推进社会应急力量健康发展的意见》提出完善登记审查、调用补偿、保险保障等方面的制度。指导地方应急管理部门推动社会应急力量建立完善内部管理制度，突出思想政治建设，培育过硬的应急作风。开展社会应急力量培训交流、技能竞赛和综合演练活动，加强应急救援员国家职业资格管理。

2022 年，应急管理部出台了《YJ/T 1.1—2022 社会应急力量建设基础规范　第 1 部分：总体要求》《YJ/T 1.2—2022 社会应急力量建设基础规范　第 2 部分：建筑物倒塌搜救》《YJ/T 1.3—2022 社会应急力量建设基础规范　第 3 部分：山地搜救》《YJ/T 1.4—2022 社会应急力量建设基础规范　第 4 部分：水上搜救》《YJ/T 1.5—2022 社会应急力量建设基础规范　第 5 部分：潜水救援》《YJ/T 1.6—2022 社会应急力量建设基础规范　第 6 部分：应急医疗救护》等 6 个行业标准，引导和规范社会应急力量的建设与发展。① 还出版了社会应急力量培训教材并开展相关培训②，发布了《跨省执行抢险救灾任务车辆免费通行服务保障规程（试行）》，推行社会应急力量参与重特大灾害抢险救援行动现场协调机制，运用社会应急力量救援协调系统，推出社会应急力量专属保险产品，并将社会应急力量表彰纳入应急管理表彰体系等一系列支撑配套措施。以上是扶持社会应急力量发展的重要举措，充分说明了政府对社会应急力量工作的肯定和勉励，同时也意味着对社会应急力量的专业能力和管理规范的要求更高了。

此前于 2019 年，应急管理部开展了全国社会应急力量基本情况调查摸底工作，为"全面摸清主要社会应急力量建设底数和现状，发现社会应急

---

① 《中华人民共和国应急管理部公告》（2022 年第 6 号）。

② 《社会应急力量系列培训教材出版发行》，中华人民共和国应急管理部网站（2022 年 9 月 16日），https：//www.mem.gov.cn/shjyfw/tzgg_ 3324/202209/t20220916_ 422634.shtml。

力量建设发展过程中存在的突出问题，探索建立完善应急管理部门与社会应急力量协同工作机制"奠定了基础。2020 年《应急管理部办公厅关于进一步引导社会应急力量参与防汛抗旱工作的通知》中要求"在防汛抗旱实践中，研究探索社会应急力量参与抢险救援工作的新方法新路子，组织开展必要的试点工作，破解重点难点问题"。

## 二 中国社会应急力量发展现状

### （一）发展概况

中国社会应急力量呈现蓬勃发展的态势，各类救援队伍和组织不断涌现，覆盖城乡各个领域。应急管理部 2022 年数据显示，全国社会应急力量共计 2300 余支、骨干救援队员 4.9 万余人[1]。在民政等部门注册登记的社会应急力量 1700 余支共计 4 万余人，其发挥志愿公益、贴近群众、响应迅速、各有专长的优势，参与山地、水上、航空、潜水、医疗辅助等抢险救援和应急处置工作，在生命救援、灾民救助等方面发挥了重要作用。据不完全统计，2018～2020 年，全国社会应急力量累计参与救灾救援 30 万人次，参与应急志愿服务 180 万人次，已逐步成为应急救援力量体系的重要组成部分。[2]

中国社会应急力量的数量、规模和能力分布不均，与人口、灾情和经济相关性不强，且多数队伍规模小、能力弱、综合水平差，发展处于无序状态。社会应急救援力量救援经历、核心救援能力、专项救援能力差异很大，且很多队伍救援经历少、救援能力弱、缺乏专业培训，社会力量难以有效满足应急救援救灾的需求，与较好发挥应急救援救灾的补充作用仍有距离。

---

[1] 《YJ/T1.1—2002 社会应急力量建设基础规范 第 1 部分：总体要求》等 6 项标准解读。

[2] 《应急管理部关于印发〈"十四五"应急救援力量建设规划〉的通知》（应急〔2022〕61 号）。

### （二）专业分布情况

社会应急力量涵盖了多个领域，如建筑物倒塌搜救、山地搜救、水上搜救、潜水救援、应急医疗救护、航空救援等，形成了多元化的专业分布。

建筑物倒塌搜救是应对地震、爆炸等事故造成的建筑物倒塌的救援工作。社会应急力量普遍配备一定的手动救援工具，部分队伍配备专业救援装备，只有少数队伍配备有搜救犬、重型救援器械和工具，在建筑物倒塌救援中，结合自身灵活、贴近群众和具备一定的山地救援、应急医疗救护等综合能力，主要发挥补充和辅助作用。

山地搜救主要应对在山区迷失或受伤的人员展开救援行动。中国的社会应急力量许多都是由登山爱好者发展而来，他们擅长在复杂的山地环境中进行搜索和救援，相对目前以城市消防为主业的国家综合性消防救援队伍，具有一定的优势。

水上搜救是应对水域事故、溺水等情况进行的救援工作。在中国，专业水上搜救的发展历史不长，社会应急力量较早地引进相关技术，具有相对领先的技术优势。东部和南部沿海、大江大河流域以及境内湖泊较多的省份，具备水上救援和潜水救援能力的队伍数量较大、比例相对较高。

潜水救援是主要应对水下事故进行的救援工作，如溺水、水下设施故障等。中国的社会应急力量中具有专业的潜水救援能力的队伍主要由水下工程施工人员和自携式潜水爱好者组成，属于专业度极高的救援领域，社会应急力量具有较好的公众基础。

### （三）地域分布情况

社会应急力量在全国范围内分布广泛，覆盖了城乡各地，形成了以城市为主、农村为辅的布局。从分布来看，全国社会应急力量分布不均。我国东部特别是东南沿海地区社会应急队伍数量明显多于中西部地区，发展较快，专业化水平较高，而西部地区发展相对滞后。

## （四）装备建设情况

社会应急力量的装备水平不断提高，先进的搜救装备、医疗救护装备、通信设备等装备的引进和更新，提升了救援能力，极少数队伍甚至能够运用直升机展开救援，但社会应急力量的装备不足仍然是普遍现象。装备总量的不足，难以满足大规模突发事件的应急救援需求；装备更新换代速度慢，难以跟上科技发展的步伐；装备使用效率不高，存在资源浪费现象。

## （五）人才建设情况

社会应急力量注重人才培养，建立了完善的培训体系，培养了大批具备专业技能和应急救援经验的人才。

2023年10月30日至11月3日，应急管理部在河南濮阳举办2023年全国骨干社会应急力量培训班，来自全国的137支社会应急力量、150名骨干队员参加此次培训。此次培训是深入学习贯彻习近平总书记关于应急管理重要论述精神，落实应急管理部党委关于加快提升社会应急力量救援能力、推进社会应急力量健康发展有关要求的重要举措，对提升社会应急力量相关政策措施理解水平和救援技能实战应用能力有重要意义，是支持社会应急力量人才建设的引领性措施。

2024年6月，应急管理部国家安全科学与工程研究院同中关村安全管理技术人才发展促进会签署了人才培养战略协议，这一合作标志着双方在安全与应急领域的深度融合，共同致力于提升专业化救援队伍和社区志愿者的应急响应能力。通过这一战略协议，双方将共同推进安全与应急领域的专业化培训，培养具有全球视野和实践能力的安全管理人才，为社会救援力量和社区志愿者提供坚实的安全保障。

## （六）训练演练情况

社会应急力量积极开展各类训练演练活动，提升了队伍的应急处置能力和协同作战能力。目前尚未形成定期组织应急救援演练的机制，实战演练、桌面演练、虚拟仿真演练等多样化演练形式有所实践但普及程度不高。部分地区开展了社会应急力量与政府应急部门、国家综合性消防救援力量、企业、社区等各方联合组织演练，提升协同作战和资源整合能力。这种联合演练能够促进各方之间的信息共享、指挥协调，提高整体救援效率。

### （七）经费保障情况

社会应急力量的建设得到了政府和社会各界的支持，但经费保障仍显不足，制约了队伍的持续发展。社会应急力量的经费来源主要有政府购买服务、向社会提供有偿服务、社会捐赠收入等，在一定程度上解决了运作经费不足的问题。

2021~2023年，全国各有关省份直接或间接向社会应急力量投入资金促进其健康发展。其中，浙江省依托省级财政投入资金1700万元用于支持本省200余支社会应急力量整体建设；北京、天津、河北、江苏等地围绕培训演练、技能竞赛等方面共投入资金950万元；上海、贵州、广西等地以补贴补偿等形式为本地社会应急力量分别投入300余万元；安徽、湖北、河南、甘肃以装备共享共用方式（装备所有权归地方政府），分别为社会应急力量提供装备价值1000余万元。

2021年，中国红十字基金会发起"援豫救援队保障项目"。该项目通过公开募捐、企业定向捐赠等方式募集资金，为参与河南"7·20"特大暴雨救援的社会救援队提供装备、食宿、人身意外保险等经费资助，最高资助金额为每支队伍10万元，共有200余支救援队获得资助。此后，该项目升级为"社会应急力量保障和能力提升项目"。2023年2月，土耳其强震发生后，在应急管理部、中国红十字会总会等支持下，中国红十字基金会开通赴土耳其社会救援队资助申请平台，经综合评定，对87支土民间救援队提供了经费资助，总金额达298万元。截至2023年5月，"社会应急力量保障和能力提升项目"累计为超过500支社会救援队提供

3400 余万元资金支持①。可以说，该项目的实施，有效缓解了部分社会应急力量经费紧张的问题。

## 三　社会应急力量建设与参与救援典型案例

### （一）社会力量建设典型案例

#### 1. 北京蓝天救援队

北京蓝天救援队（曾用名：北京市红十字蓝天救援队），是于 2010 年成立的民办非企业单位，业务主管单位为北京市民政局，位于北京市，主要业务范围是"协助政府或独立开展应急救援服务和救灾服务；为社会组织和个人等提供生存、防灾、救援等专业教育、培训及资格认证；开展青少年特殊教育活动；为社会活动提供生命健康保障、救援保障、通信保障和城市公共安全服务；开展国内外救援领域的交流活动"。宣称没有任何收费服务或救援项目，资金来源主要为政府对紧急救援服务的行政采购、社会捐赠（没有商业回报要求的捐赠）。日常救援、活动、队服、个人装备等通常由志愿者自行承担费用。北京蓝天是蓝天救援的创始队，采用品牌授权机制建立了遍布全国的蓝天救援联盟，以救援联盟的形式参加了其成立以来国内各种大型救援，以及部分国外大型救援，包括 2023 年的土耳其地震救援。北京蓝天救援队建有较为完备的值班制度，拥有独立的网络后方平台，可以统筹协调蓝天救援联盟队伍。联盟队伍使用统一的标志、服装、队旗，使用全国统一的 VI 体系，对公众而言可辨识度高，享有很高的知名度。

#### 2. 深圳公益救援队

深圳市公益救援志愿者联合会（以下简称深圳公益救援队）是于 2008 年汶川大地震中发起的民间专业应急救援组织，同年由深圳市体育局批复成

---

① 《中国红十字基金会"社会应急力量保障和能力提升项目"为 500 余支社会救援队提供支持》，中国红十字会网站（2023 年 6 月 16 日），https：//www. redcross. org. cn/html/2023 - 06/93335. html。

立，2010 年获深圳市应急办确认为"深圳市山地应急救援志愿服务队"，2013 年在民政局独立注册为社会团体，业务主管单位为深圳市应急管理局，位于广东省深圳市。

2019 年作为社会应急力量能力分类分级测评全国试点单位，通过城市搜救能力 2 级测评，成为全国首支通过测评认证的社会应急力量救援队伍。深圳公益救援队秉持"做好事，更要把事情做好！"的办队理念，定位是政府救援系统的辅助、补充、后备力量，主要工作任务包括面向社会开展公共安全宣导、应急安全知识的普及和培训；为政府、社会组织提供专项技术输出；发展建设和孵化专业民间志愿者救援队；为市民提供专业公益救援服务；配合政府响应重大自然灾害等内容。

经过 16 年的发展，深圳公益救援队现有专职人员 12 人，在册救援志愿者 2269 名，正式队员 689 名，搜救犬 4 条，少年辅助队成员 938 人。其专职人员以支撑保障救援队和开展科普培训、承接政府或社会购买服务为主。深圳公益救援队采用准军事化管理，下设山地、高空、医疗、城搜、水域、通信队 6 支专业行动队，以及信息指挥中心、特勤部、行政外联部、技术培训部、志愿者管理部 5 个功能部门，全部专业队队员需要经过 1 年以上的专项培训并通过考核方能入队。截至 2023 年，深圳公益救援队共参与应急志愿救援救灾行动 360 余次，响应了 67 次大型自然灾害和突发事件的救援救灾，直接帮助和营救身处困境的群众 2000 余人。2023 年土耳其地震发生后，深圳公益救援队先后派出 23 人，在灾区开展了为期 11 天的救援救灾工作。

深圳公益救援队积极开展志愿应急救援领域的理论研究工作，队员曾分别参与《民间轻型灾害应急救援队建设规范》《社会应急救援队伍能力分级测评标准》《社会应急力量建设基础规范》等相关标准的撰写工作，推动规范引导全国社会应急力量发展。开发了中登协《初级山地救援课程》《深圳第一响应人》等课程，坚持开展救援技能、体系的本土化和创新等工作。

党的二十大报告提出，要完善社会治理体系，健全共建共治共享的社会治理制度。深圳作为中国内地最早开展志愿服务的城市之一，截至 2023 年底，深圳拥有注册志愿者381万人，占常住人口比例超过20%，深圳"志愿者之城"已逐步实现志愿服务体系的常态化、制度化、规范化。深圳公益救援队16年来坚守"尊重、自律、责任、进取"的核心价值观，以志愿服务社会、配合政府做好救援救灾工作、提升全民安全应急能力为使命，不忘初心，为打造新时代共建共治共享的社会治理格局作出自己应有的努力。

### 3. 青岛红十字蓝天救援队

青岛红十字蓝天救援队是2012年在青岛市行政审批服务局登记注册的民办非企业单位，业务主管单位为青岛市红十字会，位于山东省青岛市，业务范围是向民众传授普及防灾、减灾、救灾知识与技能；协助政府或独立开展救护、救灾应急服务；组织平时的"三捐""三献""三救"工作；配合相关部门进行防减灾演练、对应急从业人员开展救援技术训练及进行各类防减灾公益项目服务；赛事活动的应急保障、非急救转运服务；研发适合本行业的救援技术和器材并进行技术转让；开展国内外应急救援领域的交流活动。截至2023年底，青岛红十字蓝天救援队有专职人员14人，队员174人，志愿者近千人。青岛红十字蓝天救援队在崂山、城阳、西海岸等地建有救援站点，分布于岛城各个城区。青岛红十字蓝天救援队具备山岳、绳索、岸际、急流与洪水、山火、车辆事故处置、院前急救、公共安全潜水、地震、冰面等十类灾害救援能力，其专职人员具备较好的专业救援能力和技术输出能力，是国内水域救援技术培训的先驱者，享有很高的声誉。青岛红十字蓝天救援队已经成为岛城文明建设的一张名片，被广大市民称为户外爱好者的"守护神"。

### 4. 公羊救援队

浙江省公羊会公益救援促进会（以下简称公羊救援队），是浙商群体公羊会创立的一支专业执行应急救援任务的志愿者队伍，2014年于浙江省民政厅登记注册的社会团体，位于浙江省杭州市，主要业务范围是开展应急救援、赈灾救助以及相关宣传教育、技能培训和合作交流等活动。建筑物坍塌救援，山地救援，水域激流救援、潜水打捞，航空救援，搜救犬救援等方面的救援能力建设较为完善。专职队员具有较强的专业救援能力，队伍响应速度是社会应急力量的佼佼者，宣称救援人员及装备本市2小时内到达、本省5小时内到达、全国12小时内到达、全球24小时内到达。2023年2月，土耳其发生7.8级大地震，公羊救援队成为抵达灾区的首支中国社会救援力量。公羊救援队相对于其他社会应急力量，其捐赠收入金额大，在其收入中占比高。公羊救援队除了开展救援相关业务外，还大量开展其他的人道援助业务。

**5. 厦门市曙光救援队**

厦门市曙光救援队是2014年在厦门市民政局登记注册的民办非企业单位，位于福建省厦门市，由多名长期奋战在公益救援一线的专业人士发起组建，是一支立足福建、面向全国，进行广泛国际合作与救援的专业志愿者队伍。主要业务范围为开展应急救援和救灾服务；为社会提供生存、防灾、救援、AHA急救等专业知识普及和心理危机干预服务；为社会活动提供生命健康保障、救援保障、通信保障和城市公共安全服务；开展救援领域的交流活动。2023年底，有在编队员116人，服务志愿者（预备队员）976人。2022年，厦门市曙光救援队被福建省评为唯一一支5A级社会救援组织。厦门市曙光救援队日常救援范围涵盖福建省内的山地、水上以及沿海一线，重大灾害救援辐射全国乃至走出国门，承担国际救援任务。多次参与国内外重特大灾害救援救助行动和国际联合演练，包括2021年河南郑州"7·20"特大暴雨、2023年河北涿州特大洪涝灾害、2023年甘肃积石山县地震救援等；曾多次参与国际人道主义救援救助行动，包括2015年尼泊尔地震、2016年厄瓜多尔地震、2023年土耳其地震救援等。2023年10月，作为社会应急力量代表参与"一带一路"联合演练。在水上搜救、潜水救援、搜救犬救援等方面具有较高的专业化水平，在山地高空救援、建筑物倒塌救援、声呐搜寻、心理危机干预等方面均有系统化建设。厦门市曙光救援队有专职队员40余人，从事应急值守、技术输出、向政府和社会提供有偿服务等。其日常开展的海域安全日常巡逻救助颇具特色，是融入本地区应急力量体系建设的具体体现，为本地区提供服务的同时，还能助力提升自身能力和保障经费。厦门市曙光救援队发起全国曙光救援联盟，联盟队伍之间以合作、交流为主。

### 6. 绿舟救援队

绿舟救援队全称北京市绿舟应急救援促进中心，是 2014 年 4 月在北京市民政局正式注册的民办非企业单位。主要业务范围为救灾减灾知识及实操技能培训；防灾减灾科普宣传；开展与防灾减灾相关的专业服务、合作交流；承接与应急救援相关的政府委托业务。截至 2023 年底，绿舟共计 614 人，其中专职 7 人，兼职 9 人，救援队员 48 人，志愿者 550 人。绿舟成立党支部，有 4 名正式党员、16 名流动党员，积极参与基层治理、行业治理和队伍自身治理工作。救援队员每月参加高强度训练，分别组成了五个擅长领域的救援组。绿舟自 2014 年成立以来，曾参与过海南威马逊台风、尼泊尔地震、鲁甸地震、九寨沟地震、泰国清莱洞穴被困、普吉岛沉船、河南水灾、山西水灾、泸定地震、土耳其地震、"7·23"北京特大洪灾、甘肃地震等百余次重特大灾害抢险救援行动。绿舟救援队认为"防"比"救"更重要，提出"尽绿舟所能，教人人自救"，建立了一套全民灾害第一响应能力系统，积极推动让更多民众享有应急安全培训。绿舟救援队建有绿舟应急品牌联盟，联盟队伍之间以合作交流为主，部分联盟队伍只开展科普培训、应急演练等以"防"为主的业务，不开展应急救援业务。

### 7. 广州市花都区危化品事故应急救援抢险队

广州市花都区新时代应急安全技术服务中心（又名广州市花都区危化品事故应急救援抢险队），2019 年于广州市花都区民政局登记注册成立，业务主管单位为广州市花都区应急管理局。其前身是花都区危化品道路运输事故应急救援抢险队，在花都区安监局、区应急办的倡导下组建并于 2015 年 12 月挂牌成立。自 2019 年花都区应急管理局成立后，队伍得到了局党委的大力支持，开始全面地向专职专业化的综合性救援队伍方向发展。主要业务范围为宣传国家防灾减灾方针政策，开展社会公益活动，开展应急救援业务培训，为社会提供应急救援服务，协助政府执行建（构）筑物坍塌、洪涝灾害、危化品事故救援等相关救援任务。于 2021 年 3 月被纳入市属危化救援队伍序列并正式更名为"广州市花都区危化品事故应急救援抢险队"。截至 2023 年底，队伍共有专职人员 19 人（志愿者 30 人），是一支规模小、专业化程度高的队伍。曾参与 2019 年 "8·19" 京珠高速液化石油气运输槽车侧翻事故应急处置，2020 年 "6·7" 花都区梯面镇山洪（山体滑坡）灾害现场的评估、搜索和营救等。依据《生产安全事故应急条例》等有关法规政策，该队伍与广州市部分危化企业、工业园区、镇街签订协议，提供应急救援服务。该救援队是贯彻落实 "国家鼓励和支持生产经营单位和其他社会力量建立提供社会化应急救援服务的应急救援队伍" 实现方式的探索，是为数不多的把事故救援作为主要业务范围的社会应急力量之一。

### （二）社会应急力量参与救援典型案例

#### 1. 土耳其7.8级地震国际救援

北京时间 2023 年 2 月 6 日 9 时 17 分（当地时间 2 月 6 日 4 时 17 分），在土耳其发生 7.8 级地震，震源深度 20 千米，震中位于北纬 37.15 度、东经 36.95 度。北京时间 2 月 6 日 18 时 24 分（当地时间 2 月 6 日 13 时 24 分）在土耳其发生 7.8 级地震，震源深度 20 千米，震中位于北纬 38.00 度、东经 37.15 度。此次地震包括土耳其和叙利亚在内共造成 59259 人死亡、297 人失踪、121704 人受伤，是至少一个世纪以来该区域经历的最强的地震之一。[1]

土耳其 7.8 级地震救援期间，国内 17 支共 441 人的社会应急力量累计搜救幸存者 58 人、罹难者 181 人。

#### 2. "京津冀" 水灾救援

2023 年 7 月，受台风 "杜苏芮" 影响，京津冀地区遭遇强降雨，引发洪水灾害。此轮强降雨为历史罕见，累计雨量大、极端性强、山区短时降雨强度大，导致多地出现内涝、山洪、地质灾害，给京津冀地区带来了严重洪涝灾害，造成重大人员伤亡。在京津冀，北京的房山区和门头沟区、河北的涿州市等地，灾情尤为严重。2023 年 8 月 1~2 日，不到 24 小时内有将近 1

---

[1] 《青海多家省级医院接收积石山 6.2 级地震伤员全部出院》，中国新闻网，2024 年 1 月 23 日。

万人从全国各地赶到河北涿州，72小时内这一数字超过3万；截至8月5日20时，共登记报备救援队398支、5006人在灾区开展救援工作，累计成功搜救、转移受困群众11.5万余人。

"京津冀"水灾救援是社会应急力量参与应急救援的一次成功实践。这次水灾救援行动充分彰显了社会应急力量的重要作用和价值。他们不仅是政府抗灾救灾的重要补充和支撑，更是社会稳定和民生安全的守护者。同时也提醒我们，应进一步完善社会应急力量建设，提高其组织化、专业化水平，为未来更多可能发生的突发灾害做好准备，保障人民群众生命财产安全。

**3. 甘肃积石山6.2级地震救援**

2023年12月18日23时59分，甘肃积石山发生6.2级地震，震中位于甘肃省临夏回族自治州积石山保安族东乡族撒拉族自治县柳沟乡，最大烈度为Ⅷ度，鉴于灾情严重，国务院抗震救灾指挥部、应急管理部、国家防灾减灾救灾委员会将国家地震应急响应提升至二级。积石山地震共造成甘肃、青海两省77.2万人不同程度受灾，151人死亡，983人受伤；倒塌房屋7万间，严重损坏房屋9.9万间，一般损坏房屋25.2万间；直接经济损失146.12亿元。

积石山地震发生后，在国务院抗震救灾指挥部工作组的指导下，甘肃省应急管理厅第一时间启动社会应急力量参与重特大灾害抢险救援行动现场协调机制，启用灾害应急救援救助平台，通报震区受灾情况，建立现场联络方式，发布救援需求公告。975支共计9800余人的社会应急力量通过系统平台提出参与救援救助诉求，279支共计3578人社会应急力量、300名应急志愿者前往震区参与救援救助行动。据不完全统计，截至2023年12月24日21时，社会应急力量累计搭建帐篷2319顶，转运生活医疗类物资16.8万余件，协助安置受灾群众4653人，较好地完成了救灾救助任务，得到了地方党委政府和受灾群众的一致好评①。

---

① 资料来源：甘肃省应急管理厅：http://yjgl.gansu.gov.cn/yjgl/index.shtml。

# 四 问题分析

## （一）整体实力参差不齐

虽然社会应急力量数量不断增加，但总体实力参差不齐。队伍之间在人员素质、专业能力、装备水平、经费保障等方面存在明显差距。一些处于领先地位的队伍已初步实现专业化，但绝大多数队伍规模较小、能力不足。这导致社会应急力量在应对重大灾害时能够发挥的作用仍然很有限。

## （二）专业化水平不高

目前，大多数社会应急力量都是由爱好者自发组建的志愿者队伍，专业化程度较低。虽然通过培训能获得一定的应急救援技能，但缺乏系统的理论知识学习和实战锻炼，应急处置能力有待提高。此外，缺乏职业化的专职人员，难以形成人才梯队，不利于队伍的长远发展。

## （三）装备储备不足

大部分社会应急力量的装备都比较陈旧和简单，先进专业装备缺乏，难以满足应对重大灾害的需求。同时，由于经费短缺，新型装备的采购和更新步伐缓慢，直接影响了救援能力的提升。此外，现有装备的利用率也不高，缺乏高效的调配管理机制。

## （四）经费保障缺乏长效机制

经费短缺一直是社会应急力量发展的严重制约瓶颈。虽然政府和社会各界给予一定支持，但总体投入不足，更缺乏长效的经费保障机制。大部分队伍只能依靠志愿者自掏腰包维持运转，难以从根本上解决经费困境。

## （五）参与救援缺乏规范性

在参与应急救援过程中，部分社会应急力量存在自发性强、组织松散、救援行为缺乏规范等问题。缺乏统一指挥和协调，影响了救援效率；有的队伍必要的安全防护措施不足，给救援工作带来隐患等。缺乏规范性致使救援安全性和救援效率受到影响，也影响了社会应急力量的整体形象。

### （六）平战结合发展模式有待加强

目前，大多数社会应急力量更侧重于应急救援这一"战时"职能，忽视了平时的业务开展。缺少可持续的业务支撑，难以真正做到平战结合。同时，常态化的训练演练机制也有待进一步健全，队员的应急处置能力有待进一步提高。

## 五　对策建议

### （一）融入本地区应急力量体系建设

社会应急力量是政府应急力量的重要补充，在应急管理体系中发挥着不可替代的作用。应明确社会应急力量的定位和作用，将其作为应急管理体系的重要组成部分，纳入统一的规划和管理。建立健全社会应急力量参与应急救援的机制，明确其职责任务、保障措施等，确保社会应急力量能够有效融入应急救援体系。应当紧密融入本地区的应急力量体系建设中，深入基层社区，开展风险隐患排查，普及应急知识，就近就便参与应急处置，提高社会应急力量的响应速度和灵活性。同时，通过服务地区事务，获得可持续发展能力。

### （二）分类分级建设

针对不同地区的灾害类型和应急需求，社会应急力量应采取分类分级建设的方式。需要明确发展方向和目标，找准定位，发挥自身优势，与政府应急力量差异化发展，强化专业特长和技术优势。通过分类分级建设，可以提高社会应急力量的针对性和效率，更好地应对各类突发事件和灾害。同时，与其他应急救援力量形成互补与合力。

## （三）平战结合发展模式

社会应急力量应当采取平战结合的发展模式。在平时，需要加强业务训练，提升可持续发展能力，增强应急资源储备和应对能力；在"战"时，基于平时的应急训练和演练，提高救援水平和应急反应速度。平战结合的发展模式可以使社会应急力量更加适应复杂多变的应急环境，提升整体应急响应能力。

## （四）规范参与救援行动

平时应做好社会应急力量救援协调系统备案，开展社会应急力量应急理论和救援技能培训，加强与国家综合性消防救援队伍等联合演练，积极参与社会应急力量技能竞赛、社会应急力量分级分类测评，从建设阶段开始就做到规范。"战"时积极响应社会应急力量现场协调机制，接受指挥与安排，严格规范队伍行为和救援程序，确保队员拥有社会应急力量专属保险等基本保障。在参与救援行动时保持安全、有序，遵循专业规范，确保救援工作的顺利进行和受灾群众的安全。同时，建立健全监督机制，对社会应急力量的参与行为进行监督和评估，及时纠正不规范的行为，提高社会应急力量的整体素质和水平。

# 六　结语

通过对中国社会应急力量建设实践的总结和分析，我们可以看到，中国社会应急力量建设取得了显著成效，在中国应急管理体系中发挥着越来越重要的作用。为维护社会安全稳定、保障人民生命财产安全作出了重要贡献。未来，社会应急力量应通过融入本地区应急力量体系建设、分类分级建设、平战结合发展模式以及规范参与救援行动等对策措施，进一步提升社会应急力量的建设水平，不断提升其专业化水平和救援能力，为应对各类突发事件提供坚强支撑，为维护国家安全和人民生命财产安全作出更大贡献。

# B.6

# 2023年中国基层综合应急救援队伍发展机制创新

王慧飞　王　伟　王　溶*

**摘　要：** 2006年至今，经历了近20年的发展，中国乡镇街道正在实现应急救援队伍全覆盖，实现从无到有、从有到全的突破。在我国综合消防救援队伍人员数量变化不大的情况下，救援任务急剧增加，工作任务量繁重，亟须建立新的机制突破，赋能救援力量。近些年来，全国因地制宜，多措并举，在一系列政策引领、政府主导下，正在形成以综合救援队伍为主干，政府、企业、社区、志愿者等多种形式救援队伍并存，专业与兼职互为补充、综合与专科互相融合，海陆空立体化、灾种全覆盖、人员职业多元化的有中国特色的综合应急救援队伍体系。队伍建设从小到大，部分地区从无到有、从弱到强，从人员救助发展到工程抢险、航空救援多领域，建立起区域联防、队伍联勤联训联战机制。未来，应建立健全应急救援队伍发展机制，根据职能权限、灾害种类、救援力量专业类型，开展专业的防灾减灾救灾管理，实现应急救援队伍全覆盖，提高救援人员的监测、预防、预警、响应、救援专业素养，加强装备设备给养保障，切实提升应急救援人员的价值使命感，切实解决救援人员后顾之忧、建立发展长效机制是摆在我们面前急需解决的问题。

**关键词：** 基层救援队伍　综合应急　人才发展

---

* 王慧飞，博士，应急管理大学（筹）华北科技学院应急科技创新实验室负责人，副教授，中国消防协会专家委员、中关村安全应急产教融合专委会秘书长，主要研究方向为应急救援技术、应急管理；王伟，河北消防救援总队高级工程师，应急管理部灭火救援专家组成员，主要研究方向为消防救援指挥；王溶，应急管理大学（筹）华北科技学院助教，主要研究方向为应急管理。

# 一 综合应急救援队伍发展基本概况

## （一）我国应急救援队伍建设概览

2006 年 6 月，国务院印发《国务院关于全面加强应急管理工作的意见》，指出组织实施《"十一五"期间国家突发公共事件应急体系建设规划》城乡建设等有关专项规划的编制要与应急体系建设规划相衔接，合理布局重点建设项目，统筹规划应对突发公共事件所必需的基础设施建设。要以社区、乡村、学校、企业等基层单位为重点，建立充分发挥公安消防、特警以及武警、解放军、预备役民兵的骨干作用，各专业应急救援队伍各负其责、互为补充，企业专兼职救援队伍和社会志愿者共同参与的应急救援体系。加强各类应急抢险救援队伍建设，改善技术装备，强化培训演练，提高应急救援能力。2009 年，国务院办公厅印发《关于加强基层应急队伍建设的意见》，各地基层应急队伍建设中还存在组织管理不规范、任务不明确、进展不平衡等问题。建成县级综合性应急救援队伍，重点领域的专业应急救援力量显著增强；同时，乡镇、街道、企业等基层组织和单位也普遍建立了应急救援队伍，从而构建了更加完善的应急救援体系。应急志愿服务进一步规范，基本形成统一领导、协调有序、专兼并存、优势互补、保障有力的基层应急队伍体系，应急救援能力基本满足本区域和重点领域突发事件应对工作需要。2010 年，国家安全监管总局印发《关于加强基层安全生产应急队伍建设的意见》（安监总应急〔2010〕13 号），提出加强基层安全生产应急队伍建设，全面提高基层安全生产应急能力，县（市、区）、社区、街道、乡镇根据实际需要建立或确定本地有关高危行业（领域）安全生产专业骨干应急队伍；矿山、危险化学品等高危行业大中型企业普遍建立专职安全生产应急队伍。《"十四五"应急救援力量建设规划》《关于进一步提升基层应急救援能力的实施意见》等一系列政策出台，大力推动支持了应急救援队伍建设，救援队伍发展进入快车道。

经过近 20 年的建设和发展，一个独具特色的应急救援力量架构已经初步构建，其核心为国家综合性消防救援队伍，同时辅以专业救援队伍的协同配合，军队应急力量则在关键时刻发挥突击作用，而社会力量则作为补充，共同参与应急救援工作。截至 2023 年底，全国乡镇街道已设立 1.4 万个消防站所，配备 6.3 万名工作人员。此外，新组建了水域、山岳、地震、空勤、抗洪、化工等专业救援队伍超过 3000 支。在应急救援专业力量方面，已构建近 100 支国家级应急救援队伍，涉及地震、矿山、工程抢险、危化品、航空救援、隧道施工等多个领域，共计 2 万余人。地方政府也组建了 3.4 万支专业救援力量，涉及人员达 134 万人。全国社会应急力量共计 2300 余支、骨干救援队员 4.9 万余人。2022 年 9 月，应急管理部发布了《社会应急力量建设基础规范》，规范了建筑物倒塌搜救、山地搜救、水上搜救、潜水救援、应急医疗救护 5 个专业类别 3 个等级的标准。广大街道乡村因地制宜成立建设基层应急救援组织和应急志愿者组织。同时各地根据行业需要建立了供水、供电、燃气、通信、医疗等各类行业抢险救援队伍保障社会各项功能正常运转。各省区市逐步形成了 1 个国家综合消防救援队伍、X 个专业救援队伍、M 个社会救援力量、N 个乡镇街道救援力量的金字塔形组织结构。

## （二）2023年地方基层应急救援队伍建设掠览

### 1. 华北地区

（1）北京市

2020 年，北京对航空、森林防火、道路交通、通信等多个应急领域 30 支队伍开展评估，建立应急救援队伍。发布《道路桥梁专业应急救援队伍建设规范》《危险化学品专业应急救援队伍建设规范》《电力保障专业应急救援队伍建设规范》《燃气安全专业应急救援队伍建设规范》《供热保障专业应急救援队伍建设规范》《防汛排水专业应急救援队伍建设规范》《通信保障专业应急救援队伍建设规范》《突发环境事件专业应急救援队伍建设规范》《建筑工程专业应急救援队伍建设规范》《水域专业应急救援队伍建设规范》10个团体标准，引导应急救援队伍标准化、规范化建设。2021年，北京市专业救援队伍达到了117支，其中25支为市级专业应急救援队伍。2023年第三届"一带一路"国际合作高峰论坛期间，供水、供电、燃气、通信、医疗等各类抢险救援队伍全部进入临战状态。经过多年的建设，北京应急救援队伍逐步走向了规范化、标准化、层次化、专业化。《北京市安全生产应急救援队伍建设管理办法》的出台，推动多层次、多主体的应急救援队伍建设。北京发布了《北京市应急管理局关于进一步加强应急管理社会动员能力建设的指导意见》，形成全市"1+N"应急社会动员预案框架。综合运用灾害事故"e键通"、智能外呼等系统。规范基层社会应急力量信息数据采集和核查，建立应急管理社会组织、应急志愿者队伍等数据库，探索绘制应急力量及资源热力图，提高精准动员能力①。

（2）天津市

整合各区域灭火救援力量，构建"一个中心五个支点"战区协作制。实现每个社区（村）"六个一"目标，建设应急管理服务站。制修订《天津市应急救援队伍建设管理办法》《天津市社会应急力量参与重特大灾害抢险救援行动现场协调机制》《天津市应急救援队伍建设暂行规定》等文件，进一步规范人员编成、队伍管理、职责机制等内容。9支社会应急力量被纳入机制管理，全市形成了"1+16+9"现场协调机制模式，天津市成为2023年应急管理部推广该机制建设首个完成任务的省份。印发《乡镇（街道）应急管理机构业务标准化规范（征求意见稿）》指导文件，健全完善应急管理网格，实现基层应急管理体系全覆盖②。

（3）河北省

2023年底，河北省有消防救援大队202个，基层消防救援站468座，其中387座已投入执勤（有建制的287座）。全省消防救援力量共19000多人。全省11个地区组建了水域救援专业队、排涝抢险专业队、地震救援专

---

① 北京市应急管理局：https://yjglj.beijing.gov.cn/index.html。
② 天津市应急管理局：https://yjgl.tj.gov.cn/。

业队、化工救援专业队、森林火灾扑救专业队、应急通信保障力量等专业救援力量，共5368人。遴选确定矿山应急救援队伍3支、危险化学品应急救援队伍5支、支撑保障应急救援队伍6支，共14支省级专业应急救援队伍。全省2141个乡镇（街道）挂牌成立消防工作站（所）。在2023年度全国重大以上火灾事故调查中，是唯一没有对消防救援机构追责定责的典型案例。

大力实施全民消防安全素质提升工程，全省新建各类消防科普教育基地52个、科普教育点467个，总数分别达355个、2351个，并全部实行免费开放。在张家口举行"燕赵使命—塞外砺剑"全省地震灾害救援跨区域拉动演练。承德市森林草原消防救援队伍始终坚持"实战需要什么就训练什么"，加强森林草原应急救援的训练备勤和应急保障。唐山市已构建了一个多层次的应急救援力量体系，其中以综合性消防救援力量为核心，同时辅以国家矿山应急救援开滦队、安能唐山分公司等专业救援力量，军队和武警部队为突击力量，社会应急力量提供补充。截至2023年底，已记录在册的地震和地质灾害应急救援专兼职队伍共26支，人数2800余人，配备应急救援器材1100余件（辆）。除了上述应急救援力量外，还有来自卫健、通信、电力、水利、交通、城管等多个行业的共计105支专兼职救援队伍，总人数达到2339人。这些队伍配备了1.5万余件（辆）各类型的应急救援装备，为应对各类突发事件提供了有力的支持和保障①。

（4）山西省

山西省在2020年出台了《山西省应急救援总指挥部办公室关于进一步加强全省应急救援队伍建设的意见》（晋总指办〔2019〕3号），推动本区域专业应急救援队伍向"一队多用""一专多能"拓展，向综合应急救援队伍转型升级。长治持续完善"人防+物防+技防""五位一体"的森林草原防火体系，大力推进长治应急救援基地建设，强化发挥现有自然灾害应急救援队伍与安全生产应急救援队伍力量。省应急厅持续年度"百人培训计划"工作，加强地震救援队伍建设、救援行动指挥管理、跨区域特种灾害救援行

---

① 河北省应急管理厅：https：//yjgl. hebei. gov. cn/portal/newscenter/toNewsCenter。

动后勤管理、救援队搜救能力要求、救援模拟演练等方面。各类应急救援队伍时刻保持应急状态，及时、高效处置各类突发事件。[①]

（5）内蒙古自治区

2023年，5支应急救援队伍被确定为国家级专业应急救援队伍，新建自治区级专业应急救援队伍16支，组建2支自治区级水上区域救援队伍，推进民兵应急力量与政府应急管理体系融合共建。2020年，区应急管理厅对各市救援队伍、小灾种救援队伍、专业救援队伍，就人员编成、装备物资、救援能力等工作进行了考察和调研，并于2022年组建了6支专业救援队伍。2023年，举行了"北疆蓝光·2023"内蒙古自治区综合应急救援实战演练，赤峰市支队开展冰雪灾害拉动演练，巴彦淖尔市消防救援支队开展高层建筑灭火救援实战拉动演练，鄂尔多斯市建立首个"消校联合"消防安全教育实训基地，全面实施"人才强消"战略工程，高校联合，充分发挥各自优势。包头市建立"消企服务站"，组织全市150余家校外培训机构开展消防培训。内蒙古红十字会设置了1186个红十字应急救护点（角）。[②]

**2. 华东地区**

（1）山东省

山东省在全省范围内布局了鲁东、鲁中、鲁南三个大型区域性灭火与应急救援中心，并设立了针对自然灾害、危化品事故灾害和森林火灾的专业应急救援中心，以强化应急响应能力。此外，还实际运营了91个森林消防大队和中队，并组建了16支地震救援队伍以及192支水域救援专业队伍，以确保在各种紧急情况下都能迅速有效地进行救援工作，推动83个化工园区全部建成特勤消防站，实施"百站、千班、万员"实战化灭火救援能力三年提升计划。全省注册消防志愿者260万人，全省建成科普场馆619个，在全省设置180个应急救援"中心站"和791个"卫星站"，"中心站"作为任务区内的攻坚力量，辐射带动"卫星站"。推动省政府建成镇街消防工作

---

① 山西省应急管理厅：http：//yjt. shanxi. gov. cn/zwgk_ 0/。
② 内蒙古自治区应急管理厅：https：//yjglt. nmg. gov. cn/。

站1317个，配备事业编和兼职人员。开展"双盲"演练；加快推进省海洋应急救援中心建设，建强用好现有47支省级应急救援队伍，新培育10支左右省级专业救援队伍。《山东省应急管理厅重特大灾害事故现场应急处置工作方案》指出建强市级专业应急救援队伍，创新开展实训演练和技能培训，加快补齐应急救援队伍装备短板。山东省依托救灾和物资保障管理信息系统，成功构建起一个涵盖多个领域、多个层级的应急物资信息共建共享机制。该机制实现了跨区域、跨行业的信息整合，截至2023年底，已录入1347个应急物资仓库、1471支应急队伍、1713名应急专家以及472家产能企业的信息，有效提升了应急物资管理的效率和响应速度。

山东青岛为打造"十五分钟应急救援圈"，政府办公厅发布了《关于进一步提升基层应急救援能力的实施意见》，其中明确指出了"五个建设"，包括一体化监测预警和应急指挥平台、标准化基层应急综合救援站、多元化应急救援队伍、共享化装备物资库以及立体化应急救援体系。青岛市已建成14个领域403支共计2.5万人的救援队伍。临沂建成了智慧应急信息化建设和市县乡一体化建设四位一体的综合性救援体系，已建成消防救援站47个，组建完成可基本满足防汛、地震地质灾害、气象灾害等领域救援需求的专业救援队伍15类，建有各类救援队伍共362支、42861人，市级应急物资储备中心13个、县级库88个，储备防汛抢险、森林灭火、生活救灾物资9类、品种83个，总价值1亿余元。济南市应急联防救援站总结出"1+2+1+N"组织结构，全市161个街镇完成音视频互联互通，提升突发事件指挥调度能力。威海环翠区着力构建专业救援队伍，打造综合性应急救援队伍4支共计105人，专业性队伍11支共计453人，社会性队伍2支共计100余人，其余兼职救援队70余支共计760余人，应急专家110名。[①]

（2）安徽省

2023年底，全省建立12支市级专业应急救援队伍、101支县级综合应急救援队伍、1508支乡镇级综合应急救援队伍。印发《安徽省金属冶炼企

---

① 山东省应急管理厅：http://yjt.shandong.gov.cn/。

业安全生产应急救援队伍管理办法》《安徽省自然灾害应急救援队伍管理办法（试行）》等救援队伍建设管理办法。2021 年 5 月，肥西县应急委办公室印发应急救援队伍建设实施方案，加快推动乡镇组建一支"统一指挥、立足实战、一专多能、一队多用"的专业化志愿应急救援队伍，构建"党委政府领导、属地管理使用、部门专业指导、全县统筹共享"的应急救援新格局。2023 年，黄山歙县通过政府购买服务方式，以公益性救援力量蓝天、山越救援队为依托，组建一支 30 人的县级应急救援队，实现了基层综合应急救援队伍从无到有的转变。池州东至县结合县域公共安全需求，建立特种设备、建筑施工、重大交通事故等 11 个领域应急救援队伍 21 支共计500 余人，其中政府事业类 6 支、企业类 13 支、社会组织类 2 支。积极探索"政府+社会"的形式，多层次、多领域培育应急救援队伍发展模式。2022 年淮南市应急管理局向淮南军分区、市消防支队、淮南蓝天救援队等 6支队伍配发价值 100 万元的应急救援装备。

在地方标准建设方面发布了《危险化学品应急救援队伍建设指南》（DB34/T 4019-2021），着重化学救援队伍建设规范化管理和运营，还印发了《安徽省自然灾害应急救援队伍管理办法（试行）》。面临汛期洪水、地质灾害、台风及森林火灾等多重风险时，安徽有效推进应急救援队伍建设，为应急救援队伍的专业化、规范化、职业化建设铺平了道路。①

（3）江苏省

2018 年开展全省安全生产应急救援队伍基本情况调查摸底工作，2019年开展化工园区危险化学品应急救援队伍情况的调查，2022 年颁布了《江苏省政府专职消防救援队伍管理办法》《江苏省"十四五"应急管理体系和能力建设规划》，提出打造国家综合性消防救援队伍，政府专职及部门专业应急救援队伍，企业应急救援队伍和社会应急救援队伍各司其职、相互协同的应急救援队伍建设目标。2023 年，分别在矿山、防汛、森林火灾、地震和地质灾害等领域组建了 27 支省级应急救援专业骨干队伍，形成了海陆空

---

① 安徽省应急管理厅：http://yjt.ah.gov.cn/。

立体化的应急救援网络。《江苏省安全生产条例》颁布，规定县级及以上地方人民政府应当根据本行政区域可能发生的生产安全事故的特点和危害，增强应急救援处置能力，加强应急救援资源共享。健全基层应急"叫应"和反馈机制，落实现场管理人员紧急状态下的应急处置权。泰兴市珊瑚镇全域治理实施"精网微格"工程全要素支撑基层应急，数智赋能"微珊瑚"应用系统，所有工贸企业、九小场所全覆盖。以微网格作为最小"作战"单元（农村50户或一个企业为一个微网格），240个微网格场景赋码、电子巡更、一键直达，全流程线上闭环。建立"三色预警"制度，动态风险防控。①

（4）上海市

上海市五年来，共吸收注册消防志愿服务队伍2000余支共计56万余人，累计开展疏散演练、现场宣讲等消防宣传教育培训活动360万场。近年来，微型消防站与专职消防队在火警处置中的参与率显著提升，从2019年的27.56%增长至2023年的75.30%，增长幅度接近两倍。目前，全市消防站增设了61支水域专业队伍，并建立了4个快速反应前置点，以提高应急响应效率。组建了20支排水排涝专业队，以特勤支队为核心，组建了10支防化专业队，提升了应对本市建筑物坍塌事故和支援全国范围地震灾害的能力，强化了3支重型、14支轻型地震救援专业队。

应急管理局出台关于鼓励和引导社会应急力量参与应急工作的指导意见，提出至2025年，培育2~3支社会应急力量纳入市级社会救援力量管理体系，培育不少于30支社会应急力量纳入应急力量管理体系。截至2023年底，上海应急海上搜救中心志愿者救援队拥有注册志愿者1495人，成员来自多个行业，包括医生、教师、律师、警察及退役军人等。这些志愿者具备水上技能、心理咨询、法律咨询、医疗急救、新闻媒体和航海技术等领域的专业知识。上海应急厚天救援队相继参与了上海金山坠机打捞、尼泊尔地震和四川雅安地震等重大救援行动。上海应急金汇通航救援队已在全国28个省、自治区、直

---

① 江苏省应急管理厅：http://yjglt.jiangsu.gov.cn/。

辖市布机并开展救援业务，形成全国化的航空救援网络。上海外籍消防志愿服务队支队因地制宜组织来自法国、荷兰、印度、意大利、智利等多个国家的 10 余名外籍人士，成立了首支长宁外籍消防志愿服务队。[①]

（5）浙江省

"十三五"期间，建成城市消防站 59 个，总数增至 296 个。全省建有单独编队执勤的消防救援站 81 个，政府专职消防队员 5059 名；乡镇（街道）政府专职消防队 909 支，队员 9407 人；企业专职消防队 122 支，队员 1965 人；村志愿消防队 6475 支，志愿队员 3.6 万余人；微型消防站 2.67 万个，基本实现全省覆盖。"十四五"期间，各地城市总体规划中已包含消防救援站建设内容，全省范围内已新建或迁建 148 个消防救援站。落实《城市消防站建设标准》，按照"建精区域特勤站、建强城区中心站、建足辖区普通站、建密镇街卫星站、建实战勤保障站"，到 2025 年，市、县、重点镇将全面完成城乡消防规划的编修工作，建制镇也将确保 100%编制城乡消防规划或在国土空间规划中明确相关消防要求，包括消防队（站）的用地布局和消防供水建设等要点。专职消防人员占全省总人口比例为 5 人/万人，志愿消防人员占全省总人口比例为 50 人/万人。乡镇消防队达标率 100%。

2020 年 4 月，嘉兴市成立应急救援队伍协会，协会会员由全市 23 支社会救援队伍和 11 支专业救援队伍组成。2021 年 3 月，平湖市森林消防应急救援队伍授牌成立，山区防灭火工作逐步走向专业化和职业化。2020 年，舟山成立危险化学品应急救援队伍、矿山应急救援队伍、森林消防应急救援队伍、地震地质灾害应急救援队伍、防汛抗旱应急救援队伍五类灾种市级专业应急救援队伍，随后 2021 年又成立了地面航空应急救援队伍，进一步提升综合应急救援能力的专业化水平。2021 年，绍兴推行镇街应急和消防"一体化规范化"模式。2023 年，江山市提出强化责任落实、强化规章制度、强化队伍训练的"三强化"，推动实现救援队伍的规范化专业化转型。安吉县通过制度、训练、装备和经费到位的"四到位"，促进应急救援队伍

---

① 上海市应急管理局：https：//yjglj. sh. gov. cn/。

战斗力的提升，并踏实迈入现代化、科学化、信息化轨道。

2022年，浙江省发文《关于深化社会应急力量救援队伍培育和管理的意见》（浙应急救援〔2022〕112号），规范全省社会应急力量救援队伍能力建设，有利于规范、管理和统筹救援力量。"永康市消防安全和救援管理服务中心"为公益一类事业单位，机构规格为正股级，在推动基层消防管理力量规范化建设上取得了突破①。

（6）福建省

2022年，福建省出台了《福建省省级应急救援队伍管理办法（试行）》，规定了队伍选定、指挥调动、救援行动、队伍管理、队伍保障等应急救援队伍建设问题。至2023年底，全省新建消防救援站总数达286个，设立乡镇街道消防站所超过1100个，并赋予其消防行政处罚权。同时，成功组建了涵盖化工、地震、水域等领域的54支专业队伍。截至2023年底，全省政府专职消防队数量已增至117支，并新增了2300余名政府专职消防员。2023年，成立了28支省级应急救援队伍，涉及矿山救援、危化救援、森林灭火等领域。与92家部门、单位签订联勤联动联保协议，构建应急指挥机制、应急救援队伍之间的信息共享和联络机制，提高应急救援效能。浦城县打造"一专多能"应急救援队伍。厦门市翔安区建立正规化应急救援队伍，从原先承担单一的森林火灾扑救任务，向森林火灾扑救、防汛抗旱救援及其他突发事件的应急救援、抢险救灾任务快速转变。福州晋安区坚持"边组建、边应急"，有效整合社会各方应急救援力量，充分发挥社会应急救援力量②。

3. 华中地区

（1）江西省

江西省应急管理厅适时出台《江西省应急管理高质量发展行动计划（2024—2028年）》，印发《江西省"十四五"消防救援事业发展规划》等10余份省级政策性文件。全省86个县区已成立消防安全指导服务中心，

---

① 浙江省应急管理厅：https：//yjt.zj.gov.cn/。
② 福建省应急管理厅：http：//yjt.fujian.gov.cn/。

1333 个镇街已设立消防所；实行政府专职消防队"三员一队"工作模式，既是灭火救援战斗员，又是火灾隐患巡查员、消防安全宣传员和消防便民服务队。推进国家消防救援江西机动队伍建设，加大省矿山救护总队、"中国应急九江号"水上救援、中国安能第二工程局、九江石化救援等国家专业救援队伍和省航空应急救援特勤队建设支持力度。消防、水利、气象、地震等 16 个部门建立战略合作，把矿山救护、蓝天救援等 20 余支专业和志愿者队伍纳入应急救援联调联战体系。组建"高低大化"火灾及地震、山岳、水域、洪涝等灾害事故处置专业队 526 支，6500 余人次取得水域救援、舟艇驾驶、潜水等专业资质。城市消防站 476 个、总量位居全国第五，十万人拥有消防站数达 1.05 个，实现了城乡消防站点主城区、重点镇和经济发达镇全覆盖。五年来，投入执勤的乡镇政府专职消防队增长至 723 个，政府专职队员从 2019 年的 2700 人增加到 2023 年的 8660 人。形成了"消防+环卫""消防+交警""消防+电力""消防+志愿队"等合作模式，做到一点报警、多点出动、协同救援，大大增加救援时效，"以赛促训、以赛促学、以赛促战"。①

（2）河南省

全省已建成投勤乡镇专职消防救援队 1181 个，配备专职消防救援队员 1.4 万人、消防车辆 1800 台；成立消防安全服务中心 2453 个，配备专职工作人员 8710 名。河南全面推行"一队一中心"工作模式，全面建设消防救援队和消防安全服务中心，全省 2453 个乡镇街道的消防安全服务中心已全面建立。2023 年，全省乡镇和农村地区的火灾致亡事件同比下降了 39.3%，而死亡人数更是大幅减少了 62.5%。全省 2453 个乡镇街道消防安全服务中心全部挂牌成立，配备工作人员 10838 人，其中在编人员 8464 人。2024 年，为加强消防救援力量，全省计划在 1514 个位于城市消防站保护范围外的乡镇全面建立专职消防救援队伍，目前已有 948 个乡镇完成建设。同时，全省消防救援力量距辖区最远边界的平均距离也将大幅缩减，由原先的 52.1 公里缩短至 13.7 公里。省应急厅坚持"兰考标准"，持续完善应急管

---

① 江西省应急管理厅：http://yjglt.jiangxi.gov.cn/。

理责任、法规、预案、指挥、救援、保障、联动、考评八大体系，持续提升预警预防、监管执法、应急实战、应急保障4种能力，持续打好重点领域整治、防汛抗旱和地震地质灾害救援、森林防灭火三大攻坚战，持续强化应急管理基层基础，为健全完善基层应急管理体系提出新举措。[①]

（3）湖北省

至2023年，全省组建各类水域救援专业队14支、站级救援分队132支，统筹建设6支搜救犬队伍、121支地震救援、石油化工、雨雪冰冻等特种灾害救援队，构建大型灾害事故跨区增援作战"尖刀"。早在2020年湖北省应急管理厅管理的省级专业应急救援队伍就有62支，常备骨干人员约5000人，社会救援力量66支，常备骨干人员约6300人。为应对2024年春运雪灾，湖北调动了交通、城管、消防等部门1835支救援队伍。襄阳2022年通过的《关于加强事故灾难和自然灾害领域专业化应急救援队伍建设的若干措施》提出，进一步加强高层、地下、化工、大跨度大空间等8类专业化应急救援队伍建设。以基层党员干部、网格员、民兵、辖区企业员工等为主体，以防汛抢险、集镇排涝、地质灾害、森林灭火、事故救援为重点，组建专职或者兼职应急救援队伍，并督促易燃易爆物品、危险化学品、建筑施工等高危行业生产经营单位依法建立应急救援队伍。[②]

（4）湖南省

湖南省应急管理厅采取系列措施推动市县不断强化基层应急能力建设，各地应急救援能力有效提升，建立了13类专业救援队伍。益阳市通过"一张图"调度队伍、"一盘棋"管理物资、"一体化"练兵提能等举措，着力提升全市应急救援能力取得积极成效。全市组建了消防类救援队伍共计27支，总人数超过800人。同时，还建立了县级及以上矿山、危化、森林火灾、防汛、卫健等领域的专业应急救援队伍以及蓝天救援队、新华救援队等共83支，总人数超过3000人。此外，洞庭湖区也建立了区域应急救援队伍

① 河南省应急管理厅：https：//yjglt.henan.gov.cn/。
② 湖北省应急管理厅：http：//yjt.hubei.gov.cn/。

3 支，共计 100 余人。岳阳县优选退役士官，坚持"用好退伍军人、组建专业队伍"的建队理念，全力打造综合应急救援专业化队伍。推行"先安置、再集中"办法，从转业安置的退役士官中，择优选择一批政治素养高、执行能力强的同志，组建县级综合应急救援大队。各地因地制宜、结合实际，择优组建应急救援队伍，全县共建立县直部门 9 支共计 570 人、乡镇 16 支共计 465 人、村（社区）196 支共计 2940 人的应急救援工作队，建立突发事件信息共享平台，打通人武、应急、交通、气象等部门"信息孤岛"，形成突发事件信息常态报知、互联互通。①

**4. 华南地区**

**（1）广东省**

2010 年，重点加强专业应急救援队伍、专家队伍、高危行业专兼职应急救援队伍、与国际接轨的广东特色应急志愿者队伍的建设。在推进应急救援队伍建设上，广东重点聚焦"实战型"的空中救援力量、"实用型"的水下救援队伍以及"复合型"的综合性救援团队建设。在推进综合性应急救援队伍建设方面，省政府出台《广东省综合性应急救援队伍组建方案》和《关于加强综合性应急救援队伍建设的若干意见》等一系列配套文件，全力推动此项工作的开展。2012 年，印发了《关于加强综合性应急救援队伍建设的意见》，进一步加强综合性应急救援队伍建设，以切实提高应急救援能力。2023 年，为更有效地规范在自然灾害和生产安全事故应急救援行动中对参与队伍的补偿机制，省应急管理厅与省财政厅共同出台了《广东省灾害事故应急救援补偿办法》。全省布点建设 6 个区域消防救援中心、5 个战勤保障中心，新建、改造消防救援站 786 个，建实建强高层和地下建筑、大型城市综合体、石油化工、地震、水域、山岳、高速交通等 14 类 63 支共计 3500 人的专业化救援力量。将镇街网格、村志愿队、微型站等纳入联动体系，市、县两级已建立 55 个消防事务中心等组织，同时 1224 个乡镇街道也明确了消防工作机构。全面推行"一键式"模块化调派，率先打造超大城

---

① 湖南省应急管理厅：https://yjt.hunan.gov.cn/。

市 5 分钟救援圈。省政府已启动乡镇专职消防队的"三年清零行动",计划投入专项资金为 359 个缺乏消防力量的乡镇建设消防站,此举也带动了各级政府新建或改建 351 个消防救援站。

广东深圳市在防灾减灾方面取得显著成效,已有 175 个社区荣获全国综合减灾示范社区称号,579 个社区被评为市级综合减灾社区,从而构筑了坚实的防灾减灾救灾人民防线。河源市组建了 1617 支各类应急队伍,市、县、镇、村应急物资仓库 1189 处。广东省消防救援总队与香港消防处、澳门消防局共同在港珠澳大桥组织开展了 2023 年粤港澳地区消防救援实战演练活动。2023 年,深圳全市打造"1+11+N"的矩阵宣教阵地,50 个安全宣教基地遍布全市。市应急管理局结合在宝安区福海街道的先期试点和市内外先进经验,现场调研编制了《深圳市街道(镇)应急管理机构规范化建设指引》,福田区上梅林街道率先整合了辖区 76 支应急救援队伍、13 个社区基层安全管理队伍等基层应急力量,共计 800 余人,形成覆盖全街道的应急救援网络。坚持大安全大应急理念,2023 年度全市在工业园区、社区、街面等建成1001 个基层应急管理服务站,打造集应急救援、安全巡查、宣传教育、物资前置、咨询服务于一体的基层应急管理服务站点,推动防治关口前移、力量下沉、资源下倾,打造 5 分钟应急处置圈,共有三防物资、救灾物资、森防物资和综合性物资储备仓库 773 个,为防灾减灾、应急救援提供有力保障。①

(2)广西壮族自治区

广西 2023 年印发了地方标准《社会力量救援队伍建设和管理规范》,有利于建筑物倒塌搜救、山地搜救、水上搜救、无人机搜索等队伍的建设和发展。广西应急救援队伍以广西消防救援总队为核心,辅以防汛抗旱、抗震救灾、森林消防、水上搜救、矿山救援等专业队伍,同时借助企事业单位的专兼职队伍和应急志愿者进行辅助。广西积极借助中国安能建设集团第一工程局等力量,持续强化工程抢险能力。在包括消防综合救援、安全生产、防汛抗旱和森林防灭火等多个关键领域,广西正逐步加强专业救援队伍的建

---

① 广东省应急管理厅:http://yjgl.gd.gov.cn/。

设，并同步推动社会应急救援力量的发展。挂牌成立 78 个社会化实训基地，为了鼓励社会力量更好地参与突发事件处置，广西已建立起专门的协调机制和服务支持平台。在过去的五年里，新建成并投用了 92 个消防站，以加强应急设施的建设。同时，制定了《八桂应急先锋社区响应队建设三年行动计划（2021—2023 年）》和《社区响应队建设管理规范》，广西正积极推进全区 111 个县（市、区）下 16197 个社区（村）的响应队建设，确保各项应急工作得到统筹协调与推进。八桂应急先锋社区响应队在应对突发事件时，发挥着安全员、监测员、第一响应人、联防员和宣传员等多重功能，其重要性不言而喻。截至 2023 年底，广西已组建 1.62 万支这样的响应队，队员总数超过 32 万人。此外，广西还致力于构建应急救援数字化战场体系，以提高应急响应的效率和准确性。截至 2023 年底，已有 15 支"应急雄鹰行动队"成立，负责在突发事件现场进行全天候的持续监测。通过系统扁平化指挥模块，一键调度市、县、乡、村、屯五级负责人和网格员，以最快速度将调度指令和预警信息传达到户到人。①

（3）海南省

海南省的海岛环境特殊，应急管理部门主要依托与本级综合性消防救援队伍共建共用应急联合指挥平台和应急救援队伍。组建高层、地下、山岳、水域等灾害事故专业救援队 100 余支，持续开展全员岗位大练兵，组织大型综合体、地震、石油化工和近海水域救援等实战演练，1000 余名指战员取得相应救援资质认证，2023 年，全省消防救援队伍共接警出动 21316 起，抢救被困人员 1717 人，疏散被困人员 473 人，全省连续 6 年未发生较大以上火灾事故，连续 18 年未发生重特大火灾事故。②

5. 西南地区

（1）重庆市

2023 年，建成"1+13+42+N"应急救援队伍体系，形成水陆空立体救

---

① 广西壮族自治区应急管理厅：http：//yjglt.gxzf.gov.cn/。
② 海南省应急管理厅：http：//yjglt.hainan.gov.cn/。

援能力，各级各类队伍共 4.5 万人。2019 年重庆开展了应急救援队伍基础情况调查工作，后又出台了《重庆市应急救援队伍训练与考核大纲（试行）》。2021 年，巫山县综合应急救援队伍通过验收，实现制度化、模块化、标签化、标准化管理标准。即将编制《重庆市基层应急救援能力建设规划（2024—2026 年）》，为救援力量未来健康发展指引方向。

璧山区已构建起"3＋14＋202＋N"专常兼备应急救援力量体系，即应急、消防、民兵 3 支综合性救援队伍，14 支行业专业救援队伍，202 支基层救援队伍和 N 支社会救援队伍，提升了救援精准处置水平。两江新区已组建 28 支应急救援队伍，共计 1205 人，涵盖重点国有企业、行业主要部门，形成"专常群"的救援队伍体系。①

（2）四川省

2023 年大运会期间，由"一主两辅"应急救援综合队、应急救援尖刀队和成都市政府专职综合救援队组成的总计 47 支队伍，为大会提供了坚实的安全保障。成都市在加强基层应急队伍建设方面取得了显著进展，截至 2023 年底，已成功组建 261 个镇（街道）应急队、3043 个村（社区）应急分队，并吸纳了 54 支应急社会志愿者队伍，共同提升基层应急响应能力。在队伍的训练管理、装备保障和政策保障等方面，成都市正逐步完善相关制度，确保队伍能够高效、有序地运作。这支由 3.6 万名队员组成的基层应急队伍，正在从初建阶段迈向更为强大的目标，逐步成为确保基层安全稳定不可或缺的力量。全省 31 支矿山救援队伍，2023 年在全省重点选定 11~15 支骨干队伍进行重点建设，强化队伍管理和训练，着力提升能力和水平②。

（3）贵州省

贵州省在贵阳市、安顺市、六盘水市、黔西南州等地，成功构建了 6 支能够应对矿山、危险化学品及城市内涝等多种灾害的专业救援队伍。编制起草了《贵州省省级应急救援队伍建设管理办法（试行）》和《贵州省灾害

---

① 重庆市应急管理局：https：//yjj.cq.gov.cn/。
② 四川省应急管理厅：https：//yjt.sc.gov.cn/。

事故应急救援队伍调派及补偿办法（试行）》。建成 1509 个乡镇街道消防工作站。精心部署了 6 支国家安全生产专业救援队，并投入近 10 亿元经费，成功组建起由 1.86 万人构成的 831 支专业救援队伍。同时，贵州省还建立了 60 支省级专业救援队伍，队员总数近 4000 人，配备了超过 4000 台（套）先进救援装备，涵盖了机械化桥、动力舟桥、大排量抽排水车及破拆机器人等。为了进一步提升基层救援能力，贵州省广泛动员基层干部和志愿者，积极组建了 1600 多支乡镇应急救援队伍（总人数 5.7 万）和 1.53 万余支村居救援队伍（总人数 34.6 万）。至 2023 年底，为加强基层防灾能力，贵州省应急管理厅结合国债项目，实施了应急救援"百千万"行动计划。该计划旨在将救援资源和力量下沉至基层，已派遣百名专业讲师，覆盖千个乡镇，培训数万基层救援队员，以强化提升基层的应急响应和处置能力。在"应急黔行·2023"贵州应急救援大练兵活动中，强调了推动专业救援向综合救援转变。推动单一灾种专业救援向"一专多能""一主多辅""一队多用"的综合性救援转变。[①]

（4）云南省

2008 年出台《关于加强安全生产应急救援队伍管理工作的意见》。保山市2023 年全市 130 支应急救援队伍共计 5278 人，腾冲采取"1+2"跨地区、跨行业、跨部门联建联训联动模式，建强直属分队和林草分队，将腾冲市应急救援大队、专业扑火队、应急救援队伍整合。新建应急指挥体系，推动建成86 套政府应急指挥调度音视频系统。普洱市宁洱县会同应急、林草、住建、自然资源、地震、气象、水务、交运共同推进的"1+8"模式组建应急救援队伍，全面覆盖乡村、社区和家庭 3 个层级全县的 6 镇 3 乡 89 个村社区。西双版纳州建立了基层应急能力"1262"精细化预警和应急响应联动机制。[②]

（5）西藏自治区

西藏全区在 71 个城区、46 个乡镇建成政府专职消防队。贵州省设立了

---

① 贵州省应急管理厅：http：//yjgl. guizhou. gov. cn/。
② 云南省应急管理厅：http：//yjglt. yn. gov. cn/。

地震、高山、水域等九类共计 65 支专业救援力量，并成功建立了拉萨和昌都两个战勤保障基地。同时，还针对水域、山岳、隧道等八类典型灾害事故，以及七个地（市）的真实模拟训练设施进行了建设。在全区范围内，特勤站和普通站的基础训练设施达标率分别达到了 94% 和 97%，显示出训练设施的完善与高效。2021 年，西藏联合日喀则萨迦县吉定镇党委政府，组建首支乡镇级业余应急救援队伍，2023 年，全市 206 个乡镇（街道）已全部挂上"应急管理站"的站牌，实现了 100% 的挂牌率。应急管理站的全面建立，使其成为各乡镇（街道）在片区安全巡查、风险隐患排查和突发险情处置方面的核心力量。贡觉县打造"马背上的应急人"。按照"专兼结合、一专多能、一队多用"的原则，整合岗位职能职责，制定应急救援网格图，应急响应时迅速形成统筹协调的作战体系和力量。[①]

6. 东北地区

（1）黑龙江省

2022 年，黑龙江省发布了《关于全面加强应急救援队伍和力量建设 构建完善的应急救援体系的意见》，该意见着重强调了通过增强综合、专业、企业应急救援队伍以及社会力量的协同作用，形成"四位一体"的应急救援力量建设模式，从而显著强化整体的应急救援能力。持续推动全省应急救援力量建设，组建 8 支省级专项救援队伍，依托龙煤集团、沈煤集团等成立了 12 支矿山专业救援队共计 1343 人，依托大庆油田、大庆石化等建立了 8 支危险化学品专业救援队共计 2850 人，与大庆油田有限责任公司、省人防办、亚布力管委会签订救援响应协同备忘录，进一步提升全省救援统筹能力。依托省森防总队建立 200 人的综合救援队，并配备训练装备和器材，指导培训训练场地建设工作。[②]

（2）吉林省

积极推进城市政府专职消防站的建设，目前已有 18 支队伍投入运营，

---

① 中工网：https：//www.workercn.cn/；中国应急信息网：https：//www.emerinfo.cn/。
② 黑龙江省应急管理厅：http：//yjgl.hlj.gov.cn/？from＝screen。

同时小型消防站数量达到 107 支。在乡镇层面，已建成 295 支政府专职消防队，总人数超过 2000 人，实现了一级以上乡镇消防力量的全面覆盖。此外，在应急救援体系建设中，长春支队朝阳大队成为先行示范区，采用并推广了"中心站+小型站+微型站"的勤务模式，通过这一模式，中心站对小型站和微型站实施了日常监管、专业指导和联合训练。此外，吉林支队作为试验点，引入了微型站的"专班调度"机制，有效促进了微型站防灭一体化的发展。

2023 年 11 月，应急管理部救援协调和预案管理局起草了《社会应急力量分类分级测评实施办法（征求意见稿）》，吉林印发了《吉林省社会应急力量参与重特大灾害事故抢险救援行动现场协调机制》，强化与各有关部门的沟通协作，以保障社会应急力量在现场抢险救援行动中的有序且高效运作。印发了《关于加强吉林省水上搜救工作的实施意见》（吉交联发〔2020〕11 号），提出："充分发挥社会力量在水上搜救中的作用，支持志愿者共同参加水上搜救行动，指导志愿者开展水上搜救专业培训，为志愿者提供训练需要的码头水域，专业搜救队伍要与志愿者共训共练，根据实际情况组织水上搜救综合演习和单项演练。"①

（3）辽宁省

辽宁专注于处置高、低、大、化及地震、水域、山岳等复杂和典型的灾害事故，组建了涵盖六大类的 57 支灭火救援专业队伍。同时，与 172 个政府专职消防队和 122 个企业消防队建立了紧密的联勤、联训、联战机制，以共同应对各类紧急情况。省应急厅提出要强化基层应急救援基础性工作，要立足辖区风险特点加强必要装备配备，建设基层综合性应急救援队伍。营口市举办应急救灾保障暨灾民紧急安置演练，市应急局减灾办按照响应等级迅速集结消防综合救援队伍、医疗救援队伍、应急、林草、住建、水利、自然资源、卫健及社会救援力量。丹东市开展危险化学品企业 2023 年应急演练。辽吉内蒙古七市县建跨省域应急响应圈，辽宁、吉林、

---

① 吉林省应急管理厅：http://yjt.jl.gov.cn/。

内蒙古等省份七市县应急管理部门共同签署《沈阳市北部区域跨省域应急响应圈一体化合作框架协议》，建立协调联动机制，提高跨区域协同应对突发事件能力。①

### 7.西北地区

（1）陕西省

陕西省消防救援总队积极与相关企业合作，高标准地组建了200余支企业专职消防队伍。在关键乡镇和旅游区域，设立了1195支政府专职消防队。同时，全省整合了7类共计601支地方专业队伍和社会救援力量，构建了一个统一的指挥调度系统，强化了与各类救援力量的协作、培训和联合调度。全省范围内组建了12类130支专业消防队伍、178个灭火救援攻坚班组和12支应急通信保障分队，确保所有专业队员都持有相应的资格证书。此外，陕西省还积极吸引150万名社会人士参与消防工作，并全面推进大学生消防志愿者联盟服务，旨在增强消防工作的社会影响力和实际效果。

西咸新区应急管理局开展"送教下基层 一线练精兵"活动，提升基层应急救援队伍业务能力。西安市组织"亮剑·2023西安市森林防灭火应急救援技能比武"活动，陕西蓝天应急救援队、西安市曙光救援队、蓝田蓝天救援队、蓝田曙光应急救援队、西安市晨曦减灾救援队、西安市莲湖特战救援队、西安高新区特种应急救援队、周至县特种应急救援中心救援队、西安诺亚应急救援队、周至县蓝天应急救援队共10支队伍参加，进一步提高基层应急救援队伍突发事件处置和救援能力。②

（2）甘肃省

2023年，甘肃省消防站城区覆盖率达100%，全省1353个乡镇街道全部挂牌成立消防工作站（所），建立了涵盖地震、水域、化工、山岳、高层、地下以及大型城市综合体等10个领域的85支专业救援队伍。同时，依托省消防救援力量，在全省44个火险重点县设立了专业的森林消防队伍。牵头组织召开

---

① 辽宁省应急管理厅：https://yjgl.ln.gov.cn/yjgl/xxgk/index.shtml。

② 陕西省应急管理厅：http://yjt.shaanxi.gov.cn/。

首届西北片区邻近省份灭火救援勤务协作联席会议，与内蒙古、四川、陕西、宁夏、青海、新疆消防救援总队建立动态合作和联席会议制度。举办了"陇原砺剑·2023"抗震救灾实战演习、"蓝焰逐浪·2023"水域救援实战化演练。

酒泉玉门市积极构建"全面责任、隐患排查、监督管理、宣传培训、应急救援"安全生产五大体系，建立专兼职应急救援队伍25支、防汛应急队伍43支、乡村灾害信息员120人。天水甘谷县整合乡镇安全生产、防汛抗旱、森林防灭火等职责，社会救援等可调动应急力量，整合现有灾害信息员、护林员等网格资源，一体化推进"多员合一"的综合性应急管理网格队伍建设。庆阳市政府制定出台了《庆阳市应急救援力量建设一揽子工作方案》，着力构建"6+N"的应急救援队伍体系。白银市指出应急队伍战斗力不强、人员短缺、技术力量薄弱问题，积极建立志愿者应急救援队伍，不断健全完善救援队伍体系建设。2023年12月18日，甘肃省临夏州积石山县遭遇6.2级地震。随后，各路救援力量迅速集结并赶赴地震灾区，展开了搜救、伤员救治、转移安置以及基础设施抢修等一系列紧急救援工作，极大地考验了基层应急救援队伍的反应和应急能力。[①]

（3）宁夏回族自治区

宁夏消防救援总队全力打造多灾种、大应急救援力量，组建优化"高层地下建筑、大型综合体、化工企业"救援专业队等10类57支专业救援队伍和1支综合应急救援机动支队，救援力量覆盖了城乡和森林草原火灾扑救，以及洪涝、地震、建筑坍塌、危化品泄漏等多类灾害事故的紧急处置工作。自治区人民政府或其应急救援指挥机构研究确定应急救援力量调运方案后，自治区应急管理指挥部办公室向公安、交通、民航、铁路等有关部门下达《应急救援力量快速投运指令》。印发《应急救援力量快速投运机制》，建立应急救援队伍及装备物资快速投运机制。

2023年宁夏出台了《宁夏回族自治区专业应急救援队伍保障办法》《宁夏回族自治区灾害救助办法》《宁夏回族自治区专业应急救援队伍保障办

---

① 甘肃省应急管理厅：http://yjgl.gansu.gov.cn/。

法》，确认公布的专业救援队伍、专业抢险队伍、救援保障队伍。明确队伍经费、保险、抚恤等11个方面的优待保障措施，填补了应急救援队伍保障政策空白，规范和保障了应急队伍建设和发展。[①]

（4）青海省

青海省灾害类型多、分布地域广、发生频率高，消防总队创新提出"4区+1核心"灭火救援力量体系建设，组建一支150人整建制、实体化运行的省级综合应急救援机动支队。组织开展"青海·2023""青海·2022""高原砺剑·2021""砺剑祁连山"等抗洪抢险、大型商业综合体等综合实战拉动演练，强化与应急、地震、气象等部门联勤联动。大力推行综合体"管查灭"一体化，乡镇街道"一委一所一队"、寺庙设施水源建设、移灯改电控火、集中食宿供暖、智慧消防建设。

2021年，青海省应急管理厅开展了9支应急救援队伍第一批应急救援队伍等级评定工作，对救援力量按照救援技术进行精细化划分、专业化管理。2023年11月，为全省专（兼）职应急救援队伍、社会救援力量队伍考核遴选及能力进行等级评定，涵盖业务理论、应用体能、业务技能等三个部分，并对省级应急救援队伍管理制度进行了修订。[②]

（5）新疆维吾尔自治区

截至2023年底，新疆已建设国家危险化学品应急救援乌鲁木齐石化队、国家矿山应急救援新疆队、自治区地质灾害专业应急救援队等7支专业救援力量。配齐建强高层建筑、抗洪抢险、应急通信等救援专业队168支。建立了"2支重型、6支轻型、8支机动、140支先遣"地震灾害救援专业队。全区已建成乡镇街道消防站所822个，"一专多能、专常兼备、辐射区域、形成网络"的力量体系基本形成。

新疆生产建设兵团结合"千村示范、万村整治"工程，创建157个样板连队。于2020年建成国家紧急医学救援队（兵团）并通过国家卫健委验收。[③]

---

① 宁夏回族自治区应急管理厅：http：//nxyjglt.nx.gov.cn/。
② 青海省应急管理厅：http：//yjt.qinghai.gov.cn/。
③ 新疆维吾尔自治区应急管理厅：http：//yjgl.xinjiang.gov.cn/。

2021年哈密市运用智能管理系统实现精准调度指挥，成为全疆首家应急救援体系建设项目。塔城地区建立了"天地空"一体化的林草监测体系，提升森林草原资源保护及防灾减灾治理能力。

## 二 应急救援队伍能力建设经验与启示

### （一）政策引领，因地制宜

自2006年6月国务院印发《国务院关于全面加强应急管理工作的意见》以来，特别是2018年改制之后，国务院等相关部门、各省区市为保障应急救援力量的发展，密集出台了一系列有关基层综合应急救援力量建设的方针、政策、意见，出台应急救援管理队伍建设管理办法，资金保障等相关标准、规定，修订了相关的《消防法》《安全生产法》等法律法规，有力地保证了应急救援队伍的建设和发展。

### （二）政府主导，群力群策

长期以来，我国消防救援以消防武警部队为主要力量，2018年转隶改制后，各类应急救援力量整合到应急管理部统一管理。而灾害事故公共突发事件具有政府公共管理属性，因此政府具有应对和管理突发公共事件的职责和职能。这一时期，我国应急救援队伍建设以政府为主导，同时充分调动社会力量，充分发挥热爱应急救援的社会志愿者的能力，将其纳入政府统一管理，引导社会救援力量健康有序发展。

### （三）专常兼备，专兼结合

我国幅员辽阔，灾害事故种类繁多，应急救灾需要多个职能部门协调配合，需要多种专业力量协同，结合国情，我国发展出了"1+X+N"的多种模式应急组合机制，充分发挥应急救援力量的综合潜力。形成专常兼备、一专多能的应急人才能力模式，发挥人的最大潜能。我国企事业单位、公共服务体系多样化，规模大小差距巨大，逐渐形成了专职和兼职相结合的应急救援力量发展模式。专职人员作为常备救援力量，能快速响应，高效应对；兼职人员有效充实救援力量，作为不可忽视的应急力量，特别是在小、少、偏地区发挥不可替代的第一反应力量。

### （四）技能实战，常备常练

全国各地高度重视应急救援力量的人才培养，每年都拿出大量的时间和精力，组织大量的人员参加不同层级、不同专业、不同形式的培训学习、不同规模的演练和演训，加强对应急人员知识、技能、意识、思维等的培养和教育。通过各种形式的比赛、比武，以练为战、以演为训、以赛为练、常备不懈，通过经常性训练保持良好的战斗力和应急能力。

### （五）资源优化，优先保障

从中央到地方，各省区市每年都划拨大量的资金和精力优先发展应急救援队伍建设，使用专项资金建设综合应急救援队、站、所，采购大量的车辆和装备。通过体制机制改革，增加事业编制，加强应急救援人员资金保障，解决应急救援人员后顾之忧。很多省份实现城市核心区域应急救援力量全覆盖。有的省份乡镇街道各种资源整合、多种力量融合，实现了乡镇街道应急力量的全覆盖或者形成区域示范，为今后应急救援力量布局发展提供思路和建设范式。

## 三　综合应急救援队伍建设面临的问题与挑战

### （一）改制尚未完成，人员稳定性差

2018年改制以来，综合救援力量体制建设依然没有完成，人心依然不稳定，过渡期结束后，工资等待遇下降明显，在大安全、大应急的背景下，人员数量减少，工作强度增加，出警出勤率明显提高，救援任务五花八门、

种类繁多，救援技能要求多样，装备种类成倍增加，风险逐年增加，各类任务工作量猛增，长时间高强度工作，休息得不到很好的保障。一方面，由于政策等原因，人员流动不起来。另一方面，新招进来的人员看不清楚未来，训练强度大，加之宣传救援风险高，不愿意久留，影响人员稳定。另外，武警队伍转为地方后，纪律性降低，心理预期和荣誉感没有重新得到确立。合同制人员增加加大了人员对待应急救援的随意性和自我保护性，而缺乏奉献精神。

## （二）救援任务繁多，人员训练不足

近些年来，在人员数量变化不大的情况下，救援队伍事务性工作猛增，需要应对的除了火灾救援外，化工、地震、坍塌、水域、山岳、交通、防疫、冰域等应急救援任务越来越多，要求的专业技术不断增加，装备的科技含量越来越高，需要学习技能的时间越来越长，需要学习的知识越来越多，这就要求有足够的时间和过程才能保障熟练掌握。任务的增加，进一步要求分管人员职责增加，对其业务能力要求越来越高。

## （三）队伍多重管理，后勤保障困难

为了快速实现应急救援队伍的全覆盖，各个地区通过多种力量的融合方式建立起来应急救援队伍，除国家综合救援队伍、政府组建的队伍、大型国企央企队伍外，各个企业组建的专业救援队伍、乡镇街道社区组建的救援队伍很多都是购买的第三方服务以及利用原有的社会力量整合建立的应急救援队伍。越是基层救援队伍管理越松散，越缺乏凝聚力，资金后勤训练等保障措施难以落实。这些问题制约了基层救援队伍的可持续发展。

## （四）队伍发展不均，社会发展制约

我国除港澳台外，31个省区市经济、社会、人口等发展不均衡，对其应急救援队伍发展产生了显著影响。内蒙古、青海、新疆、西藏地广人稀，经济发展相对东部地区差距较大；东北三省经济发展持续低迷，人口流失、市场活跃度低、社会生态不佳等问题同样制约公共应急救援事业的发展。应急救援队伍,特别是基层应急救援队伍的数量、装备数量、装备质量、应急能力都有明显差距。

# 四　综合应急救援队伍发展趋势与机制探析

## （一）救援队伍多主体发展、多资源保障

因地制宜是我国综合应急救援队伍发展的一大特色,"马背上的应急人"就是典型代表。发掘多种力量融合、多种样态并存的应急救援队伍,发挥政府、企业、乡镇社区、社会等资源作用,我国正在利用多种路径建设救援队伍,正在形成消防应急部门、政府、企业、社会团体、民营公司甚至个人的多种主体构成的救援队伍形态,这些救援队伍的资金有的来自中央、地方财政,有的来源于企业供给,有的来源于社会捐赠、有的是自给自足。他们都有独立的法人地位和行为,在可以预见的未来,我国仍然需要积极加大力度调动社会资源加强应急救援力量的建设。需要政府出台相关法律、法规、政策,扶持和鼓励多种资源建设应急救援队伍,加快形成应急救援产业,推动应急救援队伍做大做强,尽早实现全国所有乡镇街道全覆盖。建立健全应急救援队伍发展机制,根据职能权限、灾害种类、救援力量类型,开展专业的防灾减灾救灾管理,实现应急救援队伍全覆盖,提高救援人员的专业素养。

## （二）救援队伍多专业建设、多层次建队

救援任务的多样性,决定了救援技术的多样性,救援技术的多样性决定了救援专业的多样性。目前,救援人员发展了"一专多能、一专多用"的技术模式,从专业技能建设方面,需要加强专业技能标准化建设,持证上岗。专业技能与职级挂钩,让救援人员看到上升的期望和价值;规范人员技术等级和技术种类,方便对专业人才的管理和使用。专业队伍也要和综合救援队伍一样分类分级,根据救援能力的不同,形成不同的梯队。加强专业的

考核和认证制度的建设以及救援队伍的等级建设，通过评审促进队伍的发展和功能的完善。

## （三）救援队伍一张图指挥、多模块协同

虽然队伍种类多，但是全国应急救援统一在一个应急救援平台上，实现应急一张图和一键调度。应加强救援队伍，特别是基层队伍的应急调度能力，促进队伍组织纪律性建设，提高应急救援队伍的快速反应能力。加强军队、公安、应急、消防、电力、医疗、能源、水利、气象、环保、航空、林草、水务等部门救援力量的协调和统一，根据不同的灾害事件类型，建立多模块、多组合模式，形成多样态应急快速反应救援模型，提高资源调度能力。建立和完善指挥调度系统，加强各种模块的协同与调度训练。提高智能化指挥能力和调度能力，特别是基层救援组织的调度能力。

## （四）救援队伍多师资培训、多技能演训

随着更多人员加入应急救援队伍中来，不论是专职还是兼职，大多数人对应急救援一知半解，我国应急救援的普及度还不高，需要大量的知识学习，这就要求应急部门和政府相关单位加强应急专业知识的专业化培训，注重对师资的培养和培训，扩大社会团体等师资队伍建设是当前应急救援、应急管理的一项重要任务。目前多以行业专家为主要师资力量，虽然专家对于本专业相对熟悉，但是不能完全满足基础底子薄的救援人员的系统性学习，加大应急救援学科建设，鼓励建立学院、大学和相关专业，通过对师资的培养，加强系列专业教材建设，提高救援队伍培训人才的数量和质量。应急救援实操性强，在培训过程中，应提高实际操作技能和演训比例，加强实操训练，提高人员的技术和技能，注重对技战术素养和指挥能力的培养。不能简单地"以演代训"，没有良好的知识和技能基础，应急救援就会带来更高的风险和威胁人员生命安全。

## （五）救援队伍多思想建设、多意识培养

应急救援队伍需要顽强的战斗意志和凝聚力，才能很好地完成应急救援任务，加强思想建设，提高应急救援人员的服务意识、奉献精神，树立应急救援人员的荣誉观、责任意识、服从意识，解决为啥服务、为谁服务的问题，树立正确的为人民服务的价值观，是救援队伍执行救援任务的重要力量源泉。在救援队伍中加强党团建设，是今后应急救援队伍发展的重要工作。

# 专题篇 ▷

## B.7
## 高校安全应急专业设置和人才培养现状的分析

唐彦东　连会青　张小兵　安红昌*

**摘　要：** 　近年来，中国安全生产和防灾减灾形势呈现总体平稳态势，但面临的公共安全形势依然严峻复杂。自2003年非典疫情之后，国内各大高校陆续开始探索应急管理学科的发展，开展相关理论研究，探索培养安全应急专业人才。目前，我国高校安全应急专业设置涵盖了高职高专、本科和研究生三个层次，包括应急管理、应急技术与管理、安全工程、防灾减灾科学与工程、消防类专业等多个专业方向。人才培养方面，以本科和研究生教育为主，职业教育与应急科普相结合，形成了多层次的人才培养体系。然而，应急管理学科体系尚未形成，学科建设规划不足，专业设置与人才培养不匹配等问题依然存在。未来，我国高校安全应急专业人才培养将以跨学科融合、

* 唐彦东，博士，防灾科技学院应急管理学院院长，教授，主要研究方向为应急管理、灾害风险管理、灾害经济；连会青，华北科技学院应急技术与管理学院教授，主要研究方向为应急管理；张小兵，河南理工大学教授，主要研究方向为应急管理、应急预案；安红昌，中国劳动关系学院教授，主要研究方向为公共安全管理、灾害风险管理、应急救援装备。

实践导向、技术驱动、国际化视野、创新教育模式和产学研结合为发展趋势，以满足应对复杂多变的应急管理挑战的需求。本文综合分析了中国高等教育体系内安全应急管理相关专业的设置现状、人才培养模式及其面临的挑战和未来发展趋势。通过对相关专业教育质量的深入研究，提出加强安全应急管理教育体系建设的问题及建议，以期为提高中国在灾害预防、应对、恢复和重建方面的能力作出贡献。

**关键词：** 应急管理学科　高校　人才培养

# 一　高校安全应急学科专业设置概况

中国应急管理人才可以分为三大类：以在校学生为主的学历教育型人才、以应急从业人员为主的职业型人才、以普通公众为主的大众型人才，相应的人才培养途径分别为普通高等教育和职业教育、在职培训、应急科普，包含完整的专科—本科—研究生专业学科设置。由于现阶段社会普及教育的规模较小，故以应急管理本科生、硕士生人才培养为主，辅以全日制职业类培养（职业教育）。其中，安全与应急本科教育的设立，对指导安全本科教育学科建设、培养高素质安全与应急专业领域高级人才发挥重要的作用。

根据中国不同层次的应急管理人才培养体系，本文拟从专业设置与高职高专类教育、专业设置与本科生人才培养、研究生与学科建设三个方面对高校安全应急学科专业设置进行概述。并基于"大安全大应急"构架，根据国家目前在用和最新的本科教育与研究生教育相关规定和规范，从学科与专业的"大类、一级学科、二级学科、专业核心课程"的结构体系，归纳提炼有关安全与应急专业的设置情况。

## （一）应急管理

应急管理专业是以总体国家安全观和国家安全发展重大战略需求与实践

应用为导向，以管理、信息、工程、人文等多学科交叉融合为特色，以培养跨学科复合型人才为目标，逐步建立中国应急管理职业化体系，为实现中国应急管理现代化奠定基础。

高职高专类有关应急管理专业多为已有部分学校开设的应急管理与减灾专业。2019年6月教育部确定的《中等职业学校专业目录》增补专业中，增设了应急管理与减灾技术专业，专业代码022700，属于资源环境类专业，三年基本修业学制，包括灾害信息管理、消防安全管理和防灾减灾技术三个方向。2019年开设应急管理与减灾技术专业的学校为江苏省南京工程高等职业学校，2020年新增的学校为南京中华中等职业学校。根据教育部普通高等学校高等职业教育（专科）专业目录（2019版），目前暂无应急管理专业类别，但有些高职院校已成立应急管理学院，还有一部分学校在原有相关专业下进行应急管理类人才的培养。

本科应急管理专业是根据教育部印发的《普通高等学校本科专业目录》建立的应急管理专业（Emergency Management），专业代码为120111T，修业年限为四年，授予管理学学士学位。应急管理专业主要培养掌握应急管理基本理论与知识，熟悉应急管理法律法规，具备突发事件应急管理的专门知识与技能，能够在各级应急管理部门、公共事业单位、社区管理机构等从事突发事件的预防与预警、应急决策与应急指挥、应急预案管理、应急处置、危机公关等工作的复合型、应用型专门人才。开设该专业有利于加强对应急管理本科专业的充分认识，是应急管理科学研究和教育工作的重要基础。2020年2月，武汉理工大学成功申报了应急管理本科专业，并获得批准，自此成为教育部批准设立的全国首个应急管理本科专业。2021年以来，防灾科技学院、华北科技学院、河海大学等共计20所高校通过了应急管理专业审批。截至2024年3月，全国陆续开设应急管理专业的高校有30所①，部属应急管理大学也在筹建之中，应急管理学科得到了迅速发展。

---

① 资料来源：中国高等教育信息网2024年4月发布数据，中国高等教育学生信息网（学信网），https://www.chsi.com.cn/。

2020 年 4 月之前，全国开展应急管理方向研究生教育的高校和科研院所有 50 多家，均是依托其他相关学科开展应急管理方向人才培养，以管理科学与工程、公共管理、安全科学与工程以及地理学等学科为基础。国务院学位办、教育部、应急管理部以及省市县应急管理部门等正积极构建应急管理人才培养体系的新格局。根据 2020 年 4 月 16 日国务院学位委员会办公室印发的《关于推动部分学位授予单位加强应急管理学科建设的通知》，选取了 20 所教育部直属重点高校作为国家首批"应急管理"二级学科试点设置单位，以公共管理一级学科为支撑，增设目录外二级学科"应急管理"。

### （二）应急技术与管理

应急技术与管理专业属于交叉性学科，旨在通过研究紧急情况下的有效组织、协调、指挥和管理，降低灾害损失、保护人民生命财产安全及社会稳定。该专业旨在培养在自然灾害和工矿商贸等行业和领域，从事应急管理、设计与生产、研究、评价、监察、检测与监控、应急救援、教育与培训等工作的应用创新型人才。

应急技术与管理研究范围包括：自然和人为灾害的成因、机理、评估与防范；工业、交通、环境等领域安全问题的风险评估与管理；应急情况下人力、物资、信息资源的优化管理；灾害对个体和社会心理的影响及心理支持方法；以及应急通信、信息系统的运维与应用和与应急管理相关的法律法规、政策文件。旨在培养能够在各类紧急情况下有效响应和处置的专业人才。

应急技术与管理专业主要为本科专业及研究生部分专业的学科方向。根据教育部印发的《普通高等学校本科专业目录》，应急技术与管理（Emergency Technology and Management）专业代码为 082902T，是 2018 年新增的国家控制布点专业，属于安全科学与工程类，学位授予门类为工学，修业年限为四年。2019 年，辽宁工程技术大学与太原理工大学等院校首批开设了应急技术与管理专业。随后，2020 年防灾科技学院、华北科技学院、河南理工大学、西安科技大学 4 所高校相继开展应急技术与管理专业的招生工作，截至 2024 年 3 月，全国开设应急技术与管理专业的高校有 31 所①。

### （三）安全工程

安全工程专业主要聚焦于力学、化学、机械工程等核心学科，深入学习工程系统和产品在碰撞与冲击作用下的损伤机制、系统安全性评价与监控、易燃易爆物品的安全评估与防护设计，以及环境安全与监控等领域的理论知识与实践技能。该专业旨在培养能够在安全技术和工程领域开展理论研究、实验分析、设计开发以及安全监管、维护和技术管理等方面的专业人才。

根据教育部发布的《普通高等学校高等职业教育（专科）专业目录》（2019 年版），在高职高专教育中，安全工程类别下设有七个专业方向，包括安全技术与管理、安全健康与环保、安全生产监控、化工安全技术、救援技术（其中包含安全应急管理方向）、工程安全评价与监理，以及职业卫生技术与管理。从安全生产、防灾减灾、应急救援 3 个维度统计高职专业可以被纳入应急管理类的专业仅有 17 个，归属在 9 个不同专业类中，如民航安全技术管理在航空运输类、抢险救援在公安指挥类、烟花爆竹技术与管理在化工技术类、消防工程技术在建筑设备类等，缺乏整体性、系统性，也无法满足从传统安全生产逐渐扩散到防灾减灾救灾领域并渗透到公共安全诸多环节的大安全格局对人才的需求。

安全工程本科专业开始于 2011 年国务院学位委员会将安全科学与工程列为一级学科，归属工学门类；2012 年，教育部颁布《普通高等学校本科专业目录（2012 年）》，将安全科学与工程单列为一个类。根据教育部印发的《普通高等学校本科专业目录》，安全工程（Safety Engineering）专业代码为 082901，修业年限四年，属安全科学与工程类专业，授予工学学士学位。安全工程本科专业类知识体系分类是培养合格的安全工程人才的基础，

---

① 资料来源：中国高等教育信息网 2024 年 4 月发布数据，中国高等教育学生信息网（学信网），https://www.chsi.com.cn/。

对于提高教学质量、培养适应社会发展需要的安全工程人才具有重要的意义。

安全工程本科专业主要学习自然科学、工程技术的基础知识和安全科学与技术、安全生产与应急管理、职业健康等基础理论、专业知识及基本技能。面向工业生产、现代服务业和城市建设等行业，致力于培养能够胜任安全工程相关设计、研究、检测、评估、监察及应急管理等工作的高素质创新型复合型人才。截至2024年4月，全国开设安全工程专业的高校有169所[1]。

安全工程研究生专业作为公共安全方面的骨干支撑学科，不仅培养安全科学、安全技术、系统安全工程方面的人才，且下设安全与应急管理二级学科方向，培养应急技术与管理相结合的专业人才，已经发展成为较成熟的学科。2011年2月，国务院学位委员会第二十八次会议通过的《学位授予和人才培养学科目录》正式将安全科学与工程（代码：0837）学科单列为一级学科，安全科学与工程由原矿业工程下的二级学科升格为工学门类下的第37个一级学科。截至2019年10月，中国具有安全科学与工程学位授权点的高等院校和科研院所有66所，其中博士点单位27所[2]。

## （四）防灾减灾科学与工程

防灾减灾科学与工程主要面向自然灾害，研究气象灾害、水旱灾害、地震灾害、地质灾害，以及森林草原灾害发生的机理和自然规律，衍生灾害的探测、预警和减灾，系统掌握防灾减灾科学与工程基础理论、基本方法和基本技能。具有扎实的自然、工程科学基础和防灾减灾工程专业知识，能够应用先进的理论与技术方法评价、预测、防治、应对各类灾害，减轻灾害对人与环境的影响，为灾害防控和安全生产提供理论、方法和技术。能在灾害防治工程与技术管理、灾害监测与预警、灾情调查与评估、应急救援等领域从事设计、管理及研究等工作，同时培养学生德智体美劳全面发展。培养具有

---

[1] 资料来源：中国高等教育信息网2024年4月发布数据，中国高等教育学生信息网（学信网），https://www.chsi.com.cn/。

[2] 张瑞新、袁宏永主编《应急管理人才培养和学科建设研究》，应急管理出版社，2022。

强烈社会责任感、扎实的科学和人文素养，追求真理、理解道理、洞察事理，同时具备国际视野、爱国情怀、防灾意识、应急能力、创新思维、实战经验、奉献精神的人才。这些人才将掌握防灾减灾科学与工程领域的基础理论、知识和技能，致力于服务经济社会，并秉承"对党忠诚、纪律严明、赴汤蹈火、竭诚为民"的理念，成为具有优良思想品质、职业道德、创新精神和国际视野的应用创新型人才。

高职高专类有关防灾减灾科学与工程专业以中等职业学校中应急管理与减灾技术下的防灾减灾技术专业方向为主，培养面向专业技术服务业的街道、乡镇等政府基层组织、企事业单位，特别是应急管理服务机构和应急、防灾减灾等职业群体，能够从事应急管理、防灾减灾救灾技术应用、应急咨询服务等工作的高素质劳动者和技术技能人才。

本科防灾减灾科学与工程专业根据教育部印发的《普通高等学校本科专业目录》，防灾减灾科学与工程（Disaster Prevention and Mitigation Science and Engineering）专业代码为070803T，修业年限四年，属地球物理学类专业，授予工学学士学位。防灾减灾科学与工程专业是一门跨学科的综合性专业，它涉及自然科学、社会科学、工程技术等多个领域，旨在通过科学的方法和技术手段，预防和减轻自然灾害和人为灾害对人类社会的危害。2019年，只有南京信息工程大学一所高校在大气物理学院开设该专业，并开展招生工作。2020年，华北科技学院开始在其应急技术与管理学院开展该专业的招生工作。此外，2021年2月，防灾科技学院、东华理工大学、山东科技大学也通过了2020年教育部有关本科专业的审批。截至2024年3月，全国开设防灾减灾科学与工程专业的高校有7所①。

各高校正积极推进灾害研究领域的硕士研究生教育，其研究范畴涵盖了综合防灾减灾以及地震、气象、水文、矿山、海洋等各类自然灾害。这些研究主要围绕土木工程、地理学、环境科学与工程等主导学科展开，衍生出包

---

① 资料来源：中国高等教育信息网2024年4月发布数据，中国高等教育学生信息网（学信网），https：//www.chsi.com.cn/。

括防灾减灾工程及防护工程、岩土工程、结构工程、桥梁与隧道工程、环境科学与工程、自然地理学、固体地球物理学、自然灾害学、水文学及水资源、水利工程、第四纪地质学、构造地质学等二级学科。特别是防灾减灾工程及防护工程（学科代码：081405），作为土木工程学科的二级学科，通过综合应用土木工程及其他相关学科的科学理论与技术手段，旨在构建和发展一套提高工程结构和系统对自然灾害和人为灾害抵抗能力的科学理论、设计方法及工程技术体系。这一学科与应急管理领域紧密相连，因而在高等院校中得到了普遍的设立与发展。目前，中国具有防灾减灾工程及防护工程学位授权点的高等院校和科研院所有96所，其中博士点单位55所、硕士点单位92所，同时具备硕博点的单位51所①。

### （五）消防类专业

消防类专业主要为本科专业及研究生部分专业的学科方向。其中，消防类专业本科生的培养以中国人民警察大学、中国消防救援学院、四川警察学院为主。中国人民警察大学（前身为中国人民武装警察部队学院）开设的消防本科专业有：消防指挥（专业代码：030608TK）、消防工程（专业代码：083102K）、火灾勘查（专业代码：083107TK）、抢险救援指挥与技术（专业代码：083106TK）、核生化消防（专业代码：083109TK）、电子信息工程（专业代码：080701）。中国消防救援学院（2018年成立，前身为武警警种学院）2004年开办本科教育，2008年获学士学位授予权，目前开设的消防本科专业有：消防指挥、消防工程、抢险救援指挥与技术、飞行器控制与信息工程等。以上专业都可视为应急管理及应急辅助支撑系统相关的专业。此外，沈阳航空航天大学开展了消防工程专业第二学士学位教育。

随着社会对消防专业人才需求的日益扩大，以沈阳航空工业学院、西南交通大学、中国矿业大学、中国科学技术大学、吉林建筑大学、西安科技大学等为代表的地方高等院校也纷纷开设消防工程专业，有的甚至已经开始了

---

消防相关专业的硕士和博士学历教育。沈阳航空工业学院消防工程专业于1995年开始招生，是全国较早设立此类专业的普通高等院校。西南交通大学于2004年3月获准设立消防工程本科专业，每年的招生规模60人左右；2005年4月以消防工程系为基础，联合四川消防研究所的研究与实验力量申请的消防工程实验中心获得批准。中国矿业大学同样设有消防工程专业本科课程，旨在培养具备火灾科学基础理论、消防安全技术和方法、消防政策法规知识，以及拥有消防安全技术研究、规划、工程设计、监测、管理、火灾安全评估、控制和火灾事故调查分析能力的高级工程技术人才。

综上所述，通过罗列高校安全应急学科下的专业设置概况，对高校安全应急学科的专业发展现状进行梳理。从发展历程的时间脉络来看，高校安全应急学科各专业确立和发展阶段呈现出不同但趋于融合的特征（见图1)①。

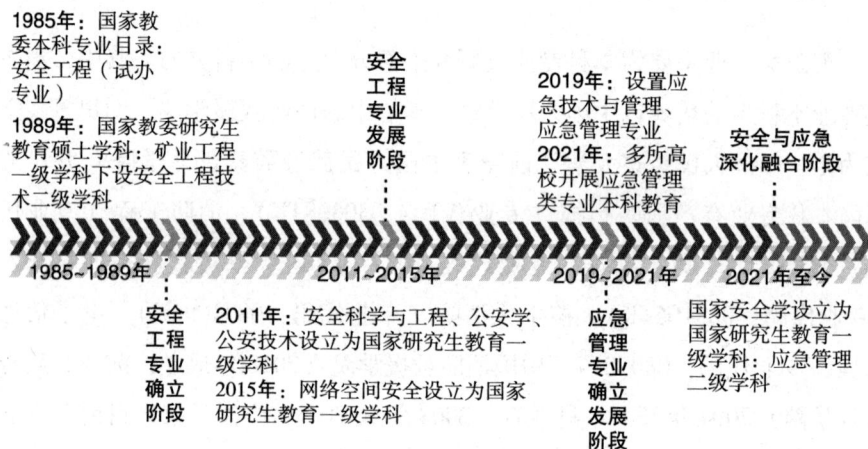

1985年：国家教委本科专业目录：安全工程（试办专业）

1989年：国家教委研究生教育硕士学科：矿业工程一级学科下设安全工程技术二级学科

安全工程专业发展阶段

2019年：设置应急技术与管理、应急管理专业
2021年：多所高校开展应急管理类专业本科教育

安全与应急深化融合阶段

1985~1989年　2011~2015年　2019~2021年　2021至今

安全工程专业确立阶段

2011年：安全科学与工程、公安学、公安技术设立为国家研究生教育一级学科
2015年：网络空间安全设立为国家研究生教育一级学科

应急管理专业确立发展阶段

国家安全学设立为国家研究生教育一级学科：应急管理二级学科

**图1　安全应急管理学科专业设置时间脉络**

## 二　高校安全应急管理人才培养现状

中国公共安全总体形势严峻，党和国家高度重视突发事件的预防与应

---

① 《普通高等学校本科专业目录（2024年）》。

对，重视应急管理体系和能力的现代化建设。高校安全应急人才培养是保障应急管理事业发展的关键环节。随着中国应急管理教育事业的不断发展，对高校安全应急相关专业的人才培养素质提出了更高的要求。当前，中国的高校安全应急专业人才呈现以本科与研究生教育为主、职业教育与应急科普相结合的多层次人才培养体系。

应急管理是国家治理体系和治理能力的重要组成部分，习近平总书记在中央政治局第十九次集体学习时强调"大力培养应急管理人才，加强应急管理学科建设"。根据数据统计，目前中国在应急管理领域的人才短缺已达到约40万人的规模，若考虑到整个应急管理行业对复合型人才的需求，这一数字将激增至数百万乃至上千万人。应急管理作为一门跨越管理学和工学领域的交叉学科，其内容不仅包括管理学和工学知识，还涵盖了社会学、经济学、政治学、新闻传播学、心理学和医学等多个学科。

应急管理学科是相对于常态管理的实践性质知识体系，以安全为中心，面向风险社会的治理来开展人才培养、基础研究和社会服务，其研究内容主要是应用科学、技术、规划与管理等手段，对生产和生活中的事故灾害进行风险辨识、管理、监测、预警与应急救援处置、恢复重建的理论与方法。高校应急管理专业培养的学生，应基本掌握应急管理理论与管理工程技术、应急管理与决策理论、应急管理处置与救援技术，能够在公共安全、矿山、化工、电力、消防和建筑等行业领域，在政府机关、企事业单位、基层应急管理部门和教育培训机构等单位部门，完成应急管理方面的决策与指挥、预防与处置、灾害风险检测监控、应急救援与事故处理和教育培训等工作，是能解决实践中复杂应急管理技术与管理工程问题的中、高级应用型复合专门人才。

本节通过对比分析不同层次人才培养方式，综合归纳当前中国高校安全应急专业人才培育现状，旨在阐明当前中国安全应急管理人才培养情况。

## （一）专业设置与高职高专类人才培养

高职高专类人才培养可分为高等职业学院安全应急类人才培养和中等职

业学校安全应急类人才培养。《全国安全生产专项整治三年行动计划》（安委〔2020〕3 号）中明确提出：到 2022 年底具有安全生产相关专业学历和实践经验的执法人员不低于在职人员的 75%。无论从近期还是长远来看，中国安全技术人才的需求都十分庞大，从近几年专科生就业情况看，安全相关专业的毕业生相当抢手供不应求。但是，按专业对在校生人数及开设院校进行统计发现，现有安全类专业除了"安全技术与管理专业"具规模外，其他专业在校生人数都不足千人，特别是安全生产监测监控专业、化工安全技术专业和救援技术专业在校生规模都不足百人，存在严重的专业发展不均衡问题。近年来，教育部高校学生司多次表示将扩大安全应急类学科专业普通高校专升本规模，且专升本计划增量向职业教育本科和应用型本科高校应急管理等专业倾斜。

中等职业学校依托应急管理与减灾技术专业开展人才培养。在该专业的职业面向方面，应急管理与减灾技术专业所对应的是专业技术服务业，该专业的学生可以考取消防设施操作员、应急救援员、污水处理员等职业类证书。其高职的接读专业有消防工程技术、救援技术、安全健康与环保、工程安全评价与监理，本科接读专业有应急技术与管理、应急管理、消防工程、安全工程等。

在安全应急类实习实践方面，采取校内实训室和校外实习基地并举的方式。校内实训实习必须具备事故应急救护技能、应急救援装备使用能力、应急预案编制与演练规划等满足专业人才培养相关要求的实训室。同时建有两类校外实习基地，一类是以专业认识和参观为主的实习基地，该基地能反映目前专业发展新技术，并能同时接纳较多学生实习，为新生入学教育和专业认知课程教学提供条件；另一类是以接收学生社会实践、跟岗实习和顶岗实习为主的实训基地，该基地能为学生提供真实的专业综合实践训练的工作岗位，根据专业人才培养目标和实践教学要求，校企双方共同制订实习计划，企业安排有经验的技术或管理人员担任实习指导教师，开展专业教学和职业技能训练，完成实习质量评价，做好学生实习服务和管理工作，依法依规保障学生的基本劳动权益，并组织开展相应的职业资格或职业技能等级考试。

## （二）专业设置与本科生人才培养

中国本科阶段应急管理类专业人才的培养已经有了一定的经验和积累。虽然应急技术与管理专业是 2018 年新增的国家控制布点专业，属于安全科学与工程类；应急管理专业是 2019 年新增的特设专业，属于管理科学与工程类，但是很多高校在此之前已经陆续开始在其他专业下培养应急管理方向的本科生，如公共事业管理（应急管理方向）。同时，安全工程专业、消防类专业（消防指挥、消防工程、抢险救援指挥与技术、火灾勘查等）、防灾减灾科学与工程专业均具备较为完善和成熟的本科生培养体系，是应急类本科生培养的重要支撑。

2021 年 12 月，国务院印发的《"十四五"国家应急体系规划》指出："依托应急管理系统所属院校，按程序和标准筹建应急管理类大学。""鼓励各地依托现有资源建设一批应急管理专业院校和应急管理职业学院。"通过对各高校的人才培养方案进行收集与整理，分析各高校安全应急专业的人才培养目标、实践教学、课程设置等方面。各高校安全应急管理专业人才培养方案的目标内容设置可以归纳为知识、能力、实践、就业和课程五个类别（见表1）。

**表1　各本科院校安全应急管理专业人才培养方案**

| 类别 | 目标 |
| --- | --- |
| 知识 | 安全生产事故、自然灾害预防、应急准备、应急响应、现代管理学、信息科学、灾害学、管理学、经济学等 |
| 能力 | 突发事件应急处置技术、应急指挥辅助决策、团队合作、灾害风险管理、防灾规划组织等 |
| 实践 | 应急管理系统认知与处置技能、灾害数据监测、应急处理与分析、灾害风险评估、损失评估等 |
| 就业 | 政府部门、非政府公共部门、企事业单位、社会组织、生产企业、安全咨询机构等 |
| 课程 | 灾害学与风险管理类课程、应急管理类课程、应急智慧与信息技术课程、防灾与规划类课程、法律与政策类课程、安全类课程等 |

从目前高校的建设情况来看，两条不同的路径在实践中形成，主要依托已有的相关学科基础。第一条路径以工科为主、管理学等相关学科为辅进行应急管理学科建设。该路径主要以安全科学与工程、管理科学与工程、环境工程、计算机科学与工程等工科专业为基础，公共管理、法学、马克思主义理论等文科专业为补充。显著特点在于学科建设更加突出技术的导向作用，课程设置相对更多应用类和技术类，尤其在工科学校更为显著。第二条路径以管理学等学科为主、工科为辅。该路径更加强调公共管理、工商管理、法学、心理学、政治学、新闻传播学等学科的主导作用，课程设置偏向文科性质，但也包含基本工科性课程，更凸显综合性和学科交叉优势。

这两条路径形成了两个不同的专业，即以公共管理为主要依托的应急管理专业和以安全科学与工程为主要依托的应急技术与管理专业。这两个专业本质上都是同一领域的新兴交叉学科，最大的区别在于一个偏向管理，一个偏向技术。事实上，目前更多的学校在建设应急管理学科时主要还是依托管理路径发展，以公共管理学科作为核心主导力量。无论偏向管理还是偏向技术的应急管理和应急技术与管理专业，都以培养应急管理领域的高层次研究与实践人才为己任，注重学科交叉的育人路径，着力提升学生的应急管理全过程的技术运用和协调管理能力。

从细分的角度来看，应急管理专业主要培养掌握应急管理基本理论与知识，熟悉应急管理法律法规，具备突发事件应急管理的专门知识与技能，能够在各级应急管理部门、公共事业单位、社区管理机构等从事突发事件的预防与预警、应急决策与应急指挥、应急预案管理、应急处置、危机公关等工作的复合型、应用型专门人才；应急技术与管理专业致力于培养能够在公共安全、矿业、建筑、工程施工、消防安全、机械设备与电气、化工等行业和领域，开展安全管理、设计生产、研究、评估、监察、检测监控、应急救援、教育培训等方面工作的应用型创新高级专业人才。

应急管理（应急技术与管理）专业就业前景较为广阔，学生毕业后可入职各级政府应急管理部门、消防救援机构，从事公共安全管理、应急管理、事故调查、应急指挥等工作（各级政府应急管理部门是一个非常庞大的政府部门体系，由很多机构整合而成，实际上目前的专业性相对欠缺。应急管理专业的成立，解决了专业对口问题）；也可进入高校、科研院所、应急行业及技术服务机构、大型企事业单位，从事教学、培训、科学技术研究和产品设计开发等工作；还可就职于工程设计与施工单位，从事应急技术与管理相关工作。

应急管理专业、应急技术与管理本科专业作为应急管理类人才培养的两大主体专业，已经开启了应急管理领域的人才培养新阶段。作为应急类人才培养的支撑性专业，安全工程、防灾减灾科学与工程以及消防类专业，多年来为中国应急管理事业的发展输入了不可或缺的应急管理人才储备队伍。面对复杂多变的应急管理形势，未来，复合型人才不仅能够快速应对各种突发事件，还能在危机管理中发挥关键作用。在一定程度上填补了市场对应急类人才需求的缺口。

## （三）学科建设与研究生人才培养

2020 年 4 月，国务院学位委员会办公室下达《关于推动部分学位授予单位加强应急管理学科建设的通知》，20 所高校在公共管理一级学科下设立应急管理二级学科。虽然以应急管理命名的研究生学科刚刚设立，但诸如安全科学与工程、防灾减灾工程及防护工程等学科作为支撑应急管理工作的其他相关学科，已经持续多年向社会输送应急管理相关人才，这在一定程度上填补了中国对应急管理人才需求的空缺，未来也会作为支撑应急管理工作的学科继续发挥作用。有关研究生安全应急类学科专业主要依托应急管理、安全科学与工程、防灾减灾工程及防护工程等专业方向开展人才培养与科学研究工作。

应急管理学科培养的毕业生，在完成学业后，具备进入政府机构、社区和企事业单位承担公共安全管理职责的能力；也可直接加入国家综合性消防救援队伍，参与事故灾害的救援工作。此外，应急管理学科培养的毕业生能够在机关、团体和企业中担任安全保卫职务，或在提供公共安全服务的企业中担任技术防范研究及中层管理职位，在公安基层单位担任辅助管理角色。

同时，他们也有机会在研究机构和教育机构中开展科研和教学工作。

作为应急类人才培养的支撑性专业，从招生情况看，2013~2017年，安全科学与工程学科招收硕士生4261人、博士生840人，在校硕士研究生2360人、博士研究生512人。从博士和硕士的报录比看，博士生的5年平均报录比为198.4%，硕士生的5年平均报录比为241.8%。从就业情况看，安全科学与工程学科领域硕士毕业生共2855人（截至2021年），博士毕业生共328人，就业去向主要为签订劳动合同、就业协议、升学、自主创业及其他形式就业。硕士毕业生大多选择国有企业单位就业，博士生则大多选择高等教育单位就业。而防灾减灾工程及防护工程学科2020年的博士生报录比大约为200%，硕士生报录比大约为250%；博士研究生招生数为268人，在校生数为1057人；硕士研究生招生数为1318人，在校生数为3910人。该学科的平均就业率在90%以上，毕业生就业去向主要包括：应急、民政、交通、国土资源、环境保护、气象等政府管理部门，地质类勘察设计院、铁路设计院等科研院所，以及保险、物流、基础设施建设、卫生防疫、房地产开发等企事业单位。①

## 三　人才培养过程中存在的主要问题

中国是世界上自然灾害最为严重的国家之一，各类风险隐患交织叠加。近年来，中国在应急管理人才培养方面取得了较大进展，高校不断更新课程、提升实践机会，同时加强师资队伍建设和产学研合作，以培养更适应实际工作需求的专业人才。然而，国内各院校在应急管理学科的分类及专业设置方面存在显著差异，整个学科建设尚未达成广泛共识，这限制了安全应急管理人才的发展定位和精准培养目标的实现。

针对中国高校应急管理专业目前面临的学科定位不明确、人才培养体系不健全和教师队伍建设不足等问题，唐彦东提出了相应的解决策略和建议。

---

① 张瑞新、袁宏永主编《应急管理人才培养和学科建设研究》，应急管理出版社，2022。

他从高校（灾害）应急管理学科建设角度，对全国应急管理人才培养现状进行了具体分析，指出中国目前在应急管理高等教育方面存在诸如规模有限、领域狭窄、学科归属模糊、课程设置差异显著等问题，并建议设立应急管理科学与工程为一级学科专业。① 冯文靖对中国高校应急管理人才培养中迫切需要解决的问题进行了整理，从知识构建、能力提升、理论与实践融合等方面探讨了培养复合型应急管理人才的目标，并进一步提出了优化课程教学设计的建议。② 张海波则对"嵌入式"、"集成式"和"体验式"这三种实践教学方式进行对比分析，为应急管理实践教学的不同阶段提供了实用的建议。③ 综上，高校安全应急学科与专业人才培养存在的主要问题可以总结为以下几个方面。

## （一）应急管理学科体系尚未形成

应急管理应对的突发事件包括自然灾害、事故灾难、公共卫生事件、社会安全事件等，涉及领域宽广。应急管理学科研究对象复杂，在很多传统学科领域都形成了针对具体灾害（灾难）的预防监测、应急准备、响应救援与处置、灾后恢复等相关理论、方法和措施，关注某一灾种、某一过程或某一种承灾体，取得了不少研究成果，培养了很多专门人才。然而，学科设置的现实约束使得应急管理研究碎片化，难以实现整合。大学应急管理类本科专业或研究生培养设在管理科学与工程、安全科学与工程、公共管理、地球物理学等学科之下。已经设立的应急管理学院也多为"拼盘式"，缺少系统性与整体性，不利于中国应急管理人才的培养、不利于应急管理研究形成优质稳定的力量，学科交叉复杂且融合难度大。

中国的应急管理体系在不断完善，但在高校安全应急专业人才培养中，

① 唐彦东：《应急管理高等教育人才培养对策》，《中国应急管理》2020 年第 2 期，第 68~71 页。
② 冯文靖：《加快学科建设 培养应急复合人才》，《中国应急管理》2022 年第 2 期，第 62~63 页。
③ 张海波：《应急管理实践教学的初步探索——以南京大学应急管理学科为例》，《学位与研究生教育》2022 年第 2 期，第 51~57 页。

对于应急管理体系的理解和融入程度不够，学科理论研究和科技创新水平不高，导致学生毕业后与实际应急管理工作的衔接存在问题。

## （二）应急管理学科建设规划不足

应急管理学科建设相对于应急管理事业发展的需要，存在很多不适应、不系统以及分散和互不配合的问题。应急管理科学研究人才队伍不稳定，造成相关研究无规划、不系统、持续性差，不利于形成符合应急管理事业现实需求的科学研究体系和人才队伍。部分高校安全应急专业师资力量相对薄弱，缺乏实践经验丰富的专业人才承担教学任务，导致教学质量无法与实际需求相匹配。

应急管理学科研究较为分散，各学科应急管理研究力量均较弱。并且，研究团队来自多学科领域，相关应急管理与学科建设成果不能形成系统，结论甚至可能存在互斥与矛盾，结合的可能性较低。有关学科发展等前沿问题难以开展协作，不利于产出解决应急管理重大问题的科技成果。

支撑高校安全应急的学科主要有：设置在管理学公共管理一级学科下的应急管理二级学科；对应安全生产的学科是工学门类的安全科学与工程一级学科；对应防灾减灾救灾的学科有土木工程一级学科下的防灾减灾与防护工程二级学科；对应应急救援的学科为工学门类的公安技术一级学科下的消防技术与工程二级学科。其中，应急管理作为公共管理的二级学科，但应急管理本科专业属于管理科学与工程类；应急技术与管理本科专业属于安全科学与工程类；防灾减灾与防护工程二级学科属于土木工程一级学科，但防灾减灾科学与工程本科专业属于地球物理学类等，很明显会造成学科建设和人才培养的脱节，对于有序增加专业布点、提高人才培养质量造成不利影响，最后不利于应急管理人才培养体系建设。

## （三）专业设置与人才培养不匹配

当前应急管理相关专业设置仍不能完全适应国家应急安全体系的需求。以本科教育层面为例，安全工程开办学校多，培养规模较大，专业比较成熟；公安技术类专业由公安系统高校开办，培养规模较小，毕业生直接进入公安系统工作，未来对应急救援队伍的支持不大；其他应急管理主体专业均为2018年后才开始招生，虽然专业布点增长较快，但由于应急管理系统高校较少，对于服务应急管理全领域、"全灾种、全过程、全链条"大应急的人才需求无法满足。

近年来，虽然应急管理及相关支撑学科的培养规模得到了极大扩充，但当前的培养规模仍不足以支撑应急能力和体系的现代化需求。并且，人才培养知识体系和条件资源匮乏，学科发展基础与规划不足。具体表现如下。第一，目前新设的应急管理、应急技术与管理等本科专业以及应急管理学科的研究生教育，其人才培养方案和模式大多借鉴了现有相关专业的经验，教师团队也往往由不同学科和专业背景的人员组成，由此衍生出一系列问题。第二，当前专业设置应对多样化灾害挑战的能力不足。中国面临的灾害类型多样，包括自然灾害如地震、洪涝、台风等以及社会安全事件（如重大交通事故、公共卫生事件）等。然而，部分高校的安全应急专业人才培养偏重于某一类灾害或特定领域，缺乏综合应对多样化灾害挑战的能力。第三，高校所提供的应急管理实践机会和资源有限。一些高校对应急管理专业学生的实践机会安排不足，学生缺乏参与实际应急管理工作的机会和经验，影响了他们的实践能力和应对能力的提升。第四，人才培养与行业需求不匹配。高校安全应急专业人才培养与应急管理行业需求之间存在一定脱节，部分学校的课程设置、教学内容、实践环节等与实际行业需求不完全契合，影响了毕业生的就业竞争力。

## 四　高校安全应急管理人才培养发展趋势

在全球进入风险社会的新常态下，各类灾害风险和突发事件对社会治理能力提出严峻考验。在高等教育领域，确保高校安全应急人才培养发展趋势与应急学科发展相结合，培育具有应对复杂危机能力的综合性应急管理人才显得尤为重要。随着中国对应急管理工作的重视程度不断提高，高校应急管理学科建设顺应国家治理体系和治理能力现代化的需求，呈现快速发展态势。近年来，中国众多高校积极开展应急管理专业设置和学科体系建设，努力探索符合国情社情的应急管理人才培养新模式。在此背景下，高校应急管理学科人才培养的发展趋势表现为深度强化跨学科交叉融合，注重理论与实践相结合，强调案例教学与实战模拟训练，着力提升学生的综合决策、组织协调与科技创新能力。同时，积极推动产教融合、校地合作，构建多元化、多层次的人才培养体系，以期培养出一批具备全球视野、社会责任感和实战执行力的高级应急管理专业人才，服务国家应急管理体系建设和经济社会事业的可持续发展。未来，可以在提升应急管理培养理念和发挥应急管理教育联盟的基础上使人才培养质量朝着又好又快的目标前进。

## （一）应急管理人才培养理念发展趋势

统筹应急管理职业化、专业化、实战化人才培养，积极开展研究生教育，为应急管理系统输送高级专业人才；办好应急管理、应急技术与管理、防灾减灾科学与工程、消防工程、消防指挥、火灾勘查、抢险救援指挥、应急装备技术与工程、安全生产监管、应急管理综合执法、应急物资管理等本科专业，统筹完善职业教育与应急科普相结合的多层次人才培养体系。有关人才培养计划方面，应急管理主体专业布点、招生、就业要加强科学规划，统一培养目标、培养模式和毕业标准，提高人才培养质量。实行"招培录"一体化培养，打通招生录用关口，保证应急管理队伍人才质量，大力提升培养应急管理专业人才的质量和数量。同时，安全和应急管理人才培养理念紧密相关，在安全应急管理学科不断发展的趋势下，实现安全应急学科领域的有序性发展与提升（见图2）。

随着人才培养体制机制不断完善和健全，现已形成多种培养发展理念。其中，成果导向教育（Outcome Based Education, OBE）的理念被视为确立培养目标、学生毕业要求以及构建人才培养体系的最佳和最有效的方法。该方法从需求出发，遵循需求决定培养目标，培养目标决定毕业要求，毕业要求进而决定课程体系。此外，将需求分为内部需求和外部需求，外部需求主

图2　安全与应急管理学科发展目标指向

要涉及政府、用人单位和学生家长的需求；而内部需求则包括学校、教师和学生的需求。以防灾科技学院为代表的高校遵循先进的 OBE 教育理念，在全面考虑内部和外部需求的基础上，明确了应急管理人才培养的目标：培养能够系统掌握综合应急管理的基本理论和灾害学、信息技术等专业知识，理解应急管理活动的一般规律和各类突发事件的演化机制，并具备突发事件应急处置、灾害风险评估、应急信息管理、应急辅助决策、防灾规划等综合应急管理能力的高级应用型人才。①

## （二）应急管理教育合作协同发展优势

在努力实现应急管理体系和能力现代化建设的背景下，应充分发挥高校、企业与产业联盟协作优势。为了更好地满足行业需求，行业协会、企业和高等职业院校将进行深度合作，开展行业需求调研，以了解安全应急领域对人才的实际需求，并为人才培养提供明确指导。在课程设置和实践教学方面，高等院校将与企业共同合作，根据行业需求和实际情况，共同制定课

---

① 唐彦东：《应急管理高等教育人才培养对策》，《中国应急管理》2020 年第 2 期，第 68~71 页。

程，并强调实践教学的重要性，以提升学生的应用能力和实践技能。同时，政府、高校和企业也将共同建设实习实训基地，为学生提供实际操作的场所和资源，让他们能够在真实环境中学习和应用安全应急的知识与技能。此外，高等院校与企业还将进行师资培训和交流，以提高教师的教学能力与实践经验，从而更有效地指导对安全应急人才的培养。此外，要注重有关安全与应急管理学科领域的协同发展目标，不断完善应急科学与工程学科体系①（见图3）。

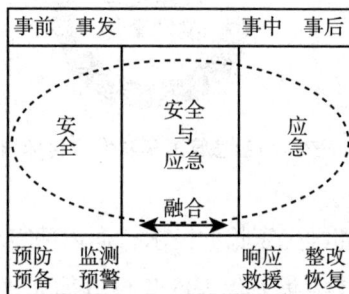

**图3 安全与应急管理学科协同结合**

当前，全国应急技术与管理本科专业高校联盟、"一带一路"应急管理教育联盟等系列学术和教育联盟的相继成立与运行极大促进了高校应急学科人才培养的发展。各联盟成立以来，获得了全国获批应急管理和应急技术与管理本科专业高校，以及相关研究机构、企事业单位的积极响应。其中，全国应急技术与管理本科专业高校联盟成立后，致力于实现资源共享、优势互补、合作共赢，不断提升应急管理人才培养质量，推动应急学科与工程学科的发展。而"一带一路"应急管理教育联盟，致力于与共建"一带一路"国家、地区和国内具有应急管理专业背景的高校、科研机构共同探讨应急管理人才培养和学科建设规律，共同打造应急管理知识信息共享平台和科技交流创新平台。探索跨校、跨国（境）应急管理人才培养新模式。通过定期

---

① 李湖生：《应急管理阶段理论新模型研究》，《中国安全生产科学技术》2010年第5期，第18~22页。

举办学术会议、联合开展学术研究、组织实施教育培训等活动，共同探索应急管理人才培养和学科建设规律，进一步促进共建"一带一路"国家应急管理院校、师生间的交流互访，携手打造包容平等的应急管理教育国际合作平台。

　　未来，中国高校安全应急专业人才培养将以跨学科融合、实践导向、技术驱动、国际化视野、创新教育模式和产学研结合为发展趋势，以满足应对复杂多变的应急管理挑战的需求。

**参考文献**

唐彦东、刘京会、任云生：《防灾科技学院应急管理人才培养探索与实践》，《中国地质教育》2020 年第 1 期，第 5~8 页。

# B.8
# 新时代安全应急国际型人才建设

胡予红　刘宏波*

**摘　要：** 党的十八大以来，习近平外交思想、习近平总书记关于应急管理的重要论述为做好新时代应急管理国际合作指明了前进方向，提供了根本遵循。应急管理国际合作积极推进，稳步发展，建立了"一带一路"应急管理国际合作主机制，推进务实合作。应急管理参与全球治理的作用日益凸显，培养建立一批能够在全球减少灾害、事故中发挥作用，参与国际救援的国际人才队伍，是新时代应急管理国际合作的需要，更是应急管理事业改革发展的必然要求。我国应急管理国际型人才队伍有一定基础，但还比较薄弱，在国际舞台上发挥作用还远远不够。本文提出了尽快建立国际型人才培养机制、疏通渠道积极选送人员进入相关国际组织工作等建议，以充分展现中国应急管理的智慧和力量。

**关键词：** 应急管理国际合作　国际救援　国际型人才

党的十八大以来，中国特色社会主义迈进新时代。习近平外交思想、习近平总书记关于应急管理的重要论述为做好新时代应急管理对外合作指明了前进方向，提供了根本遵循。应牢牢把握应急管理人道色彩重、道义基点高、合作共识强、敏感程度低等突出特点，稳步推进新时代应急管理国际合作。

---

\* 胡予红，应急管理部国际交流合作中心副主任、研究员、博士，主要研究方向为能源、环境和安全；刘宏波，高工、博士、应急管理部国际交流中心涉外培训部副主任，主要研究方向为安全生产、应急管理、煤矿安全。

# 一 新时代应急管理国际合作稳步推进

## （一）以人类命运共同体为宗旨，构建新时代应急管理国际合作

习近平总书记在党的二十大报告中指出："中国始终坚持维护世界和平、促进共同发展的外交政策宗旨，致力于推动构建人类命运共同体。"[①]推动构建人类命运共同体是习近平外交思想的核心理念，是新时代应急管理国际合作的思想指引。

**1. 树牢构建人类命运共同体意识**

深入学习贯彻习近平外交思想，以构建人类命运共同体理念为引领，把握"一带一路"倡议总体要求，深化同各国、各地区和相关国际组织的交流合作，完善落实多双边合作机制，持续拓展区域性合作，加强科技创新、技术装备输出在应急合作领域的应用，合力夯实防灾减灾基础，携手应对重大事故灾害，共同提升减灾防灾、安全生产和应急救援能力，为造福共建"一带一路"国家和地区人民、推动构建人类命运共同体作出积极贡献，展现应急管理的中国智慧、中国方案、中国力量、中国形象。[②]

**2. 建立"一带一路"应急管理国际合作主机制，推进务实合作**

2021年11月，应急管理部发起了建立"一带一路"自然灾害防治和应急管理国际合作机制，聚焦防灾减灾救灾、安全生产、应急救援三个领域，促进各方在战略和政策、灾害预防和减轻、备灾、应急响应、灾后重建等方面加强务实合作。2021年举办了首届"一带一路"自然灾害防治与应急管理国际合作部长级论坛，其间发布《"一带一路"自然灾害防治和应急管理国际合作北京宣言》。应急管理部将机制建设作为国际合作重要抓手，并把

---

① 习近平：《高举中国特色社会主义伟大旗帜 为全面建设社会主义现代化国家而团结奋斗——在中国共产党第二十次代表大会上的报告》。

② 应急管理部编写组：《深入学习贯彻习近平关于应急管理的重要论述》，人民出版社，2023，第342页。

应急管理纳入国家"一带一路"总体建设规划,全力落实"一带一路"国际合作高峰论坛达成的"在抗灾减灾和灾害管理领域促进合作"的共识,务实推进与共建"一带一路"国家建立自然灾害防治和应急管理国际合作机制(简称合作机制)。截至2023年8月,中国已与30余个国际和区域组织及90多个国家和地区的应急管理部门建立合作关系,初步形成了全方位、宽领域、多层次的共建"一带一路"国家应急管理对外合作网络。① 确定了"一带一路"合作机制下14项务实举措,以中国—东盟、中国—中亚、上海合作组织为合作机制的重要方向,逐步深入推进务实合作。在广西举办中国—东盟安全生产合作论坛,并建立灾害管理部长会议机制,发布了《中国—东盟灾害管理工作计划(2021—2025)》,将中国—东盟应急管理合作基地纳入广西南宁基地建设之中。举办了中国—中亚应急管理部长级会议,成立了中国—中亚应急管理合作机制,发布了《中国—中亚应急管理合作行动计划(2024—2026年)》。积极参与上海合作组织紧急救灾部门领导人会议、边境地区紧急救灾部门领导人会议,共同落实行动计划。构建"一带一路"地震减灾合作机制,积极推动澜湄国家、拉美和加勒比国家、太平洋岛国等地区及联合国相关机构合作,召开首届中国—拉共体灾害管理合作部长论坛并发表联合声明,启用中国—太平洋岛国防灾减灾合作中心。举办中国国际安全生产论坛、中国国际安全和应急博览会等。

3. 积极参与国际人道主义救援、救助

应急管理部组建后,高度重视跨国(境)救援工作。制定跨国(境)应急救援工作方案,加强队伍组建,提升队伍能力,积极开展国际救援。组建了中国救援队、进一步增强国际救援的能力和装备水平。组建两支联合国国际重型救援队,成为亚洲首个拥有两支通过联合国测评重型救援队的国家。推动国际应急医疗队建设,规范指导小型化专业队伍和社会应急力量建设,积极发挥境外中资企业的力量,逐步形成国家队、社会救援力量、我国

① 应急管理部编写组:《深入学习贯彻习近平关于应急管理的重要论述》,人民出版社,2023,第343页。

驻外企业救援力量综合发力的更高水平的国际救援能力。先后派出中国救援队赴莫桑比克和土耳其执行国际人道主义救援任务，赢得受援国和国际社会的广泛赞誉，成为构建人类命运共同体的鲜活实践。在莫桑比克热带气旋灾害人道主义救援中，中国救援队累计治疗 3337 人，发放药品 2900 份，洗消 3.08 万平方米，并捐赠应急装备和医疗物资。土耳其 7.8 级地震行动中，我国救援队伍累计排查面积超 70 万平方米，成功营救幸存者 6 人、搜寻遇难者 11 人，彰显了应急管理领域的大国担当。① 组织中国政府专家组赴巴基斯坦开展洪涝灾害现场考察和指导，提供灾情咨询报告。积极协助汤加火山爆发、马达加斯加和巴基斯坦涉洪救灾行动，提供紧急人道主义物资援助。迅速响应阿富汗、智利、韩国等国在林火扑救、矿山救援、人员搜救等领域紧急求助，提供远程专家技术支持。针对全球日趋复杂严峻的灾害形势，更加积极主动参与国际重大灾害应急救援、紧急人道主义援助。

**4. 借鉴国际先进经验，推动应急管理现代化建设**

学习借鉴，消化吸收国际先进理念，提升我国安全生产水平，强化减灾防灾能力，完善应急管理体制机制。与欧盟合作开展中欧安全生产统计项目，改进安全生产统计指标与方法，进一步完善安全生产统计体系，推动与国际接轨。引进国际劳工组织企业可持续发展项目，促进员工全员参与企业安全隐患排查治理，推进工矿商贸中小型企业提升安全管理水平，扎实落实企业主体责任，加快安全生产标准化达标。学习欧美化工过程安全管理体系，推进化工行业基于过程安全的安全生产标准化，提升化工行业安全管理水平和遏制重特大事故能力。与亚洲开发银行合作，开展城市台风洪涝灾害工程抢险队伍研究，通过建设专业化机动抗洪抢险队伍，共同开发防汛防台风现代化应急抢险模型，提升我国防汛防台风抢险救援救灾工作水平。密切跟踪突发国际重特大灾害事故，及时总结经验教训，为我国应急管理提供参考借鉴。借鉴世界优秀成果，丰富我国应急管理实践。针对性开展国际调

---

① 应急管理部编写组：《深入学习贯彻习近平关于应急管理的重要论述》，人民出版社，2023，第 345 页。

研，把握国际趋势，定期派出应急管理干部出国培训，提高能力素质。对标国际前沿，不断完善高校、研究所应急管理学科建设。积极派员参与国际标准化组织、国际劳工组织、国际减灾委等国际机构的标准制修订工作，提出中方意见建议；举办国际标准大会，积极推进由我国牵头制定国际标准，推进法规标准与国际接轨。推进国际智库建设，为我国应急管理事业提供智力支持。

## （二）积极参与全球灾害治理，提升国际影响力，推动全球灾害治理体系建设

应急部组建以来，按照习近平总书记的指示："中国积极参与全球治理体系改革和建设，践行共商共建共享的全球治理观，坚持真正的多边主义，推进国际关系民主化，推动全球治理朝着更加公正合理的方向发展。"① 积极参与全球灾害治理。

### 1. 加强与联合国各机构合作，积极参与全球减灾行动

应急管理部组建以来，不断完善合作机制，参与全球减灾。加强与联合国减灾办（UNDRR）在国际减灾事业发展中的合作，认真落实《2015－2030年仙台减轻灾害风险框架》和联合国2030年可持续发展议程，积极参与联合国框架下相关活动，在完善防灾减灾体系、提升灾害防治能力及救援能力建设等方面发挥积极作用，提升话语权，提供中国经验、中国方案，支持联合国人道主义救援行动，为联合国减轻全球系统性灾害风险和人道主义救援作出中国贡献。积极推进与国际劳工组织合作，参与劳工组织的国际公约推行和标准修订。引进消化吸收劳工组织企业可持续发展管理体系，推动中小企业加强安全生产能力建设，提升安全素质，推进全员参与。积极推动三方合作，签署了《在"一带一路"框架下开展安全生产领域南南合作谅解备忘录》，推广中国经验和标准，促进"一带一路"发展中国家安全生产

---

① 习近平：《高举中国特色社会主义伟大旗帜 为全面建设社会主义现代化国家而团结奋斗——在中国共产党第二十次代表大会上的报告》。

能力提升。参与联合国主导的全球减灾平台大会、亚太减灾部长级会议等机制性活动，为完善全球灾害的治理体系提供中国方案，选送中方人员出任亚太经合组织备灾工作组联合主席等国际组织重要职位，提升中国话语权，在国际舞台展现中国智慧，贡献应急管理中国力量。

2. 加强多双边机制建设，提升各方协同救灾能力

充分用好新兴大国和发展中国家合作平台，在应急管理领域践行多边主义，增强互信互利、互助互帮，共同发展。落实金砖国家领导人会晤达成的共识，积极推动金砖国家应急管理务实合作，成功召开金砖国家灾害管理部长级会议，与巴西、俄罗斯、印度、南非共同发表《金砖国家灾害管理部长级会议北京宣言》。举办了金砖国家城市搜救桌面演练、灾害管理联合工作组会议以及专家研讨会。积极落实上海合作组织成员国元首理事会达成的共识，持续推进并不断深化上合组织应急管理合作，建设并运行多边协作应急信息共享系统，举办应急医疗研讨救援活动等。

3. 完善周边安全合作机制，助力周边安全屏障

实现周边长治久安是我们的共同责任。与俄罗斯建立中俄界河洪水预警和信息通报机制，实现汛情监测和预警信息的互通交流，为减少洪涝对中俄两国造成影响提供及早防控的措施。在内蒙古、云南、广西、新疆等边境地区建立森林草原火灾联防联控机制，加强双边森林防灭火能力建设，实现边境防火联合响应，提升行动效率。共建中国—东盟地震海啸监测预警系统，研发地震海啸监测技术，务实开展地震领域的合作。

在自然灾害防治方面，举行中柬（柬埔寨）应急管理"手拉手"活动，推动实施援柬救灾物资储备库项目；为老挝、缅甸、巴基斯坦、印度尼西亚、尼泊尔等国建设地震监测台站提供技术支撑，并在资金、人员培训等方面给予支持，在中缅油气管线等重大工程项目建设中，提供了地震安全性评价。

4. 拓宽渠道，拓展形式，宣介应急管理理念经验，提升国际影响力

应急部组建以来，积极将应急管理主题纳入在国内外搭建的高层平台和举办的重大活动中，宣传中国应急管理成就，展示大国担当。充分借助博鳌

亚洲论坛、虹桥国际经济论坛等高端平台，举办应急管理分论坛，邀请政府部门、科研机构、企业和社会组织代表介绍中国特色应急管理的经验做法。在中国—东盟、上海合作组织、金砖国家等合作机制下，积极宣介中国应急管理的理念和经验，凝聚合作共识，构筑伙伴关系。同时积极走出去，参与联合国平台举办的各种活动。在联合国人道主义事务协调办公室相关机构成立 30 周年纪念活动期间，主办中国国际城市搜索与救援 20 周年主题会议。每年与国际劳工组织共同举办世界安全生产与健康日纪念活动，宣介以人民为中心的发展思想和以人为本、安全发展的理念，分享安全生产和职业健康方面的经验和成就。实施千人援外培训计划，每年邀请 1000 名共建"一带一路"国家的政府、企业应急管理相关人员来华学习我国应急管理、安全生产、减灾防灾的经验。发挥国内外媒体作用，创建"一带一路"合作机制中英文网站，发布应急管理大政方针和成果，宣传合作机制的活动和中国鲜活成功案例。

## 二 新时代应急管理国际合作对国际型人才的需求

新时代应急管理国际合作展现了广阔的发展空间，对应急管理国际人才建设和能力提升提出了更高的要求，现代应急管理具有的综合性、复合型和应用型等特点，要求应急管理国际型人才必须是高水平的复合型人才。

### （一）应急管理国际人才队伍建设是新时代应急管理的要求

2010 年印发的《国家中长期教育改革和发展规划纲要（2010—2020年）》就明确指出，要适应国家经济社会对外开放的要求，培养大批具有国际视野、通晓国际规则、能够参与国际事务和国际竞争的国际化人才。因此，应急管理国际合作队伍建设应以此为目标，聚焦专业领域的基础理论、学科前沿以及专业技能；培育具有全球视野、通晓国际规则、熟悉不同文化、熟练应用外语的能力，能够在各自学科和行业与国际同行进行对话、在全球化竞争中善于把握机遇和争取主动、参与国际事务和国际竞争的高素质人才。

国务院印发的《"十四五"国家应急体系规划》提出"加强与联合国减少灾害风险办公室等国际组织合作"。随着全球共同应对灾害、治理灾害意识提升，应急管理在推动我国参与全球治理方面的作用日益突出，选拔并输送应急管理领域的人才进入国际组织工作，展现我国应急管理成就，培养建立一批能够在全球防灾减灾中发挥作用、参与国际救援的国际人才队伍，是新时代应急管理国际合作的需要，更是应急管理事业改革发展的必然要求。

## （二）应急管理国际型人才有基础，但队伍相对薄弱

应急管理部是按照《深化党和国家机构改革方案》，由多个部委相关业务部门组建起来的，改革开放几十年来，已培养了一批能够适应应急管理国际合作工作要求的人才队伍。应急部组建以来，进一步建立起来具有一定外语水平和专业技术水平的国际合作和国际救援队伍。应急管理国际型人才有一定的基础，但在应急管理各领域中，国际合作和救援的人员数量最少，主要集中在部本部及其部属高校和研究机构等事业单位，省市县国际型人才基数较少。也存在年龄结构不合理等情况，符合国际组织青年人才项目的人员偏少。在安全生产、防震减灾、矿山、消防和危险化学品等亟须国际合作的重点领域，应急管理系统能够开展国际交流合作工作的人才队伍还没有形成规模，特别是缺少有国际影响力的权威专家，不足以促进我国应急管理领域的国际交流与合作，展现我国应急管理专业水平，推动我国应急管理体制机制现代化建设。国际型人才基础与应急外事工作特别是国际救援日益显现的重要地位不相适应。

## （三）积极向国际组织派送国际职员，但总人数还非常少

《中共中央关于深化人才发展体制机制改革的意见》和《国家中长期人才发展规划纲要（2010—2020年）》均提出要建立国际组织人员培养推送机制，要把向国际组织输送人才作为重点任务。国际组织是倡导构建人类命运共同体理念的重要渠道和平台，在国际组织任职可以提高国家在国际组织

内设置议程能力和议事决策能力，可以提高我国在国际应急管理领域的参与度，发出中国声音。国际组织任职人员，统称为国际职员，一般由部委向对口联系的国际组织派员。

在向国际组织输送人才方面。人力资源和社会保障部负责拟定派往国际组织职员管理制度，制定有关政策并组织实施，负责国际组织人才培养培训工作、国际组织初级人员推送工作及国际职员日常管理服务工作。改革开放以来，各部委积极向国际组织派送国际职员。人社部陆续向国际劳工组织（ILO）派驻官员，多数在专业技术岗位工作。生态环境部把向国际组织输送国际职员作为外事人才培养重点任务，持续不断向联合国工业发展组织（UNIDO）、联合国环境署（UNEP）、联合国开发计划署（UNDP）等国际组织输送正式职员。交通运输部也将国际组织任职作为提高交通国际影响力的重要途径，该部已有多人前往国际海事组织担任理事会主席和其他岗位任职，前往亚太经合组织任职。2020～2021年、2022～2023年，国家减灾中心连续担任两届亚太经合组织备灾工作组联合主席职务。应急管理部还有多人以短期和参与项目形式赴联合国相关机构工作。

在国际职员人才培养方面。目前国家有关部门在培养推送人才赴国际任职方面进行了积极探索，如国家留学基金管理委员会在国际组织实习项目的基础上设立国际组织后备人才培养项目，人力资源和社会保障部自2015年以来已连续主办数期面向中央国家机关的国际组织后备人员培训班，中国科协自2010年起持续面向国际组织任职和针对后备人员开展培训。

但是，在联合国系统中，来自中国的任职总人数还很少，比如在红十字国际委员会（ICRC）1.6万余名专职工作者中，来自中国的职员屈指可数。我国目前在国际组织任职的人数仍然远远地落后于西方发达国家，甚至不到法国的一半，而美国更是中国的3倍多。截至2019年的数据，中国仅有不到1000人在联合国等各类组织中任职。应急管理作为国家治理的重要组成部分，目前在联合国及其系统的国际组织中任职人数更少，且以兼职人员和短期人员为主，多为科研人员，占比达80%以上，其中地震局系统占比约60%。

### （四）国际救援队伍进一步加强

国际人道主义救援和人道主义救助是展现大国责任、助力"一带一路"倡议、服务大国外交的需要。各部委根据业务情况，不断加强国际救援队伍建设。国家卫生健康委员会成立了中国国际应急医疗救援队，已经有来自上海、广东、天津、四川和澳门的 5 支国际应急医疗队获得了世卫组织认证。从 2014 年到 2015 年，先后派出临床和公共卫生专家 1200 多人次，如在西非埃博拉疫情防控期间，派出医疗队援助西非疫区国家，有效控制了埃博拉疫情的蔓延，实现"打胜仗、零感染"目标。在科技方面，《中国科协对外民间科技人文交流"十四五"规划（2021—2025 年）》提出建设国际化工程师队伍。在司法领域，司法部提出了建设高素质涉外律师人才队伍目标，早在 2012 年，就研究制订了涉外律师领军人才培养计划，建立了全国律协涉外律师领军人才库。

中国积极参与全球和区域人道主义援助，尤其是 2004 年建立人道主义紧急救灾援助应急机制，有效推动了此项工作的深入开展，中国在人道主义援助中的参与度越来越高，影响力越来越大，近五年来，中国政府参与人道主义援助行动已经超过 200 次，援助范围涉及亚洲、非洲、拉美等地区，是非洲外援的重要来源。

国务院印发的《"十四五"国家应急体系规划》中将跨国（境）救援队伍能力建设作为应急管理国际交流合作的重点工作任务。应急管理部自成立以来，高度重视国际人道主义的应急救援工作，成立了国际应急救援队伍建设领导小组，并在中国国际救援队的基础上又组建了一支中国救援队。我国的国际救援队伍现已具备参与国际人道主义应急救援的能力，也具备在国内外重大自然灾害救援工作中胜任救援工作的能力。国际人道主义救援人才注重实践能力与技能，包括消防安全管理、灾害信息管理、应急救援技术、防灾减灾技术等实践能力与技能操作，能够适应应急管理实战化要求。同时，国际救援人才需要熟悉国际人道主义救援机制和规则，能够执行国际人道主义救援任务。

应急管理系统国际救援队伍主要在中国地震搜救中心，截至 2021 年，搜救中心具备国际救援测评专家资质的共 8 人，其中 1 人担任过测评专家组组长以及测评教练；国际城市搜索与救援咨询团（INSARAG）相关工作组成员的在职人员有 3 人。有 9 人具备联合国灾害评估与协调（UNDAC）队员资格，有 3 人具备亚太地区人道主义合作伙伴（APHP）队员资格。

但总体来讲，目前在国际救援方面，具有全球视野、通晓国际规则、熟练运用外语的国际型专业人才还较少。我国国际救援队伍国际型人才面临的主要问题是没有形成人才梯队，领军人才匮乏、专家和骨干人才基数少。在国际重大灾害应急救援、紧急人道主义援助过程中，还缺少人才储备、缺失人才培养、缺乏人才输送。

## 三 加强应急管理国际型人才队伍能力建设

应急管理国际型人才队伍建设要以实现《中共中央关于制定国民经济和社会发展第十四个五年规划和二〇三五年远景目标纲要》和《"十四五"国家应急体系规划》为导向，立足推动构建人类命运共同体，服务外交大局，建设中国特色大国应急管理体系，推动应急体制机制现代化，深入实施"人才强国"战略，扎实做好知才、育才、用才工作，培养一批政治坚定、业务精湛、作风过硬、纪律严明，有全球视野与世界眼光的高素质专业化应急管理国际型人才队伍，形成人才辈出、人尽其才、才尽其用的应急管理国际型人才队伍建设新格局。

### （一）建立国际型人才培养机制

应急管理国际型人才既要求有过硬的政治素质和广阔的国际视野，又具备较高的外交外语水平和扎实的专业水平，具备安全生产、自然灾害防治、应急救援等领域较高的专业水平，是高素质复合型人才。既能够在国际组织、国际会议和国际救援活动等国际舞台上发出中国声音，讲好中国故事，给出中国方案，展示我国新时代应急管理改革发展成就，提升我国国际形象，又能将国际经验、方法、技术和智力引入国内，为我所用，促进我国应急管理事业与国际接轨，提升应急管理事业高质量发展。应急管理国际职员和国际救援人才是应急管理国际人才的重要组成部分。

各国际组织及主要国家十分重视应急管理国际人才培训，根据各自特点，建立了系统化、立体化、专业化的综合培训体系。大多数国际组织及国家均设立了专门的应急管理培训机构，如世卫组织学院、国际劳工组织培训中心、德国联邦民事保护与灾难救助局（BBK）下属机构——危机管理、应急规划及民事保护学院、法国国际职业健康与安全培训中心等。培训内容十分丰富，涵盖绳索救援、有限空间救援、沟渠救援、车辆和机械救援，以及医疗、消防、水域、潜水、空降和空投、物理、生理、化学、生物、职业安全与健康等多个领域。各国培训方式多样化，如俄罗斯使用计算机教学和虚拟现实条件课程，德国采取基础性培训和专业化培训相结合的形式，法国则采用线上线下、课堂与演练相结合的方式等。此外，培训讲师均对各自领域有较深入研究，如俄罗斯中央搜救队组建了由专家、学院教授和国际专家组成的讲师团，德国师资构成专兼结合、以兼为主，兼职教师包括相关领域的专家学者以及来自德国公民保护和灾难救援署的专家级官员。

面对服务国内建设和国家外交的重大任务和挑战，我国需要一大批高素质复合型人才。我们要学习国内外经验做法，建立综合系统的培训体系。一是建立常态化分级分类培训机制。选拔有一定基础的各级各类人员，采取多渠道、多形式，从外交、专业、外语等方面进行系统性培训。二是与国际知名培训机构和大学建立长期合作关系，常态化选送高素质人才到国外培训。建立一支符合服务国内建设和国家外交要求的高素质外事队伍；储备一批能够在国际组织各个层级工作的应急管理国际型人才，在国际机构中发挥好应有作用。

## （二）疏通渠道积极选送人员进入相关国际组织工作

国际组织有严格的人员选拔机制，在招聘程序上，法国、红十字国际委员会采取笔试、面试（包括人力资源面试，技术面试，小组面试等）的竞争性考试方式；日本医疗队设置提交文件、临时注册、入门培训、正式注册几个招募环节；美国永久全职（PFT）员工在公开发布招聘信息后，需通过包括申请和面试在内的竞争流程进行聘用，此类人员在连续服务一年后通过试用考核，并在连续服务三年后才能获得正式永久全职任期。招聘条件方面，各国际组织及主要国家大多对应聘者提出了品德、能力、教育背景、工作经验等方面的综合要求，应聘者需具有极强的人道主义精神及团队精神，专业素质强，外语水平过硬，沟通协调能力强，并具有相关领域的工作经验。

各国际组织及主要国家重视应急管理国际事务人员的工作经验，绝大多数岗位必须具备相关领域的工作经验。联合国人道主义事务协调办公室（UNOCHA）所有职位中最低要求 2 年工作经验，有些职位要求 15 年以上工作经验；东盟灾害管理人道主义事务协调中心（AHA Center）备灾和响应干事的招聘要求拥有至少 5 年的工作经验；日本国际紧急救助队（JDR）要求申请加入人员具有 5 年以上的实践经验。

在能力要求方面除专业能力外，很多组织和国家重视沟通和解决问题的能力。联合国在人才开发方面提出了三个核心能力，其中之一被描述为交流沟通能力、以客户为中心的能力、协商与矛盾解决能力。对于国际人才来说，外语能力是必备的。世界卫生组织要求国际专业人员熟练掌握英语或法语，并能使用额外一门联合国正式语言（中、俄、西、阿），即使是一般事务类职位也要求熟练掌握一门联合国官方语言，并能使用另一种联合国官方语言，掌握第三门语言有优势。很多国家对外派专家、救援队员等的外语能力也有明确要求。

我们要研究梳理各相关国际组织的各层级人员要求，一是积极主动和国际组织建立机制与合作，及时掌握人员需求信息，选拔输送合适人员到国际机构工作，不断增加在国际机构中中国人特别是应急管理领域人员的比重，在国际舞台上发声发力。二是积极鼓励应急管理系统人员参与国际机构人员招聘，出台相应鼓励政策。

## （三）加强国际救援队伍建设

应急管理部自组建以来，重视国际救援队建设，组建中国救援队、建强中国国际救援队，中国成为亚洲首个拥有两支联合国国际重型救援队的国家。世界各国都非常重视国际救援队建设，积极参与国际人道主义救援行动。美国在德州建立国家消防人员培训学院，负责全国消防人员培训。特别重视对消防指挥员培训，注重实训，在学院建立实战规模的实训场景，模拟实战培训。我们学习借鉴国际经验，一是不断提升两支国际救援队国际救援能力；二是选送指挥员到国际知名培训中心学习，同时引进国际专家、培训课程和借鉴培训形式；三是积极派救援队参与国际救援行动；四是统筹社会救援力量，加强社会救援力量管理和培训；五是积极参与国际救援比武活动，同时积极主办国际救援比武活动，同台竞技，相互学习借鉴，输出我国好的经验做法。

## （四）提升全系统参与国际活动的能力

精准组织全系统出国培训团组，组织参加国际会展活动，同时视时在国内举办国际会议展览、技术交流会和讲座等活动。学习借鉴国际先进经验和最佳实践，加强应急管理引智成果宣传推广，扩大引智受益面和影响力，提升应急管理系统干部的国际化视野和能力。同时进一步推动中国经验、中国技术装备走向国际。

# B.9
# 注册安全工程师发展回顾与展望

邬燕云　朱镨　张玉　李希腾　张锏*

**摘　要：**　我国自实行注册安全工程师职业资格制度以来，已有56.7万人取得了中级注册安全工程师职业资格。相比国外发达国家，我国注册安全工程师起步较晚，仍有一些不完备之处，必须做好长期面临挑战的准备。根据注册安全工程师注册管理信息数据库、应急管理部和人社部人事考试中心提供的数据，本文对近些年注册安全工程师的认定情况、考试情况、人员结构情况、注册情况进行了数据统计和分析，回顾注册安全工程师的发展历程，基于注册安全工程师发展还不充分的现状，提出注册安全工程师强大的市场需求、注册安全工程师面临的职业利好、注册安全工程师发展新思路三个方面的发展战略及对未来的展望。

**关键词：**　注册安全工程师　职业资格制度　高质量发展

## 一　注册安全工程师发展历程

我国自2002年颁布《注册安全工程师执业资格制度暂行规定》后，开

---

　*　邬燕云，博士，教授级高级工程师，应急管理部政策法规司原副司长、一级巡视员，现中国安全生产科学研究院政策法规领域特聘专家，主要研究方向为安全生产和应急管理法律法规和标准；朱镨，华北科技学院安全工程学院党委书记、博士、教授，主要研究方向为矿山灾害防治技术研究和安全教育培训；张玉，中国安全生产科学研究院工程师，主要研究方向为化学品安全研究和咨询；李希腾，中国安全生产科学院工程师，主要研究方向为智慧应急和应急救援技术及装备；张锏，中国安全生产科学研究院工程师，主要研究方向为工业介质爆炸防护技术与危险化学品安全技术。

始正式推出注册安全工程师执业资格制度①。经过注册安全工程师职业资格制度 20 余年的发展，目前我国取得中级注册安全工程师职业资格的人数是56.7 万②。这极大地促进了对我国安全专业人才的培养，同时也促进了我国安全生产形势持续稳定发展。

## （一）国内外注册安全工程师制度颁布背景

安全始终是企业立足的根本，也是其不可推卸的责任，它关乎政治大局稳定、和谐。因此，任何企业单位都要特别重视安全，绝不能只生产而不管安全，坚持不安全时不运行，也不生产。

### 1. 国内注册安全工程师制度颁布背景

随着国家经济越来越发达，我国对安全生产也越来越重视，企业推行安全总监制，重要的条件就是必须有注册安全工程师。

据统计，我国安全生产事故死亡人数在 2002 年达到顶峰，这引起了政府和企业的高度重视。同年我国开始实行注册安全工程师执业资格制度并正式实施《安全生产法》。自 2002 年制度完善后至 2014 年，我国安全生产事故起数和死亡人数双下降，且下降幅度较大；2014~2015 年，我国安全生产事故起数和死亡人数下降幅度最大，呈急剧下降趋势；2015~2022年安全生产事故起数和死亡人数呈平稳下降趋势（见图 1）。

自 2002 年以后，我国安全生产事故起数和死亡人数双下降，究其原因主要是全国上下对安全管理逐渐重视，始终把安全生产放在首要位置。管理的前提就是必须完善制度，我国正式实施《注册安全工程师执业资格制度》及《安全生产法》后，广大生产经营单位在其压力下，更加注重安全，提高人力和财力投入，最终结果自然而然是生产安全事故逐渐降低。

---

① 国家人事部、国家安全生产监督管理局：《注册安全工程师执业资格制度暂行规定》（2002年第 87 号文件）。

② 中国安全生产科学研究院注安中心提供《近 5 年中级注册安全工程师相关情况》。

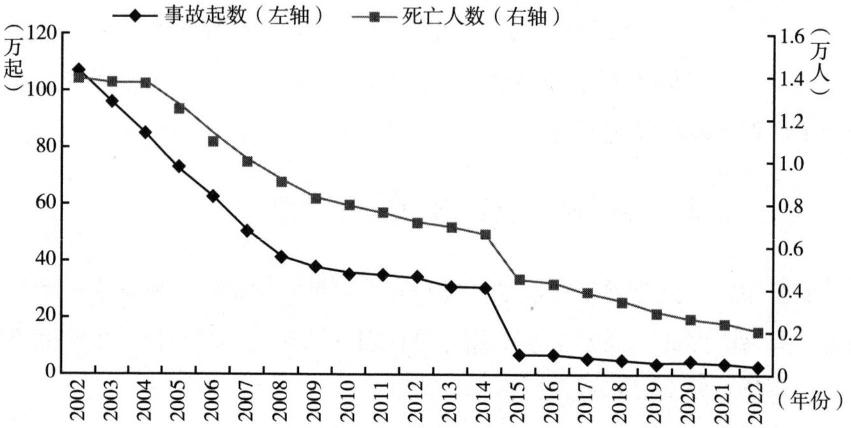

**图 1  2002~2022 年我国安全生产事故起数和死亡人数**

资料来源：应急管理部（原国家安监总局）（2002~2022 年度）。

**2. 国外注册安全工程师制度颁布背景**

1969 年，美国成立了一个安全师认可注册机构①，注册地点在伊利诺伊州，性质是非营利性，名称是美国注册安全师委员会（BCSP）。该机构一直发展至今，其业务主要包括：安全师考试、发证、注册、管理。

美国的考核管理都是由非政府的社团组织和机构来执行的，这一点与中国的资质考试迥异。美国在安全从业人员资格及认证方面，经验丰富，制度完善，为我国提供了很大的参考价值。

## （二）注册安全工程师考核认定方式

2003 年，对长期从事安全生产工作并具有高级工程专业技术职称的人员，在全国范围内认定 1620 人取得职业资格②。第二年，我国首次举行了全国范围的注册安全工程师职业资格统一考试。2014 年，我国在《安全生

---

① 张琳奇：《美国注册安全工程师职业资格国际互认》，《职业》2022 年第 9 期。
② 缴瑰、位鑫、樊晶光等：《我国注册安全工程师注册现状分析》，《中国安全科学学报》2007 年第 3 期。

产法》中首次明确了注册安全工程师的法律地位和要求，明确了专业分类、配备要求、职称衔接等政策。2019 年，开始实行分专业考试制度，同时把注册安全工程师分为初级、中级和高级三个级别，其中初级由各省、自治区、直辖市应急管理、人力资源和社会保障部门，会同有关行业主管部门组织实施，中级由应急管理部、人力资源和社会保障部联合有关部门组织实施，高级具体实施办法另行制定。我国也明确了将"注册安全工程师注册"设定为行政许可事项，并由应急管理部公布相关行政许可事项实施规范（已公布），实施规范包含初级、中级和高级 3 个子项。

获得中级注册安全工程师资格须通过国家级考试，有四门考试科目，由公共和专业科目组成，公共科目有 3 门，专业科目有 1 门。其中《安全生产专业实务》是专业科目，共分为 7 个专业：煤矿安全、金属非金属矿山安全、化工安全、金属冶炼安全、建筑施工安全、道路运输安全和其他安全。考生可根据实际工作需要选择相应的科目报名。只有四门科目同时考试合格者，才可获得全国通用的《中级注册安全工程师职业资格证书》。考试报名注册安全工程师对专业和工作年限有要求，具有特定条件的人员还可以免试部分科目。

## （三）注册安全工程师定位

生产经营单位应该按照规定设置安全生产管理机构或者配备安全生产管理人员、注册安全工程师；未遵守的应该责令改正，逾期未改的责令停产停业整顿，并处罚款。

### 1. 注册安全工程师执业

注册安全工程师主要在生产经营单位、安全生产提供技术服务的中介机构、科研院所和高等院校等事业单位、政府部门四个重要领域执业。目前大部分注册安全工程师在生产经营单位从事安全管理或技术工作。还有一些在中介机构提供技术服务工作。另外一些学历较高的从业人员在科研院所和高等院校等事业单位执业，从事安全方面的科学研究和教学工作。另有一小部分，考取公务员，在政府部门执业。值得注意的是，申请注册的人员须在生产经营单位从事安全工作。申请注册时应注册在劳动关系单位，未受聘于生产经营单位的人员（含各级政府机关公职人员）不予注册①。也就是说国家公务员可以通过考试取得证书，但是不能以注册安全工程师的名义执业。

2.注册安全工程师业务

注册安全工程师从事的业务范围广泛，主要有安全技术咨询及服务、安全评价、安全生产管理、安全生产培训等。生产经营单位应该重视注册安全工程师的地位，让其参与公司的安全管理，从事安全方面的具体业务。

3.注册安全工程师作用

随着制度的完善和发展、社会关注度的提高，注册安全工程师的报名人数呈现较大幅度增长趋势，但是近几年的考试通过率仅为 10%～15%②。2020 年 4 月，国务院要求相关企业提高从业人员中注册安全工程师的配置占比，对于不按规定配备注册安全工程师的企业，国家也会采取相应处罚措施。

4.注册安全工程师待遇

根据主要网站的招聘信息，普通岗位注册安全工程师的月薪约为 1 万元，加上绩效和奖金，年薪约为 12 万元。从招聘薪资数据来看，基本上突破了月薪 1 万元的门槛，加上项目奖金，年收入 20 万元并不难。此外，注册安全工程师还可以获得国家职业技能补贴。随着国家对施工安全的要求越来越严格，注册安全工程师的地位和作用也更加凸显。注册安全工程师对项目负责，可以说对项目有一定的发言权，工资也相对可观。

目前注册安全工程师待遇还有望在以下几个方面加强。

升职加薪：在很多企业中，考取注册安全工程师证书不仅会得到企业重用，升职加薪也会随之而来。由于人才稀缺，拥有证书的人才就是企业高薪寻求的"香饽饽"，所以一些企业为了留住人才就会用升职加薪的办法。

---

① 樊晶光：《对注册安全工程师定位并充分发挥其作用的探讨》，《中国安全科学学报》2005年第 6 期。

② 中国安全生产科学研究院注安中心提供《近 5 年中级注册安全工程师相关情况》。

评职称优势：中级注册安全工程师可以"以考代评"。根据政策规定，注册安全工程师中级证书直接对应中级职称，其中部分省份已经不再发放职称证书，注册安全工程师证即可一证两用。

深造机会：获得注册安全工程师证书之后，就容易考到诸如培训教员、安全标准化评审员等资格证，会让自己有更多可以继续深造的机会，以此为跳板，而获得更高更大的成就。

提升自我价值：考试的过程不仅能增加更多的知识，还能提升更多的技能。拥有注册安全工程师证书让自己更具有竞争力，今后也会有更多更好的就业机会。

预计未来注册安全工程师的待遇将日益提高。

## 二　注册安全工程师现状

### （一）注册安全工程师认定情况

注册安全工程师的认定工作要根据认定程序，在申报时间内，按照要求提供相关材料。

### （二）注册安全工程师报名考试情况

自 2004 年首次开展全国统一考试以来，共举行 20 次考试，考试通过人数共 56.7 万人。随着注册安全工程师制度的不断完善和发展，社会关注度日益提高，报名人数不断增长，尤其是近年来，报名人数呈现较大幅度增长趋势。其中 2020 年报名人数 42.1 万人，较上年增长 10.4 万人，增幅 33%；2021 年报名人数 60.6 万人，较上年增长 18.5 万人，增幅 44%；2022 年报名人数 78.7 万人，较上年增长 18.1 万人，增幅 30%。2023 年度报名人数 84.2 万人，在上年基础上仍增长了 7%，纵观 2019 年的报名人数仅 31.7 万人，自 2019 年之后，五年内报名人数增加了 1.66 倍，增长速度较快。自 2019 年至 2022 年每年报名人数增加均在 10 万人以上，2022～2023 年的报名人数增加量相比前几年较小，仅有 5.5 万人的增量（见图 2）。

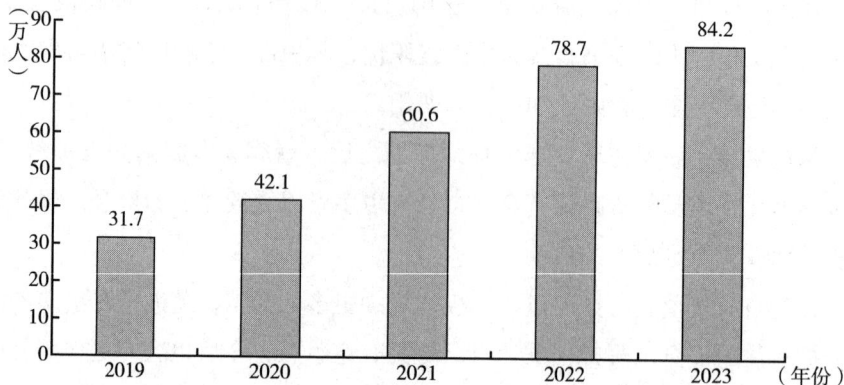

**图2 2019～2023年度注册安全工程师的报名人数**

资料来源：中国安全生产科学研究院注安中心提供。

近年来注册安全工程师考试的报名情况异常火爆，已经成为人力资源和社会保障部负责或参与的准入类职业资格考试前三位，标志着其已经进入大型职业资格考试之列。

2023年报考人数是842374人中，报考其他安全领域的人数最多，占比高达36%，其次是建筑施工安全，占比29%，化工安全占比20%，道路运输安全人数最少，仅占2.5%（见图3）。

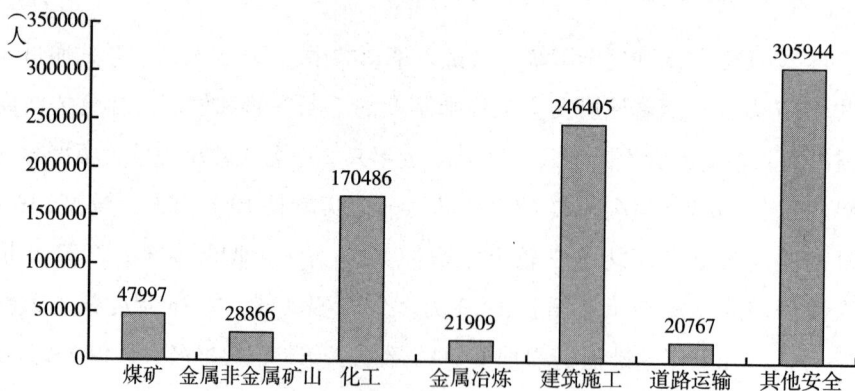

**图3 2023年注册安全工程师在各行业的报名人数**

资料来源：中国安全生产科学研究院注安中心提供。

其他安全报考人数最多，主要原因有以下三点。一是涉及的从业范围较广，它是除煤矿、金属非金属矿山、化工、金属冶炼、建筑施工、道路运输行业以外的烟花爆竹、民用爆炸物品、石油天然气开采、电力等行业。二是其他安全的实务学科与其他三门公共课的知识点重合较多，复习难度相对较小。三是一些所从事专业不稳定的人员倾向于先报考其他安全。

### （三）注册安全工程师注册情况

#### 1.注册安全工程师的注册条件

未经注册的安全工程师，不得从事执业活动。申请注册时，应当取得注册安全工程师执业资格证书并且受聘于生产经营单位或者注册安全工程师事务所。无民事行为能力或者限制民事行为能力，被吊销注册安全工程师执业证书，有弄虚作假行为等的不得注册安全工程师。注册安全工程师并不是永久有效，其注册有效期为5年。

#### 2.注册安全工程师注册人员结构特征分布

近些年来，注册安全工程师每年度考试通过人员学历中，大学本科的人数最多，整体学历水平较高，大学本科及以上的人数占一半以上；但是每年度考试通过人员中硕士研究生及博士研究生人数较少，其中博士研究生人数最少，仅有30~130人；剩下的是大学本科、专科学历，人数也较多（见表1）。

表1 2019~2023年度注册安全工程师每年度考试通过人员学历情况

单位：人

| 每年度考试通过人员学历 | 每年度考试通过人数 |
| --- | --- |
| 博士研究生 | 30~130 |
| 硕士研究生 | 1600~4500 |
| 大学本科 | 20000~54000 |
| 大学专科 | 10000~34000 |

资料来源：中国安全生产科学研究院注安中心提供。

注册安全工程师每年度考试通过人员学历以大专及本科学历为主，这些学历的毕业生去企业一线工作的比例较高，企业一线是企业安全风险最大的地方，需要强化安全意识，考证也正是因为工作的需要。硕士研究生及以上学历的人员，就业选择机会较多，大部分倾向于研究，研究工作相对于企业一线工作，不经常接触企业一线的危险源，所以考取注册安全工程师的动力较低，导致该学历阶段的人员拥有注册安全工程师证书的人数很少。整体来看注册安全工程师证书的取得者最低学历是大学专科，整体素质较高，可以称得上是一支专业技术较强的队伍。

**3. 注册安全工程师在全国各省份注册情况**

截至 2023 年 11 月 30 日，注册安全工程师总注册人数 35 万余人，其中注册有效期内 25 万余人。其中注册人数最多的是山东省，其次是江苏、广东、浙江等省份，湖北、安徽、北京、云南、陕西、内蒙古的注册人数相对均衡，青海、海南、新疆生产建设兵团、西藏的注册人数较少（见图 4）。

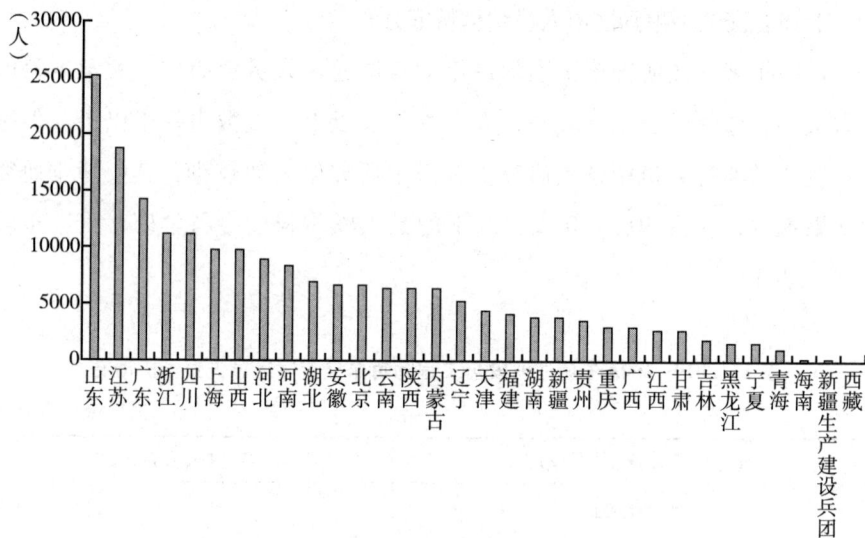

**图 4 2023 年全国各省份安全工程师的注册人数**

资料来源：中国安全生产科学研究院注安中心提供。

究其原因，山东、江苏、广东、浙江这几个省份都是我国的工业大省，山东省最为突出，是我国的化工大省。我国拥有全世界最完整的工业体系，山东是全球唯一拥有 41 个工业大类的齐全省份，从国际上看，很多国家都不具备完整的工业门类。山东历来重视工业安全，特别是危险行业的安全问题，为深刻吸取近年来国内外化工和危险化学品事故特别是中化集团聊城鲁西双氧水新材料科技有限公司"5·1"重大爆炸着火事故教训，有效遏制重特大生产安全事故的发生，山东省开展了化工行业安全生产整治提升专项行动。正是政府对安全的重视及良好的工业环境，山东省注册安全工程师的考试及注册人数在全国都是遥遥领先。

4. 注册安全工程师在全国各行业的注册情况

注册安全工程师自 2017 年分专业注册后，至今一直沿用七个方向。经过研究，近些年注册安全工程师每年度注册人数最多的是建筑施工安全，其次是化工安全和其他安全。煤矿安全和金属非金属矿山安全的每年注册人数相差不大，都在 2000~5000 人。金属冶炼安全的注册人数较少，人数在 1300~1800 人。道路运输安全的注册人数最少，但是每年的数据都很稳定，都在 1000 人上下浮动。虽然建筑施工安全、化工安全和其他安全的注册人数很多，每年注册的都在 10000 人以上，但是各个年份注册的人数浮动较大（见表 2）。

表 2　2019~2023 年度注册安全工程师每年度在各行业的注册人数

单位：人

| 注册安全工程师注册行业 | 注册安全工程师每年度注册人数 |
| --- | --- |
| 煤矿安全 | 2000~5000 |
| 金属非金属矿山安全 | 2000~5000 |
| 化工安全 | 13000~28000 |
| 金属冶炼安全 | 1300~1800 |
| 建筑施工安全 | 20000~40000 |
| 道路运输安全 | 1000 左右 |
| 其他安全 | 10000~23000 |

资料来源：中国安全生产科学研究院注安中心提供。

我国建筑施工和化工行业体量较大，从业人员较多，所以在这两个行业注册的注册安全工程师数量也是遥遥领先。另外，安全生产涵盖的其他专业也较多，所以注册人数也非常可观。剩余的煤矿、金属非金属矿山、金属冶炼、道路运输行业相对体量较小，从业人员也较少，注册该行业的注册安全工程师数量也较少。

### （四）注册安全工程师现状总结

当前，安全生产管理人员地位不高、人员配备随意性大等情况在个别企业广泛存在，这造成了安全生产管理人员存在"不会管、不敢管"的现象。更有甚者，个别安全生产管理岗位的员工竟然不具备安全专业知识和安全管理经验。自实行注册安全工程师制度以来，有 56.7 万人通过了资格考试，但注册执业率较低。目前来看，很多注册安全工程师还未得到足够的重视。

企业对未经注册的重视程度还有待提高，应充分发挥注册安全工程师的作用，提高注册安全工程师的待遇。目前注册安全工程师还不具备执业签字权，签字权是其价值体现的标志。虽然《注册安全工程师管理规定》明确规定安全生产工作中，应该让注册安全工程师参与并签署意见，但是实际情况不容乐观，并未有效落实。

## 三 注册安全工程师发展战略展望

### （一）注册安全工程师市场需求

近年来，中级注册安全工程师报名人数持续增长，说明注册安全工程师考试愈加受到关注和重视，也反映了社会对于安全生产管理人才的需求。利好政策是国家对证书认可度的有力佐证，我们通过研究国家近些年推出的政策，进而评估注册安全工程师证书的价值及市场需求。

（1）印发注册安全工程师资格考试实施办法。明确规定将注册安全工程师纳入国家职业资格目录，这无疑增大了注册安全工程师的知名度；职业资格考试制度，提高了注册安全工程师的从业门槛。

（2）规定注册安全工程师配备要求。注册安全工程师管理规定：配备要求在实施注册安全工程师改革后，不断出台注册安全工程师的相关政策及企业配备注册安全工程师的相关规定要求。例如，一个有 500 名员工的企业，其中安全生产管理人员 50 人，那么该企业应当至少配备 8 名注册安全工程师。

（3）在危险物品的生产、储存、装卸单位以及矿山、金属冶炼单位工作的安全生产人员需要取得注册安全工程师证书。

（4）罚款不配备注册安全工程师的企业。2021 年 9 月 10 日，新《安全生产法》正式施行，规定：企业不配备注册安全工程师，最高将被罚款 35 万。未来将需要大量注册安全工程师。

（5）《中央企业安全生产监督管理办法》出台，要求安全管理人员应以注册安全工程师为主体。修订《管理办法》考虑到安全生产工作的系统性和重要性，明确规定了中央企业集团总部配备专职安全生产总监。

（6）制定了十八种情形应当被判定为重大事故隐患。其中包括：未建立安全管理机构、未配备安全管理人员、未配备注册安全工程师。以上各类政策说明了注册安全工程师的证书越来越有用，国家也越来越重视。

安全问题关系社会主义建设的各个方面，工程建筑、水利工程、市政、林业等各个领域都需要相关的安全工作人员。现阶段，大家都十分重视社会发展各个层面的安全问题，因此将来公司发展也会高度重视安全问题，企业安全技术人员在国家相关政策的推动下也会慢慢增加。而随着各个领域的安全建设进一步制度化和规范化，保守估计注册安全工程师市场几年内还存在很大的人才缺口，注册安全工程师证书前景将迎来新的高点。

## （二）注册安全工程师职业利好

### 1. 一证两用，可评职称

考到注册安全工程师可以越过初级职称直接评审中级职称，且注册达到一定年限，可以申请安全工程师副高职称。在工程系列增设正高级工程师，未来还有可能评定为正高级工程师。

### 2. 积分落户

中级注册安全工程师证书相当于中级职称，目前我国各大城市的落户政策中，都承认中级职称可以积分落户，具体规定可以询问当地人社局。

### 3. 可领技能补贴

注册安全工程师还可以领取国家职业技能补贴，又是一笔额外收入。例如 2022 年，武汉市人力资源和社会保障局发布《企业参保职工技能提升补贴公示公告》。武汉的安全工程师自证书核发之日起 12 个月内，提交相应材料，就能申领 1500 元技能提升补贴。

### 4. 可抵扣个税

中级注册安全工程师证书在国家职业资格证书目录范围内，且属于比较"硬核"的专业技术人员职业资格证，包含在技能人员职业资格继续教育范畴内，因此拿下注册安全工程师证书即可冲抵 3600 元个税。

### 5. 可升职加薪

在很多企业中，考取注册安全工程师证书不仅会得到企业重用，升职加薪也会随之而来。由于人才稀缺，拥有证书的人才就是企业高薪寻求的"香饽饽"，所以一些企业为了留住人才就会用升职加薪的办法。例如，汕头高新技术产业开发区为促进人才集聚，发布人才奖励措施：具有中级专业技术职称或技师技能等级以上人才，给予每人每年综合补助 2.4 万元，最长连续补助 2 年。

### 6. 就业前景好

现在国家及社会各界对于安全生产的监督和管理越来越重视，对相关企业的要求也越来越高，要求配备注册安全工程师，从事相关工作的人员，必须取得专业资质才能从事相关工作。

## （三）注册安全工程师发展趋势

随着信息化和网络化的不断发展，安全问题愈加突出，注册安全工程师的需求也越来越大。未来，注册安全工程师的发展趋势主要有以下几个方面。

### 1. 多元化需求

随着社会经济的发展，注册安全工程师的需求不仅仅局限于传统的工业安全、建筑安全、交通安全等领域，还涉及信息安全、网络安全、环境安全等多个领域。

### 2. 专业化水平

注册安全工程师需要具备专业的技术和管理能力，未来注册安全工程师的专业化水平将会更高，需要具备更多的技能和知识。

### 3. 国际化认证

随着全球化的发展，国际化认证将成为未来注册安全工程师的趋势，这将有助于提高注册安全工程师的国际化水平和竞争力。

### 4. 多元化培训

未来注册安全工程师的培训将更加多元化，包括线上培训、线下培训、实践培训等多种形式，以满足不同人群的需求。

### 5. 多渠道学习

开展形式多样的沟通交流活动，让各行业领域的注册安全工程师"动"起来，形成互鉴知识、互学技术的注册安全工程师机制。希望行业内的顶尖人才可以走进课堂，为培养行业人才奠定基础。

### 6. 职业化发展

安全行业的发展与前进，不需要以会议落实会议，不需要走马观花地检查，也不需要形而上的东西。需要切实排查和治理隐患，需要提升全民安全意识，需要主动代替被动的安全管理。这些更需要专业的人做专业的事，而这些人需要更多的关注和理解，需要更多的话语权，需要更好的行业环境与更健全的执业体系。未来注册安全工程师将更加注重职业化发展，需要具备良好的职业素养和职业道德，以提高职业形象和职业竞争力。

## （四）注册安全工程师发展思路

展望未来，注册安全工程师制度的发展还面临巨大挑战，仍有一些迫切需要解决的问题。

一是争取注册安全工程师的签字权。通过签字权的实施，提高注册安全工程师的价值。

二是取得注册安全工程师资质是担任建设项目施工单位安全总监或安全负责人的先决条件。目前取得注册建造师证书为担任项目负责人的前提条件。在注册安全工程师的 7 个专业里，与同行业的注册建造师相比，如果将取得注册安全工程师资质作为担任建设项目施工单位安全总监或安全负责人的先决条件，将是莫大的进步。

三是向美国等一些发达国家学习，未来期望中国能与国际上多个国家开展注册安全工程师的双边互认。

# B.10
# 2017~2023年注册消防工程师
# 发展回顾与展望

李 强 李金梅*

**摘 要：** 当前我国正在加快构建专业化的消防人才体系，以满足社会经济发展对消防队伍高技术能力的迫切需求。注册消防工程师处在"塔尖"位置，对人才队伍建设起到重要引领作用。本文从政策环境、职业认证和标准化等方面回顾2017~2023年注册消防工程师发展历程，通过研究注册消防工程师发展面临的主要挑战，提出了加强专业培训、提升服务质量、拓展业务领域是促进该项制度发展的重要保障，通过不断完善技术培训和持续教育、推进跨学科协作能力提升、强化法规和职业道德教育，推进消防专业化人才体系和能力现代化建设。

**关键词：** 注册消防工程师 职业认证 标准化

## 一 引言

火灾是一种具有严重破坏性的灾害，给人们的生命和财产安全带来极大威胁。为了有效防范火灾的发生和减少火灾造成的损失，消防行业发展迫切需要建设一支专业技术人员队伍。注册消防工程师作为这支专业技术人员队伍中的重要一员，扮演着重要角色。

---

* 李强，工学博士，中国人民警察大学教授、副处长，硕士研究生导师，警务硕士（消防管理）首席导师，主要研究方向为消防管理学、消防工程技术；李金梅，工学博士，中国人民警察大学讲师，硕士研究生导师，主要研究方向为消防工程技术、智慧消防。

2012 年 9 月，为提高消防专业技术人员能力和素质，加强消防专业技术人员队伍建设，保证消防安全技术服务与管理质量，人力资源社会保障部和公安部联合印发《关于印发注册消防工程师制度暂行规定和注册消防工程师资格考试实施办法及注册消防工程师资格考核认定办法的通知》（人社部发〔2012〕56 号），此举标志着注册消防工程师制度在我国首次确立和实施。注册消防工程师制度的确立是我国消防安全领域的一件大事，是提高消防服务水平、推动消防工作专业化、社会化的重要一环，同时，也是深入贯彻落实党和国家关于加强和改进消防工作的系列思路和具体措施，推动了全社会在和谐发展的轨道上稳步前行。

为了强化注册消防工程师制度管理，《注册消防工程师制度暂行规定》对注册消防工程师考试的申报条件、考试科目设置、合格人员注册要求以及注册后的职业范围进行了详细规定，如图 1 所示。

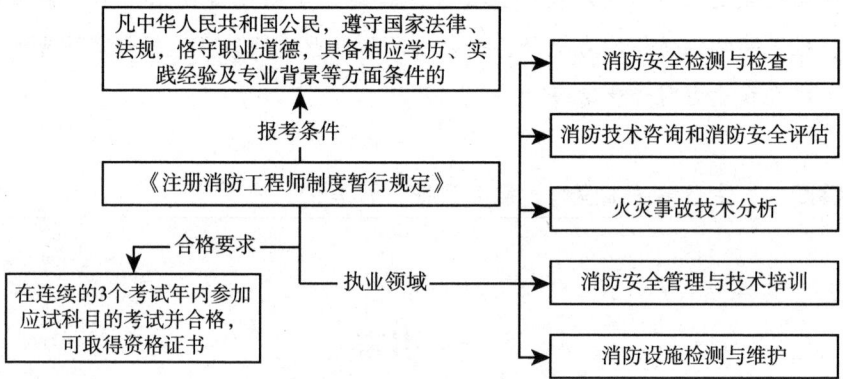

**图 1　注册消防工程师制度要求**

注册消防工程师的重要性体现在对建筑物和人员的火灾安全保障上，其工作内容与人民的生命财产安全和社会的稳定发展紧密关联，因此有必要对注册消防工程师的等级加以区分。在注册消防工程师职业资格分类上，将注册消防工程师分为一级和二级两个不同的级别。如图 2 和图 3 所示，不同级别的执业范围有所差异。一级注册消防工程师是最高级别，其执业范围不仅覆盖了二级注册消防工程师的全部内容，还涉及了火灾事故技术分析这一专业性更强的领域。这体现出一级注册消防工程师在实际工作中具有极强的专业话语权。

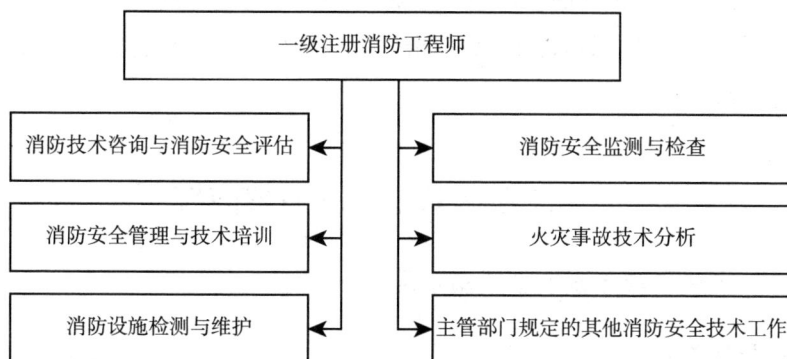

```
                    ┌─────────────────────────┐
                    │     一级注册消防工程师      │
                    └─────────────────────────┘

┌─────────────────────────┐        ┌─────────────────────────┐
│  消防技术咨询与消防安全评估   │◄──  ──►│    消防安全监测与检查       │
└─────────────────────────┘        └─────────────────────────┘

┌─────────────────────────┐        ┌─────────────────────────┐
│  消防安全管理与技术培训      │◄──  ──►│    火灾事故技术分析         │
└─────────────────────────┘        └─────────────────────────┘

┌─────────────────────────┐        ┌─────────────────────────┐
│  消防设施检测与维护        │◄──  ──►│  主管部门规定的其他消防安全技术工作 │
└─────────────────────────┘        └─────────────────────────┘
```

**图 2　一级注册消防工程师执业范围**

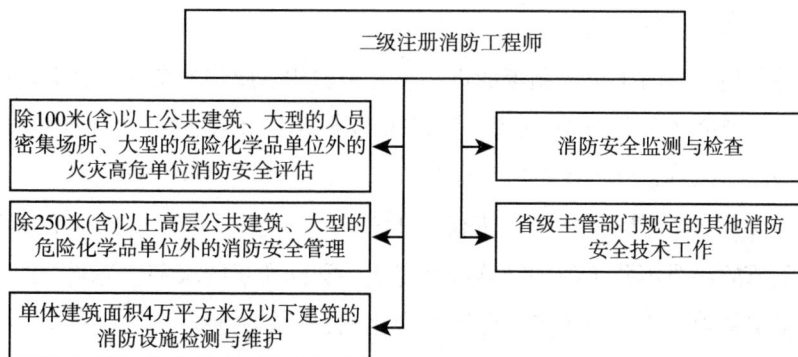

```
                    ┌─────────────────────────┐
                    │     二级注册消防工程师      │
                    └─────────────────────────┘

┌─────────────────────────┐        ┌─────────────────────────┐
│ 除100米(含)以上公共建筑、大型的人员 │        │                          │
│ 密集场所、大型的危险化学品单位外的  │◄──  ──►│    消防安全监测与检查       │
│ 火灾高危单位消防安全评估      │        │                          │
└─────────────────────────┘        └─────────────────────────┘

┌─────────────────────────┐        ┌─────────────────────────┐
│ 除250米(含)以上高层公共建筑、大型的 │        │  省级主管部门规定的其他消防  │
│ 危险化学品单位外的消防安全管理   │◄──  ──►│  安全技术工作             │
└─────────────────────────┘        └─────────────────────────┘

┌─────────────────────────┐
│ 单体建筑面积4万平方米及以下建筑的  │
│ 消防设施检测与维护         │
└─────────────────────────┘
```

**图 3　二级注册消防工程师执业范围**

　　注册消防工程师通过火灾安全检查、消防设备检测等活动，预防火灾事故的发生；通过对建筑物进行火灾风险评估，为消防救援部门提供准确的建筑物火灾风险等级，合理配置资源，提高应对火灾的效果和速度；通过提供技术服务支撑，参与疏散及火灾应急处置预案的制定；通过参加消防宣传教育提高公众的消防安全意识，使公众了解火灾危害以及在火灾发生时保护自己和他人的方法。

　　注册消防工程师制度是依据《中华人民共和国消防法》和国家职业资

格制度，对从事消防安全技术工作的专业技术人员实行的准入类职业资格制度。注册消防工程师制度的建立，不仅对于提升社会消防专业化管理水平、规范消防技术服务机构健康发展具有重要意义，而且在加强消防专业技术人员队伍建设、促进消防监督管理机制改革、提高社会防控火灾能力等方面具有深远的影响。

# 二 注册消防工程师发展回顾

## （一）从孕育飞跃到高质量发展

### 1. 孕育飞跃

2015 年 12 月 19~20 日，我国组织首次一级注册消防工程师资格考试，共有 44 万余人报名参加考试。注册消防工程师职业资格认证制度进入大众视野，逐渐成为社会热点。

随着注册消防工程师制度的进一步完善和相关政策的落实，注册消防工程师行业迎来了发展的里程碑。2017 年注册消防工程师报名量有所增长，达 46 万人（见表 1），反映出社会对于这一职业认证的越发重视。尽管考试难度较大且通过率较低（通过率仅 3.23%），但这一严格的选拔标准确保了加入队伍的注册消防工程师能够以其专业性和高质量的服务，为制度的发展奠定坚实基础，为行业的专业化和标准化赋予新的力量。

表 1 2015~2020 年注册消防工程师报名及考试情况

| 考试年份 | 报名人数（万人） | 实际参考人数（万人） | 通过率（%） |
| --- | --- | --- | --- |
| 2015 | 44 | 42.4 | 0.92 |
| 2016 | 41 | 28.7 | 2.59 |
| 2017 | 46 | 32.2 | 3.23 |
| 2018 | 89 | 55.0 | 2.36 |
| 2019 | 90 | 63.0 | 1.73 |
| 2020 | 65 | 45.5 | 6.36 |

资料来源：网上公开资料。

　　随着 2017 年《消防安全责任制实施办法》等消防相关政策的出台，政府和企业对消防安全的重视程度显著提高，市场对注册消防工程师的关注和需求度也在快速增长。注册消防工程师制度进入快速发展的黄金期。一方面，注册消防工程师不仅可以在建筑公司、消防设施维护保养机构、消防安全评估机构等单位工作，还可以在商场、机场、宾馆、学校、医院、小区、地铁、仓库、工厂等人员密集场所发挥重要作用；另一方面，随着规范化水平的提升，注册消防工程师的职业能力逐步获得社会认可，职业资格证书的含金量和人员的社会地位也得到提升。注册消防工程师不仅对工程项目的投入使用和安全运营有否决权，而且在收入方面也颇为丰厚。在这一时期，一线城市的一级消防工程师全职薪酬范围普遍维持在 18 万~25 万元/年，而二、三线城市的一级消防工程师全职最低收入也在 15 万元/年。

　　2017 年是注册消防工程师孕育飞跃的一年，也是消防工作蓬勃发展的一年，一幅专业化和系统化的社会消防工作发展蓝图初步呈现。

　　2. 机遇与挑战并存

　　2018 年，政策和市场的双重变动给行业发展带来了新的挑战和机遇，是消防工程师行业变革与调整的一年。随着 2018 年 10 月 9 日公安消防部队正式移交至新成立的应急管理部，社会消防工作的管理和服务职能得到进一步聚焦和整合，对持有专业技能证书的人才需求迫切。

　　与此同时，由于消防技术服务机构临时资质的有效期限到期，众多机构面临将临时资质转为正式资质的问题。按照当时 2016 版《社会消防技术服务管理规定》（公安部令第 129 号）的相关要求，这一过渡期间对注册消防工程师的需求量大增。企业急需大量持证人员以满足等级评定标准的要求。此时的市场呈现出"消防技术服务活动内容—消防技术服务机构等级—注册消防工程师人数"相互"挂钩"的情况，在短时间内推高了注册消防工程师的市场价值。到了 2018 年，注册消防工程师考试的报名人数竟达到了惊人的 89 万人，比前一年提高近 1 倍。2019 年延续了 2018 年的态势，报名人数达到 90 万人，创下了历史新高，最终接近 9000 人成功通过了全科考试。这一时期，注册消防工程师的合格率维持在 3% 左右。消防工程师职业在社会上的受欢迎程度和需求量明显增加。市场呈现报考人数爆发式增长，而通过率却处于极低水平的态势。

面对 2018~2019 年报考人数爆发式增长、"挂证"凸显等问题，社会对共同推动消防安全领域人才队伍持续健康发展的呼声持续升高。2019 年 9 月 5 日，应急管理部消防救援局印发《关于认真贯彻〈消防技术服务机构从业条件〉的通知》（应急消〔2019〕214 号），明确提出停止消防技术服务机构资质许可工作，取消了消防设施维护保养检测、消防安全评估机构资质许可制度（如图 4 所示）。新政策的实施，使得注册消防工程师的市场价值显著下跌，许多企业也开始重构业务模式，削减不必要的成本开支。

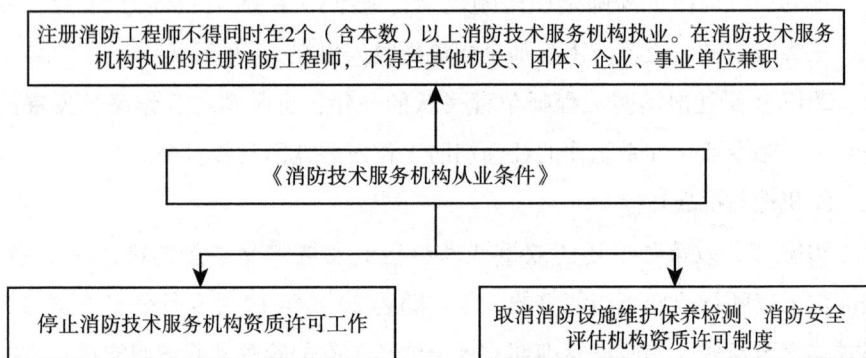

**图 4  消防技术服务机构从业条件**

放宽消防技术服务机构从业条件的同时也带来了一定隐患。一些消防服务机构为了成本节约（消防维保价格变化如图 5 所示），选择仅保留必要的注册消防工程师，导致某些项目经理身上挂载了数十乃至上百个项目。这种做法虽然短期内降低了成本，却带来了风险管理问题。由于无法确保所有项目都能得到充分的专业关注，这种批量操作可能导致火灾安全隐患和消防设施维护不到位，进而引起严重责任事故。

为应对这些挑战和风险，相关行业部门建立了一系列的解决方案。首先，企业和机构应对项目管理进行合理分配，确保每个注册消防工程师负责的项目数量得到有效控制，既能确保消防安全，也能避免过度的工作负荷。

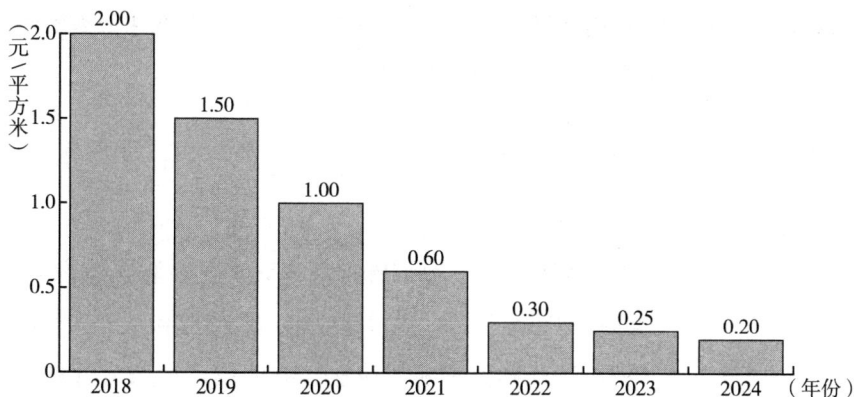

**图5　2018~2024年山东消防维护保养价格变化**

资料来源：网上公开资料。

其次，有关部门对行业监管机制进行优化，确立更加严格的行业准入和质量控制标准。最后，加强行业自律，提倡公平竞争和诚信执业的良好风气，从根本上提升行业的整体服务质量和安全水平。

**3. 高质量发展**

《消防技术服务机构从业条件》一定程度上遏制了"挂证"的情况。但受到2018~2019年爆发式增长的"惯性"作用，大量未一次性通过全部考试的考生仍然参加了2020年消防工程师考试。以四川省为例，共有56132人报考，即便在疫情影响下实际参考人数也达到95285科次，参考率为65.02%。2021年11月6~7日第七次考试，由于疫情原因，将近1/3的省份未能正常组织考试，但仍保持了3%的合格率。一方面表明参考人员的整体专业水平有所提高，另一方面也表明国家急需注册消防工程师等具有职业资格的消防人才，具有快速补缺人才的需要。

2021年《社会消防技术服务管理规定》《注册消防工程师考试大纲》相继出台，极大地纠正了前期注册消防工程师发展过程中存在的问题，注册消防工程师进入了高质量发展的阶段，为"人证合一"时代的来临奠定了基础。2022年，注册消防工程师考试总体报考人数为50万人，但受疫情影响，原定于11月5~6日的考试被迫取消。2023年，一级注册消防工程师报考人数仍保持在一个较高水平，在58.8万的报考人员中有46.4万人实际参加了考试，通过率为3.23%，保持了与疫情前一致的水平。

## （二）政策与培训

### 1. 政策的更新

2017年10月1日《注册消防工程师管理规定》（公安部令第143号）开始实施。该规定的结构如图6所示，通过建立消防技术服务从业人员的管理机制，规范了注册消防工程师的注册、执业、继续教育和监督管理等方面，也对执业行为、义务及禁止行为等提出了明确要求，是维护注册消防工程师群体专业化、序列化管理的法规基础。

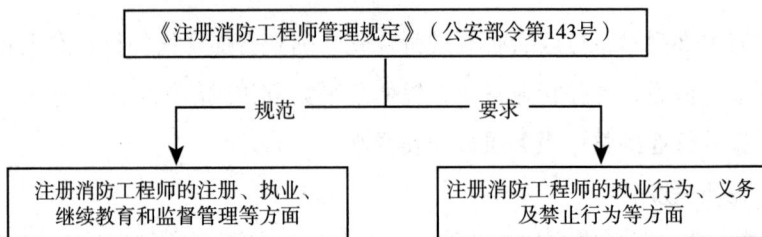

```
          ┌─────────────────────────────────────────┐
          │《注册消防工程师管理规定》（公安部令第143号）│
          └─────────────────────────────────────────┘
              │ 规范                    │ 要求
              ▼                         ▼
    ┌───────────────────┐    ┌───────────────────┐
    │ 注册消防工程师的注册、执业、│    │ 注册消防工程师的执业行为、义务│
    │ 继续教育和监督管理等方面  │    │ 及禁止行为等方面      │
    └───────────────────┘    └───────────────────┘
```

**图6 注册消防工程师管理规定**

2017年10月29日，国务院办公厅发布《消防安全责任制实施办法》，对各级政府和行政管理部门在消防安全管理中的职责进一步明确，明确要求管行业必须管安全、管业务必须管安全、管生产经营必须管安全的消防"三管三必须"原则，在很大程度上推进了社会化消防专业队伍建设和消防科普教育的普及。社会公众普遍认识到，拥有专业资质的消防工程师对于预防火灾、确保人民生命和财产安全具有不可或缺的作用。注册消防工程师制度的社会基础得以进一步夯实。

随着我国经济社会发展和"放管服"改革深入推进，2016版《社会消防技术服务管理规定》中的部分内容已难以适应当前发展趋势，主要表现在：一是2019年3月19日印发的《关于深化消防执法改革的意见》中明确取消了消防技术服务机构资质许可，同时，《中华人民共和国消防法》也进行了相应修订，社会消防技术服务活动的监管方式发生重大变化；二是原有规定中对于机构的设立条件设定过于严苛，同时在从业地域上存在限制，这导致了机构在经营过程中成本的增加，不利于消防技术服务机构的持续健康发展；三是在实际运作过程中，消防技术服务机构所出现的违规从业、服务活动不规范等问题，在原有规定中并没有明确界定和相应惩戒措施，一定程度上影响了行业规范化和专业化发展。于是在 2019 年 8 月 29 日应急管理部印发的《消防技术服务机构从业条件》和 2021 年 9 月 13 日应急管理部令第 7 号发布的《社会消防技术服务管理规定》中，取消了消防技术服务机构的分级制度，降低了注册消防工程师的数量条件，将注册消防工程师同时在两个以上社会组织执业的情况列为专项检查的内容，从源头上杜绝了注册消防工程师"挂证"的问题，为注册消防工程师制度的高质量发展奠定了法律基础。

为适应新形势发展和满足注册消防工程师资格考试的需要，应急管理部消防救援局在 2021 年组织专业人员对《注册消防工程师考试大纲》（简称《大纲》）进行了重新修订，旨在进一步明确和强化考试目的。本次修订以加强考生对专业基础知识的掌握及理解为核心出发点，《大纲》根据注册消防工程师的执业特点增强了实用性要求，按照熟悉、掌握以及运用"熟悉"和"掌握"的知识内容，增强了辨识、分析、判别实际工作中遇到的相关问题，以及在实际工作中发现问题和解决问题的能力。

此次《大纲》修改中新增加内容如下。

（1）消防安全技术实务新增加了典型电气火灾隐患检查的技能要求，厨房等燃气使用场所防火防爆技术要求，典型装修、外墙保温材料的火灾危险性及防火要求，灭火救援力量等相关技术内容。

（2）消防安全技术综合能力新增加了建筑防火封堵的检查要求，人员密集场所消防安全评估方法与技术，防火卷帘、防火门、防火窗的检查、检测与维护保养要求，单位消防安全管理要求等内容。

删减或调整内容如下。

（1）消防安全技术实务对考试内容的权重进行了调整：提高了消防设

施部分考试内容的权重；减少了特殊建筑或场所的防火技术要求，以及降低了消防安全评估中的建筑性能化防火设计评估方面考试内容的权重。降低了建筑防火设计方面考试内容的权重；提高了辨识、分析及解决实际工作中经常遇到的消防安全问题的权重。

（2）消防安全技术综合能力删除了一些与注册消防工程师执业范围关联不大的内容，包括：城市消防远程监控系统、建筑性能化防火设计评估、建设工程施工现场消防安全管理等内容。为了匹配《社会单位灭火和应急疏散预案编制及实施导则》（GB/T 38315-2019）和考试辅导教材，将"消防应急预案制定与演练方案"调整为"灭火和应急疏散预案编制与实施"；进一步调整明确了电气火灾、燃气火灾防控以及微型消防站、专职消防队管理等相关内容。

（3）消防安全案例分析部分在本次修订中，对案例分析样题按近几年考试真题形式进行了更新。

根据2021年《人力资源社会保障部办公厅关于推行专业技术人员职业资格电子证书的通知》的相关规定，自同年12月起注册消防工程师在专业技术人员职业资格中开始全面推行电子证书。注册消防工程师的规范性建设得到进一步增强。

### 2. 教育与培训的改进

从2012年印发《注册消防工程师制度暂行规定》和《注册消防工程师资格考试实施办法》，首次提出注册消防工程师制度的相关内容，到2015年首次组织全国范围内的资格考试，注册消防工程师考试存在一个较长的准备期。在这个时期，注册消防工程师教育多以专业人员的自学为主，社会培训处于萌芽阶段。少量的社会培训机构开始试水对非专业人员开展培训，但无论是培训机构数量，还是报名培训人员数量均处于较低水平。

随着首批资格考试合格者开始执业，注册消防工程师队伍为行业发展注入了新活力，在全国范围内的专业执业行为不仅提升了建筑工程的消防安全水平，还提高了公共安全服务的整体质量。特别是2014年2月3日发布的《社会消防技术服务管理规定》（公安部令第129号），该规定中明确将注册消防工程师与消防技术服务机构登记挂钩，进一步凸显了注册消防工程师在消防服务工作中的专业性及权威性。[①] 相较于社会的大量需求，持证人员的数量"稀缺"。证书的发放和专业的社会认可带来了明显的薪酬溢价，激发了大量从业人员的积极性。由于取得注册消防工程师证书即意味着个人职业发展和经济收入的双重提升，更多的专业人士投身于这一行业，进一步加剧了对高水平消防技术教育的需求。

社会的需求促进了相关教育培训机构的兴起，这些机构迅速扩张，推动了消防安全行业的人才培养和专业技能的普及。这种需求促使教育培训机构如雨后春笋般涌现，为消防安全领域提供了广阔的学习平台和职业发展机遇，推动了整个行业的繁荣发展。在 2019 年以前的这段时期，培训机构采取的培训形式多以线下集中授课为主，少数机构考虑到市场潜力巨大、报考人数众多，为降低成本增加收益，开始尝试在线教育的模式，但更多的是从一种辅助教育的角度出发而设计的。

2020 年初新冠疫情突袭，全球范围内的实体教学活动受到了严重限制。为了保障考生的学习进度和备考计划，注册消防工程师考试的培训机构迅速将教学重点转向线上，推动了线上培训课程的快速发展，大量考生选择在线学习，以应对考试。为了满足考生在疫情防控期间的学习需求，线上培训机构加大了对课程研发和师资力量的投入，推出了更多元化、更具针对性的课程，涵盖了从基础理论到实践技能的各个方面。同时，培训机构也不断优化线上教学平台，提升用户体验，确保教学质量。线上培训平台通过引入更多的互动元素，如在线答疑、小组讨论、实时反馈等，来弥补线上学习可能带来的沟通障碍。这不仅有助于考生之间的互相学习和交流，也提高了考生与讲师之间的沟通和互动效率。

从初次尝试线上教育，到开始享受线上教育的便利与高效，疫情防控期间线上学习改变了人们的工作和学习习惯。即使在疫情结束后，许多考生仍

---

① 2016 年 1 月 14 日公布公安部令第 136 号，保留了该内容；2021 年 11 月 9 日施行的应急管理部令第 2 号，对该内容进行了调整。

然选择继续参加线上培训课程，以备考注册消防工程师考试，这进一步提升了线上培训课在考生中的接受度和普及率。同时，虽然线上培训在疫情期间得到了快速发展，但线下培训仍然有其独特的优势。因此，一些培训机构开始尝试将线上和线下培训相结合，通过线上教学提供灵活的学习时间和地点，而线下教学则提供面对面的交流和实操机会，这种融合模式有望在未来成为培训行业的一种新趋势。

随着信息技术的快速发展和互联网的普及，线上培训课逐渐兴起并受到广大考生的关注，逐步成为一种常态。注册消防工程师证考试作为专业性较强的考试，线上培训课为考生提供了更加便捷、灵活的学习方式。越来越多的考生选择通过线上培训课来备考，以提高自己的应试能力和水平。其中，线上培训课在课程内容上呈现出多样性。针对不同考生的需求和水平，线上培训机构提供了多种课程选择，包括基础知识讲解、案例分析、模拟试题等。这些课程旨在帮助考生全面掌握考试所需的知识和技能，提升应试能力。许多线上培训机构聘请了具有丰富教学经验和专业知识的讲师团队，为考生提供高质量的教学服务。

虽然线上培训课在时间和空间上具有较大的灵活性，但相较于线下培训，学习体验和互动存在一定的局限性。随着技术的不断进步，线上培训平台也在努力提升学习体验和互动效果，如引入在线答疑、实时互动等功能，以弥补这一不足。随着线上培训课的不断优化和完善，其在注册消防工程师证考试备考中的地位和作用将逐渐提升。

在这一时期，为适应行业发展和需求的变化，注册消防工程师教育和培训在内容、形式和机制上都经历了一些改进和调整（见图7），为培养更多高素质的消防工程师提供了更好的条件和机会。

近年来，在线教育迅速兴起，使得许多培训机构和学术机构开始提供在线消防工程师培训课程，通过网络平台进行远程教学，为更多有意向的学员提供便利。针对最新的消防技术、法规标准和环保要求，培训课程内容进行了相应的调整和优化，以确保培训学员获得最新、最全面的知识。除了理论知识的学习外，注册消防工程师培训也加强了实践教学环节。通过模拟火灾

```
                    ┌─────────────────┐      ┌─────────────────────┐
              ┌────▶│ 在线教育和培训的兴起 │─────▶│ 通过网络平台进行远程教学，为 │
              │     └─────────────────┘      │ 更多有意向的学员提供便利 │
              │                               └─────────────────────┘
              │     ┌─────────────────┐      ┌─────────────────────┐
              ├────▶│ 专业课程内容的更新  │─────▶│ 确保培训学员获得最新最全面 │
              │     └─────────────────┘      │       的知识        │
              │                               └─────────────────────┘
┌──────────┐  │     ┌─────────────────┐      ┌─────────────────────┐
│          │  │     │                 │      │ 培训学员在实践中掌握消防工程 │
│教育与培训的改进│─┼────▶│ 实践教学环节的加强  │─────▶│ 设计、施工和监理的实际操作技能 │
│          │  │     └─────────────────┘      └─────────────────────┘
└──────────┘  │     ┌─────────────────┐      ┌─────────────────────┐
              ├────▶│行业认可的培训机构和课程│─────▶│ 确保学员能够获得有效的培训 │
              │     └─────────────────┘      │       和认证        │
              │                               └─────────────────────┘
              │     ┌─────────────────┐      ┌─────────────────────┐
              └────▶│ 持续学习机制的建立  │─────▶│ 定期参加相关的专业培训和学习活动，│
                    └─────────────────┘      │ 以保持自身的专业水平和竞争力 │
                                             └─────────────────────┘
```

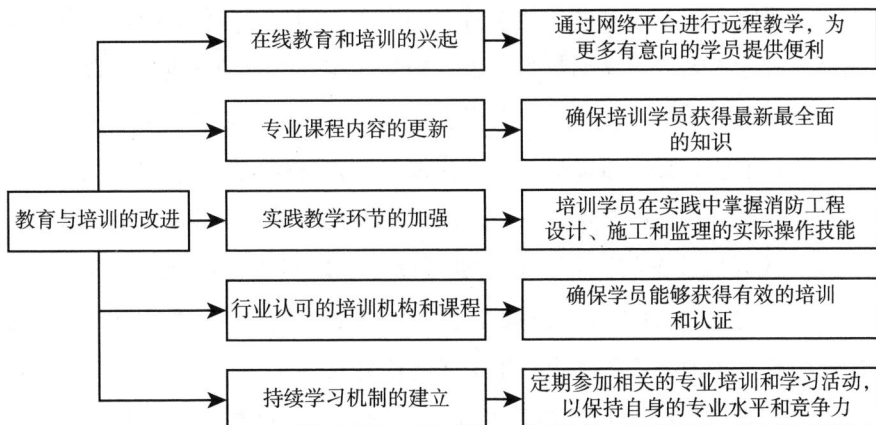

**图 7　教育和培训的改进**

场景、实地考察和案例分析等方式，培训学员在实践中掌握消防工程设计、施工和监理的实际操作技能，提升了他们的综合应用能力。随着行业标准的提升，越来越多的培训机构和课程得到了行业的认可和推荐。注册消防工程师培训机构和课程的选择更加注重质量和专业性，确保学员能够获得有效的培训和认证。根据相关要求，注册消防工程师需要定期参加相关的专业培训和学习活动，以保持自身的专业水平和竞争力。当前，注册消防工程师的持续学习和发展成为培训机构关注的新热点。

## （三）技术进步与交流合作

### 1. 消防技术的进步

随着信息技术的发展，大数据、地理信息技术、云计算、传感器等新型电子信息技术不断发展，消防领域见证了一系列创新技术和应用的开发。为提高火灾预防和处理的效率，保障建筑物和人员的安全，智慧消防受到广泛关注。智慧消防在技术与经济成本层面实施的可能性逐渐提升，并经由政策与市场需求推动，智慧消防需求持续高速增长，行业市场规模持续扩大。以下是围绕智慧消防的一些可实现的创新技术和应用。

（1）智能化消防系统：采用人工智能和物联网技术，智能化消防系统可以实时监测建筑物内外的环境参数，如温度、烟雾、气体浓度等，并自动触发警报和灭火装置，从而提高了火灾预警和应急响应的速度和准确性。

（2）虚拟现实（VR）和增强现实（AR）应用：通过虚拟现实和增强现实技术，消防工程师可以进行火灾模拟和应急演练，提高应对火灾情况的能力和反应速度。这种技术还可用于培训新人员和提升现有人员的技能。

（3）无人机巡查和监测：无人机可以用于建筑物和场所的火灾风险评估、巡查和监测。它们可以飞越难以接近的区域，实时收集数据并传输至消防指挥中心，为消防工程师提供更全面的信息支持。

（4）绿色消防技术：注重环保和可持续发展的消防技术不断涌现。例如，采用环保灭火剂、节能灭火系统等，以降低对环境的影响，推动消防工程朝着更加环保、可持续的方向发展。

（5）大数据和机器学习在火灾预测中的应用：通过对历史火灾数据、建筑结构、环境条件等进行分析，利用大数据和机器学习算法，可以实现火灾发生的概率预测，帮助消防工程师采取针对性的预防措施。

（6）智能消防装备和器材：智能化的消防装备和器材不断涌现，如智能消防服、智能灭火器等。这些装备可以实时监测消防人员的身体状况和环境参数，提高他们的安全性和工作效率。

（7）区块链技术在消防安全管理中的应用：区块链技术可以实现消防安全数据的安全存储和共享，确保数据的真实性和完整性。消防工程师可以利用区块链技术管理建筑物的消防安全信息，提高管理的透明度和效率。

这些智慧消防的技术创新与应用的开发，为注册消防工程师提供了更多工具和手段，以应对日益复杂的火灾安全挑战，提高火灾预防和救援的能力，保障建筑物和人员的安全。

2. 交流与合作

在消防安全领域，注册消防工程师通过参加各类专业研讨会、培训班和论坛，积极分享彼此的经验和技术。这些活动不仅提供了一个相互学习和交流的平台，还促进了新技术和新方法的推广与应用。通过合作交流，注册消防工程师不断提升自身的专业素养，推动消防行业的持续发展。注册消防工程师与建筑、电气、化工等行业其他相关领域的专家和技术人员进行广泛的交流与合作，共同研究如何更好地预防和控制火灾，提高建筑物的消防安全性能。这种跨行业合作有助于打破技术壁垒，促进资源共享，从而推动消防技术的进步。通过与国外消防机构的合作与交流，注册消防工程师能够了解国际消防领域的最新动态和趋势，学习借鉴国际先进的消防理念和技术；通过共同开展科研项目、联合培养人才等方式，消防工程师与学术界和科研界实现了优势互补，推动了消防技术的创新和发展。

# 三 注册消防工程师的挑战与机遇

## （一）当前面临的挑战

注册消防工程师作为专业技术人才，随着科技的不断进步和时代的发展，在当今社会发展的大潮中面临着诸多挑战和考验。注册消防工程师的工作不再局限于传统的消防安全管理，其职业角色和任务也相应地发生了深刻的变化。

### 1. 技术更新换代的压力

首先是技术更新换代带来的压力。新时代下，智慧消防体系的构建对消防工程师提出了更高的技术要求。现代消防系统越来越多地融合了云计算、大数据分析、物联网技术、人工智能等先进技术。这些新兴技术的运用，极大地提高了消防系统的智能化水平，使得火灾预警、监控、救援等工作更加精准有效。但同时，这也意味着注册消防工程师需要不断更新知识体系，掌握这些新技术，以适应智慧消防的发展需求。

其次，随着科技的迅速发展，传感器和监控设备的性能也在不断提升，对消防工程师的专业技能提出了更高标准。他们需要具备运用先进设备进行消防系统设计、维护和管理的能力，这不仅要求有深厚的专业知识，也要求能够快速适应技术更新，保证消防系统的高效性和可靠性。

2.高标准的职业要求

随着消防安全意识的增强，民众对注册消防工程师的职业要求也不断提高。从法规政策到项目实施，高标准和高要求贯穿于注册消防工程师职业生涯的每一个环节。从消防技术服务机构的工作内容上看（见图8），注册消防工程师不仅要熟悉国家消防法规，还要具备严谨的工作态度和高度的职业责任感。

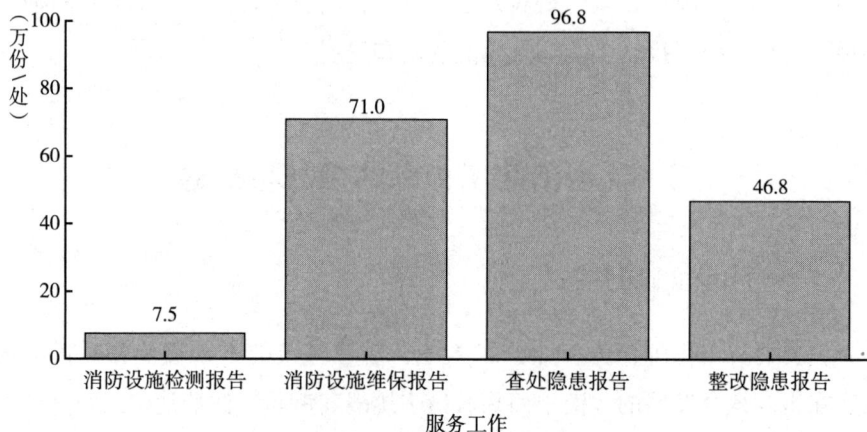

**图8　2023年山东消防维保检测机构消防技术服务机构的服务内容**

在新时代背景下，注册消防工程师还要具备全面的安全风险评估能力（如图9所示），能够针对复杂多变的社会环境和建筑特点，进行深入地分析和评估。这不仅涉及技术层面的审查和判断，更需要结合实际情况制定科学合理的防范措施。同时，随着城市化进程的加快，社区、商业综合体、大型公共场所等成为重点防火对象，这对消防工程师的专业技能和应变能力提出了更高的挑战。需要能够设计出满足复杂建筑功能和人群密集特点的消防系统，确保在紧急情况下，能够有效组织人员疏散和火灾扑救。

在全球范围内，随着可持续发展目标的提出，对于环保节能的消防产品和解决方案的需求日益增长。这要求注册消防工程师在保障消防安全的同时，还需要考虑到消防产品的环保性能，推动绿色消防理念的实践。

在科技背景下，随着人工智能和机器学习等技术的发展，消防工程师还

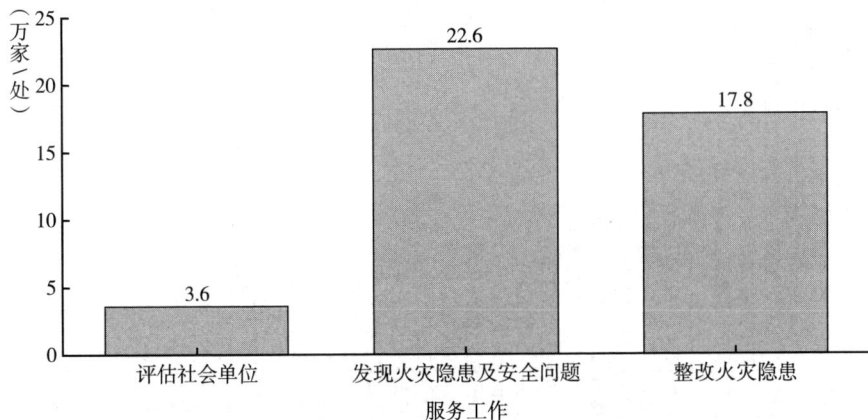

**图9  2023年山东消防安全评估机构消防技术服务机构的服务内容**

需要适应消防领域的智能化转型。例如，通过智能算法来预测火灾趋势和火灾风险、运用机器学习优化火灾响应策略、利用无人机进行快速建模等。

总而言之，在新时代的大背景下，注册消防工程师的角色正逐步从传统的消防安全管理者，转变为能够运用前沿科技，进行全面消防安全风险管理的专业人才。面对技术更新换代的压力和高标准、高要求的职业挑战，他们必须不断学习新知识、提升自身能力、拓宽视野，以便更好地适应时代发展的需求，为建设更加安全、智能的消防环境贡献力量。

### （二）未来发展的机遇

2024年，我国消防技术服务机构统计如图10所示，有1.45万家。由于门槛较低，近几年呈现激增态势。截至2024年（见图11），全国注册消防工程师数量4.45万人，消防设施操作员数量为12.1万人，平均每家消防技术服务机构拥有3.1名注册消防工程师、8.4名消防设施操作员。有高达8001家机构仅能满足2名注册消防工程师和6名消防设施操作员的最低从业人员数量要求，人才缺口仍然较大。

如图12所示，从目前注册消防工程师的就业前景来看，就业面向十分丰富，既可从事业务经理、项目经理、消防工程师、预算员、消防工程项目

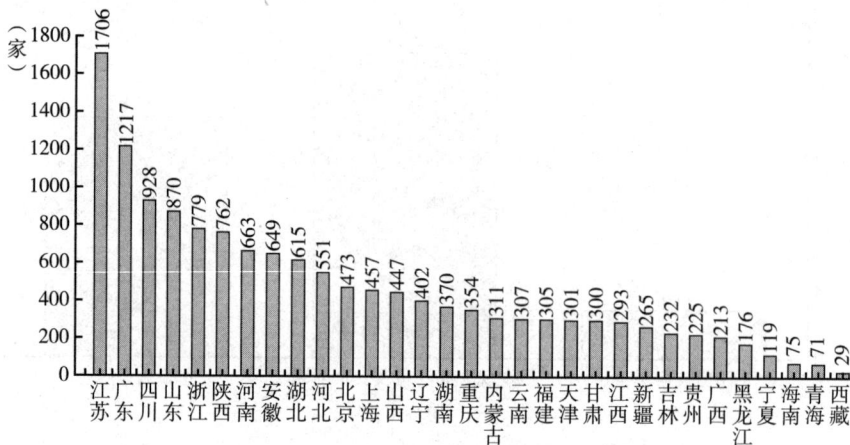

图10　2024年全国消防技术服务机构统计图

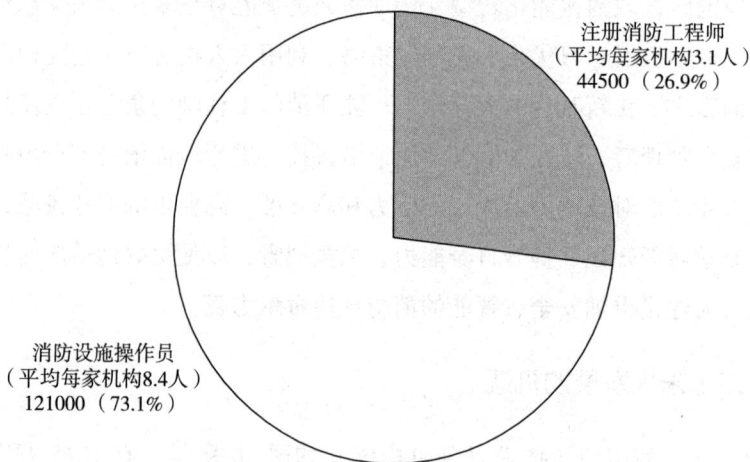

图11　2024年全国消防技术服务机构的从业人员情况

经理工作，也可胜任水电工程师、消防施工员等多个岗位。

下一步，随着国家政策的不断调整与完善，取得职业资格证书的一级消防工程师可以享受相关的培训补贴，每年可享受不超过3次的职业培训补贴，金额根据职业资格证书的级别而定，这为消防工程师提供了继续学习和提升自己的机会。

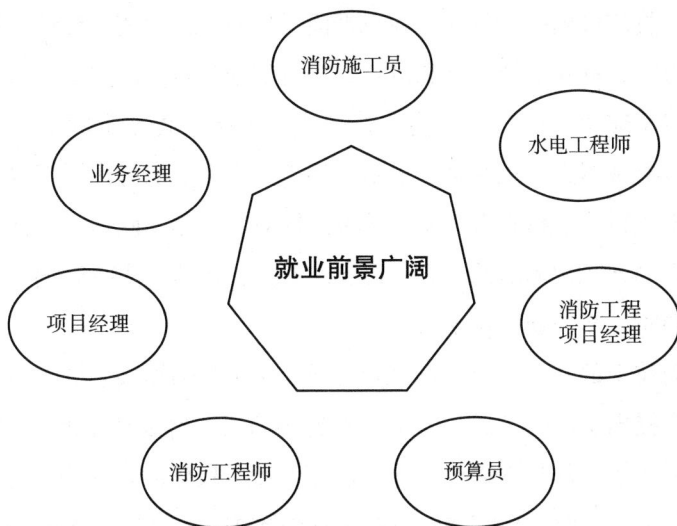

**图12 注册消防工程师的就业前景**

## （三）新技术的开发与应用

新技术的开发与应用在消防行业中扮演着至关重要的角色，这些新技术不仅提高了消防工作的效率和安全性，也为注册消防工程师的职业发展提供了更广阔的空间，吸引越来越多的人选择成为注册消防工程师。

在消防装备方面，新型消防服、防毒面具、防火靴等采用了更轻、更耐高温、更节能的新材料，提高了消防人员在火灾扑救中的工作效率和安全性。这些新材料的运用，使得消防人员在面对火场高温和有毒气体等极端环境时，能够有更好的防护和应对能力。

在消防教育和培训方面，利用虚拟现实技术可以为广大民众提供逼真的逃生演练和火灾扑救训练，提高公众的火灾应对能力。对于消防从业人员，仿真技术模拟真实火灾场景的训练方式，能够提供更真实的训练体验，帮助他们更好地掌握应对技能和紧急处置能力。

此外，消防安全技术实务还包括工程防火技术的创新。随着建筑材料和结构设计的不断发展，可以设计更为安全的建筑系统，提高建筑物的火灾抵抗能力和人员疏散效率。例如，在总平面布局及消防通道的设计、消防设备的布置等方面，都在不断优化和改进，以更好地满足消防安全需求。

在新技术应用方面，智能化与自动化是消防工程技术的主要趋势。例如，消防救援机器人、火场勘测机器人和灭火机器人的应用，可以大大降低消防员的伤亡风险，提高灭火救援效率。同时，利用物联网、云计算和大数据技术建立的智能化消防系统，可以实现对火灾风险的实时监测、预警和干预，提高消防工作的智能化水平。

这些新技术的开发与应用不仅为注册消防工程师提供了更多的工作工具和方法，也提出了新的挑战和要求。注册消防工程师需要不断学习新技术、新设备和新法规，及时掌握行业最新动态和发展趋势，应对日益复杂多变的消防工程问题。同时，还需要注重绿色环保要求，在消防设备和系统设计中选择符合绿色要求的材料和设备，推动消防工程技术的创新与发展。

### （四）国际合作与交流的深化

国际合作项目也是深化消防工程师国际合作与交流的重要途径之一。通过参与这些项目，消防工程师可以与国际同行共同研究解决方案，分享经验和技术，提高消防安全管理水平。同时，这些项目也为消防工程师提供了结识来自不同国家和地区的专业人士的机会，有助于了解不同国家的消防安全管理实践和经验，为工作提供新的思路和方法。例如：中国和欧洲的消防工程师团队联合研发了一款智能消防预警系统，该系统结合了中国的物联网技术和欧洲的先进算法，实现了对火灾风险的实时感知和预警，通过合作，双方不仅提升了技术水平，还推动了智能消防技术在全球范围内的应用；在东南亚某次跨国地震引发的火灾中，中国、泰国和印尼的消防工程师团队进行了紧密的协作，共同制定了救援方案，协调了救援资源和力量，成功控制了火势并救出了被困人员，这次合作展示了消防工程师在跨国救援行动中的重要作用和价值；中国的消防研究机构与德国的大学建立了学者互访机制，双方定期派遣学者到对方国家进行学术交流与合作研究，这种互访机制不仅促进了学术思想的碰撞和融合，还为双方带来了新的研究思路和方法。

随着全球经济的发展和国际交流的增加，消防工程师海外工作的机会也在不断增加。通过海外工作，消防工程师可以积累宝贵的国际经验和跨文化交流能力，提升自身的综合素质和竞争力。这种跨文化的交流与合作经验对于深化消防工程师的国际合作与交流具有重要意义。

# 四　展望

## （一）技术发展的影响

在新工具领域，随着建筑信息模型（BIM）技术受到社会的普遍关注，也许在未来掌握 BIM 相关技术将成为注册消防工程师考试的重要内容。考生需掌握如何利用 BIM 软件进行三维建模，以及如何在模型中集成和协调多专业的信息，特别是消防系统设计和管理的信息。这也将催生教育和培训内容的变化，考取注册消防工程师证的过程变得更加注重技术应用和跨专业的整合能力。例如：更加注重实践性培训，培训课程将强调实际操作技能，特别是对 BIM 工具的灵活运用。此外，互联网和数字技术的发展也使得获取相关学习材料更为方便，包括在线课程、教程和模拟考试，这些都能够帮助候选人更好地准备考试。

在新技术领域，近年来随着 AI、大数据、物联网等的发展，其在消防领域的应用前景变得广泛。这些技术不仅能够增强现有的消防监测和响应系统，还可以帮助构建更智能、更高效的消防安全管理框架。

（1）预测性维护与风险管理。利用大数据分析和 AI 的预测模型，消防救援部门可以更准确地预测和识别高风险区域和建筑，从而实现有针对性的预防措施。

（2）智能火灾探测和自动响应系统。物联网技术使得消防系统可以在更广泛的区域内部署各种传感器。这些传感器收集的数据可以通过 AI 进行实时分析，当检测到异常情况时，系统能够自动启动相应的应急措施，甚至在消防人员到达现场前采取初步的灭火措施，由此降低火灾隐患的危险等级和减轻消防人员的工作量。

（3）增强的决策支持和资源优化。AI 和大数据不仅可以提高火灾响应的速度和效率，还可以帮助消防管理部门优化资源分配和调度决策。通过分析过去的火灾案例和响应时间，AI 可以帮助制定更有效的巡查路线和优化消防部门配置，确保在紧急情况发生时可以快速且有效地响应。

（4）实时监控与远程操作。物联网设备的广泛部署允许消防管理部门实时监控整个城市的火灾安全状况。在紧急情况下，消防指挥中心可以远程操作各种系统，确保救援车辆快速到达现场。除此之外，AI 辅助的视频分析技术可以实时分析火场视频，提供火势发展的实时数据，帮助指挥中心作出更精准的决策。

上述新技术的广泛应用，必将对消防工作产生深远影响。对注册消防工程师证的考核内容也会产生影响，以反映新技术和新方法的应用。

（1）技术知识：考试中适当增加关于 AI 系统、大数据分析及物联网设备的操作和管理的题目。

（2）系统集成：考生需要了解如何将传统消防系统与 AI 和物联网技术结合，以及如何利用这些技术进行火灾预测和防控。

考试形式也需要适应新的评估方法，除了理论考试，实际操作环节也将增加使用特定软件处理。还可以利用 VR 技术进行模拟操作，考核学生在虚拟环境中处理紧急情况的能力。技术的发展也会让注册消防工程师的资质评定更加注重跨学科知识和技能的融合，考生需要掌握如何解读大数据分析结果，以及如何利用这些数据进行风险评估和决策。

这些变化要求未来的注册消防工程师不仅要掌握传统的消防知识，还要能够熟练使用最新技术，有能力应对不断变化的职业挑战和需求。

## （二）职业发展的趋势

随着技术进步及社会对安全需求的提升，注册消防工程师的角色正处于快速变化之中。未来的注册消防工程师将不仅是消防安全和防护的专家，更将成为高技术整合者。物联网、人工智能、大数据等技术在消防领域的应用越来越广泛，消防工程师需要具备将这些技术融入消防系统设计和管理的能力。他们将负责设计智能火灾检测和响应系统，这些系统能够实时分析环境数据，预测潜在风险，并自动调整响应措施以实现安全和效率最大化。

在大数据的帮助下，注册消防工程师的职责将更多地依赖于数据分析和预测模型。这意味着需要掌握数据科学的基础知识，以便于理解和利用从各种传感器和监控设备收集的数据。通过这些数据，消防工程师能够更准确地识别火灾风险，优化资源配置，甚至进行预测性维护，以避免灾难的发生。

如今建筑和城市设计越来越复杂，未来的注册消防工程师也将需要充当更全面的安全顾问角色。除了传统的消防安全设计外，还需要参与紧急疏散规划、灾害恢复计划和持续的安全教育。工作将更多地涉及与建筑师、城市规划者、政策制定者和社区的合作。

技术的快速发展要求注册消防工程师必须持续学习新的技能和知识。为了保持专业知识和技能与最新的行业标准和技术同步，继续教育和专业发展将成为注册消防工程师的职业生涯常态。

在技术带来便利和能力的同时，注册消防工程师还将面临更大的道德与合规挑战。并且由于对个人隐私和数据保护的关注增加，消防工程师需要确保所有技术的应用都符合伦理标准和法律要求。

这些变化均预示着注册消防工程师的职业将变得更加多元化和技术驱动，并且对其教育背景、持续学习和职业适应能力都提出了更高的要求。

## （三）教育培训的重要性

关注行业趋势和创新，保持对消防领域的动态关注，了解新兴技术、趋势和创新。参与行业研讨会、会议和展览，阅读相关的期刊和出版物，以便紧跟最新发展。

学习跨学科知识，消防工程涵盖多个学科领域，如工程学、建筑学、材料科学等。拓宽自身知识领域，学习与消防相关的跨学科知识，例如，可持续设计、智能建筑和数据分析等。通过看到消防领域与其他领域的交叉点，从中汲取灵感。

预测未来需求，对未来的消防需求进行预测，例如，新型建筑材料的应用、可再生能源的整合以及智能化消防系统的发展等。考虑社会、经济和环境的变化趋势，预测这些趋势对消防工程的影响，并思考如何应对和满足未来需求。

关注新兴的消防技术和解决方案，如无人机应用、物联网、人工智能和大数据分析等。了解其潜在的应用领域和优势，并思考如何将其应用于消防工程中，提高效率、安全性和可持续性。

参与研究和创新项目，积极参与消防领域的研究和创新项目，与学术界、行业组织或研究机构合作。参与创新项目可以让工程师接触到前沿的研究成果和技术进展，拓宽视野，提高创新思维和解决问题的能力。

建立合作网络，与其他专业人士、同行和相关行业的专家建立合作网络。与他们交流、分享经验和见解，共同探讨行业未来的发展方向和挑战，寻找合作机会，共同推动消防工程的发展。

## 五　结论与展望

### （一）注册消防工程师成长总结

过去六年对于注册消防工程师而言，是充满变革与成长的一段时期。在这一时期内，多项政策变化与技术进步共同推动了注册消防工程师职业的发展，从职业定位、法规制定到行业实践都经历了显著的变化。

一是政策和法规的演变。从 2017 年开始，注册消防工程师行业的政策环境得到了显著的加强和完善。《注册消防工程师管理规定》（公安部令第 143 号）为注册消防工程师的职业行为、继续教育、职业道德等方面设定了明确的标准和要求，对行业的规范化和专业化发展起到了推动作用。

二是职业认证与标准化。随着政策的推动，注册消防工程师的专业认证体系也逐步完善。2018 年，随着应急管理部的成立和消防救援部门的机构改革，消防工程师的职业定位和责任得到了进一步的明确。这一改革加强了对消防技术服务机构的管理，提升了行业服务质量的同时，也增加了对注册消防工程师的高质量需求。

三是教育与培训的发展。教育和培训体系蓬勃发展。随着技术的发展和行业需求的变化，培训课程内容不断更新，以适应新的法规和技术标准。为了适应在线教育的兴起，许多培训机构增设了在线课程和模拟考试，以帮助考生更好地准备考试。

四是应对挑战与创新技术的应用。注册消防工程师在职业实践中越来越多地使用创新技术来提高工作效率和效果。这些技术的应用提高了消防安全效能的同时，也给消防工程师的工作带来了新的挑战和学习需求。

五是社会影响与公众安全。注册消防工程师的社会影响力逐步增强，在社会安全系统中的角色变得更加关键，未来是否可以承担消防宣传的职能值得关注。

## （二）注册消防工程师发展展望

过去六年对注册消防工程师而言，是专业成长与法规完善并重的时期。随着社会对安全和环保的要求提高，以及技术的快速发展，注册消防工程师的职业前景和发展空间将持续扩大。注册消防工程师未来的发展前景可以归纳如下。

（1）技术培训和持续教育。随着技术进步，尤其是人工智能、大数据和物联网在消防领域的应用越来越广泛，对注册消防工程师的技术培训将会加强。持续教育也将包括新技术的应用、最新安全法规和先进消防设备操作等，以确保消防工程师能够有效利用现代技术提升工作效率和响应能力。

（2）跨学科协作能力。消防安全涉及多个领域，如建筑设计、电气工程、化学处理等。未来的消防工程师具备跨学科的知识背景，能够与不同领域的专家协作，共同提高火灾预防和应对效率。教育培训机构应设计相关课程，提升消防工程师的综合协作能力。

（3）法规和职业道德教育。注册消防工程师对法规和职业道德教育的素养也将强化，确保他们在执业中严格遵守法律法规，坚持高标准的职业道德准则，有效地保护人民生命财产安全。

（4）消防技术研发和创新。鼓励国内外的技术交流与合作，推动消防领域的技术研发和创新。政府和相关部门可以设立专项基金支持消防技术的研究，包括智能化消防系统、环保型灭火设备等，促进消防技术的革新和应用。

（5）公众消防安全意识。注册消防工程师在提升公众消防安全意识中发挥更大的作用。通过举办公开课、研讨会、社区活动等方式，教育公众如何预防火灾和应对紧急状况，从而减少火灾发生的概率和潜在的损失。

（6）优化职业路径和晋升机制。完善注册消防工程师的职业路径和晋升机制，为优秀人才提供更多的职业发展机会和激励措施。制定明确的职业评价标准和晋升条件，激励消防工程师持续提升自身专业技能和服务质量。

注册消防工程师在未来能够继续保持专业精神和创新意识，成为消防安全领域的核心力量，为社会的稳定和人民的安全作出更大的贡献。同时，希望社会各界能够给予更多的支持和认可，共同推动消防安全事业的发展。

## 参考文献

人力资源社会保障部、公安部：《人力资源社会保障部公安部关于印发注册消防工程师制度暂行规定和注册消防工程师资格考试实施办法及注册消防工程师资格考核认定办法的通知》（人社部发〔2012〕56号），中华人民共和国人力资源和社会保障部，2012年10月12日，http：//www.mohrss.gov.cn/SYrlzyhshbzb/rencairenshi/zcwj/zhuanyejishurenyuan/202002/t20200211_359463.html。

王硕：《全国首次一级注册消防工程师资格考试今日举行》，中国新闻网，2015年12月19日，https：//www.chinanews.com/gn/2015/12-19/7678379.shtml。

# B.11
# 中国安全评价检测检验机构
# 人才现状与发展趋势

翟振岗　郑建春*

**摘　要：** 安全评价检测检验机构，承担着安全评价、认证、检测、检验等职责，是推动安全应急工作的重要专业技术力量。本文在安全评价检测检验机构人才相关政策研究分析基础上，通过对我国安全评价检测检验机构专业技术人才进行统计分析，指出了专业技术人员数量整体不足、专业能力有待提高、人才地区分布差异显著、高学历高职称人才占比较低等人才现状。总结梳理了近年来我国在推动安全评价检测检验专业技术人才方面的举措，包括信息公开、安全评价师能力验证、制定标准强化技术要求等，并提出明确全职专业技术人员能力要求、注重人员能力提升和强化人才技术培训等对策建议。

**关键词：** 安全评价机构　安全评价师　人才建设

安全评价检测检验机构承担着安全生产标准化评审、安全培训、安全管理咨询、检测检验等服务工作，是参与和推进安全应急工作的重要力量。安全评价检测检验机构主要分为两类，一是安全评价机构，指依法取得安全评价相应的资质，按照资质证书规定的业务范围开展安全评价活动的社会中介服务组织；二是安全生产检测检验机构，指为了保证生产经营单位安全生

---

* 翟振岗，北京市新技术应用研究所有限公司副研究员，主要研究方向为城市安全风险评估、城市生命线安全与应急技术；郑建春，北京市科学技术研究院城市系统工程研究所研究员、部门主任，主要研究方向为城市运行安全、风险治理。

产，确保产品质量和安全，维护公共利益和公民合法权益，进行安全生产检测、检验和鉴定，提供相关技术服务的机构。

安全评价检测检验机构中核心人才为专业技术人员。在安全评价机构中，2019 年发布的《安全评价检测检验机构管理办法》（应急管理部令第 1 号）将安全评价技术人员称为安全评价师。《中华人民共和国职业分类大典（2022 年版）》则将其称为安全评价工程技术人员，并定义其为从事生产安全风险度分析、事故影响范围预测、损害程度估算并制订防范措施的工程技术人员[①]。本报告以安全评价检测检验机构中专业技术人员为主要研究对象，收集公开数据、政策文件进行分析，对机构人才现状进行调查，分析人才数量、专业能力等方面存在的问题，并提出对策和建议。

# 一　安全评价检测检验人才需求

## （一）法律法规要求

2002 年颁布的《中华人民共和国安全生产法》首次明确规定：矿山建设性项目和生产、储存危险物品的建设项目，应当按照国家有关规定进行安全评价；生产经营单位使用的涉及生命安全、危险性较大的特种设备，以及危险物品的容器、运输工具，必须按照国家有关规定，由专业生产单位生产，并经取得专业资质的检测检验机构检测、检验合格，取得安全使用证或者安全标志，方可投入使用。由此确定了安全评价检测检验机构的法定身份，为相关专业人才发展提供了动力。2021 年该法第三次修

---

[①] 《应急管理部关于进一步加强安全评价机构监管的指导意见》（应急〔2023〕99 号）未提及"安全评价师"一词，而采用"安全评价从业人员"。《中华人民共和国职业分类大典（2022 年版）》中采用"安全评价工程技术人员"。但现行的《安全评价检测检验机构管理办法》（应急管理部令第 1 号）和国家市场监督管理总局认证认可技术研究中心发布的《安全评价师　人员能力验证规则》（CCAI-R-P12：2022）仍称安全评价师或安全评估师。

正，进一步明确金属冶炼建设项目、装卸危险物品的建设项目应进行安全评价。

2004 年 7 月，《中华人民共和国行政许可法》开始实施，根据国务院的规定，安全评价机构资质许可被列入由原国家安全生产监督管理局行使的政府许可事项中。同年，国家安全生产监督管理局颁布《安全评价机构管理规定》，2009 年国家安全生产监督管理总局修订了《安全评价机构管理规定》，该规定明确了机构安全评价师等级和人数要求。2019 年，《安全评价检测检验机构管理办法》（应急管理部令第 1 号）对安全评价检测检验机构资质认可条件进行了调整，进一步明确了机构的专业技术人员人数、职称、从业经验等具体要求。2023 年，《应急管理部关于进一步加强安全评价机构监管的指导意见》（应急〔2023〕99 号）重点规定了从业人员资格管理，包括严格核查安全评价从业人员专业能力和资格条件，严厉打击出租出借资格证书行为等。

## （二）人才需求

20 世纪 80 年代初，我国逐步引入安全系统工程的技术方法，经过 40 多年的发展，安全评价检测检验行业已经成为经济社会稳定发展的助推器。近年来，我国安全评价行业发展较快，但由于起步晚、基础薄弱，专业技术人才还难以满足我国经济社会快速发展的需求。安全评价过程在一定程度上带有主观臆断的性质，不同的评价人员在实际操作过程中可能因为专业素养、实践经验等不同而作出不同的风险预测，因此，提升人员技术能力尤为重要。

近三年，安全评价师招聘需求增长显著。根据集友网对近年来招聘需求统计数据，2020 年受疫情影响，职位需求较 2019 年下降 7%，但 2022 年之后职位增加迅速，2022 年、2023 年分别较上一年度增长了 117%、92%，2024 年前三个月职位也增长显著。从需求地区看，上海、北京、杭州、广州等发达地区招聘需求占比较高。

# 二　人才现状分析

## （一）机构情况

### 1. 安全评价机构

安全评价机构是指依法取得安全评价相应的资质，按照资质证书规定的业务范围开展安全评价活动的社会中介服务组织。2019年，根据国务院"放服管"的要求，安全评价机构资质审批制度进行了改革，取消了甲乙级分级资质认可，只保留基础资质，并交由省级监管部门实施。根据中国安全生产协会（2022年10月发布）和应急管理部统计，全国（不含港澳台地区，下同）有安全评价机构565家，其中山东省安全评价机构最多，达到52家，其次是江苏省40家；各省区市安全评价机构数量、安全评价师数量和安全评价检测检验机构数量如表1所示。

在单位性质方面，据不完全统计，国有企业、民营企业均占比较高。以北京为例，2023年底，在31家安全评价机构中，国有企业12家，占38.71%，事业单位6家，占19.35%，民营企业13家，占41.94%。

表1　我国安全评价检测检验机构及专业技术人员统计

| 地区 | 安全评价机构数量（家） | 安全评价师数量（人） | | | | 安全评价检测检验机构数量（家） |
| --- | --- | --- | --- | --- | --- | --- |
| | | 总数 | 一级安全评价师 | 二级安全评价师 | 三级安全评价师 | |
| 北京市 | 31 | 1799 | 457 | 724 | 618 | 3 |
| 天津市 | 21 | 929 | 210 | 346 | 373 | 1 |
| 河北省 | 35 | 1049 | 185 | 419 | 445 | 7 |
| 山西省 | 22 | 1069 | 240 | 377 | 452 | 18 |
| 内蒙古自治区 | 15 | 622 | 144 | 235 | 243 | 10 |
| 辽宁省 | 19 | 930 | 228 | 374 | 328 | 11 |
| 吉林省 | 14 | 711 | 146 | 271 | 294 | 1 |

| 地区 | 安全评价机构数量（家） | 安全评价师数量（人） | | | | 安全评价检测检验机构数量（家） |
|---|---|---|---|---|---|---|
| | | 总数 | 一级安全评价师 | 二级安全评价师 | 三级安全评价师 | |
| 黑龙江省 | 12 | 489 | 125 | 186 | 178 | 7 |
| 上海市 | 15 | 579 | 151 | 236 | 192 | 2 |
| 江苏省 | 40 | 1847 | 395 | 728 | 724 | 6 |
| 浙江省 | 19 | 849 | 189 | 339 | 321 | 0 |
| 安徽省 | 14 | 606 | 140 | 235 | 231 | 11 |
| 福建省 | 9 | 496 | 108 | 199 | 189 | 1 |
| 江西省 | 6 | 378 | 69 | 177 | 132 | 2 |
| 山东省 | 52 | 2568 | 606 | 1020 | 942 | 15 |
| 河南省 | 26 | 1227 | 253 | 518 | 456 | 18 |
| 湖北省 | 15 | 700 | 154 | 295 | 251 | 7 |
| 湖南省 | 22 | 956 | 186 | 378 | 392 | 4 |
| 广东省 | 29 | 1395 | 305 | 592 | 498 | 1 |
| 广西壮族自治区 | 10 | 266 | 49 | 108 | 109 | 2 |
| 海南省 | 1 | 40 | 11 | 17 | 12 | 0 |
| 重庆市 | 9 | 489 | 124 | 166 | 199 | 2 |
| 四川省 | 37 | 1589 | 347 | 617 | 625 | 2 |
| 贵州省 | 17 | 1006 | 182 | 441 | 383 | 12 |
| 云南省 | 12 | 601 | 134 | 246 | 221 | 1 |
| 西藏自治区 | 0 | 0 | 0 | 0 | 0 | 0 |
| 陕西省 | 30 | 1602 | 315 | 612 | 675 | 7 |
| 甘肃省 | 8 | 401 | 86 | 125 | 190 | 4 |
| 青海省 | 4 | 206 | 32 | 95 | 79 | 0 |
| 宁夏回族自治区 | 7 | 296 | 61 | 114 | 121 | 2 |
| 新疆维吾尔自治区 | 14 | 696 | 160 | 241 | 295 | 5 |
| 合计 | 565 | 26391 | 5792 | 10431 | 10168 | 162 |

注：安全评价机构数据根据中国安全生产协会网站"新资质安全评价机构信息查询"系统整理，安全评价检测检验机构信息根据应急管理部"安全评价检测检验机构信息查询系统"数据整理。

## 2. 安全评价检测检验机构

安全评价检测检验机构是依照有关法律、法规和国家标准或者行业标准规定对矿山井下特种设备进行检测检验并对其安全性和符合性等作出判定的机构。根据应急管理部统计，我国共有安全评价检测检验机构 162 家，其中山西省、河南省安全评价检测检验机构最多，均为 18 家，其次是山东省 15 家。我国安全评价检测检验机构数量较多，分布地域广，从业人员技术水平参差不齐，在历次的安全检查与监督过程中，经常发现由于检测检验从业人员的不专业，检测检验报告与标准要求不符的现象，给安全生产监督管理带来了一定困难。

### 3. 其他安全咨询机构

除了安全评价机构外，市场上还有大量的各类安全咨询机构，规模大小不一，缺少明确的资质门槛要求，政府监管要求不统一，人员能力方面参差不齐。以北京市为例，在北京市应急管理局备案的注安事务所有 65 家，大多数机构专业技术人员较少，主要提供一些相对简单的安全咨询服务，在指导企业提升安全管理水平方面能力不足。

### 4. 机构存在的问题

2023 年，应急管理部在组织开展评价检测机构职业行为明察暗访中，重点检查了山东、辽宁等 10 个地市的 33 家评价检测机构，在机构资质认定等方面就发现问题 21 条[①]。专业技术人员流动率高，造成机构专职安全评价师比例不满足要求[②]。存在个别评价人员社保与安全评价机构不符的情况[③]。

## （二）人才现状分析

《安全评价检测检验机构管理办法》（应急管理部令第 1 号）规定：承担单一业务范围的安全评价机构，其专职安全评价师不少于 25 人；每增加一个行业（领域），按照专业配备标准至少增加 5 名专职安全评价师；专职

---

① 应急管理部：《应急管理部组织开展评价检测机构执业行为明查暗访》，《人民日报》2023 年 5 月 12 日，第 14 版。
② 安徽省应急管理厅：《关于安全评价机构执业行为专项整治情况的通报》，2022 年 11 月 17 日。
③ 成都市应急管理局：《关于安全评价执业行为检查情况通报》，2021 年 12 月 13 日。

安全评价师中，一级安全评价师比例不低于 20%，一级和二级安全评价师的总数比例不低于 50%，且中级及以上注册安全工程师比例不低于 30%。

### 1. 专业技术人员数量整体不足

对安全评价机构安全评价师[①]人数进行分析，结果见图 1。安全评价师人数少于 25 人的机构为 31 家，不符合《安全评价检测检验机构管理办法》（应急管理部令第 1 号）要求。[②] 安全评价师人数在 40~54 人的机构最多，达到 214 家，占机构总数的 37.81%，其次是安全评价师 25~39 人的机构，为 184 家，占机构总数的 32.51%，两者合计占机构总数的 70.32%。人数 ≥ 100 人的仅 11 家机构，占机构总数的 1.94%。安全评价师人数最多的安全评价机构为中检集团康泰安全科技有限公司，达到 140 人，但该机构有 90 名安全评价师为兼职人员。总体来看，安全评价机构的体量偏小、质量不高等问题突出，机构中安全评价师数量不足，专业技术人员缺乏，难以满足经济发展的需要。

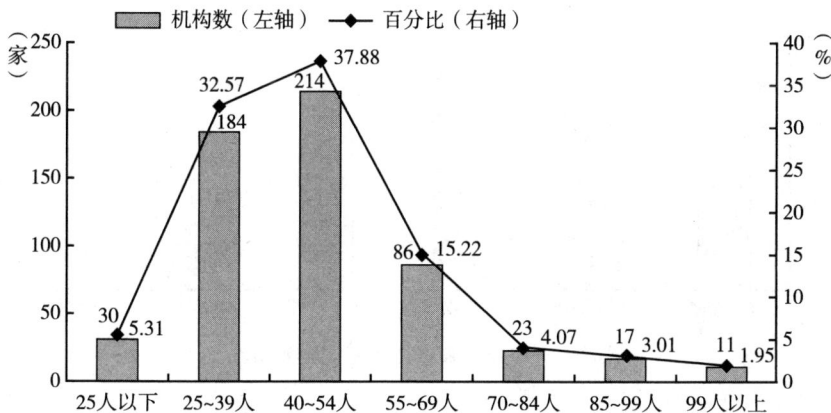

图 1　安全评价机构安全评价师人数分布情况

---

① 由于缺少对高级职称专业技术人员的统计，按照现行统计方式，对不同等级安全评价师情况进行分析。

② 由于各省份对安全评价师证书发证单位要求不统一，且与中国安全生产协会统计要求存在不一致情况，因此系统中部分机构安全评价师人数较少。

## 2.高水平专业技术人员占比不高

全国 565 家安全评价机构共有安全评价师 26391 名，平均每家机构安全评价师约 47 名，其中一级评价师约 10 名，占比为 21.95%，二级评价师 19 名，占比为 39.52%，三级评价师 18 名，占比为 38.53%。从统计数据可以看出，一级评价师占比仅略高于《安全评价检测检验机构管理办法》要求的 20%，但许多机构一级安全评价师数量仅满足最低要求，整体来看，一级安全评价师仍相对不足。

对安全评价机构中一级评价师占比进行统计（见图 2），统计结果表明，一级评价师占比小于 15% 的评价机构为 61 家[①]，占总数的 10.80%，一级评价师占比在 15%~20% 的评价机构为 184 家，占总数的 32.57%；一级评价师占比不符合管理办法要求（不低于 20%）的机构数量达到 245 家，占总数的 43.36%。

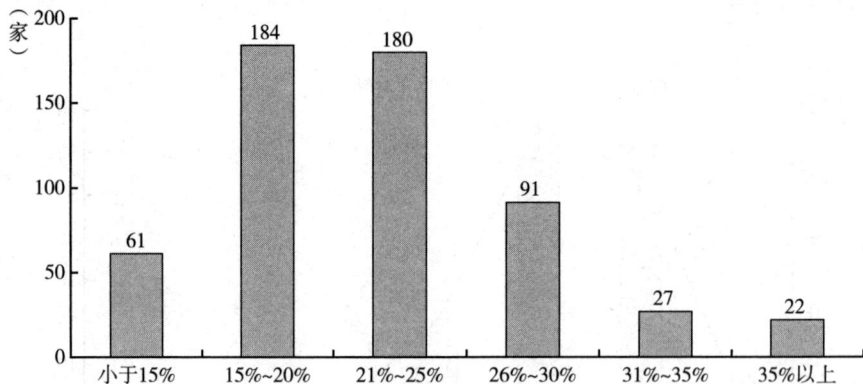

**图 2　一级评价师占比的机构分布情况**

同时，通过典型企业调查发现，从业人员专业能力不匹配。虽然一部分人员通过职称考试，取得安全评价师资格，但他们缺乏生产实践的锻炼，在工作中往往会暴露经验、专业技能不足等问题。

---

① 根据中国安全生产协会安全评价信息查询平台统计，由于人员变动、系统中信息不完整等原因，部分机构安全评价师人数或比例不符合《安全评价检测检验机构管理办法》要求。

## 3. 地区差异显著，与化工、矿山等高危行业分布存在相关性

我国地域广阔，各地经济发展差异显著，安全评价机构及安全评价师地域差异也非常显著。从评价机构注册安全评价师人数来看，山东省注册人数最多达到 2568 人，其次是江苏省 1847 人，北京市 1799 人，详见图 3 各省份安全评价机构注册安全评价师人数。

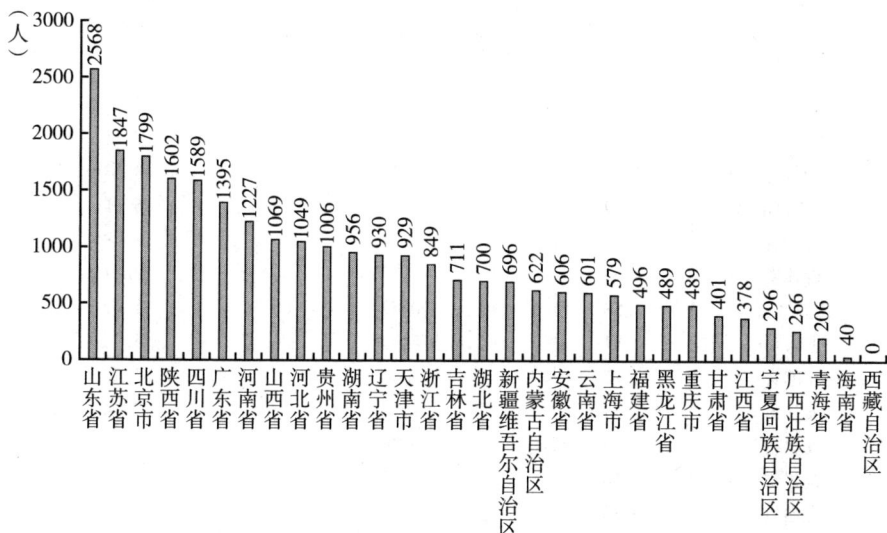

**图 3　各省份安全评价机构注册安全评价师人数**

安全评价机构注册安全评价师人数与经济、人口密切相关，为对比经济与安全评价师的关系，根据《中国统计年鉴 2023》① 中人口、第二产业生产总值、工业生产总值等数据，分析各地区每 10 万人（常住人口）、第二产业每 100 万亿元生产总值、工业每 100 万亿元生产总值等机构注册安全评价师人数，分析结果见表 2。

各地区机构注册安全评价师人数与常住人口对比如图 4 所示。统计表明，北京市每 10 万人安全评价师人数最多，达到 8.24 人，其次是天津市 6.82 人，宁夏回族自治区、陕西省均略大于 4 人，青海省、山西省、吉林

---

① 国家统计局编《中国统计年鉴 2023》，中国统计出版社，2023。

省均大于 3 人。每 10 万人安全评价师人数少于 1 人的地区有西藏自治区、海南省、广西壮族自治区、江西省、安徽省。

**表 2　安全评价机构注册安全评价师与人口、经济对比分析**

单位：人

| 地区 | 安全评价机构注册安全评价师相对人数 | | |
| --- | --- | --- | --- |
| | 每 10 万人 | 第二产业每 100 万亿元生产总值 | 工业每 100 万亿元生产总值 |
| 北京市 | 8.24 | 27.24 | 35.72 |
| 天津市 | 6.82 | 15.38 | 17.20 |
| 河北省 | 1.41 | 6.15 | 7.15 |
| 山西省 | 3.07 | 7.72 | 8.38 |
| 内蒙古自治区 | 2.59 | 5.53 | 6.41 |
| 辽宁省 | 2.22 | 7.91 | 9.08 |
| 吉林省 | 3.03 | 15.36 | 19.02 |
| 黑龙江省 | 1.58 | 10.52 | 11.49 |
| 上海市 | 2.34 | 5.05 | 5.36 |
| 江苏省 | 2.17 | 3.30 | 3.80 |
| 浙江省 | 1.29 | 2.56 | 2.94 |
| 安徽省 | 0.99 | 3.26 | 4.39 |
| 福建省 | 1.18 | 1.98 | 2.53 |
| 江西省 | 0.83 | 2.63 | 3.21 |
| 山东省 | 2.53 | 7.33 | 8.94 |
| 河南省 | 1.24 | 4.82 | 6.26 |
| 湖北省 | 1.20 | 3.30 | 3.99 |
| 湖南省 | 1.45 | 4.98 | 6.36 |
| 广东省 | 1.10 | 2.64 | 2.92 |
| 广西壮族自治区 | 0.53 | 2.98 | 3.93 |
| 海南省 | 0.39 | 3.05 | 5.19 |
| 重庆市 | 1.52 | 4.18 | 5.91 |
| 四川省 | 1.90 | 7.51 | 9.68 |
| 贵州省 | 2.61 | 14.14 | 18.31 |
| 云南省 | 1.28 | 5.74 | 8.35 |
| 西藏自治区 | 0.00 | 0.00 | 0.00 |
| 陕西省 | 4.05 | 10.05 | 12.17 |
| 甘肃省 | 1.61 | 10.16 | 12.16 |
| 青海省 | 3.46 | 12.99 | 16.77 |
| 宁夏回族自治区 | 4.07 | 12.09 | 14.14 |
| 新疆维吾尔自治区 | 2.69 | 9.57 | 11.56 |

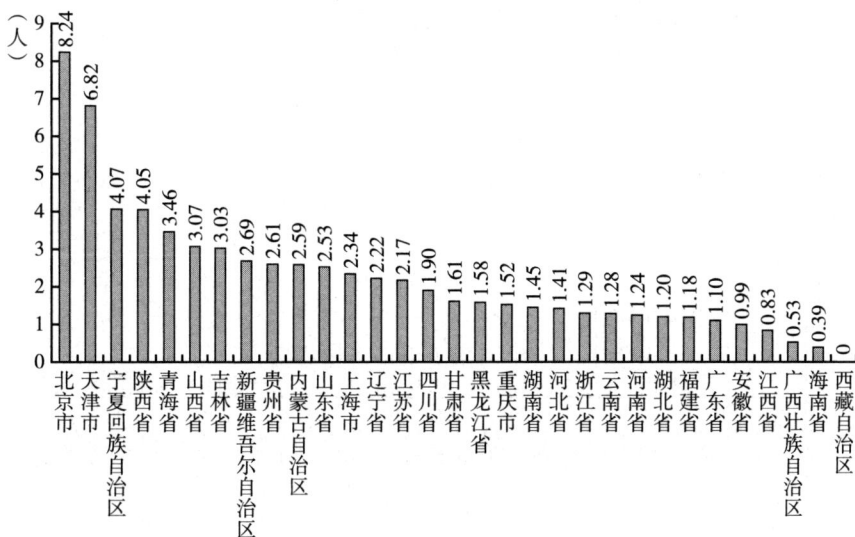

**图4 各地区安全评价师人数与人口对比**

安全评价师主要服务于第二产业，特别是第二产业中的工业，分析各地区安全评价机构注册安全评价师数量与经济之间的关系，图5给出了工业100万亿元生产总值、第二产业100万亿元生产总值对应安全评价师人数。以工业100万亿元生产总值对应的注册安全评价师人数看，北京市人数最多，显著高于其他地区，达到35.72人；天津市、吉林省、贵州省、青海省、宁夏回族自治区、黑龙江省、甘肃省、陕西省、新疆维吾尔自治区等均大于10人；而广西壮族自治区、广东省、江西省、浙江省、福建省、西藏自治区等均少于4人。山东、江苏、广东等化工大省安全评价机构数量较多，煤矿安全评价机构则多分布于黑龙江、山西、贵州等地。另外，北京、天津、上海、成都等城市经济发达，人才聚集，辐射面广，也分布着较多安全评价机构。安全评价机构的分布情况也在一定程度上说明化工、矿山等行业是安全评价实际上主要的应用领域。

从与人口对比来看，各地区差异显著，但与各地区人口密度、经济发达程度等均未呈现显著的相关关系。

同时，根据应急管理部及各地区对机构检查结果看，部分安全评价机构

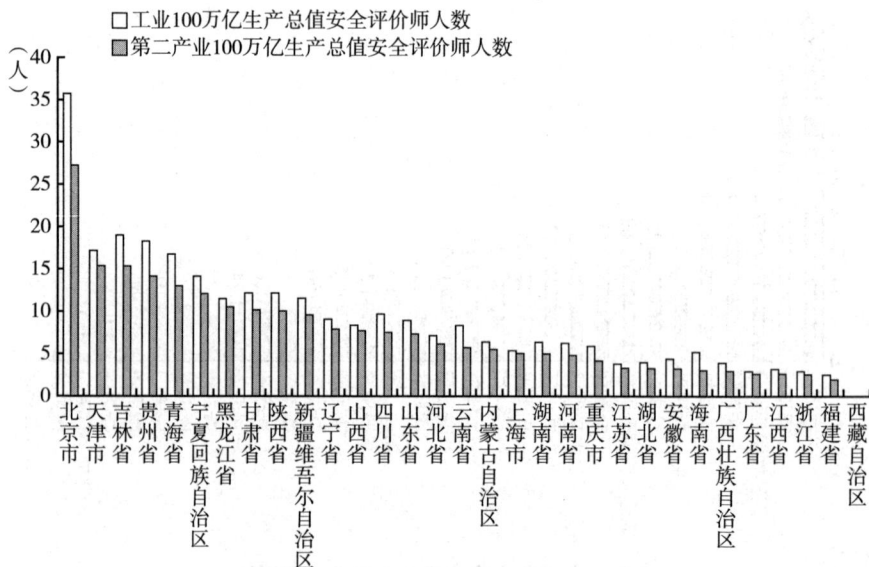

□工业100万亿生产总值安全评价师人数
■第二产业100万亿生产总值安全评价师人数

图5　各地区安全评价师人数与经济数据对比

专职安全评价师流动率高，造成机构专职安全评价师比例不满足要求，且支撑专业能力的专职安全评价师频繁流动，造成机构许可业务范围内的评价师专业能力配备不满足标准要求。违规聘用社会其他单位人员充当专职评价师现象依然存在。

4. 高学历、高级职称人员占比较低

高级工程师、硕士及以上学历占比较低，根据对北京市机构人员的调研，仅一些国企、事业单位或有科研院所背景的机构，高级工程师和硕士及以上学历人员占比相对较高一些，能达到50%及以上。民营企业中，具有高级职称或硕士及以上学历的占比在20%左右或更低。从市场招聘信息①来看，学历要求以本科、大专为主，其中岗位学历要求中，本科学历为48.6%，大专学历为36.6%，不限学历9.3%。硕士、博士等高学历人才需求较低，其中要求硕士学位的岗位仅占3.2%，博士学位的岗位占0.18%。

---

① 《安全评价工程师工资（就业前景）》，职友集网站，https：//www.jobui.com/trends/quanguo-anquanpingjiagongchengshi/。

安全评价工作侧重对企业安全生产条件的合规性进行评价，严谨性要求高，专业技术水平要求高。该类机构技术人员对法律法规、标准规范要求的掌握更加扎实，在各自专业领域（如电气、化工、采矿等）能提供更专业的指导。但随着市场需求的变化，也逐渐呈现人员创新能力不足的现象。

# 三　人才发展措施及存在问题

## （一）人才发展措施

### 1. 强化对机构的监督管理

应急管理部、各地区应急部门高度重视安全评价检测检验机构监督管理。2021 年，应急管理部办公厅印发《安全评价机构执业行为专项整治方案》（应急厅〔2021〕38 号）。北京市应急管理局制定了《北京市安全评价检测检验机构综合监管合规手册》《北京市安全评价检测检验机构综合监督检查单》等。

### 2. 制定标准强化人员技术要求

《安全生产检测检验机构能力的通用要求》（AQ/T 8006-2018）对人员管理程序、专业人员技术职称、应具备知识等方面提出了对人员的技术要求。2022 年 11 月，应急管理部组织起草了《安全生产检测检验机构专业技术人员通用要求（征求意见稿）》，规定了安全生产检测检验机构专业技术人员的条件、培训、考核、执业及管理等要求。2022 年 3 月，应急管理部起草的《安全评价过程控制（征求意见稿）》，对过程控制负责人、技术负责人、项目组组长、项目组成员、档案管理人员的任职条件及主要职责作了规定。

北京市发布的《安全评价机构服务规范》（DB11/T 2186-2023）提出了人员管理要求，包括人员管理程序、项目组组成、技术负责人、培训教育、技术人员档案等内容。

### 3. 通过信息公开强化人员管理

2016 年，中国安全生产协会在安全评价行业内推行行业自律性从业注册管理制度，并开发了"安全评价师从业注册平台"①。2023 年 7 月，应急管理部开发了安全评价检测检验机构信息查询系统，该系统有从业告知管理和处罚情况列表等功能，但目前仅有安全评价机构信息和安全生产检测检验机构信息查询功能，缺少专业技术人员信息查询功能。

### 4. 探索能力验证等新政策

启动能力验证工作。安全评价师能力验证是使用安全系统工程方法、手段，对安全评价人员辨识、评估建设项目和生产经营单位生产安全存在风险能力进行验证。2022 年 9 月 30 日，国家市场监督管理总局认证认可技术研究中心发布《市场监管总局认研中心关于开展人员能力验证工作（第二批）的通知》，面向社会正式开展人员能力验证工作，将安全评价师能力验证纳入了人员能力验证体系。同年 12 月，该机构发布《安全评价师 人员能力验证规则》（CCAI-R-P12：2022），进一步明确安全评价师培养培训及能力考核的主要内容，包括基础知识、危险有害因素辨识、危险与危害程度评价、风险控制、技术管理等内容。

## （二）存在问题

### 1. 从业资格要求不明确

安全评价师证书目前有三种，一是人社部和原安监总局共同签章的证书，二是省市县人社部门发放的仅盖有省市县人社部门签章的证书，三是 2019 年后中国安全生产协会颁发的仅盖有协会签章的证书。但目前文件未明确这些证书是否属于国家职业资格，缺乏权威的解释。《应急管理部关于进一步加强安全评价机构监管的指导意见》（应急〔2023〕99 号）提出：严禁违规设置安全评价从业人员执业障碍，不得将注册管理、继续教育、指

---

① 《安全评价师从业注册实现"一网通办"》，安全评价师从业注册平台，http://cydj.5anquan.com/UILogin/NewsDetails？id＝21。

定培训等作为认定专（全）职安全评价从业人员的前置条件。但目前仍缺少对相关政策的权威解读，造成专业技术从业人员认知不清。

2.专业技术人员能力提升要求不明确

全职专业技术人员中注册安全工程师和具有安全评价职业资格类人员是安全评价检测检验人员的主力，对注册安全工程师有继续教育的明确要求，但对高级工程师、博士、安全评价职业资格类人员的继续教育要求不明确，对专业技术人员具体能力要求不明确，专业技术人员提升自身能力的动力不足，缺乏主动学习新技术、新方法的动力。

# 四 人才发展趋势分析

## 1.安全评价检测检验人才需求面更广

安全评价检测检验工作除对生产经营单位进行安全评价、检测检验外，近年来城市安全风险评估、化工园区建设等专业技术服务需求不断增加，专业机构从事中介服务范围不断拓展。随着安全问题的日益突出，各类企事业单位对于安全评价的需求也在不断增加，安全评价检测检验机构工作将逐渐扩大到各个行业领域，如建筑、交通、化工、能源等。同时，随着技术方法的不断进步，对专业技术人员的专业性和技术要求不断提高，其薪资待遇也将有相应提高，安全应急专业技术人员具有很好的发展前景。

## 2.专业能力要求不断提高

评价方法愈加多样性。长期以来，许多安全评价检测检验机构过度追求利润，从而选择安全检查表法等低成本的评价方法，采用新技术新方法开展风险辨识的积极性不高。但是，随着大数据、人工智能等先进技术在安全应急领域的广泛应用，必然要求安全评价检测检验方法的创新。2022年，应急管理部起草的《安全评价通则（征求意见稿）》要求：安全评价机构应积极拓展现行评价方法，根据评价工作实际，运用大数据技术、信息化技术、风险计算模型等相关学科的研究成果，开发和改进实用的评价技术，以得到更科学、准确的评价结果，为评价工作提供技术支撑。除了应用相对成熟的技术方法外，还需要对方法进行拓展。这就需要专业技术人员具备跨领域的知识和技能，能够适应不同领域的需求。

### 3.高水平人才需求强烈

专业的安全生产咨询对人员专业知识、技能和综合能力要求不断提高。经济社会发展、国内安全管理发展以及市场需求变化，迫切需要对技术方法进行升级，安全评价检测检验对从业人员专业能力（包括专业知识、系统的安全理论知识、丰富的现场实践经验）的要求将会越来越高，人员在职称等级和学历方面将逐渐呈现高职称化、高学历化。全国人民代表大会常务委员会执法检查组关于检查《中华人民共和国安全生产法》实施情况的报告提出：强化安全生产社会化服务监督管理，推进服务标准化建设，引导服务市场健康有序发展，切实为监管执法提供专业支撑①。拓展政府向社会中介机构购买服务种类，引导高校、科研院所、社会专业机构等积极参与社会化服务。2023年《安全评价检测检验机构管理办法（修改送审稿）》明确要求：安全评价机构全职专业技术人员应当取得与专业能力配备标准相应的高级职称、博士学位、安全评价类国家职业资格或中级及以上注册安全工程师职业资格证书。

## 五　对策建议

### （一）尽快明确全职专业技术人员能力要求

根据《中华人民共和国职业分类大典（2022年版）》，安全评价工程技术人员属于第二类专业技术人员，属于技术型。但现行政策文件缺少对第二大类专业技术人员认定机构的规定，缺少认定机构。同时，中国安全生产协会组织的安全评价师考试暂停，而技术人员认定或能力验证又未明确，造

---

① 《全国人民代表大会常务委员会执法检查组关于检查〈中华人民共和国安全生产法〉实施情况的报告》，全国人民代表大会网站（2023年12月27日），http：//www.npc.gov.cn/c2/c30834/202312/t20231227_ 433820. html。

成专业技术人员能力要求不明确，缺少规范，给安全评价检测检验机构专业技术人才造成较大困惑，亟须尽快明确相关政策，并给出具体实施路径。

## （二）注重机构监管与人员能力提升的结合

在安全评价机构监管方面，北京市、山东省等均制定了与安全评价机构信用分级管理相关的制度，如 2022 年北京市安全生产委员会办公室印发了《北京市安全评价机构信用风险分级监督管理指南（试行）》、《北京市安全评价检测检验机构综合监管合规手册》和《北京市安全评价报告审核工作指引（试行）》等系列文件，注重对安全评价报告的评审。建议将机构监管及报告审核过程与专业技术人员能力建设相结合，注重对完成高质量报告的专业技术人员的奖励，实现专业技术人员能力与报告水平的同步提升。

## （三）注重机构发展规划，实现机构质量和人才水平的同步提升

对安全中介机构建设总体规划适量发展。根据安全中介工作需求，按照统筹规划、合理有序、适度发展的原则，重点发展专业能力较强、工作规范、服务质量好的机构，促进现有中介机构进行资源整合，加快形成一批技术实力雄厚，集评、学、研于一体成规模的安全中介机构。机构高质量发展离不开专业技术人才水平的提升，应推动机构主动开展专业技术人员能力提升工作，创造适用于机构专业技术能力提升的评价机制，在职称评定过程中进一步侧重实践经验。

**参考文献**

阴建康：《安全生产中介组织建设与发展》，《中国安全生产科学技术》2009 年第 2 期。

吴强：《安全评价机构行政监管问题及优化对策研究》，河北工业大学硕士学位论文，2022。

# 区域篇

# B.12
# 北京安全应急科技人才现状与趋势

尤秋菊　刘双庆*

**摘　要：** 安全应急科技是经济社会安全发展的重要基石，是城市运行和人民生命财产安全的重要保障，是应急管理工作的重要支撑。安全应急科技人才是应急管理体系的重要支撑部分，加强安全应急科技人才队伍建设对提升应急管理体系和能力现代化水平至关重要。本报告系统梳理了北京市安全应急科技资源现状与发展趋势、人才队伍数据情况和人才培养体系现状，分析了目前安全应急领域存在创新发展资源的培育不够、人才队伍还不够适应发展需要、人才成长政策环境尚有不足等问题。结合各行业领域安全应急科技人才的需求，本文提出了建立安全应急科技人才培养体系框架与制度、构建完整的人才支持体系等对策建议，以期为北京市安全应急领域复合型科技人才的培养打下坚实基础。

**关键词：** 安全应急　科技人才　培养体系　北京市

---

* 尤秋菊，北京市科学技术研究院城市系统工程研究所研究员，主要研究方向为公共安全、应急管理；刘双庆，北京市科学技术研究院城市系统工程研究所高级工程师，主要研究方向为风险评估、应急管理。

《人才学辞典》（1987 年版）上曾对"科技人才"作出如下界定：科学人才和技术人才的略语，是在社会科学技术劳动中，以自己较高的创造力、科学的探索精神，为科学技术发展和人类进步作出较大贡献的人。由此可见，科技人才的概念大致包含四个要点：具有专门的知识和技能；从事科学或技术工作；有较高的创造力；对社会作出较大的贡献①。本报告调研的安全应急科技人才主要是从事安全应急科学技术研究、产品研发的人员。

# 一 北京安全应急科技现状与发展

## （一）安全应急科技发展特点

### 1. 新兴的科技内涵与传统的科技内容兼具

传统的安全应急科技内容发展更多的是对应单灾种、单部门的管理。但当前威胁公共安全的不仅包括四大类突发事件，还有四大类突发事件相互影响产生的关联风险，要从风险的特点、发生发展机理和动态过程管理的实际需求出发，利用科技创新提升公共安全保障能力和防灾减灾能力。

### 2. 广泛的应用领域和局限的应用空间

安全应急科技是为满足应对各类影响到安全的突发事件从风险识别、评估、监测监控、预警指挥到抢险救援各个阶段的特定需求而提供的科技，其目的是更好地预防与应对各类突发事件，有着广泛的应用领域。然而，突发事件具有很强的偶然性和不确定性，大多数影响安全的突发事件毕竟是小概率事件，风险认知能力总是存在一定的局限性，这也就限制了安全应急科技的应用空间②。

### 3. 高度的专业垄断和密切的技术集成结合

安全应急科技的许多产品具有很强的专业性，尤其是针对各种风险防控密切的科技，具有专业基础依赖性强、研发周期长、数据资源需求多、进入

---

① 程强、顾新、彭尚平：《开发创新型科技人才的战略研究》，《科技与经济》2011 年第 1 期，第 80~84 页。

② 文彬、姚翔、庞辉等：《关于加快应急产业发展供给侧改革的思考》，《中国应急救援》2017 年第 1 期，第 15~19 页。

壁垒高的特点，使得安全应急科技具有高度的垄断性。同时，安全应急本身就是一项复杂庞大的系统工程，单靠某一种产品无法实现安全保障、应对突发事件的目的，只有各科技成果间进行相互配套与协同，真正实现安全技术、产品、服务的综合集成应用，才能更加高效、有序、成功地提高安全保障水平和突发事件应对能力[①]。

**4. 技术对产业链的贡献呈现两头活跃、中间蓄势特征**

北京市在科技资源、人才资源和政策资源方面均有较高优势，科技成果积累众多，研发力量非常雄厚，能够成为高端产业技术发展的引领者。但是，受总体技术水平和多方面因素影响，许多安全应急科技及产品在关键技术上尚未获得重要突破，企业技术创新能力和动力不足，拥有自主知识产权核心技术的企业凤毛麟角，多数企业处在有"制造"无"创造"、有"产权"无"知识"状态。

**5. 安全应急科技发展的政策依赖性比较强**

安全应急科技提供的产品和服务有 2/3 是公共产品，需要政府为产品和服务进行买单，因而安全应急科技具有很强的政策驱动型特征。

### （二）北京安全应急科技资源现状概述

北京安全应急领域科技资源优势集中，2023 年，北京有 19 所设有安全工程和应急管理相关专业的高校，其中 985 或 211 院校 14 所；北京作为首都更是积聚了众多科研院所，拥有丰富的人才、技术和科技资源，每年完成各类科技成果上万项[②]。

北京安全应急领域拥有雄厚的科研基础和技术资源，主要包括研究资源、项目资源和成果资源，在国内处于领先地位，并逐步形成以高校院所、重点实验室、技术服务机构等为依托的安全应急科技支撑体系。

---

① 文彬、姚翔、庞辉等：《关于加快应急产业发展供给侧改革的思考》，《中国应急救援》2017 年第 1 期，第 15~19 页。
② 北京市应急管理局、北京应急管理学会、北京市科学技术研究院：《北京市应急管理领域科技工作手册（2021 版）》，2021 年 12 月。

### （三）北京安全应急领域科技发展分析

**1.差异化发展，发挥北京优势**

发挥北京的科技高端、人才聚集优势，重点发展产品集成、咨询服务及衍生服务，形成集研发、测试、应用及服务于一体的顶级产业链结构，形成与其他省区市安全应急科技发展不同的鲜明特色。

**2.聚焦科技资源，实现高端突破**

发挥研发机构众多、科研成果众多的优势，重点选择与现代计算机技术、信息技术、通信技术、新材料、新能源以及多学科、交叉学科相关的技术领域和重点项目。扶持监测监控、预测预警、应急救援、自动控制、高端咨询服务等科研机构和企业，促进研发各类先进技术在政府和企业监管、产业发展中的应用，形成具有北京特色的安全高新技术体系。

**3.市场导向，促进科技方向聚集**

坚持以市场为导向，以创新为灵魂，以实用化、产业化为目的。只有企业作为技术创新主体，才能够根据需求组织研发，并可以迅速将科研创新成果转化为生产力，极大地提高企业的竞争力。发挥龙头企业的聚集带动作用，培育特色突出、专业分工合理、协作配套完善、创新能力较强的安全应急科技集群。科学研究与知识产权服务必然成为适应北京未来发展的最佳选择，逐步建立产学研资源相结合的开放型聚集发展模式。

**4.注重统筹协调，加强资源整合**

以政府监管、企业安全水平提升、公众安全需求和产业市场化为导向，以安全应急科技成果创新为核心，以提升竞争力为动力，以构建政产学研用结合的创新模式为支撑，以高技术服务和高新技术制造业相互融合为取向，实现北京市安全应急科技发展方向：2个对接（产学研对接，技术研发和需求对接）、3个结合（与政府需求结合，与社会管理结合，与相关产业发展结合）、4个工程（标准建设，产业培育，需求集成，龙头带动）。

# 二 北京安全应急科技人才现状

近年来，我国安全应急科技发展有了长足的进步，大大降低了各类灾害对经济社会的影响。但是，城市的快速发展、极端天气的增多带来了各种灾害风险的相互交织、叠加，我们将面临更加复杂严峻的形势和挑战。做好安全应急科技人才培养工作，既是安全应急工作的先导性、基础性和战略性工程之一，也是提高政府风险治理能力的重要保障。为此，本文针对北京安全应急科技人才队伍的总体情况，以及安全应急科技人才被纳入北京市人才培养计划的基本情况进行梳理分析，探究目前北京安全应急科技人才培养中所出现的问题，结合北京安全应急科技人才的实际切实需求，构建一个面向科技需求、政府积极引导、多元主体广泛参与的安全应急科技人才培养体系，以推动北京安全应急事业的发展，保障首都的和谐稳定和安全健康发展。

## （一）安全应急科技人才队伍的总体情况

### 1. 安全应急科技人才队伍概况

依托科技资源集聚上得天独厚的优势，北京市安全应急科技人才队伍建设质量不断提升，建立了以高等院校、科研院所、重点实验室、企业研发中心等为依托的安全应急科技支撑体系，形成了安全应急专业人才培养基地，在京多所高校相继开设了与安全应急相关的学科，全市注册安全工程师达到2万余人，专业人才队伍已有雏形。

北京发展方式、产业结构和区域布局发生深刻变化，新产业、新业态、新领域大量涌现，城市运行系统日益复杂，极端天气呈现增多增强的趋势，安全风险不断增大，涉及的安全应急问题呈现新的特点，因此对安全应急科技人才也提出新的要求。

### 2. 安全应急科技人才队伍的相关数据

近年来，北京市安全应急专业技术人才评价体系建设不断完善，北京市应急管理局通过多年来的探索，为科技人才搭建了丰富的培养平台，建立了

1000 多人的安全应急专家队伍。2015 年，成立了安全工程系列高级职称评审委员会，制定了《北京市工程技术系列（安全工程）高级专业技术资格评价试行办法》。2018 年，开通工程技术系列（安全工程）高级（教授级）专业技术资格评审，打破应急管理和安全工程相关专业职称评审"天花板"，安全专业技术人才评价体系进一步完善①。

为进一步提高本市安全应急科技创新能力，发挥优秀科技工作者的示范和引领作用，激发青年科技人才的积极性，2017 年，北京市应急管理局联合北京市科协、北京市人力社保局开展优秀青年工程师评选工作，单独设置安全工程师组，长期在应急管理与安全生产领域工作，在工程技术、科技攻关、成果转化等方面取得显著成绩的 50 名青年科技人才被评为"北京市优秀青年工程师"，其中两人被评为北京优秀青年工程师标兵②。

为适应北京市安全应急事业发展的要求，加强高层次人才队伍建设，发挥科技人才的支撑、引领作用，激发广大科研人员投身应急管理工作的积极性、主动性和创造性，促进安全应急理论与实践创新，推动安全应急科技进步，经市应急管理局、市人力社保局和市教委共同研究决定，自 2019 年起，开展北京市应急管理领域学科带头人评定工作。在北京市范围内科学技术研究机构、高等院校从事应急管理、安全生产、防灾减灾救灾相关工作的科技人员均可参评。评定工作每两年开展一次。年度评定名额不超过 20 名，其中，学科带头人 10 名、青年学科带头人 10 名。

通过系列人才培养政策的出台和实施，北京市应急管理局抓住机遇，积极开拓，大力推进了安全应急领域人才队伍的建设，逐步构建了职业技能培训体系，加快行业企业培训体系建设。推动企业与职业院校产教融合，有力地推动了安全应急领域人才队伍的建设和发展。同时健全技能人才评价体制机制，创新了安全应急领域技能人才多元评价机制。建立职业技能等级认定

---

① 韩颖、朱丽晶：《科技兴安　人才先行——访北京市安全监管局科技处处长薛映宾》，《劳动保护》2018 年第 11 期，第 31~34 页。

② 韩颖、朱丽晶：《科技兴安　人才先行——访北京市安全监管局科技处处长薛映宾》，《劳动保护》2018 年第 11 期，第 31~34 页。

制度，开展行业企业自主评价试点工作。

与此同时，科技类社会组织不断发展壮大，为推动行业发展、人才建设起到了重要作用。北京应急管理学会、中关村安全管理技术人才发展促进会等位于北京市的安全应急类社会组织组建了近千人的专家团队，深入开展学科建设、人才培训、技术推广，积极推进学术交流，为培育行业人才提供更多成长路径。

## （二）安全应急科技人才培养的基本情况

### 1. 高校院所人才团队情况

高校院所拥有丰富的人才、技术和科技资源，每年完成各类科技成果上万项，北京作为首都更是积聚了众多高等学府、科研院所。高校院所不仅有突出的研究能力还积极推动产研结合，在理论研究上承担多种项目的同时完成多项成果转化，涉及矿产开采、交通运输、路桥设计、应急救援、水旱灾害、地震和地质灾害、科技标准等多个应用领域，为实际生产过程中的安全性提供保障。在各级政府部门十分重视各行业的安全应急课题研究下，高校院所凭借出色的科研能力获得了国家、北京市等各级与安全应急相关的多项科技成果奖励。

第五届国家安全生产专家组成员名单显示①，北京地区入选国家专家库成员超400人，占全国专家库成员的1/3。北京应充分发挥国家级安全专家库资源优势，共享安全人才智力成果，努力使其成为首都安全应急科学决策、科学监管的智囊团，成为推动科技进步、攻克关键技术的中坚力量，以更好更多地服务首都的安全应急工作大局。

### 2. 高校院所人才团队特点

北京作为首都，其区域经济、文化特色为高校院所提供了丰富而特色鲜明的研究基础。安全应急专业是多学科融合的新兴交叉应用学科，高校院所

---

① 《国家安全监管总局关于公布第五届国家安全生产专家组组成人员名单的通知》，中华人民共和国应急管理部网站（2014年11月14日），https：//www.mem.gov.cn/gk/gwgg/201411/t20141114_241266.shtml。

的定位、主要服务领域、学科优势等不同，开展安全应急专业研究的侧重点也有所不同。

在公共安全领域，具有代表性的团队包括清华大学公共安全研究院、北京市科学技术研究院等研究团队；在安全生产领域，具有代表性的团队包括中国安全生产科学研究院、中国石油大学（北京）、北京理工大学等研究团队；在矿山安全领域，具有代表性的团队包括中国矿业大学（北京）、北京科技大学、煤炭科学研究总院等研究团队；在地震和地质灾害领域，具有代表性的团队包括国家自然灾害防治研究院、中国地震局地质研究所、中国地质大学（北京）、北京市地质灾害防治研究所等研究团队；在城市内涝灾害和洪水灾害领域，具有代表性的团队为中国水利水电科学研究院、北京市水科学技术研究院等研究团队；在气象灾害领域，代表性团队为中国气象科学研究院灾害天气国家重点实验室；在应急管理领域，具有代表性的团队包括国家行政学院应急管理培训中心、中国科学院大学等研究团队；在消防救援领域，具有代表性的团队为中国消防救援学院。

**3. 北京科技人才培养计划**

北京市科技人才培养计划在人才队伍培养中的布局，形成了几大板块，如以海外人才引进为宗旨的海聚计划，以青年科技人才培养为主的北京市科技新星计划、优秀人才计划、北京青年学者计划等，以中青年学科带头人培养为主的北京市百千万人才工程计划、领军人才计划、北京学者计划、国家特殊津贴计划等，对团队人才的培养如教育部创新团队计划等。不同的科技人才计划在不同时代下，满足了北京市科技人才发展需要，为北京市科技人才队伍的可持续发展和创新能力的提升发挥了重要作用。

本报告对近 5 年北京市人才培养项目在安全应急领域的众多获得者进行了问卷调查，汇总问卷结果并进行了分类梳理，总结有以下几项。

1）全部人才项目获得者的学历均在研究生以上；

2）人才项目获得者的工作单位集中在高校、科研院所和事业单位；

3）人才项目获得者的年龄集中在 45 岁以下的中青年龄段；

4）人才项目获得者的专业多为安全科学（技术）与工程及相关专业；

5）人才项目获得者目前的研究领域和工作方向集中在应急管理和安全生产，防灾减灾救灾的较少；

6）人才项目获得者多具有中高级及以上职称，具备较强的专业技术能力和科研创新能力；

7）人才项目获得者多数拥有主持或参与过省部级及以上科技项目（科研项目或自然基金项目）的经历；

8）人才项目获得者大多有专业的科研技术团队支撑，从事专项课题及创新科学技术的攻关研究；

9）人才项目获得者普遍反映，所获得项目为人才及科研团队的技术工作提供了更多的学习资源和更高的平台，开拓了科研创新的视野，增强了科技人才创新争先的信心，对人才及科研团队的技术攻关工作有重要的推动作用。

借助北京市人才培养项目的平台，人才项目获得者在各自专业领域的科技创新和研发工作中均取得了突破性的成就，提升了科研水平和管理能力，发挥了安全应急领域高科技人才的带头作用，充实了安全应急领域科技骨干队伍建设。

取得成绩的同时，项目组通过汇总的调研问卷结果，也发现了目前安全应急领域人才培养存在不少亟须解决的问题：一是被调研对象中接近35%的人员反映，对目前北京市人才培养项目的设置并没有详细的了解，不清楚可以申请参与哪些人才培养项目；二是多数人才项目获得者均为获得单一或两个项目支持，尚未达到递进式获得人才项目支持的目标，截至2024年有些北京市人才培养项目尚无应急领域的人才获得项目支持；三是安全应急领域人才在获得市级人才培养项目支持后，借此申报并获得过国家级人才项目支持或奖项的几乎没有；四是人才项目获得者普遍反映迫切需要将与安全应急领域相关的人才培养项目纳入北京市人才培养计划现有体系中。

## 三 面临的形势与问题分析

安全应急科技人才队伍是首都科技人才队伍中非常重要的一部分，是首都安全屏障不可或缺的支撑力量。

## （一）北京安全应急科技人才需求与发展分析

安全应急工作涉及范围较广、系统复杂、动态变化性强、潜在风险和新隐患较多、突发事件防控和处置难度较大，且随着各类高新技术的发展和融入，未来应急技术将呈现交叉化、融合化和高端化的发展趋势。因此，需要加强安全应急专业技术领军人才和青年拔尖人才培养，造就高端安全应急科技创新人才。

## （二）北京安全应急领域科技及人才的问题分析

### 1. 对创新发展资源的培育不够、整合不足

促进安全应急发展，离不开一系列的创新发展资源，离不开将安全发展需要与各类创新资源的有效整合、有机结合。然而，当前北京在公共安全改革创新进程中，对于关乎安全改革发展的各类创新资源发现、挖掘、培育、整合不够，因而难以实现资源配置的帕累托最优状态。例如，北京有比其他省区市更优越、更便利、更有效的资源，有中国安全生产科学研究院等高水平的科研院所，有专门从事安全生产技术、应急管理等专家资源。但是，当前北京市未能有效借助各类资源在公共安全发展中提升能力、壮大力量，还未能有效找准政府公共安全管理与各项资源之间的结合点，对北京科技资源在安全应急领域转化应用的重视程度还有待加强，还未能将其有效转化为推进城市安全发展的有效决策或相关制度安排，科学技术手段在安全监管中的运用程度、推动科技成果与企业需求的紧密结合程度也都有待进一步提升。

### 2. 人才队伍还不够适应发展需要

《安全生产人才中长期发展规划》指出，未来10年是我国安全生产人才发展的重要战略机遇期。随着产业结构优化升级，智能制造水平不断提升，生产装置更具复杂性和危险性，亟须培养一批既懂专业又具备安全应急能力的技术与管理复合型安全生产人才。从发展趋势看，在全球变暖加剧背景下，我国极端异常天气明显增多，在城镇化进程中重大灾害事故发生风险明显升高。2021年郑州"7·20"特大暴雨等灾害打破了人们对自然灾害的传统认

知。在此形势下，应急管理专业人才不足、应急处突能力欠缺等问题更加凸显，加快培养与大国应急体系相适应、相匹配的高素质人才尤为紧迫①。

**3. 学科与专业建设水平有待提高**

各院校对安全、应急学科建设的重视程度需要提升，缺乏高水平学科带头人，未能形成较强的学术团队；缺乏高水平的科技支撑，缺乏高水平的科研平台；本专业教师不论是实践能力还是师资整体水平有待提升；高水平的教改项目与教学成果不多，人才培养改革难度大；实验教学条件难以满足人才培养需求。

### （三）北京安全应急科技人才计划培养的问题分析

安全应急领域具有自身的特殊性，关系国计民生，具有政府主导性、涉密性、应用性强的特点，属小众领域，研究内容极其复杂。北京市当前实行的科技人才计划具有普适性，而安全应急科技人才的工作内容和工作性质等都成为申报北京科技人才计划的制约因素。为了北京安全应急事业的健康有序发展，保障首都的安全和谐稳定，要有计划、有步骤地推动和完善安全应急科技人才队伍的建设。在安全应急科技人才成长链条中，需要政府部门及相关单位培养扶植，但目前北京市人才计划对安全应急科技人才队伍发展的推动不足，迫切需要在应急管理体系内部发力，打造对安全应急科技人才培养有针对性、持续性的专项人才培养体系。

**1. 安全应急科技人才稀缺且发展路径狭窄**

具体表现为北京安全应急科技人才被纳入北京市人才计划的绝对人数少。从 2016 年到 2019 年的北京市不同层级的科技人才计划和北京市自然科学基金资助项目中，均可以看出在安全与应急领域中获得项目支持的人数较少。据调查，在有的高校，安全与应急管理领域难以在限量的申报中脱颖而出，限制了安全应急领域的技术突破创新和人才队伍的可持续发展，安全应

---

① 杨柳、杨墅、翁翼飞：《加快培养与大国应急体系相匹配的高素质人才》，《中国人才》2024 年第 4 期，第 33~35 页。

急领域的科研项目及创新人才的培养亟须市委组织部及人才培养有关部门政策倾斜性的大力扶持。

**2. 安全应急领域基础人才队伍综合能力与可持续发展力有待提升**

具体表现为从事安全应急领域科学技术研究、人才培养等科研教学工作的优秀人才少，安全、应急学科教育科研成果不显著，技术成果转化率低，影响到安全应急领域长效机制的建立。北京市安全应急工作涵盖的行业领域多，人才短板十分突出，培养人才的理念、方法等还在初步形成阶段，没有建立起成熟规范的培养体系，在人才政策上缺乏长远规划、阶段性目标尚未确立。

**3. 安全应急领域人才成长政策环境尚有不足**

从北京市人才培养工作实施现状的调研数据中可以看出，目前北京市主要人才培养项目平台的指导、支持的连贯性方面不理想，进入北京市人才培养计划也未能获得持续的发展，鉴于安全与应急领域专业范围广、涉及领域众多等特点，亟须设立连贯性安全应急领域专业科技创新人才培养项目，扶持安全应急领域科技人才的科技创新和专业研发，保证科技型高端科技人才队伍的可持续发展和建设。

# 四　北京安全应急科技人才发展的对策建议

根据前述分析，安全应急领域的专业分类多，涉及范围广，安全应急科技人才成长路径特殊，结合对目前安全应急领域人才现状和现存问题的分析，为了首都安全稳定地发展，必须尽快构建一个面向实际需求、政府积极引导、社会广泛参与的安全应急科技人才培养体系，以期"大安全""大应急""大预防"的理念真正生根。

## （一）建立安全应急科技人才培养体系框架与制度

安全应急系统运行复杂且挑战性很强，做好安全应急科技人才队伍建设，是安全应急工作的先导性、基础性和战略性工程。为此，安全应急科技人才培养体系的设计目标为按照首都"四个中心"功能建设和创新发展、高质量发展的要求，培养一批"具有战略眼光和一定安全应急技能的复合型安全应急科技人才"，实现用人主体培养战略科技人才、科技领军人才和优秀青年人才，引领带动首都安全应急领域人才队伍全面发展，构建完备的人才梯次结构，加快形成创新成果积极涌现、创新热情高度活跃、人才价值充分实现的良好局面。"安全应急科技人才"类型与结构，需要从多维度着手。

其一，从安全应急的全过程看，有复合型安全应急人才、风险评估人才、监测预警人才、应急救援指挥人才、恢复与重建人才等。

其二，从安全应急的层次上看，有高层次的安全应急决策人才、有国际竞争力和国际影响力的安全应急专业技术人才，也有基层安全应急人才。

其三，从安全应急的队伍上看，有国家综合性消防救援队伍、各专业安全应急救援队伍、社会安全应急力量等。

其四，从安全应急的学科上看，还可考虑有安全管理与技术、应急管理与技术、灾害救援与指挥、应急法规与政策等。

考虑多维度安全应急科技人才的结构组成，建立初步的培养层级，并不断完善形成系统的覆盖全面的人才培养体系。

## （二）政府积极"搭台"，着力构建完整的人才支持体系

在安全应急领域科研与应用中，应充分发挥政府的"搭台"作用，着力构建完整的科技人才支持体系，完善与理论研究、技术创新、装备研发和应用研究等工作相适应的科技人才激励机制。一是在政策上，要出台相关明确的法律法规支持和规范安全应急科技产学研合作，并不断完善安全应急科技产学研政策；二是在资金上，对于具有创新和实际意义的安全应急科技需求，成立相关安全应急科技基金项目，让院校和科研院所科技人才进行联合科技攻关；三是在技术上，要积极引进安全应急科技方面的优秀人才和技术，并注重发挥学术带头人的作用，组建对安全应急关键技术攻关的优秀团队，同时积极开展国际交流与合作，向发达国家借鉴和学习，提升运用科技解决安全应急问题的能力。

**参考文献**

薛澜、王郅强、彭宗超等:《我国应急管理人才培训体系的现状与发展》,《社会科学家》2011年第9期。

司俊鸿、王乙桥:《全灾种大应急时代背景下应急科技人才培养模式探析》,《华北科技学院学报》2021年第1期。

韩文玲、陈卓、韩洁:《科技人才培养计划下的科技人才成长路径研究》,《科技进步与对策》2012年第10期。

# B.13
# 北京市安全应急产业人才现状与趋势

董炳艳 赵柱*

**摘 要：** 产业人才队伍是安全应急产业发展的重要基础力量，北京市发展安全应急产业具有综合实力强劲、产业基础雄厚、产业门类齐全、政府扶持力度显著、空间区位优势明显、产品辐射国内外市场等显著特色。北京市高校、科研院所、企业中汇集着丰富的人才力量，为安全应急产业发展提供了重要支撑，体现出了智力资源密集、产业人才集中、人才领域分布广泛等特点，但也存在一些不足。未来，北京市在安全应急产业人才培养中，需要通过多种形式加强安全应急产业人才队伍建设，扩大应急人才规模，大力培养应急产业领军人才，调动各类安全应急产业人才积极性，以人才队伍支撑安全应急产业发展和科技创新。

**关键词：** 北京市安全应急产业 安全应急产业人才队伍 安全应急科技创新 安全应急产业人才分布

## 一 研究背景及概要

### （一）研究背景

我国的安全应急产业是伴随社会经济发展和居民安全应急消费需求的提

---

* 董炳艳，新兴际华应急研究总院院长助理，副研究员，主要研究方向为安全应急产业、中央企业应急能力、安全应急人才培养等；赵柱，新兴际华应急产业有限公司创始董事长，经济研究员，主要研究方向为安全应急产业战略、安全应急实训基地业态、低空经济与安全应急产业。

升，以及传统产业安全技术装备改造升级逐步发展壮大的一个产业门类，也是目前国家提倡发展的战略性新兴产业。

中国共产党的二十大报告将"推进国家安全体系和能力现代化，坚决维护国家安全和社会稳定"作为重要内容，健全国家安全体系，增强维护国家安全能力，提高公共安全治理水平，完善社会治理体系，成为未来国家发展的重要方面。我国是世界上灾害频发、受灾面广、灾害损失最严重的国家之一，各类突发事件频发。安全应急产业在服务国家安全和应急管理体系中发挥着重要的保障与支撑作用，也是新兴的产业形态。

2010年7月19日，国务院发布《国务院关于进一步加强企业安全生产工作的通知》，首次在政府文件中提出了"安全产业"的概念。2012年，工业和信息化部与国家安全监督管理总局联合印发《关于促进安全产业发展的指导意见》，首次明确了安全产业的定义。2014年，《国务院办公厅关于加快应急产业发展的意见》（国办发〔2014〕63号）界定了应急产业的定义。2020年，工业和信息化部进一步完善了安全应急产业的定义，即为各类安全保障及应急处置活动提供专用技术、产品和服务的产业。自此安全应急产业实现了在产业政策层面的概念整合和统一。

北京作为首都，各种风险隐患交织并存，应对重特大突发事件、服务保障重大国事赛事活动等，都对北京的安全应急产业发展提出了更高要求。围绕安全应急需求和产业发展方向，北京市出台了《关于加快应急产业发展的实施意见》以及一系列推动产业发展的政策和举措。目前，北京市安全应急产业体系已初具雏形，产业发展相对其他省市具有"创新实力强、产业覆盖广、辐射带动好"等特点。围绕推动北京地区的安全应急产业发展，整合各类要素资源，聚集、开放、共享，加强产业链协作，以点带面，形成具备覆盖京津冀地区的应急保障能力，能够发挥引领全国安全应急产业发展的作用。

产业人才队伍是安全应急产业发展的基础力量，在全国安全应急产业发展步入快车道阶段，推进产业人才队伍建设，对于区域安全应急产业发展、产业链完善、聚集区建设与聚合能够起到重要的保障和支撑作用。研究北京市安全应急产业人才现状与趋势，对于北京安全应急产业发展具有重要的支撑作用。

### （二）产业人才的概念

#### 1. 一般产业人才概念

人才是一个国家发展的关键要素，是民族振兴的重要基础。产业人才是实现产业高质量发展、促进产业科技创新、带动产业有效参与国际国内竞争的重要力量。中共中央印发的《关于深化人才发展体制机制改革的意见》指出，加快培育重点行业、重要领域、战略性新兴产业人才。[①] 随着中国参与国际竞争的不断深入，以及我国市场经济体制的不断发展和健全，产业人才受到了政府、市场、企业和社会各方面的关注。朱庆阳等认为，产业人才是指与产业发展过程相关的人才，产业人才既包括致力于产业宏观整体发展的产业指导者，也包括微观主体的产业从业者以及为产业具体项目提供生产要素的第三方人才。产业与人才之间的关系是产业为人才提供平台，人才在产业平台上发挥自身价值。产业人才可以分为四大类，即产业投资、产业策划、产业招商和产业运营人才。[②]

#### 2. 安全应急产业人才概念

基于对产业人才概念的梳理，加之对安全应急产业的理解，安全应急产业人才是指从事和服务于安全应急产业发展，开展安全应急产业的行业研究、科技创新、生产制造、经营管理和商务服务的各类人才的总称。

从安全应急产业人才的来源看，安全应急产业人才既包括在企业中的科技、生产、经营一线人员，又涉及在高校和科研院所中从事安全应急研究的有关人员。从现有安全应急产业人才和潜在安全应急产业人才

---

[①] 《关于深化人才发展体制机制改革的意见》，中华人民共和国中央人民政府网站（2016 年 3 月 21 日），https://www.gov.cn/zhengce/2016-03/21/content_5056113.htm，最后检索时间：2024 年 4 月 22 日。

[②] 朱庆阳、孙远、汪艳彦：《新时代产业人才分类与胜任力评估》，《中国人事科学》2020 年第 11 期，第 51~59 页。

的维度来看，也应包括正在从事安全应急相关技能学习，未来将走上安全应急产业岗位的后备人才。在各类安全应急人才中，来自高校和科研院所的人才又可以称之为安全应急科研人才，他们是安全应急人才中的重要力量，是为安全应急产业提供科技成果的主要群体，承担着安全应急的创新任务。

### （三）研究概要

本报告通过梳理北京市安全应急产业人才发展情况，初步摸清北京市安全应急产业人才现状及发展需求，了解区域安全应急产业人才分布的特点及存在的不足，提出北京市安全应急产业人才的发展趋势与建议，为加强北京市安全应急产业人才队伍建设，支撑北京市安全应急产业发展，提供人才方面的决策参考。

## 二 北京市安全应急产业发展

随着国家对安全应急产业的重视程度日益提高，北京地区安全应急产业在全国的引领地位得到进一步提升，未来安全应急产业发展极具潜力。

### （一）安全应急科技创新综合实力强劲

北京市研发优势突出，相关技术和人才富集。据相关研究显示，通过技术投入、技术研发、技术产出、技术应用等指标分析，在全国各省市应急技术支撑能力综合评分中，北京在全国排名第二位[1]。

北京的应急科技创新综合实力强，主要表现在研发机构众多。据初步统计，北京地区应急科技领域的科研院所有 26 家，其中在京中央部委直属科研机构 19 家，地方科研机构 7 家；高等院校有 19 家，其中在京中央

---

[1] 马颖、谢莹莹、吴陈：《我国应急产业发展的技术支撑能力评价研究》，《科学学研究》2018 年第 3 期，第 464~473 页。

部委直属高校 17 家，市属高校 2 家；各类重点实验室有 51 个，其中国家重点实验室 9 个，国家工程实验室 1 个，应急管理部重点实验室 24 个，北京市重点实验室 17 个。[①] 在北京分布有中国科学院、中国安全生产科学研究院、清华大学等国内一流研究机构，形成了信息安全国家重点实验室，汽车安全与节能国家重点实验室，爆炸科学与技术国家重点实验室，油气管道输送安全国家工程实验室，燃气、供热及地下管网运行安全北京市重点实验室等一批国家级和省级重点实验室。截至 2020 年底，国家重点研发计划"公共安全风险防控与应急技术装备"重点专项设立项目共 134 项，由在京单位牵头的项目有 80 项，占比高达 60%[②]。在 2017 年到 2020 年的四年间，北京市应急管理与安全生产领域获得国家科技奖 41 项[③]（见图 1）。

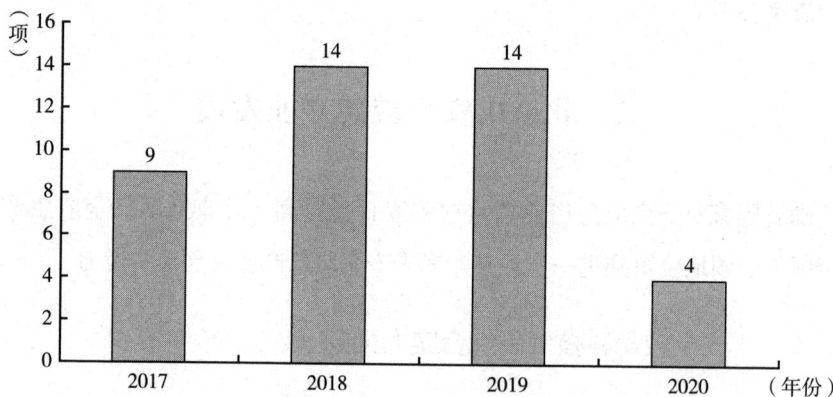

**图 1 北京市应急管理与安全生产领域国家科技奖励获奖情况统计**

注：根据《北京市应急管理领域科技工作手册（2021 年版）》整理。

---

① 北京市应急管理局、北京应急管理学会、北京市科学技术研究院：《北京市应急管理领域科技工作手册（2021 年版）》，2022。

② 北京市应急管理局、北京市经济和信息化局、应急救援装备产业技术创新战略联盟、新兴际华科技发展有限公司：《北京市安全与应急产业发展报告（2021 年版）》，2022。

③ 北京市应急管理局、北京应急管理学会、北京市科学技术研究院：《北京市应急管理领域科技工作手册（2021 年版）》，2022。

（二）安全应急产业基础雄厚

北京市安全应急产业资源丰富，在全国安全应急产业发展中处于领先地位。2018年6月，工业和信息化部办公厅公布首批国家应急产业重点联系企业名单，30家企业中北京有8家，主要为监测预警类企业、应对处置类企业（见表1）。中关村科技园丰台园被工信部授牌首批国家应急产业示范基地，形成了新兴际华、航天科工、中国兵器、中煤科工等一批实力雄厚的大型企业集团，以及辰安科技、华云气象、同方威视等专业特色突出的应急企业，具有首都特色的安全应急产业体系初具雏形。中国灾害防御协会、中国应急管理学会、公共安全科学技术学会、中国安全产业协会、应急救援装备产业技术创新战略联盟等有行业影响力的全国性行业组织和平台均集中在京。此外，还有中关村安全管理技术人才发展促进会等行业组织也在京（见表2）。

表1　首批国家应急产业重点联系企业在京领域分布

单位：家

| 主要领域 | 应急产品与服务具体领域 | 企业数量 |
|---|---|---|
| 监测预警 | 核生化爆探测产品、侦测检测仪器、食品安全检测产品、应急平台与监测产品、应急指挥平台与软件、应急通信设备 | 6 |
| 应对处置 | 应急装备、应急服务、洗消产品 | 2 |

注：根据工信部发布的国家应急产业重点联系企业进行整理。

表2　部分在京全国性行业组织情况

| 序号 | 名称 | 基本情况 |
|---|---|---|
| 1 | 中国灾害防御协会 | 1987年成立，由应急管理部作为业务指导单位，主要从事减灾领域交流、研究、宣传、教育、培训等活动 |
| 2 | 中国应急管理学会 | 2014年成立，由中央党校（国家行政学院）主管，成员为国内外从事应急管理理论研究、教学培训、咨询服务的专家学者、实践人员及相关专业机构、企事业单位、非政府组织等，主要围绕应急管理，提升全社会预防与应对各类突发事件的能力开展工作 |

| 序号 | 名称 | 基本情况 |
|---|---|---|
| 3 | 公共安全科学技术学会 | 2012年成立,由清华大学(公共安全研究院)发起。主要涉及公共安全理论与方法体系建立、共性问题研究,交流、调研、考察,科技知识文化普及,学术交流等 |
| 4 | 中国安全产业协会 | 2014年成立,先后组建了物联网分会、消防分会、建筑分会、矿山分会、防灾减灾分会等14个分支机构 |
| 5 | 应急救援装备产业技术创新战略联盟 | 2011年由新兴际华集团联合政产学研单位在京发起成立,是科技部在应急领域唯一的国家级联盟,围绕应急联合创新和产业服务,行业智库开展工作,搭建政府和企业沟通交流桥梁,未来将重点打造研发创新、应急储备、产业服务三大平台 |
| 6 | 中关村安全管理技术人才发展促进会 | 2020年成立,是在应急管理部门和中关村科技园区管理委员会指导下,唯一一家全国性围绕安全应急管理人才建设与事业发展的综合性社会团体,是安全技术与应急管理、科技创新的重要平台,是制定安全应急管理人才发展规划和政策标准的推动者,是安全应急管理人才发展战略的高端智库。 |

注:根据相关行业组织网络信息梳理。

### (三)安全应急产业门类齐全

北京市安全应急产业具有一定规模和优势,在各个产业相关领域均有企业和重点产品分布。根据国家发展和改革委员会经济运行调节局《应急保障重点物资分类及供应企业参考名录(2015年)》分析,北京企业占全国的8%,占华北的44%。从类别看,北京企业所生产物资覆盖了名录所有16个中类[①]。按照工业和信息化部《中国应急产品实用指南:应对处置分册》分析,北京市企业在突发事件现场信息探测与快速获取技术产品、生命探测搜索设备、消防产品、水体溢油应急处置装备和材料、应急通信技术与产品、应急决策指挥平台技术开发与应用、信息安全产品、反恐技术与装备等

---

[①] 国家发展和改革委员会经济运行调节局、应急救援装备产业技术创新战略联盟、中国安全生产科学研究院:《应急保障重点物资分类及供应企业参考名录(2015年)》,2015。

领域在全国处于优势地位①。北京市企业在安全防护、监测预警、应急处置救援、安全应急服务这四大领域的细分领域均有企业参与，北斗导航、地理测绘、无人机（包括地空智能物联网）、软件系统平台等科技含量高、专业化强的装备和技术增加数量明显，围绕暴雨灾害、突发环境事件、暴恐事件、网络安全事件等首都主要安全威胁，环境监测预警、突发环境事件处置、反恐防暴处置、网络安全应急等装备和服务企业也有一定数量涉及。根据《北京市重点安全与应急企业及产品目录（2021年版）》统计，北京安全应急产业企业和产品分布广泛，涉及了4大类、19中类、66小类（见表3），其中，应急救援处置、监测预警两大类企业占比最高，超过了70%；应急通信与指挥产品、消防装备、应急后勤保障产品、安防专用安全生产装备、大众普及教育和培训服务、紧急医疗救护产品、危险化学品安全（含有毒有害气体）监测预警产品、水旱灾害监测预警产品、探索探测产品、其他应急救援处置产品等小类涉及的产品和服务较多，占比超过50%。

**表3　北京市安全与应急产业分类情况**

| 大类 | 中类 | 小类 |
| --- | --- | --- |
| 安全防护类 | 个体防护类 | 头部防护用品、呼吸防护用品、躯干防护用品、足部防护用品、其他防护用品 |
| | 安全材料类 | 阻隔防爆材料、其他安全材料 |
| | 专用安全生产类 | 车辆专用安全生产装备、交通专用安全生产装备、石油和化工专用安全生产装备、安防专用安全生产装备、城市基础设施专用安全生产装备 |
| 监测预警类 | 自然灾害监测预警类 | 包括地震监测预警产品、地质灾害监测预警产品、海洋灾害监测预警产品、水旱灾害监测预警产品、其他自然灾害监测预警产品 |
| | 事故灾难监测预警类 | 矿山安全监测预警产品、危险化学品安全（含有毒有害气体）监测预警产品、交通安全监测预警产品、环境应急监测预警产品、火灾监测预警产品、放射性物质监测预警产品、重大危险源安全监测预警产品、重大基础设施监测预警产品、其他事故灾难监测预警产品 |

① 工业和信息化部运行监测协调局、中国中小企业发展促进中心：《中国应急产品实用指南-应对处置分册》，电子工业出版社，2015。

续表

| 大类 | 中类 | 小类 |
|---|---|---|
| 监测预警类 | 公共卫生事件监测预警类 | 农产品质量安全监测预警产品、药品食品安全监测预警产品、传染性疾病监测诊断预警产品、公共场所体温异常人员监测预警产品、生产生活用水安全监测预警产品、其他公共卫生事件监测预警产品 |
| | 社会安全事件监测预警类 | 城市公共安全监测预警产品、网络与信息系统安全监测预警产品 |
| | 通用监测预警类 | 突发事件通用监测预警产品 |
| 应急救援处置类 | 现场保障类 | 现场信息快速采集产品、应急通信与指挥产品、应急动力能源、应急后勤保障产品、警戒警示产品、其他现场保障产品 |
| | 生命救护类 | 探索检测产品、紧急医疗救护产品、安防救生产品 |
| | 环境处置类 | 洗消产品、污染物清理设备、堵漏器材、其他环境处置产品 |
| | 抢险救援类 | 工程抢险救援机械、排水排烟设备、消防装备、特种设备及事故应急救援产品 |
| | 其他应急救援处置类 | |
| 安全应急服务类 | 评估咨询类 | 应急心理干预、安全工程设计及监理、管理与技术咨询、其他评估咨询服务 |
| | 检测认证类 | 安全认证 |
| | 应急救援类 | 监测预警、事故救援 |
| | 教育培训类 | 专业安全培训、大众普及教育和培训、安全应急体验演练、其他教育培训服务 |
| | 金融服务类 | 保险服务 |
| | 其他安全应急服务类 | 导航服务、测绘保障、其他 |

注：根据《北京市重点安全与应急企业及产品目录（2021年版）》整理。

## （四）政策扶持力度显著

在国家层面明确了应急产业发展的总体思路和重点方向后，北京市也出台了《北京市"十三五"时期应急体系发展规划》《关于加快应急产业发展的实施意见》等，围绕首都城市战略定位，对北京市应急产业发展进行了全面部署。2015年，工业和信息化部在北京举办了首届应急产业发展大会，工业和信息化部和北京市人民政府合作共同推动产业快速发展，围绕我国应急产业的健康发展、应急管理模式和体制机制创新等问题进行深入探讨和交流。自 2016 年以来，北京市经济和信息化局与应急救援装备产业技术创新战略联盟一起编制和发布了《北京市重点应急企业及应急产品目录》，并形成了两年一次修编的工作机制，对于指导北京市安全与应急产业供给，促进安全应急产品、服务推广应用，提供科技含量高、实用性强的产品和服务起到了积极作用。[①] 2020 年，北京市应急管理局在前期工作的基础上，发布了 2020 年最新版家庭应急物资清单。2024 年，由北京市应急管理局联合北京市经济和信息化局、应急救援装备产业技术创新战略联盟、新兴际华科技集团有限公司、新兴际华应急研究总院共同编制和发布了《北京市安全应急产业发展报告（2023 年）》，作为政府引导性文件，有力指导了北京市安全应急产业的发展。

### （五）空间区位优势明显

作为首都，北京是中国的政治、文化、科技创新和国际交往中心，城市交通、电力、通信、能源设施完备。北京处于中国经济发展较快并且极具发展潜力的环渤海城市群的中心，是"京津冀"区域内的核心城市，具有独特的市场优势。北京是全国铁路和航空的枢纽，拥有北京首都机场、北京大兴国际机场，京沪高速、京津高速，京津高铁、京张高铁、京沪高铁、京广高铁、京哈高铁等多类便利交通条件。其安全应急产业的发展和相关产品的使用对全国同业发展具有强大的辐射和示范作用。

北京市安全应急产业基础雄厚。目前已形成丰台、海淀、房山、朝阳等独具特色的聚集区域，安全应急产业在中关村科技园区丰台园、中关村房山园、中国电科太极信息技术产业园、中关村软件园、中关村怀柔园、首钢工学院宣教基地等园区实现聚集发展，在监测预警、预防防护、救援处置、应急服务等领域均有一批实力雄厚的企业分布。

---

① 北京市经济和信息化局，北京市应急管理局、应急救援装备产业技术创新战略联盟、新兴际华科技发展有限公司：《北京市重点安全与应急企业及产品目录（2021 年版）》，2022。

## （六）产品辐射国内外市场

北京市在地质灾害、洪涝、消防、煤矿灾害、铁路和轨道交通、高危场所应急救援等方面取得了一批成果，率先在国内研制成功应急平台、智能化轻型高机动装备、高层楼宇灭火系统、低空智联网系统等一批技术和产品，在保障首都建设的同时，也在向全国进行辐射。北京市相关安全应急产品、装备和服务在抗击新冠疫情、汶川地震、北京"7·21"暴雨、深圳"12·22"滑坡、天津港"8·12"爆炸、"8·8"九寨沟地震、"4·25"尼泊尔地震、山东寿光抗洪抢险、金沙江堰塞湖抢险等突发事件处置，以及2022年冬奥会、2008年北京奥运会、上海世博会、广州亚运会、"9·3"阅兵、APEC会议、G20杭州峰会、东盟会议、金砖国家领导人厦门会晤、博鳌论坛等重大活动中得到应用。此外部分企业产品远销海外。

# 三 北京市安全应急产业人才现状

## （一）北京市高校院所人才情况

北京市的安全应急人才汇聚，在安全应急科研领域，有代表性的高校、科研院所20余家，它们共同构成了北京市科研和创新的重要力量，为北京市安全应急科技创新提供了十分重要的平台支撑，发挥了安全应急产业发展科研主力军的作用。

相关高校院所涉及部委高校及院所和北京市属高校院所，其中部委高校院所体现了在京安全应急产业的高端研发力量，北京市属高校和科研院所则以特色化为发展路径。高校和科研院所两股科研力量，共同承担起北京市安全应急科技创新的人才支撑作用。

北京科研人才素质高，科研团队优势突出。北京市科研院所和高校云集了一大批高水平研究人员。这些研究人员包括所属领域顶尖科研人才。这为北京市开展安全应急领域相关研究、发展安全应急产业提供了重要的人才基础和红利。

### 1. 高校人才团队情况

高校在人才体系建设中发挥着重要的人才汇聚和产业人才输送保障的作用。北京市安全应急科研领域有代表性的高校有 10 余家，包括清华大学、北京大学、中国科学院大学、北京理工大学、中国矿业大学（北京）、中国地质大学（北京）、中国石油大学（北京）、北京科技大学、北京化工大学、北方工业大学、中国劳动关系学院、中国消防救援学院等。这些高校组成了北京市安全应急研究领域的重要一极，拥有涉及消防救援、矿山安全、地震和地质灾害救援、危化品安全、城市生命线监测、轨道交通安全等重点领域。

### 2. 科研院所人才团队情况

在北京，安全应急科研领域有代表性的科研院所也是重要的人才团队力量。北京科研院所数量多，实力强。其中，既包括应急管理部所属的中国安全生产科学研究院、国家自然灾害防治研究院、应急管理部研究中心、应急管理部信息研究院等，水利部所属的中国水利水电科学研究院，中国气象局所属的中国气象科学研究院，交通运输部所属的水运科学研究院、公路科学研究院等；又包括北京市所属的北京市应急管理科学技术研究院、北京市科学技术研究院城市安全与环境科学研究所等。国家部委所属科研院所和北京市属科研院所共同构成了北京市安全应急研究的重要力量。

### 3. 高校院所人才供给情况

我国学科建设方面，与应急比较密切的学科为"安全科学与工程"（0837）一级学科。"安全科学与工程"学科范围重点针对生产安全和公共安全领域。此外，还与系统科学、环境科学与工程、公安技术等各类学科交叉，进行着相关问题的研究。经过多年的发展，应急科技研究队伍不断壮大，为各项应急科技活动开展和大批科技成果的涌现提供了坚实基础。

北京市安全工程学科优势明显。在学科建设上，安全工程学科发展较为迅猛。中国地质大学（北京）、中国矿业大学（北京）、中国石油大学（北京）、北京理工大学、北京科技大学、北京化工大学等大学均开设有这一学科。该学科体系比较完善，涵盖了本、硕、博三个阶段。

近年来，我国设立了应急管理相关专业，在人才培养上发挥了更加积极的作用。2019年教育部新增本科"应急管理"专业，2020年国务院学位办推进部分学位授予单位自主设置应急管理二级学科。2021年，教育部公布2020年度普通高等学校本科专业备案和审批结果，全国20所高校成功申报"应急管理"专业，专业代码是120111T，学位授予门类为管理学，修业年限为四年；全国16所高校成功申报"应急技术与管理"专业，专业代码是082902T，学位授予门类为工学，修业年限为四年。相关政策使应急管理教育和应急管理人才培养迎来发展新机遇，国内各高校应急管理学院、应急管理有关专业不断涌现。其中，成功申报"应急管理"专业的20所高校分别是河海大学、中国地质大学（武汉）、暨南大学、华北科技学院、防灾科技学院、河北科技大学、山西财经大学、沈阳化工大学、沈阳建筑大学、盐城工学院、南京师范大学、江西理工大学、济南大学、潍坊医学院、齐鲁师范学院、广西警察学院、云南经济管理学院、西北大学、青海师范大学、石河子大学；成功申报"应急技术与管理"专业的16所高校分别是中国矿业大学（北京）、中国地质大学（武汉）、中国劳动关系学院、石家庄铁道大学、太原科技大学、长春工程学院、黑龙江科技大学、盐城工学院、安徽理工大学、滁州学院、湖南科技大学、重庆科技学院、西南科技大学、西华大学、贵州师范大学、新疆工程学院①。其中，在京单位包括中国矿业大学（北京）、中国劳动关系学院等。

## （二）北京市重点企业人才情况

### 1. 北京安全应急领域重点企业分布

在北京市安全应急产业的发展过程中，涌现出了一批安全应急领域的重点企业。其中，长期从事安全应急创新的大型科技集团主要包括新兴际华、航天科工、中国兵器、中煤科工、中国普天、中国铁建、中煤地质等，这些

---

① 《全国36所高校成功申报应急管理专业 教育部公布名单（2021年）》，高校大数据与人工智能推进联盟（2021年4月22日），https://mp.weixin.qq.com/s/Cd_0eFPCfn3Z9XOe6LdRtA，最后检索时间：2024年5月26日。

集团创新实力雄厚，在安全应急领域投入创新资源较多，人才资源也相对比较集中。此外，北京还有一批行业龙头企业，主要包括辰安科技、华云气象、同方威视等专业特色突出的企业，这些企业不仅是安全与应急产业领域的领军者，同时也是大数据、人工智能、云计算等新兴技术应用的先行者，在创新人才方面具有集聚优势。

**2. 北京安全应急领域重点企业人才情况**

北京的企业在发展中坚持人才导向，吸引了一大批高学历、高素质、高水平的科研人员，为安全应急自主创新之路奠定了人才基础。

中央企业是北京市安全应急产业的重要产业力量，在人才汇聚方面，中央企业具有强大的优势和吸引力，是安全应急产业人才汇聚的平台和基地。以航天科工集团为例，集团下属企业拥有中国工程院院士、国务院政府特殊津贴专家、"百千万"工程国家级人选、国防突出贡献专家、海外高层次人才等各级各类领军人才，形成了较为完备的人才体系。以中煤科工集团为例，集团拥有博士后科研工作站，以及包括中国工程院院士、国家级有突出贡献专家、享受国务院政府津贴专家和大批博士在内的行业一流研发团队。再以新兴际华集团为例，所属新兴际华科技集团成立了智研院、材料院、上海院、应急研究总院和新兴际华（北京）检验检测有限公司的"四院一中心"格局，所属际华股份拥有科技人员2400余人。民营企业也非常重视科研人才队伍的建设，一些民营企业为提升竞争力不断加大研发投入，广泛吸引来自国际顶级科研机构及知名企业的研发人员，成为企业竞争制胜的重要手段。

# 四　北京市安全应急产业人才分布的特点及存在的不足

## （一）北京市安全应急产业人才分布的特点

### 1. 安全应急产业领域智力资源密集

北京是全国智力密集区之一，全市聚集了国内外专家，中央企业、高校、科研院所等各类智力资源，具有强大的科研创新能力。同时，北京市安全应急科技创新机构较多，在安全应急产业领域拥有数十家高校、科研机构。以院士、专家、学者为主体的科研人才资源聚集，智力要素密集。此外，一些国家级协会、学会、联盟，以及市级协会、学会、联盟等也在北京聚集，这些行业组织也是各类人才、行业专家聚集的重要资源平台。丰富、高质量的人才资源为产业发展提供了强有力的基础支撑。

2.安全应急产业人才较为集中

北京市安全应急产业人才分布较为集中。北京市安全应急产业集中于若干产业聚集区，包括中关村科技园区丰台园、中关村房山园、中国电科太极信息技术产业园、中关村软件园、中关村怀柔园等区域，这也意味着相关企业和各类产业人才也在区域上聚集发展。以丰台区为例，丰台区有丰富的应急企业资源，在监测预警、预防防护、处置救援和应急服务等领域均有产业集聚。目前，丰台园区已聚集了新兴际华、北斗航天等龙头企业，以及谊安医疗、海鑫科金、阳光凯讯、动力源等一批尖端特色企业。这些应急企业中聚集了大量的应急产业人才。20%以上园区内应急企业拥有国家或北京市认定的企业技术中心、工程研究中心或重点实验室。各类研发机构总计20余个，为安全应急产业发展积累了大量的创新人才。又以中关村软件园为例，园区是中关村国家自主创新示范区的核心区和全国科技创新中心核心区，同时也是中关村人才特区，园区内共拥有24个博士后工作站，高新技术企业一共有436家。

3.安全应急产业人才领域分布广泛

北京市安全应急产业人才在各个领域具有一定分布，从高校和科研院所的情况来看，涉及消防救援、气象灾害，城市内涝灾害和洪水灾害、地震和地质灾害、矿山安全事故、危化品安全事故、城市生命线监测、轨道交通安全等不同突发事件类型。从安全应急产业领域来看，北京市在预防防护、监测预警、救援处置、安全应急服务等各个环节均有重点企业，因而人才分布也涉及以上安全应急产业的四大类型。

（二）存在的不足

人才是产业发展和创新的基础。总体来看，安全应急人才培养仍然存在诸多不足：一是安全应急人才规模仍然不能适应产业需求；二是人才结构主要偏重于通用型人才，具备安全应急专业技术能力的人才缺乏；三是对安全应急产业技术方向、产业政策、专业市场开拓的了解不足；四是企业人才培养多为自我培养，培训机构主要集中于少数高校和干部教育机构，企业缺乏有效的对接途径和培训机制。

# 五　北京市安全应急产业人才发展趋势及建议

## （一）多种形式开展人才队伍建设，促进应急人才队伍迅速扩大

鼓励企业积极申报国家和地方重点研发计划、基金项目等，同等条件下，对于应急领域的课题优先立项，吸引人才聚集；通过各类人才优惠政策，以重点高校、科研院所和优势企业为主体，有重点地培养和引进重要领域、关键环节的高层次创新人才；建立京内外开放的人才流动机制，鼓励专业研究人员、高校教师和企业科技人员间的互聘互兼，着力培养熟悉市场、具有较强集成创新和管理能力的人才队伍；支持高校开展应急产业学科建设，支持应急专业技术人才的继续教育。引导企业建立对高级人才的奖励制度，鼓励各种智力要素、技术要素以各种合法形式，自由参与利益分配和股权分配。

## （二）大力培养应急产业领军人才，建立安全应急专家库

开展应急产业人才体系建设，完善应急产业人才培养措施，按照北京市安全应急产业发展要求，结合安全应急人才需求，制定安全应急产业人才规划，不断壮大和优化创新型科技人才队伍，改革完善创新型人才的培养选拔模式，造就一批高层次科技领军人才和创新团队，挖掘一批高层次应急管理领军人才和创业团队。

加强京内外人才队伍的协同发展。通过国家和市级、区级各类人才工程，建立起安全应急产业专家库，采取不求所有，但求所用的方式，集聚全

国的安全应急产业人才力量，服务北京市安全应急产业发展，同时为开展安全应急救援工作提供人才支撑，为首都应急管理工作和应急体系建设服务，并逐步辐射京津冀地区。

### （三）调动安全应急产业各类人才积极性，做好应急产业科技创新

支持和促进支持科技人员创新创业，增强应急产业创新活力，促进应急产业快速发展。针对安全应急产业为应急管理工作服务的特点，强化政府管理，不断创新应急救援体制机制，支持和规范社会力量参与应急救援工作，加强专业救援队伍和应急救援志愿者队伍的建设和培训，开展队伍等级评定与志愿者注册工作，不断提升救援工作的专业化水平，鼓励专业救援队伍和应急救援志愿者学习社会工作知识，提升应急救援工作的服务水平，为区域应急管理工作服务。

**参考文献**

朱庆阳、孙远、汪艳彦：《新时代产业人才分类与胜任力评估》，《中国人事科学》2020 年第 11 期。

北京市应急管理局、北京市经济和信息化局、应急救援装备产业技术创新战略联盟等：《北京市安全应急产业发展报告（2023 年）》，中国应急管理出版社，2024。

# B.14
# 2023年山东省化工行业
# 安全监管人员发展报告

窦园园　邬燕云　陈嘉贤*

**摘　要：**　化工行业作为生产安全事故频发多发的重灾区，一直以来都是关系国家安全发展和民生福祉的重中之重。山东省作为化工大省和危险化学品生产大省，对其化工行业安全监管人员发展状况进行研究具有重要的现实意义。本报告在充分搜集与整理相关文献资料的基础上，对相关概念进行清晰地界定，总结山东省在化工行业安全监管方面采取的系列举措。通过对山东省16个地市所拥有的化工行业安全监管人员数量及培训情况进行统计分析，指出山东省化工行业安全监管人员发展在监管力量、专业能力、执法效率、装备、奖惩考核、相关部门职责界定等方面存在诸多问题，故此从监管人员队伍规模、素质要求、培训方式、规范化管理、园区监管力量、重点县指导帮扶等方面给出具体发展建议。

**关键词：**　化工行业　监督管理　人才发展　山东省

## 一　背景

化学工业作为国民经济的基础性行业，也是国民经济的支柱性产业，总

---

* 窦园园，博士，应急管理大学（筹）华北科技学院应急技术与管理学院副教授，主要研究方向为应急管理、创新战略、供应链管理等；邬燕云，博士，教授级高级工程师，应急管理部政策法规司原副司长、一级巡视员，中国安全生产科学研究院政策法规领域特聘专家，主要从事安全生产和应急管理法律法规和标准工作；陈嘉贤，上海海事大学硕士研究生，主要研究方向为应急管理。

量占比相对较高、上下游涉及的产业也较多，与经济社会发展、人民生产生活和现代国防工业紧密相关，是我国完整的工业体系链条中至关重要的一环，为经济发展作出了卓越贡献。然而，化工和危险化学品事故仍多发频发，尤其是危险化学品具有爆炸、燃烧、剧毒等特性，暗藏着较多潜在的危险性因素和风险隐患，一旦出现生产安全事故，不仅影响人民群众生命健康和财产安全，也会引起社会动荡不安，造成不良的国际社会影响。

党中央明确提出，要实现国家治理体系和治理能力的现代化，实现危险化学品安全生产治理体系和治理能力现代化是应有之义，须科学管控危险化学品，提高安全生产监管能力，遏制危险化学品事故，让人民群众更有安全感、幸福感[1]。为认真抓好贯彻落实，有效防范化解危险化学品重大安全风险，保障人民群众生命财产安全和社会稳定，2020 年 2 月，中共中央办公厅、国务院办公厅印发《关于全面加强危险化学品安全生产工作的意见》，这是我国首次对一个行业的安全生产工作专门印发文件，体现了党和国家对危险化学品安全生产工作的极大重视。

与此同时，近年来全国各地危险化学品安全监管工作不断加强，化工企业搬迁改造工作持续进行，化工产业更新换代也在加速推进。安全监管在保障化工行业安全生产、实现产业高质量发展的过程中起到了关键性作用[2]。但是从全国各省区市危险化学品行业来看，可谓悬殊。从全国危险化学品企业分布来看，山东省是化工和危险化学品生产大省，省内危险化学品种类齐全、行业众多，从业单位量大面广，因此危险化学品安全生产监管压力尤为严峻。本文以山东省化工行业监督管理人才作为研究对象，通过搜集并整理政府网站公开的数据资料、查阅文献等，在界定相关概念的基础上，梳理山东省在培养化工行业监督管理人才方面所付出的努力，分析存在的问题，并提出长短期发展计划，旨在为中国安全生产综合监督管理人才建设提供重要参考价值。

---

① 《加快提升危险化学品安全生产治理体系和治理能力现代化水平》，《中国应急管理报》2020 年 2 月 28 日，第 2 版。

② 戴欣：《安全监管对化工行业生产率的影响分析》，浙江财经大学硕士学位论文，2020，第 2 页。

## 二　相关概念界定

### （一）化工行业

化学工业是以天然物质或其他物质为原材料，并利用这些物质的性质或形态变化进行组合、加工成化学品的一种工业。化工行业是从事化学工业生产和开发的企业和单位的总称，其常被称为高危险高污染行业，是因为其使用的原料、中间体以及产品本身具有易燃易爆、有毒有害和腐蚀性等特性，不仅生产过程中排放种类繁多、数量庞大、对人体有危害的污染物，而且生产过程大多在高温、高压、有毒条件下进行，各环节处理不当极容易引发安全生产事故。同时，化工企业污染物超标排放事件、工人职业病问题以及大规模泄漏事故时有发生。化工物料和生产工艺都具有一定的特殊性，随着化工物料品类的日益增加，生产流程日益复杂化，化工生产过程逐步向着装置规模大型化、高工艺参数以及自动化方向发展，生产过程中的个别环节失控可能会导致整个系统崩溃。因此化工企业的安全生产监管尤为重要。

从广义来讲，凡生产过程表现为化学反应过程或化学过程占主要生产过程的工业，都属于化学工业，它主要包括化学品及化学制品的制造、焦炭和精炼石油产品的制造、基本医药产品和医药制剂的制造、橡胶和塑料制品的制造、纸和纸制品的制造、基本金属的制造等诸多部门。狭义的化学工业包含以石化基础原材料为加工对象的煤化工、延伸化工、生物化工、盐化工以及精细化工等领域①。

### （二）化工行业分类

化学工业涉及的领域相当广泛，是类别品种最多、应用最为广泛的工

---

① 戴欣：《安全监管对化工行业生产率的影响分析》，浙江财经大学硕士学位论文，2020，第13页。

业，现阶段对于化工行业的分类尚没有统一的标准。

根据国家统计局行业分类标准（GB/T+4754-2017），化学原料和化学制品制造业为国民经济分类的第 26 大类，这是通常所说的狭义化工行业，以往学者多以此为研究对象。然而，在政府的产业结构调整目录和化工项目审批文件中（如江苏省推进化工企业"四个一批"专项行动时，规定化工生产企业为国民经济分类的第 25~29 大类），化工行业是包括国民经济行业分类代码第 25~29 大类的行业，即石油、煤炭及其他燃料加工业（第 25 大类）、化学原料和化学制品制造业（第 26 大类）、医药制造业（第 27 大类）、化学纤维制造业（第 28 大类）以及橡胶和塑料制品业（第 29 大类）。企业投资新建的被列入以上行业的项目一般被认定为化工项目，政府在实际工作中还需根据实际情况进行判定和分类监管。

## （三）危险化学品

危险化学品是化学品中特殊的一类，是具有危险性质的化学品。结合国外分类情况和国内发展实际，以及化学品分类和标签相关规范，我国从标准规定的物理危险、健康危害、环境危害三类不同的类别中确定了国内关于危险化学品定义。根据《危险化学品安全管理条例》（国务院令第 591 号）第三条，我国法律规定的危险化学品是指具有毒害、腐蚀、爆炸、燃烧、助燃等性质，对人体、设施、环境具有危害的剧毒化学品和其他化学品。

## （四）危险化学品安全监管

根据我国法律法规规定，我国加强危险化学品安全生产监管的目的主要是为了防止、遏制和减少危险化学品事故，主要包括危险化学品生产过程（中间产品或最终产品）、经营过程（包含代存储）、使用过程（使用危化品进行生产）、储存过程和运输过程。根据国家"三定方案"，应急管理部负责危险化学品安全监督管理综合工作，综合监管即是对负有安全监管职责的部门和下级政府的指导协调和督查，应急管理部内设危险化学品安全监督管理一司和二司，承担危险化学品安全监督管理综合工作，负责危险化学品安全生产监督管理即承担危险化学品生产、储存和经营环节的安全生产监督管理，并核发相应的证件，负责"三同时"的监督检查，对危险化学品建设项目（包括使用长输管道输送危险化学品、进行安全审查等；其他负有危险化学品安全监管职责的部门在各自的职责范围内负责相应的事项）[1]。

鉴于危险化学品监管工作涉及部门较多，在国家层面，还建立了危险化学品安全生产监管部际联席会议制度，由应急部、工信部等 25 个部门和单位组成，强化部门协作，提高监管效率，地方各级部门也都建立了相应的联席会议制度[2]。

### （五）化工安全监管方式

依据 2023 年 7 月山东省制定的《山东省化工和危险化学品企业分级分类监管工作方案》，山东省根据企业的安全风险程度，将危险化学品生产企业、经营（带有储存设施且构成重大危险源）企业、港口储存（构成重大危险源）企业、取得危险化学品安全使用许可证的化工企业、涉及重大危险源或者重点监管危险化工工艺的化工企业（非危险化学品企业）和化学制药企业，确定为实施重点监管类企业；将其他危险化学品经营企业、储存企业、化工企业和化学制药企业确定为实施常规监管类企业。

首先，对于重点监管类企业，将安全风险管控水平、过程安全管理能力作为主要的评分依据，对各类企业通过百分制的量化评估分级方法按照由高至低的顺序，依次将其评为蓝色、黄色、橙色、红色四个等级。其中，依据评估分级的具体结果，若是各过程管理要素的最终评估得分满足规定的分值且获得的评估总分在 80 分及以上的则定为蓝色等级，而评估得分在 70～79 分的定为黄色等级，55～69 分的定为橙色等级，55 分以下的定为红色等级。

---

[1] 鲍文杰：《山东省危险化学品安全生产监管研究》，山东大学硕士学位论文，2021，第 14 页。

[2] 国务院办公厅：《国务院办公厅关于同意调整完善危险化学品安全生产监管部际联席会议制度的函》，《中华人民共和国国务院公报》2018 年第 29 期。

在此基础上对企业等级进行动态评估分级，实时根据企业安全业绩的变动情况进行同步调整，从而深入落实"一企一策"的精准治理模式和分级监管制度。

其次，对于常规监管类企业，着力于制定全面周详的年度执法检查计划，在明晰需要重点监督管理事项的前提下，依法依规对该类企业进行动态监管。对于重点监管类企业，则严格按照"夯实巩固蓝色、规范提升黄色、帮扶管控橙色、整治淘汰红色"的原则，根据企业实际情况切实进行差异化、精细化监管。

## 三 山东省化工行业安全监管举措

### （一）持续强化地方法规和标准体系建设

法规和标准具有强制性和指导性意义，山东省从建立健全地方性安全生产法规标准入手，依法依规加强对危险化学品安全监管。根据全省安全监管实际情况，山东省人民代表大会修订了《山东省安全生产条例》，并于2017年5月1日施行；2017年6月2日，山东省人民政府第309号令公布了《山东省危险化学品安全管理办法》并于同年8月1日施行。此外，修订了《山东省生产经营单位安全生产主体责任制规定》（省政府令第311号修订）。后续相继出台了《关于加强危险化学品安全管理工作的通知》《关于加强安全环保节能管理加快全省化工产业转型升级的意见》《山东省危险化学品企业安全治理规定》等重要文件，有针对性地对危险化学品行业安全生产重点工作进行详细安排部署，组织相关部门根据各行业专业实际，制订危险化学品地方标准、行业标准以及团体标准，组织企业和专家制定安全生产技术规范性文件。此外，2018年2月2日山东省安全生产监督管理局组织修订并印发了《山东省〈危险化学品建设项目安全监督管理办法〉实施细则》。2023年8月，山东省又根据《中华人民共和国安全生产法》《山东省安全生产条例》《山东省生产经营单位安全生产主体责任规定》等法律法规的规定，制定了《山东省生产经营单位安全总监制度实施办法（试行）》①。

## （二）化工园区源头管理及安全整治活动

为加速推进化工园区产业转型升级，加速化工产业持续健康高质量发展，近年来山东省一直积极开展众多专项行动。2023年3月16日，山东省应急管理厅发布《山东省应急管理厅推进绿色低碳高质量发展先行区建设三年行动计划实施方案》，明确提出要持续推进化工园区的安全整治提升。组织全省84个化工园区按照相关法律法规要求制定"一园一策"整治提升方案，深入开展"十有两禁"安全整治提升行动。到2025年，力争全省90%化工园区的安全风险等级均达到D级即较低安全风险。此外，要求从源头管理开始，提高准入门槛，把产业政策、生产工艺和生产条件三项要素作为准入门槛，达不到标准要求的，一律禁止准入；强化建设规模要求，高标准、严要求开展安全生产条件审查工作，新上项目固定资产投资（不含土地费）不得低于3亿元，并由设区的市以上投资管理部门进行核准备案，且必须在省人民政府批准的化工园区范围内建设；定期开展"发证条件回头看"活动，保障企业安全生产基本条件，组织各级许可发证机关聘请行业专家会同执法机构，对危险化学品企业按照安全生产基本条件逐一核查核对，对在生产过程中没有保持住标准生产条件的企业分类进行处罚，时刻保障化工园区安全生产。

## （三）多举措加强相关人员安全教育培训

一方面，对危险化学品主要负责人实行培训考核制度。增强主要负责人的安全意识，由省级相关单位全权负责全省危险化学品企业主要负责人的培训考核工作，利用省安全生产专项资金组织危险化学品生产企业主要负责人

---

① 《山东省生产经营单位安全总监制度实施办法（试行）》，山东省人民政府网站（2023年8月22日），http://www.shandong.gov.cn/art/2023/8/25/art_306404_5521.html，最后检索时间：2024年5月25日。

进行"全覆盖"培训考核。另一方面，定期举办专业培训班。邀请国内知名专家授课，对全省危险化学品安全监管人员进行组织培训，并由部分市、县分享先进经验做法。2022年9月山东省人民政府安全生产委员会印发了《关于开展全员定向安全生产大培训工作的实施意见》（鲁安发〔2022〕20号），要求统一规范培训范围，各培训专题要涉及行业领域所有单位的全体人员，按照适用、定向原则全员参训，包括主要负责人、各层级经营管理人员、生产一线作业人员以及劳务派遣、灵活用工人员等，确保应学尽学、应训尽训，做到一企不漏、一人不落。根据工作需要，培训对象所属的行业主管部门和负有安全生产监督管理职责部门的相关人员、属地安全生产监管责任人员也要同步进行培训学习。

## （四）坚持问题导向，组织开展执法检查

为全面深入贯彻落实全省化工行业安全生产整治提升专项行动工作方案的具体要求，践行山东省人民政府安全生产委员会办公室《关于开展全省化工和危险化学品企业"两人一企"常态化驻点监督工作的通知》（鲁安办发〔2023〕10号）精神，全省各个地区均细化实施职责任务清单化、监督流程制度化、培训考核体系化、督导通报常态化等具体工作要求，深入推进"两人一企"常态化驻点监督工作模式。严格遵循分级与属地监督两大原则，全省各市、县（区）把常态化驻点监督模式当作压实工作责任、提升安全监管效能的着力点，把本辖区内应当派驻化工和危险化学品企业清单以及派驻人员名单进行一一匹配，遵循"两单对应、应派尽派"的原则，派驻率达到100%。截至2023年12月，全省共派出40961人次监督人员（含专家），进驻3296家化工和危险化学品企业，累计检查问题47431条，已整改47058条，整改率99.2%；其中重大隐患4条，已全部整改①。

## （五）严肃事故查处，强化事故规律总结运用

严格执行危险化学品事故的调查和责任追究制度，对事发企业进行严厉

---

① 《省化工行业安全生产整治提升专项行动专刊》第65期，2024年1月26日。

处罚，采取罚款、责令停产停业、挂牌督办、提级调查、行政和纪律处分、刑事措施等手段对事发企业重拳出击。严格依法依规进行事故调查，按时结案并依法向社会公布相关情况，在事故调查处理的同时，强化事故跟踪督导，以事故教训推动工作开展，强化对事故调查报告结果的运用。对每一起危险化学品事故，一律派专员赴现场督促指导当地应急部门查明原因，有针对性地提出预防与处置措施；召开现场分析报告会，做到"一厂出事故、万厂受教育"，督促事故所在地辖区内的企业举一反三，杜绝同类事故再次发生。

针对化工园区事故频发的特点和类型，组织专业力量事先制定相关安全技术规范标准，吸取省内外相似事故案例教训，研究制定相应安全改造提升计划和应急处置指南，督促指导和规范企业对标达标，实现本质化安全。深入分析事故案例，针对往年安全生产事故案例，组织企业开展事故警示教育，吸取事故教训，分析事故原因，防范同类事故，提醒各地区和企业举一反三，加强防范。

## 四 行业安全监管人员发展现状及问题

### （一）山东省化工行业安全监管人员发展现状分析

#### 1.各地市安全监管人员基本情况

强化企业督导帮扶一直以来都是山东省提升企业安全生产意识、安全管理效能和本质安全水平，实现山东省危险化学品安全生产治本攻坚行动的重要举措。山东省各地市危险化学品安全监管人员在督导帮扶行动的开展下实现了不同程度的增加（见表1）。截至2023年12月，山东省现有危险化学品安全监管人员总计1240人，其中具有化工及相关专业学历人员761人，占比61.37%，相较督导帮扶之前增加了238人，增加了19.2%，但仍低于中央意见要求的75%，监管队伍的专业素养和监管能力与新时期安全发展要求还有较大差距。从现有危险化学品安全监管人员在各地市的分布情况看，

表 1　山东省各地市危险化学品安全监管人员情况*

| 序号 | 地市 | 原有危险化学品安全监管人员 | | | | 自督导帮扶以来新增危险化学品安全监管人员 | | | | 现有危险化学品安全监管人员 | | | | | |
|---|---|---|---|---|---|---|---|---|---|---|---|---|---|---|---|
| | | 市级（人） | 具有化工及相关专业学历人员（人） | 县级（人） | 具有化工及相关专业学历人员（人） | 市级（人） | 具有化工及相关专业学历人员（人） | 县级（人） | 具有化工及相关专业学历人员（人） | 市级（人） | 具有化工及相关专业学历人员（人） | 县级（人） | 具有化工及相关专业学历人员（人） | 合计（人） | 具有化工及相关专业学历人员合计（人） |
| 1 | 济南 | 5 | 3 | 58 | 24 | 4 | 3 | 13 | 5 | 9 | 6 | 71 | 29 | 80 | 35 |
| 2 | 青岛 | 6 | 6 | 65 | 51 | 3 | 3 | 9 | 8 | 9 | 9 | 74 | 59 | 83 | 68 |
| 3 | 淄博 | 8 | 5 | 65 | 39 | 1 | 1 | 7 | 5 | 9 | 6 | 72 | 44 | 81 | 50 |
| 4 | 枣庄 | 5 | 4 | 19 | 14 | 2 | 0 | 14 | 10 | 7 | 4 | 33 | 24 | 40 | 28 |
| 5 | 东营 | 13 | 10 | 87 | 54 | 0 | 0 | 7 | 6 | 13 | 10 | 94 | 60 | 107 | 70 |
| 6 | 烟台 | 8 | 6 | 81 | 47 | 1 | 1 | 11 | 11 | 9 | 7 | 92 | 58 | 101 | 65 |
| 7 | 潍坊 | 6 | 4 | 118 | 47 | 4 | 2 | 11 | 6 | 10 | 6 | 129 | 53 | 139 | 59 |
| 8 | 济宁 | 9 | 8 | 59 | 48 | 0 | 0 | 26 | 24 | 9 | 8 | 85 | 72 | 94 | 80 |
| 9 | 泰安 | 8 | 8 | 31 | 24 | 2 | 2 | 11 | 11 | 10 | 10 | 42 | 35 | 52 | 45 |
| 10 | 威海 | 5 | 2 | 25 | 12 | 2 | 2 | 3 | 2 | 7 | 4 | 28 | 14 | 35 | 18 |
| 11 | 日照 | 5 | 4 | 27 | 10 | 2 | 2 | 13 | 9 | 7 | 6 | 40 | 19 | 47 | 25 |
| 12 | 临沂 | 5 | 4 | 73 | 34 | 3 | 2 | 18 | 16 | 8 | 6 | 91 | 50 | 99 | 56 |
| 13 | 德州 | 3 | 1 | 37 | 17 | 3 | 2 | 23 | 22 | 6 | 3 | 60 | 39 | 66 | 42 |
| 14 | 聊城 | 6 | 5 | 45 | 12 | 3 | 3 | 13 | 11 | 9 | 8 | 58 | 23 | 67 | 31 |
| 15 | 滨州 | 15 | 11 | 52 | 22 | 5 | 4 | 13 | 12 | 20 | 15 | 65 | 34 | 85 | 49 |
| 16 | 菏泽 | 6 | 6 | 47 | 26 | 0 | 0 | 11 | 8 | 6 | 6 | 58 | 34 | 64 | 40 |
| | 合计 | 113 | 87 | 889 | 481 | 35 | 27 | 203 | 166 | 148 | 114 | 1092 | 647 | 1240 | 761 |

*《山东省危险化学品安全生产专项督导帮扶工作信息》（第 25 期），2023 年 12 月 8 日。

潍坊、东营、烟台所拥有的危险化学品安全监管人员数量最多，均超过了百人，分别为 139 人、107 人、101 人。从现有危险化学品安全监管人员中具有化工及相关专业学历人员占比来看，泰安、济宁、青岛分居前三位，分别为 86.54%、85.11%、81.93%，而潍坊、济南、聊城占比较低，分别为 42.45%、43.75%、46.27%，这与全国危险化学品安全监管人员具有化工、安全等专业学历的人数占比不足 1/3[①] 的情况相比占显著优势。综上，省内各地市之间在现有危险化学品安全监管人员数量，以及具有化工及相关专业学历人员占比方面，均存在明显的不平衡现象。

2. 安全监管人员培训情况

为贯彻落实《应急管理部办公厅　国家金融监督管理总局办公厅　关于充分发挥安全生产责任保险功能作用助力全国重大事故隐患专项排查整治2023 行动的通知》（应急厅函〔2023〕169 号）要求，以及党的二十大精神和习近平总书记关于安全生产重要指示精神，充分发挥安责险风险减量和事故预防功能作用，助力企业开展安全生产隐患排查整治工作，切实提升企业安全管理水平和抗风险能力，山东省组织开展全省重大事故隐患专项排查整治2023 行动和化工行业安全生产整治提升专项行动等。其中，对化工企业主要负责人和安全管理等关键岗位人员分类分批进行集中轮训。截至 2023 年 8 月，全省各类专业人才 60410 人，已培训 37290 人，培训率为 61.73%。此外，还组织全省 2293 名化工和危化品企业的主要负责人，参加全国化工（危化品）企业主要负责人落实安全生产主体责任视频集中培训，实现了全省危化品生产、使用、涉及重大危险源经营储存、危险性较大的四类化工企业主要负责人全覆盖[②]。

## （二）山东省化工行业安全监管人员发展问题分析

### 1. 监管力量严重缺乏

危险化学品行业领域广泛，涉及各行各业，同时危险化学品品类繁杂，

---

① 应急管理部关于印发《"十四五"危险化学品安全生产规划方案》的通知（应急〔2022〕22 号），应急管理部网站（2022 年 3 月 10 日），https：//www.mem.gov.cn/gk/zfxxgkpt/fdzdgknr/202203/t20220321_410001.shtml，最后检索时间：2024 年 5 月 25 日。
② 《省化工行业安全生产整治提升专项行动专刊》第 25 期，2023 年 9 月 5 日。

形态特征和危险性各不相同，做好行业监管必然会对专业监管力量产生很大的需求。据调查显示，山东省危险化学品安全生产监管力量存在严重不足，虽然市县都设立了危险化学品监管机构，但人员配备与庞大的监管数量严重不匹配，目前全省应急管理部门共有 1240 名危险化学品安全生产监管人员，截至 2023 年 12 月 27 日，全省 1531 家危险化学品生产企业，构成重大危险源、涉及重点监管工艺及重点监管的化工企业 471 家①，2 万多家危险化学品经营企业，近 1.5 万家危险化学品使用单位，2 万多处涉及危险化学品安全行业品种的安全风险，域内有上万公里的石油天然气长输管道，还承担着危险化学品安全监督管理综合工作，特别在镇街一级，机构和人员并未完全设置和配备，由于受编制数量限制，没有安排专职人员负责，更多的是一人身兼数职，且人员流动性大。同时，伴随着国家和社会对监管力量的要求越来越高、越来越细，监管人员数量远远无法满足繁重的监管任务要求②。

**2. 监管人员专业能力不足**

对于化工行业，尤其是危险化学品生产而言，安全生产监管工作具有专业性强、技术要求高、管理难度大和涉及环节多等特点，一旦发生事故，波及范围较广、破坏性极强，往往会危及公共安全，即便没有人员伤亡，也会造成社会关注度高，负面影响极大等后果，这就对监管人员专业能力水平提出了更高的要求，如果没有足够的专业知识和能力作为支撑，就很难做到有效的监管。现实中，1240 名监管人员中只有 761 人具有相应的专业学历，严重低于中央文件中提到的相应专业学历达到最低 75% 的要求。危险化学品行业因其特殊性，仅有专业学历远远不够，还必须有足够丰富的实践经验。同时，监管人员内还有部分新入职、刚换岗的新人，需要较长一段时间的组织学习和实战培训，才能实现有效的监管，可见监管人员的专业能力水平不足直接制约了安全生产监管的整体质量。

---

① 《省化工行业安全生产整治提升专项行动专刊》第 59 期，2024 年 1 月 5 日。
② 鲍文杰：《山东省危险化学品安全生产监管研究》，山东大学硕士学位论文，2021，第 35~38 页。

### 3. 监管执法效率不高

监管执法是安全生产监管的重要手段，可以保障国家法律法规和相关政策措施的顺利实施，确保企业生产经营活动依法依规运行。在监管执法过程中，一些地市效率并不高，没有充分发挥好监管执法的作用。部分地方还受执法车辆、执法装备的限制，不能确保按计划开展监管检查和执法；在实际检查和执法过程中，监管人员专业素质是重要影响因素，部门的执法行动是聘请相关行业的专家共同参与，由专家提出问题，执法人员根据法律法规要求依法处理，而行业专家在行业内从业多年，对企业较为熟悉，极容易出现专家和企业私下相互沟通而避免执法处罚；在危险化学品事故发生后，各级政府都会组织相关部门在危险化学品企业进行一段时间的执法检查运动式执法，开展检查的时间段内企业都较为积极认真，检查过后往往放松警惕，发生事故概率会增大；在执法检查中，对检查出的问题不能依法处罚，人情执法时有存在；在执法处罚时，对一些违法违规的处罚并不能起到震慑的作用。根据法律法规规定的处罚标准，企业在一些特殊时候违法成本低、守法成本高；某些基层政府领导为了当地经济发展和税收，搞地方保护主义，追求政府政绩，忽视安全发展，一些地方政府"打非治违"专项行动整治不到位，未认真摸排企业情况，未及时发现非法生产、违法建设和违规生产等行为。事故统计显示，危险化学品企业非法违法生产经营导致的事故占事故总量比重较大，例如德州庆云一非法化工厂"12·29"中毒事故、菏泽郓城一非法化工厂"7·13"较大中毒事故、临沂临沭金山化工"2·3"较大爆燃事故。

### 4. 监管装备较为欠缺

危险化学品安全生产监管需要很多现场检查，能决定检查和检测质量的就是检查装备和检测工具。然而作为经常深入一线检查的市县和镇街，一些地方并没有配备足够的监管装备和工具。公车改革后，很多县区应急部门只保留了一辆执法车，面对辖区内大量的企业，不只是危险化学品企业，还有非煤矿山企业、工商贸企业等，都分布在县区的各个地方。根据统计，一个县区的企业有几千家到上万家不等，如此数量众多的企业只有一辆执法车必然会影响检查的次数和企业覆盖度。最基本的执法检查装备如执法防护服装、移动电脑、便携式打印机、录音机、防爆对讲机、照相机等，都对现场检查过程中的安全有着重要保障，确保依法监管的实现，对发现的问题和隐患及时取证、固定证据、依法执法，部分县区因为财政紧张没有配备相应的装备，极大影响了监管的效果。更专业的监管装备比如离子气体检测仪、激光测距仪、成分分析仪等专门针对危险化学品的检测设备更无法配齐，即便有部分装备也不能保证设备灵敏度和准确度，让很多监管力所不及，难免会出现检查不到问题、消除不了隐患的情况，直接影响了监管检查的有效性和科学性。

### 5.考核奖惩运用不均衡

如今各级政府对安全生产工作的要求越来越高，有些违背了经济社会发展规律，要求"零伤亡""零事故"，同时，相关部门和媒体的宣传导向不正确，导致"谈虎色变"，社会公众对安全事故的容忍度越来越低，特别是危险化学品事故，即便没有人员伤亡，只要有火光、冒烟、爆炸等现象，各类媒体迅速传播，造成社会舆论膨胀，对人民群众的安全感冲击极大。然而人们更多的关注不是事故原因，而是事故的处罚，往往是还未调查出事故原因，领导就已经下达指示，迅速处分相关人员，平息社会舆论，过分追求事故追责，甚至有时会找"替罪羊"，忽略了事故发生的真正原因，导致"重处罚、重责任、轻原因"的问题严重，未将全部精力放到原因调查和预防措施上；另外，很多情况下，相关部门在责任认定上，是以"渎职和失职"来认定，监管部门就这样被认定为"原罪"。同时危险化学品各品类危险性大，监管人员还面临着易燃、易爆、有毒、有害等的风险，工作环境复杂多变，更是降低了危险化学品安全生产监管人员的积极性。

### 6.责任追究体系不完善

危险化学品安全生产监管中的责任追究能倒逼当地政府和相关监管部门落实监管责任，但责任追究的过度使用也会伤害到监管人员的积极性。在普遍印象中，责任与过错相符合，但在危险化学品安全生产监管中，两者几乎做不到相对应。网络时代，信息传播迅速，也许一起危险化学品事故只是着了一把火、冒了一股烟、爆了一声响，并未造成人员伤亡和经济损失，但相比造成数人伤亡的建筑施工事故、交通事故的追责却更为严重，就是因为火、烟、响在网络上传播尤为迅速，更容易吸引人的注意力。责任追究有时候也是为迅速平息舆论，淡化了对事故原因的调查，会出现事故原因还是鲜为人知的现象，下一次事故依旧可能发生。事故调查中的追责有时候也并不符合客观实际，有的甚至将不可抗力因素和员工违章操作造成的事故，都定性为某个政府部门监管人员的责任。因此当惩罚成为目的，所有监管人员似乎都有责任。责任追究与党政负责人的重视程度在很大程度上是有关联的，同样的事故，在不同地方追究程度不一样，有的地方是不论什么原因都要追究责任，有的地方追究的范围和程度不同，有的地方相对较轻，而有的地方根据监管人员作出工作后认定无责。深圳发生了一起事故，根据调查，相关人员都做了一定的工作，在报告中就没有对监管人员作出任何追究。而山东省的责任追究相对较重，很多监管人员表示干得越多，被处分的概率越大，很大一部分原因就是责任追究的界限、标准和程序不明确，在事故报告中经常会出现危险化学品安全生产监管不到位等字眼，但并没有明确的文件提到监管到位的最低标准和程度，做到什么程度才是履职尽责，什么情况下才能尽职免责。

**7. 相关监管部门职责界限不清**

危险化学品在全生命周期中都存在相应的危险性，因其监管涉及的行业领域众多，在很多环节都存在职责界限划分不清晰的现状，造成了监管的缺失、缺位或真空，很多事故就是在监管的模糊地带发生。根据党和国家提出的"三个必须"原则，政府的各个部门都不同程度地承担着相应的监管责任，各个部门利益诉求不同，在制定出台法律法规和部门规章、政策标准的时候，往往就从有利于自己部门的方面考虑，因此在制度根源上就造成了界限不明、职责不清甚至规定差异和冲突的现状。同样部门之间的相关行政审批、资质管理、行政处罚等形成了多头管理，职责有交叉，责任不明晰，信息沟通不畅，例如危险化学品相关标准要求是为了安全敞开，而环保相关标准要求为了环保封闭等，现实中还出现过为了"煤改气"政策要求，赶政策规定日期，引发生产安全事故的案例。政策设计上造成的职责交叉和界限模糊等问题，在问责力度越来越大的现实情况下得到了极度放大，各地方政府在总结事故时也都提出要厘清职责，但没有上位法的支撑，也很难做到有效地改善。响水"3·21"特别重大事故后，国家两个部委分别复函，提出了不同的意见，由此可见，在实际工作中监管的交叉和真空随时都可能遇到，更应加大监管力度，降低事故发生率。

# 五 山东省化工行业安全监管人员发展建议

## （一）全面提升监管人员队伍规模

推动各地利用现有政策，明确监管人员准入条件，打通公务员特殊职位招录、区域集中专项招录、专业人才引进等通道，建立专业人才补充长效机制。推动化工园区和危险化学品重点县、重点区域加强专业监管与执法力量，支持基层政府、化工园区通过聘用技术检查员、第三方专业机构等措施，配齐配强危险化学品监管专业力量。加强政策引导，鼓励危险化学品重点县、化工园区和重大危险源企业通过购买安全服务的方式，建立完善专家咨询、指导服务长效机制①。将化工产业作为发展重点的市要建设化工相关职业院校（含技工院校）或者推动现有院校增设化学化工类专业，持续建设高技能人才培训基地或实习实训基地。将化工过程安全管理知识作为必修内容，纳入省属本科高校化工与制药类专业核心课程体系。

## （二）明确监管人员专业素质要求

严格重点岗位人员安全资格准入标准，新招一线岗位从业人员必须具有化工职业教育背景或普通高中及以上学历，并接受危险化学品安全培训，经

---

① 《"十四五"危险化学品安全生产规划方案》的通知（应急〔2022〕22号），应急管理部网站（2022年3月10日），https://www.mem.gov.cn/gk/zfxxgkpt/fdzdgknr/202203/t20220321_410001.shtml，最后检索时间：2024年5月25日。

考核合格后方可上岗。危险化学品生产企业主要负责人、分管安全生产负责人必须具有化工类专业大专及以上学历和一定实践经验，专职安全管理人员至少具备中级及以上化工专业技术职称或化工安全类注册安全工程师资格。明确危险化学品监管执法人员专业素质标准要求，加大对化学、化工、制药、安全工程、消防等专业监管执法人员招录（聘）力度，加强专业能力考察。对专业性强、替代性低的职位，可通过公务员聘任制方式选聘，具有管理工作经验的可聘任为领导职务。根据工作需求，可面向社会招聘执法辅助人员并健全相关管理制度①。

## （三）丰富监管人员培训方式

强化危险化学品安全监管队伍建设，实现具有化工安全相关专业学历或实践经验的执法人员数量达到在职人员的 75% 以上。制定地区监管人员培训计划，高标准确定新入职人员、在职人员培训大纲和课程设置，遴选培养一批既有实践又有理论、既能执法又能讲课的教官队伍。采取理论知识更新线上学习、实操技能线下训练的方式，普及线上线下高度融合的安全培训空间，组织开展全员安全培训和化工安全等紧缺型专业在职教育。加强培训载体建设，利用本科高校、职业院校、大型企业、培训机构等优质资源，布局建设一批监管人员培训基地。全面提升人员专业素质能力。严密组织实施企业主要负责人安全资格年度再培训，着力提升主要负责人的安全意识、安全素质和安全领导力。2024 年年底前，完成首轮危险化学品企业工伤预防能力提升培训工程，对危险化学品重点企业安全生产分管负责人、专职安全管理人员和班组长等重点对象全覆盖、高质量培训。2026 年年底前，组织对市、县级（含化工园区）危险化学品、石油天然气开采安全监管人员实施全覆盖培训。推进化工园区实训基地和危险化学品企业安全培训空间建设运营标准规范体系，推动实训基地与企业安全培

---

① 中共山东省委办公厅、山东省人民政府办公厅印发《关于全面加强危险化学品安全生产工作的实施意见》（鲁办发电〔2021〕55 号）。

训空间互补，提升从业人员安全技能，严格规范企业主要负责人安全生产知识、管理能力考核①。

## （四）强化监管人员规范化管理

结合贯彻山东省安全委员会有关文件精神，开展全省化工和危险化学品企业"两人一企"常态化驻点监督工作，强化驻点监督人员规范化管理，提炼总结各市典型经验做法固化为制度性成果，指导各市完善"三张清单"（任务清单、问题清单、交办事项清单），动态调整驻点监督方式，落实"每月一调度、每季度一督导"要求，强化驻点监督工作考核②。各个驻点的监督人员负责每月不低于两次前往危险化学品生产企业、经营（带有储存设施且构成重大危险源）企业进行深入的监督检查，每月不低于一次前往非危险化学品生产的化工企业进行深入的监督检查。加强对驻点监督人员的日常管理，定期检查评估工作落实情况，严格规范驻点监督人员履职行为。加强廉政监督，督促驻点监督人员严格执行中央八项规定以及实施细则精神；加强作风建设，坚决杜绝形式主义和官僚主义。对驻点监督工作中成绩突出的要给予表扬奖励，对不尽职尽责的要按相关规定严肃处理③。

## （五）提高化工园区安全监管力量

针对省级和重点市、县（市、区）化工园区的危险化学品，要切实加强安全监管力量建设，专业监管力量配比达到75%以上，确保满足危险化学品安全监管繁重任务需求。省政府安全委员会办公室、各市政府安全

---

① 《山东省化工和危险化学品安全生产治本攻坚三年行动实施方案（2024—2026 年）》，山东省工业和信息化厅网站，http://gxt.shandong.gov.cn/module/download/downfile.jsp？classid＝0&filename＝f9d3c4b0c14940bcad07ea66b6c94dfb.pdf，最后检索时间：2024 年 5 月 25 日。
② 《山东省省化工行业安全生产整治提升专项行动专刊》第 65 期，2024 年 1 月 26 日。
③ 《山东省人民政府安全生产委员会办公室关于开展全省化工和危险化学品企业"两人一企"常态化驻点监督工作的通知（鲁安办发〔2023〕10 号）》，山东省应急管理厅（2023 年 6 月 30 日），http://yjt.shandong.gov.cn/zwgk/zdly/aqsc/whjg/202308/t20230807_4391443.html，最后检索日期：2024 年 5 月 25 日。

委员会结合化工产业发展规划，利用党校、高校、职业院校、化工安全实训基地等资源力量，分别对化工园区管委会负责人员，化工和危险化学品企业主要负责人、分管负责人、安全管理人员和重点岗位人员，分类分批进行集中轮训，抓紧完成企业从业人员资格条件对标行动，提升企业安全风险防控意识和能力，提升化工园区专业安全监管水平①。完善监管执法人员培训制度，监管执法人员入职培训最低为 3 个月，每年参加为期不少于 2 周的复训，并到国有大型化工企业进行岗位实训。省市县三级应急管理部门要统筹制定年度执法计划，同一企业对应一个执法主体，避免多层多头重复执法。

### （六）全面深化重点县指导帮扶

一方面，积极开展省级危险化学品重点县专家指导服务。省政府安全委员会办公室在每个市选择 1 个化工和危险化学品企业数量多、安全监管压力大、安全生产基础薄弱的县作为省级危险化学品重点县，委托第三方专业服务机构，聘请高水平专家队伍，对全省 16 个危险化学品重点县开展专家指导服务，推动重点县落实"一县一策"，为地方政府监管部门培养一批高素质的安全管理与技术专家，有效提升重点县危险化学品安全监管水平。另一方面，促进企业互助帮扶，开展危险化学品企业"大手拉小手"活动。每个市选取一定数量的综合实力较强企业和综合实力偏弱企业，开展指导帮扶，以好带差、以大带小，充分发挥好企业技术、人才和管理优势，解决相关企业专业人才短缺、管理基础薄弱、隐患排查不彻底、事故险情多发等问题②。

---

① 山东省人民政府安全生产委员会关于印发《山东省化工行业安全生产整治提升专项行动总体工作方案》的通知（鲁安发〔2023〕13 号），山东省应急管理厅网站（2023 年 6 月 30 日），http：//yjt. shandong. gov. cn/xwzx/zt/hghyxd/202403/t20240301_ 4709242. html，最后检索日期：2024 年 5 月 25 日。

② 《山东省危险化学品安全生产帮扶制度（试行）》（鲁安办字〔2022〕27 号）山东省人民政府安全生产委员会办公室，2022 年 8 月 22 日。

# 案例篇 ▷

## B.15
## 中石油企业安全应急人才建设成效
## 与发展趋势

刘景凯　栾国华*

**摘　要：**　安全生产法将"安全生产教育与培训"作为生产经营单位安全
生产保障的重要内容，将"组织制定并实施本单位安全生产教育和培训计
划"作为生产经营单位主要负责人的七项重点工作之一。中国石油天然气
集团有限公司（以下简称"中石油"）高度重视安全培训工作，作为特大
型的综合性能源企业，石油石化和新能源业务点多、面广、战线长、管理幅
度大，高温高压、有毒有害、易燃易爆的行业高风险特点十分突出，建设一
支高水平的安全应急人才队伍，以高水平的队伍建设促进高水平安全、以高
水平安全保障高质量发展必要性十分突出。近年来，中石油立足于"保障
员工生命安全、提升企业安全管理水平、促进企业可持续发展"等方面的
工作需求，在人才队伍需求、培训机构建设、培训课程设计等方面投入了大

---

* 刘景凯，中国石油天然气集团有限公司质量安全部原副总工；栾国华，中国石油天然气集团
公司安全环保技术研究院油气与新能源安全技术研究所副所长，高级工程师，主要研究方向
为安全工程。

量人力物力，一支具有中石油企业特色的安全应急人才队伍逐渐发展壮大，为保障中石油安全生产业绩持续平稳向好、建设基业长青世界一流综合性国际能源公司奠定了坚实的安全应急基础。

**关键词：** 中国石油　HSE 培训　应急人才培养

近年来，我国石油企业严格按照国家法律和部门法规要求，加强安全应急人才队伍建设，着力培养一批安全应急管理人才，提升企业整体应急管理水平、科技信息化水平和综合保障能力，并依托新科技和信息化创新带来的技术支撑不断完善应急队伍建设管理，在安全应急人才建设方面取得了显著成效，并呈现积极向好的发展趋势。

# 一　人才队伍培养现状

## （一）人才队伍需求

### 1. 安全生产管理人员

中石油安全管理人员作为企业健康安全环境管理体系（Health, Safety and Environment management System, HSE）中的关键角色，安全管理人员的职责是确保生产过程中的安全规定和标准得到严格执行。首先，安全管理人员必须接受系统的培训，深入理解安全管理的理论知识和实践技能，才能更好地识别潜在的安全风险，提出有效的防范措施，并监督员工遵守安全规定。其次，随着技术的不断进步和生产环境的不断变化，新的安全风险和挑战也不断涌现。安全管理人员需要不断更新自己的知识和技能，以适应这些变化。安全管理人员的行为和态度对于企业的安全文化有着重要影响。通过培训，可以增强安全管理人员的安全意识和责任感，积极发挥示范和引导作用。这有助于在企业内部形成积极的安全氛围，提高全体员工的安全意识。最后，从法律法规的角度来看，对安全管理人员进行培训也是企业的法定义务。确保安全管理人员具备必要的资质和能力，是企业履行安全生产主体责任的重要体现。

**2. 注册安全工程师**

安全生产法规定"危险物品的生产、储存、装卸单位以及矿山、金属冶炼单位应当有注册安全工程师从事安全生产管理工作。"《注册安全工程师管理规定》第23条规定"注册安全工程师在注册周期内应当参加继续教育，时间累计不得少于48学时"。

在企业从事安全生产管理工作，定期组织注册安全工程师的培训复训对于提升安全工程师的专业素养和技能具有显著的必要性。通过培训，一方面注册安全工程师可以更好地理解和应用这些法规，确保企业的生产活动合规，避免因违规操作而产生的法律风险，另一方面可以帮助安全工程师及时掌握最新的安全理念、技术和方法，提升注册安全工程师的专业能力和工作效率。

**3. 专业应急救援队伍人员**

专业应急救援队伍是中石油安全生产应急救援体系的重要组成部分。近年来，针对石油石化企业典型突发事件应急工作的迫切需要，中石油建成了"井控、管道、海上"三大应急救援响应中心和"消防"应急救援体系。

从专业性需求上看，应急救援工作具有极高的风险性和不确定性，要求救援人员具备丰富的专业知识和熟练的技能。通过系统的培训，救援人员能够掌握急救技能、灾害应对、火灾安全、救援策略等全面知识体系，从而在面对各种复杂和危险的救援场景时能够迅速、准确地作出反应，通过模拟演练和实际案例研究，救援人员可以训练反应速度和应变能力，学会在压力下冷静思考、迅速判断，并采取最有效的救援措施，从而最大限度地挽救生命和减少损失。从团队能力培养上看，培训还有助于提升救援人员的团队协作和沟通能力，通过培训，专业救援人员可以学习如何更好地与团队成员配合、与受灾者沟通，以及如何在紧急情况下协调各方资源，确保救援工作的顺利进行。从法律法规的角度来看，培训不仅可以帮助救援人员了解有关公共安全方面的法律法规，还能确保在救援过程中始终遵循法律法规的要求，避免因操作不当或违反规定而导致的法律风险。因此，专业应急救援人员培训对于提升救援人员的专业素养、团队协作和沟通能力等方面具有重要意义。通过培训，可以打造一支高素质、专业化的应急救援队伍，为应对各类突发事件提供有力保障。

4. 安全应急审核人员

安全应急审核员（应急审核员、HSE 审核员）是中石油 HSE 管理体系、应急管理体系的重要组成部分，其主要职责是确保被审核对象符合相关标准和要求。

开展安全应急审核人员培训，关系着企业的可持续发展以及员工和公众的健康与安全，具有极其重要的作用。从专业知识和技能累积提升方面来看，HSE 领域标准、法规不断更新，通过培训，审核人员可以掌握最新的法律法规、标准要求以及最佳实践技术方法，以提高审核员的专业知识和技能；从风险识别和管理能力培养方面来看，培训可以有效培养审核员识别和评估健康、安全以及环境风险的能力，并采取有效的预防措施，进而减少事故发生的概率；从企业合规性方面来看，企业需要遵守各种 HSE 相关的法律法规要求，通过开展培训，可以确保审核员能够正确执行、监督企业的 HSE 管理要求和程序，帮助企业避免违法违规风险；从工作效率和效果方面来看，经过专业培训的审核人员能够高效开展 HSE 审核工作，识别潜在问题并提出切实可行的改进措施，以提高整个企业的 HSE 管理水平；从员工和公众的信任方面来看，企业组织 HSE 审核员专项培训，有效履行企业对健康、安全和环境保护的承诺，一方面增强员工的信任感，另一方面提高公众对企业责任态度的认可；从应对变化和挑战方面来看，随着技术进步和工作环境的变化，新的健康、安全和环境挑战不断出现，通过持续开展培训，可以确保 HSE 审核人员能够及时应对新的挑战和变化，进而维护企业和员工的根本利益。因此，对 HSE 审核人员开展培训是确保企业持续改进其 HSE 管理系统、符合相关法律法规要求、提高竞争力和社会责任感的关键，通过强化 HSE 审核人员人力资源的发展，有效提高企业预防事故和减少环境影响等方面的能力水平。

## （二）培训机构建设

中石油共有 8 个直属培训机构，为安全应急人才培训工作提供了有力支持。

1. 中国石油管理干部学院（广州）

中国石油管理干部学院（广州）成立于1981年，最初名为石油工业部广州外语培训中心（见图1）。在1992年，它更名为石油大学（广州）。在2000年教育体制改革后，再次更名为广州石油培训中心。2021年9月，根据集团公司党组部署，按照"一体管理、两址办学、特色发展"要求，对北京石油管理干部学院和广州石油培训中心进行重组，它最终定名为中国石油管理干部学院（广州），以下简称"广培"。广培是中石油直属的重点培训基地，也是中石油工业国际化人才培养的摇篮，具备年培训1万人次的规模能力。目前，该中心共有17名QHSE专业教师，其中教授2名，副教授6名，国家注册安全工程师7名，博士2名，安全相关专业硕士9名，另拥有一支由近百名政府、企业、机构安全环保相关领导及专家组成的客座教授队伍。

图1 中国石油管理干部学院（广州）实景

广培中心具备完善的安全应急培训体系，是中央企业在广东省唯一的应急救援培训演练基地，近年来广培依托中石油集团强大的资源和专业团队，建设有多个HSE培训团队，包括管理人员HSE培训教学团队、"情景构建"项目咨询团队、QHSE内训师教学运营团队、安全实训教学团队、健康管理培训教学团队、安全监督培训教学团队、承包商HSE培训教学团队、赴海外HSE培训教学团队和线上QHSE专业培训运营团队。

结合国内外先进的安全应急管理理念和技术，设计并实施了涵盖应急预案制定、应急响应流程、应急演练组织与实施等多个方面的安全应急培训课程，配备有火灾模拟系统、泄漏处理设备等多种应急演练设备和模拟系统，能够模拟各种突发事件，使学员在逼真的环境中进行实战演练，提升应对突发事件的能力。广培还积极开展安全应急研究和创新工作，与国内外多家科研机构和企业合作，共同开展安全应急技术研究和创新实践，在安全应急领域取得了一系列重要成果，为企业的安全生产提供了有力的技术支撑。

### 2. 中石油大庆培训中心

2020 年，中国石油集团公司党组和大庆油田党委根据教育培训发展新需要和油田改革发展新形势，将大庆职业学院、大庆技师学院、中国石油大庆培训中心、大庆油田党委党校联合组建为铁人学院。该学院自建立以来，已经成为集培训、教学、实践为一体的综合性培训中心。学院现有员工 2369 人，设有培训部门 7 个，分别包括党建与骨干人才、管理干部、专业技术（HSE 培训咨询中心）、焊接培训中心、实训基地管理中心、技能人才和国际化人才；在培训机构、审核咨询等方面拥有 51 项资质，主要资质包括国家安全生产培训机构、石油和化工行业职业教育与培训全国示范性实训基地；占地面积 185 万平方米，建筑面积 36.5 万平方米，拥有主校区、北校区、龙南校区、焊培校区等 10 个校区。学院建有国家应急救援培训演练基地、国家高技能人才培训示范基地、化工实训基地、焊接实训基地、井控实训基地等 57 个实训基地。学院具有安全培训专职师资 128 名，国家注册安全工程师 14 名，中石油 HSE 咨询师 3 名，兼职安全培训师资 437 名，为开展安全培训奠定了强有力的师资基础。

大庆培训中心在培训内容上涵盖了新进员工培训、产品知识、专业技能、安全知识、生产管理、市场营销、团队建设、业绩评估等多个方面。此外，它还具有大庆油田高级技工培养、石油工程专业技术培训、HSE 培训咨询、外派劳务培训等职能，办学形式多样化，以满足不同学

图 2　大庆培训中心实景

员和企业的需求。在安全应急培训方面，大庆培训中心拥有一支 20 人的专业的安全应急培训师资团队，能够结合实际案例，为学员提供生动、实用的培训内容，帮助学员全面提升安全应急意识和应对能力[①]。大庆培训中心根据石油行业的特点和实际需求，设置了包括安全管理制度、事故案例分析、应急预案制定、应急设备使用等多个方面的课程，既注重理论知识的传授，又强调实践技能的培养，使学员能够全面掌握安全应急知识和技能。

### 3. 中石油新疆培训中心

中石油新疆培训中心前身是新疆石油学院，成立于 1955 年，从学历教育起步，经历职业培训、技能鉴定等组织机构和同类资源整合，发展成为综合性人才培养评价机构，距今已有 68 年的办学历史（见图 3）。现已成为集团在新疆乃至西北地区，业务领域最广、培训规模最大的综合性人才培养基地，年均培训量超过 9 万人次，承办 30 余个集团项目，长期服务西部地区乃至中亚石油石化企业。截至 2023 年，中心有教职员工 326 人，其中专职教师 218 人（机关及后勤服务人员 108 人），占比 67%，职称、学历和专业结构合理，能够胜任中心 43% 以上的日常授课需求，同时建有 2000 余人由企业领导干部、技术技能专家、高校教师构成的兼职师资库，

---

① 柴创：《C 培训中心管理人员培训服务质量研究》，电子科技大学硕士学位论文，2019。

在企业管理创新、生产技术革新、操作技能提升等领域，对中心课程体系建设形成有力支撑。

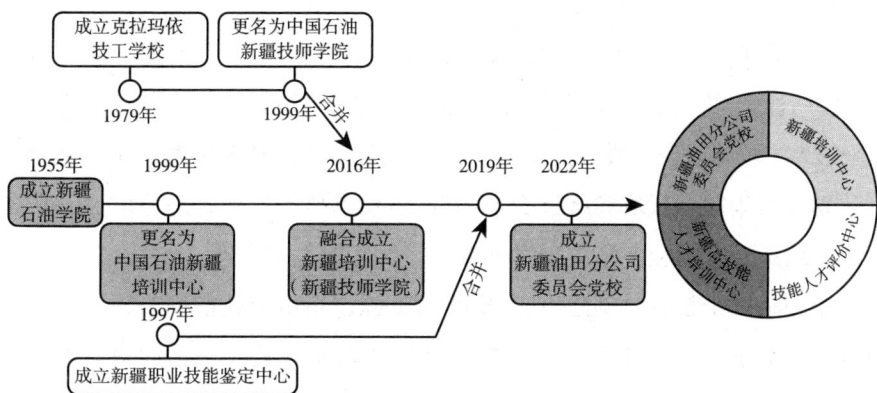

**图 3　新疆培训中心发展历程**

中心建有两个校区，分别位于新疆维吾尔自治区乌鲁木齐市和克拉玛依市。克市校区：占地 7000 余亩，与中国石油大学（北京）克拉玛依校区资源共享。能够同期接待 4000 人培训，1600 余人食宿；乌市校区：占地 150 余亩，独立院落。能够同期接待 1500 人培训，500 余人食宿。中心坚持协同化发展、一体化建设，在专业建设布局、服务市场定位等方面各有侧重，其中乌市校区充分发挥省会城市政治科研教育等优质资源，重点打造党建、经营管理、QHSE 等特色品牌；克市校区背靠企业生产现场，依托实训基地建设突出专业技术、技能操作特色优势。

近年来，中心发展成果得到集团总部认可，荣获"2018~2022 年中石油先进培训机构"。同时，积极申办各类、各级培训认证资质，集成创新技能、QHSE 等特色专业的优势，成功申办国家高技能人才培养示范基地、国家（中央企业）安全生产应急救援培训演练基地以及行业、集团的多项办学评价资质，成为支撑中心长效发展的有力保障。中心始终坚持打造 HSE 特色业务品牌，传承和发展专业优势。QHSE 领域业务服务范围包括中石油总部以及板块培训项目，新疆油田和集团其他驻西部片区石油石化企业，中石化、国家管网驻疆企业，以及服务石油石化企业的相关承包商。目前年均培训量稳定在 4.3 万余人次（含线上），占中心整体培训量的 46%。

中心设有安全工程培训部，部门共有 32 名专职安全教师，其中取得（中级）注册安全工程师执业资格 16 人，占比 50%。近年来，中心坚持"复合型"教师队伍建设，专职师资在承担日常授课任务的基础上，按照年度计划参与集团、板块和所属企业 HSE 体系审核等工作，理论联系实际的能力持续增强，为业务高质量发展奠定了扎实的人才保障。

中心在两个校区分别建有 HSE 实训资源，乌市依托前期建设完成的国家（中央企业）安全生产应急救援培训演练基地，近年来适度进行改造升级，重点满足石油石化企业在吊装、管线打开、高处等高危作业风险管控方面的通用需求。兼顾油气田企业、炼化企业、销售企业的应急管理全流程模拟演练功能。目前年均使用规模稳定在 30 余个培训班。

克市校区分别建有安全文化中心、安全体验馆，并依托 19 栋工业实训厂房优质资源搭建现场作业模拟场景，功能载体更为丰富。能够充分满足领导干部、专业技术人员和操作人员"三支队伍"的 HSE 培训需求，年均使用规模稳定在 80 余个班次。在软件方面，中心自建有"新培在线"App，近年来围绕企业 QHSE 培训的长期需要，新开发"一人一档"等相关系列功能，在功能上同时满足了员工学和企业管两大需求模块，增加了企业不同管理层级编制培训计划、选定培训素材、配套知识测试、线上线下全生命周期档案记录等功能，进一步支撑企业全员性培训要求的落地落实。

### 4. 中石油辽阳机电仪研修中心

中石油辽阳机电仪研修中心成立于 1991 年，坐落于有着 2400 多年历史的古城辽阳，行政隶属于中石油辽阳石化公司，是公司机关附属机构，是辽阳石化公司的职工培训中心、技能人才评价中心、党校（见图 4）。中心现有在岗员工 21 名，主任 1 名，副主任 2 名，业务单元负责人 6 名，高级技术职称 15 人，注册安全工程师 4 人，安全培训教师岗位资质 6 人。

图4　辽阳机电仪研修中心实景

中心紧密围绕中石油"十四五"发展规划、人才强企战略规划，按照中石油各项培训工作部署与要求，践行"做有价值的培训，用培训创造价值"的核心文化，立足炼化企业生产实际，以提升员工队伍整体素质和能力为主线，大力推进管理能力、专业技术、操作技能及HSE能力提升培训，做专做精炼化企业各层次人才培训项目，不断提升培训质量和培训实效，持续打造机电仪及安全主体专业培训特色。年培训量和考试量在15000～20000人次。

5. 中石油辽河油田培训中心

中石油辽河油田培训中心（党校）（以下简称中心）位于湿地之都、新兴港城辽宁省盘锦市。始建于1973年，缘油而生、因油而兴，办学50多年来，历经4次大规模重组整合，于2019年12月，更名为辽河油田培训中心（党校）。上级主管部门为辽河油田党委组织部/人力资源部，HSE培训业务指导部门为辽河油田质量健康安全环保部，是辽河油田唯一的综合性培训基地和辽宁省三家企业党校之一。

中心始终践行"做有价值的辽河培训"的理念，立足辽河、辐射东北、面向全国，为油气生产、炼化销售、工程技术服务、装备制造、新能源新材料等上下游全产业链企业，提供党务政工、经营管理、专业技术、技能操作、HSE培训及技能等级评价服务，以质量为核心，打造高水平、可信赖的HSE培训品牌。

中心对标行业一流，深入学习贯彻习近平总书记关于安全生产的重要论述，积极践行习近平生态文明思想，按照中石油、辽河油田安全管理工作部署，聚焦 HSE 培训主责主业，坚持安全生产、培训先行的工作导向，科学统筹发展与安全、培训与生产。致力打造集培训、教学、研究、体验、咨询为核心的多功能、一体化、现代化的安全教育培训基地，提高 HSE 培训核心竞争力，增强核心功能，为安全生产提供人才支撑和智力保障，打造具有辽河特色、区域一流的培训品牌，以高水平安全培训护航高质量转型发展。

中心建设有 HSE 培训实训基地 4 个（3 个现场教学点），包括安全教育培训基地、VR 实训基地、特种作业考试基地、井控实训基地。HSE 培训实训室 3 个，包括心肺复苏急救实训室、正压式空气呼吸器实训室和安全主题团建实训室。安全培训资质 8 项，包括安全生产培训机构、注册安全工程师继续教育、安全监督取证培训等；国家注册安全工程师 3 人；中石油 HSE 咨询师 2 人；中石油安全培训师 9 人。

### 6. 中石油渤钻培训中心（中石油大港钻井技术培训中心）

中石油大港钻井技术培训中心（渤海钻探职工教育培训分公司）坐落于天津市滨海新区大港油田，主要从事石油钻探 HSE、井控、技术技能、党建等培训工作。中心拥有教职员工 239 人，其中专职教师 42 名，包括中石油技能专家 2 名、企业级技能专家 6 名，中石油首席技师 2 名，特级技师 4 人，高级技师 3 人；高级职称人员 16 名。通过全面推进"转型提升"，基本实现了专职教师向"工程师／技师+培训师+咨询师"三师型人才转变，培养出享受国务院政府特殊津贴的集团级技能专家 1 名，获选全国能源化学地质系统"身边的大国工匠"的集团级技能专家 1 名，12 名教师取得注册安全工程师，6 名教师取得国家教师资格证。

专职教师作为咨询师，参与编制应急管理部行业强制标准《陆上石油天然气钻井安全规程》《陆上石油天然气井下作业安全规程》，以及《央企负责人考核方案研究》《陆上石油天然气开采单位主要负责人安全生产知识和管理能力考核要点》《陆上石油天然气开采单位主要负责人安全生产知识和管理能力考核题库》《陆上石油天然气开采单位安全管理人员安全生产知识和管理能力考核题库》；参与中石油《安全生产知识和管理能力学习考核要点》《钻井专业安全监督指南》《综合专业安全监督指南》，以及安全监督考核题库、海洋石油主要负责人和安全管理人员考核题库等教材和题库的编写工作；为一线基层队伍开展咨询问诊累计4000余人次。

中心拥有模拟井喷教学钻机、科学实验钻机、模拟井喷教学修井机各1部，拥有钻井、井下作业、HSE及井控等各类技能操作实训室22间、技能训练场6个（见图5）。天津大港和河北任丘两个校区，总占地面积9.15万平方米。教学楼2座，各类多媒体教室33间，其中200人以上教室3间，100人以上教室2间，40人及以上教室20间；计算机教室8间。

**图5　渤钻培训中心实训室**

中心是"国家级高技能人才培训基地"、应急管理部"全国安全生产考试研发基地"、应急管理部海油安监办中油分部"考试中心"、中国地质调查局油气资源调查中心"HSE培训基地"。中心拥有国际井控论坛（IWCF）井控，国际钻井承包商协会（IADC）WELLSHARP（井控）、RIGPASS（HSE）等多项国际培训资质；拥有中石油钻井、井下专业甲级井控（含硫化氢防护）等培训资质。拥有国家陆上石油、海洋石油安全生产知识和管理能力，司钻、低压电工等特种作业培训和考试资质。

中心专门成立了HSE教研室，负责HSE培训教学研究工作。近两年，中心组织对HSE知识开展系统化、模块化梳理，形成了一套较为完整的钻井、井下作业HSE基础课程体系。中心所有HSE培训项目均是在HSE基础课程体系的基础上进行开发设计的，其中常规HSE培训项目均制定培训大纲，重点培训项目均编制培训项目设计方案。

### 7. 中石油川庆培训中心

中石油川庆培训中心是直属于川庆钻探工程有限公司的二级单位，是兼具在职培训、特殊（专项）培训的综合性职业教育培训基地，实行"四块牌子、一套班子、一套人马"的管理机制（见图6）。中心包括四川石油井控培训中心、中石油集团油田技术服务有限公司井喷压井应急救援技术培训中心、国家应急救援培训演练基地、中石油海外防恐培训基地和中石油注册安全工程师继续教育培训机构。

**图6 川庆培训中心培训基地实景图**

中心培训业务类型包括党建、安全、应急救援、井控、技能、管理等。2020年通过了四川省安全生产培训协会组织的资质复审和培训质量考评，目前是四川省安全生产培训协会常务理事会单位。其中，井控类培训拥有中石油甲级钻井井控培训、甲级井下作业井控培训资质和IADC国际井控培训资质；应急类培训是国家安全生产应急救援培训演练基地，具备应急救援方面的教学培训、实训演练、考核评估的能力；技能类培训开展培训操作人员技能鉴定、技能培训、达标培训、入厂前培训等；安全类培训具有四川省安全生产培训协会颁发的安全培训条件证书资质和中石油 HSE 培训资质、承包商培训资质。

为更好地跟进石油企业业务发展需要，开展贴近一线的培训服务，中心在土库曼斯坦和长庆地区成立了两个驻外培训部，积极为川渝云贵等西南片区、长庆、新疆以及海外地区员工开展培训服务。近年来，该培训中心举办各类培训班近万班次，培训人数 47 万余人次，为中石油安全应急人才队伍的建设提供了有力保障（见图 7）。

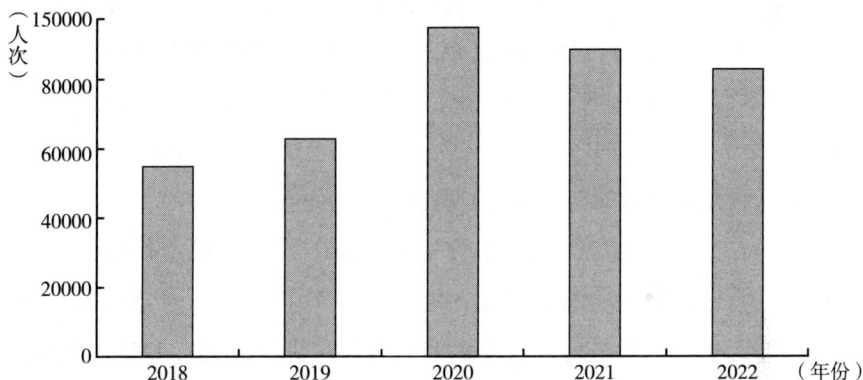

图 7　近五年川庆培训中心培训业务量情况

### 8. 中石油中油宇安培训中心

中石油中油宇安培训中心隶属于中石油集团东方地球物理公司，坐落在河北省涿州市开发区，是中石油国际化人才培训中心和中石油物探技术培训中心、中石油防恐培训基地。中心于 2001 年通过了 ISO9001-2000 质量认证。

中心下设教学部、长沟培训部、物探技术培训部、职业技能培训部、外宾宾馆等单位，总占地面积 24 万平方米，教育培训单位占地面积 22 万平方米。中心拥有 12 万平方米的教学楼，1.8 万平方米的学员公寓，3 万平方米的学员运动场地。其中教室及会议室 132 个，学员公寓 905 间，各类餐厅 29 个，能同期容纳 4400 名学员进行培训。

经过 36 年的创新发展，中心初步形成了党建及通用管理、国际化人才、物探技术及技能、IT、HSSE 及防恐等培训体系，所建设的培训基地除提供培训业务外，同时集会议服务、餐饮住宿等业务于一体，是一个综合性较强的培训中心。中心拥有一支高素质的专业师资队伍，队伍成员来自中石油各企业单位、全国各有关高等院校、相关研究机构和知名培训机构，同时拥有一支会议服务骨干队伍，师资力量强，服务水平高，为企业及社会提供优质的培训服务及智力支持。

中心主要开展的培训内容包括 QHSE 审核员培训、注册安全工程师继续教育培训、物探专业安全监督人员培训、主要负责人和安全管理人员培训、安全管理人员培训、外部承包商关键岗位人员 HSE 培训 3+5+1、HSE 培训师资技能培训、赴国（境）外施工人员 HSE 培训和初级红十字救护员培训。

### 9. 重庆科技大学石油与天然气工程学院培训中心

重庆科技大学石油与天然气工程学院培训中心（含重庆科技大学井控培训中心、重庆科技大学 HSE 培训中心）成立于 1983 年，是重庆科技大学面向石油与天然气行业进行专业技术培训服务的机构，具有 IADC（国际钻井承包商协会）认证的国际井控培训资质、中石油集团公司井控培训甲级资质、中石油集团公司 HSE 培训资质、国家二级安全生产培训资质。自成立至今已累计为石油与天然气行业培训 42000 余人次，其培训质量得到了送培单位及受训学员的广泛认可与好评。现有专兼职教师 47 人，其中教授 12 人，副教授 31 人，讲师 4 人；博士 37 人，硕士 8 人，本科 2 人；另有外聘专家 23 人。

中心长期开展陆上石油开采主要负责人（安全管理人员）取证培训、硫化氢防护取证培训和各类安全定制类培训。近年来，建立了本校教师与校外专家相结合的稳定安全培训师资队伍，聚焦"知敬畏、明责任、控风险、提能力"主题，打造了思想理论、法制管理、风险防控、应急处置和案例分析等五个模块的核心安全培训课程，年均开展安全培训10000 余人次。

### （三）培训内容设计

#### 1. HSE 培训

HSE 培训是指围绕 HSE 意识、知识和能力，提高员工 HSE 素质和标准化操作能力、增强 HSE 履职能力，避免和预防事故和事件发生为目的的教育培训活动。HSE 培训工作遵循"管业务必须管培训"的原则，实行直线责任制管理模式，坚持立足岗位、满足需求、全员覆盖、形式多样，实行统一规划、分类实施、分类指导的管理运行机制。

（1）HSE 培训对象

中石油企业各级、各类员工都必须接受与所从事岗位业务相关的 HSE 培训，经培训考核合格方可上岗，并定期进行 HSE 再培训。国家法律法规、地方政府和中石油要求必须持证上岗的员工，应当按有关规定培训取证。未经 HSE 培训合格的从业人员，不得上岗作业（见表 1）。

**表 1　人员培训要求**

| 对象 | 培训要求 |
| --- | --- |
| 油气勘探开发、炼油化工、油气储运销售、工程建设、技术服务等高风险行业生产经营单位主要负责人 | 初次安全培训时间不得少于 48 学时，每年再培训时间不得少于 16 学时 |
| 其他单位主要负责人 | 初次安全培训时间不得少于 32 学时，每年再培训时间不得少于 12 学时 |
| 新提拔、新调整到关键岗位的领导干部 | 应接受岗位安全履职能力评价和相应的 HSE 培训 |
| 油气勘探开发、炼油化工、油气储运销售、工程建设、技术服务等高风险行业生产经营单位的新入厂员工 | 应经过厂、车间（队）、班组三级入厂安全生产教育培训，时间不得少于 72 学时 |
| 其他单位的新入厂员工 | 岗前安全培训时间不得少于 24 学时 |
| 新招的危险工艺操作岗位人员 | 除按照规定进行 HSE 培训外，还应在师傅带领下实习至少 2 个月，并经考核或鉴定合格后方可独立上岗作业 |

续表

| 对象 | 培训要求 | |
|------|---------|---|
| 特种作业及特种设备操作人员 | 应按照国家有关规定经过专门的安全技术培训,并参加政府考核发证机关授权的考试机构组织的考试,考核合格,取得《特种作业操作证》后,方可从事特种作业或特种设备作业,并按照规定进行复审。离开特种作业岗位 6 个月以上的特种作业人员,应当重新进行实际操作考试,经确认合格后方可上岗作业 | |
| 员工在本企业内调整工作岗位或离岗一年以上重新上岗 | 应当重新接受车间(站队)和班组级的安全培训 | |
| 采用新工艺、新技术、新材料或者使用新设备时的相关员工 | 应重新进行有针对性的 HSE 及相关技术、技能培训 | |
| 班组长 | 每年接受安全培训的时间不得少于 24 学时 | |
| 建设单位的承包商项目主要负责人、分管安全生产负责人、安全管理机构负责人 | 进行专项 HSE 培训 | |
| 承包商、劳务派遣人员、实习人员、外来人员以及其他临时进入的人员 | 应根据需要进行入厂(场)前的 HSE 培训 | |
| 中石油其他承担安全环保评价、咨询、培训、检测、检验、应急救援等从事安全环保工作相关人员以及注册安全工程师、注册环境评价师、内部监理人员 | 应参加相应专业 HSE 培训 | |
| 所属企业安全总监、主管安全的处级干部(含副总监)、HSE 管理体系审核员、安全管理人员、安全师资 | 应当按照相关培训要求,参加相应培训,考核合格 | 安全总监除此安全培训时间不得少于 48 学时外,每年再培训时间不得少于 16 学时 |
| | | 主管安全的处级干部、安全管理人员、HSE 师资初次安全培训时间不得少于 80 学时,每三年复训一次 |
| | | HSE 管理体系审核员培训时间为 56 学时,每三年复训一次 |
| | | 赴国外长期工作人员初次安全培训时间不得少于 40 学时,每三年复训一次 |

| 对象 | 培训要求 |
|---|---|
| 企业发生造成人员死亡的生产安全事故的,其主要负责人、安全生产管理人员和其他有关人员 | 均应当重新参加安全培训 |

（2）培训内容

HSE 培训内容主要包括：

A. 国家安全环保方针、政策、法律法规、规章及标准，中石油 HSE 规章制度及相关标准，企业 HSE 有关规定；

B. HSE 管理基本知识、HSE 技术、HSE 专业知识；

C. 重大危险源管理、重大事故防范、应急管理和救援组织以及事故调查处理的有关规定；

D. 职业危害及其预防措施、先进的安全环保管理经验，典型事故和案例分析；

E. 员工个人岗位安全职责、工作环境和危险因素识别防控、应急处置技能等；

F. 其他需要培训的内容。

（3）培训实施

HSE 培训按照需求分析、计划制定、组织实施、效果评估等流程实施。各企业应将 HSE 培训的组织实施与业务培训、上岗培训等各类培训充分结合。

企业识别分析各岗位的 HSE 培训需求，编制基层岗位 HSE 培训矩阵，建立员工上岗安全履职能力标准，开展员工安全环保履职能力评估。

各级直线领导依据岗位 HSE 培训矩阵及培训需求分析，有计划地组织下属员工参加 HSE 培训。

HSE 培训综合运行集中培训、脱产学习、应急演练、岗位练兵、安全经验分享等多种方式组织开展，充分利用现代信息技术手段，创新 HSE 培训模式，提升 HSE 培训质量和效益。

HSE 培训进行全过程跟踪，开展培训效果评估，并制定相应的改进措施，持续完善 HSE 培训工作机制。

（4）考核管理

中石油定期对企业 HSE 培训工作进行监督检查，并将其作为 HSE 管理体系审核的重点内容，检查和审核结果纳入企业年度业绩考核。

各所属企业建立 HSE 培训奖惩机制，定期组织对所属单位的 HSE 培训工作进行考核。并将 HSE 培训作为员工或单位评先选优的条件之一。

对未能认真履行 HSE 培训职责的，给予通报批评；情节严重导致发生事故事件的，分析查找 HSE 培训是否存在专业培训漏洞和受控环节缺失，明确责任主体并给予行政处分。

**2. 专业救援队伍培训**

（1）新招收的队员

新招收的队员集中开展思想政治及职业道德教育，开展基本知识和技能训练，扎实掌握技术、战术基础，具备初步的执勤能力。具体训练内容如下。

A. 专业应急救援队工作性质、任务及职业道德；法规、条令以及专业应急救援队的战备管理、内务管理等相关制度；

B. 安全防护的基本方法与要求、训练和灭火救援行动安全要则等安全常识；燃烧基础知识、灭火救援基础知识、危险化学品常识、灭火剂的选择和使用等业务知识；

C. 泵浦消防车、供水器材、喷射器具、个人防护装备、移动式灭火器等常用装备器材使用方法；

D. 着装、佩戴空气呼吸器、水带铺设、涉水、攀登等专业技术；单人队列和班队列的动作训练以及常规的体能训练。

（2）在职队员

在职队员立足岗位，区分层次，注重石油石化灭火救援方法训练和相关知识培训，熟练掌握本岗位的专业技能。具体训练内容如下。

A. 各类队员开展安全防护、现场救护、通信联络、责任区情况熟悉、相关器材装备操作以及体能训练等共同科目的训练；

B. 战斗员按级别开展燃烧、灭火、危化品等相关专业知识培训和灭火剂喷射、供水、破拆等专业技术训练以及泡沫、水罐、举高等相关消防车的车载规定装备操控训练；

C. 驾驶员按级别开展灭火剂供给等相关专业知识培训和车辆行驶、停靠、调头等驾驶技术训练以及消防车车载固定装备操作、常见故障排除等专业技术训练；通信员应按级别开展计算机和相关软件的应用、通信管理等专业知识培训以及接处警、通信器材操作、通信联络方式等专业技术训练；

D. 班长除完成各级战斗员的训练课目外，还要进行火灾及常见灾害事故处置的基本程序与对策等专业知识培训以及指挥技能、组训技能等专业技术训练；

E. 现场摄（录）像员进行摄（录）像资料的编辑与制作、摄（录）像器材的使用和维护保养、灾害现场摄（录）像的内容和要求等相关知识培训和专业技术训练。

（3）队伍指挥员

指挥员应通过随队训练和自学的方式，完成规定的训练课目，不断提高石油石化企业灭火救援的组织指挥和管理能力。具体训练内容如下。

A. 所有指挥员开展基础理论、决策指挥、辖区情况熟悉、执勤职责、执勤实力等培训以及个人防护装备使用和体能训练；

B. 基层大（中）队指挥员开展执勤战斗预案制作、组训能力、指挥能力以及装备器材的操作与使用等专业训练；

C. 支（大）队指挥员应开展灭火救援决策指挥、灭火救援技战术学习与研究、灭火救援计算以及计算机软件应用等专业训练。

（4）实训演练

各专业应急救援队应以满足石油石化企业灭火救援作战实际需要为出发

点，开展多种形式合成演练。具体训练内容如下。

以战斗班（组）为单位，开展以下训练：

A. 以提高班（组）人员相互配合、熟练使用消防车的能力为目的的水罐、泡沫、干粉、举高等各类消防车的单车展开操法训练；

B. 以提高班（组）独立完成灭火救援战斗任务的能力为目的的火场破拆、救人、阵地设置等灭火救援行动分布训练。

以基层大（中）队为单位，开展以下训练：

A. 以提高灭火救援战斗中人员之间、车辆之间的协调配合能力为目的的常用战斗组合情况下的车辆编成训练；

B. 以提高基层队灭火救援战术措施运用和整体配合能力为目的的炼化装置、油（气）罐区、装卸栈台、人员密集场所等重点部位的典型火灾扑救合成训练以及危险化学品泄漏、道路交通、建（构）筑物坍塌等灾害事故的人员施救模拟合成训练；

C. 以提高复杂火灾、特殊环境和特殊任务下的适应能力和执行能力为目的，适时开展适应灭火救援现场缺水、带电、强风、暴雨、夜间等特殊环境的适应性训练。

以支（大）队为单位，开展多个基层队参加的联合灭火救援演练，提高支（大）队整体战术措施的运用能力、基层队之间的协调配合能力以及指挥员的科学指挥、协调和决策能力。

以联防区为单位，开展区域联防增援预案的桌面推演，以增强区联防单位间的联合作战能力。

# 二　人才队伍与机构建设成效

## （一）安全生产管理人才队伍工作成效

中石油专职安全管理人员共计 16000 余人，安全监督人员 5000 余人。中石油共有 14000 余人获得注册安全工程师资质，现在职 13000 余人，已成为公司安全管理的重要骨干力量。企业平均每年组织安全生产管理人员、注册安全工程师教育培训78000余期、培训120余万人次。各企业专职安全管理人员在不断推进安全环保责任落实归位、突出抓好双重预防机制建设、保障中石油安全生产业绩持续稳定向好作出了重要贡献，"十四五"以来，年均发生事故起数、死亡人数，与"十三五"相比，分别下降13.3%和10.5%。百万工时生产安全事故死亡率（FAR）下降24.4%。在监管人才队伍建设方面，成立中石油安全环保监督中心、特种设备检验监督管理办公室、工程质量监督中心、危险化学品技术中心，健全从总部到基层三级安全监督网络，强化法定检验和内部检测监管，成为提高监管能力，消除风险隐患的重要手段，实现地上地下一体化监督。建立安全生产专家库，形成约500人的中石油安全生产专家库，提高了安全监管的专业性和专业化水平。"十三五"期间，组织开展安全环保诊断评估29次；高风险区域井控、承包商管理等专项督查43次；生产安全事故调查83次，监督检查实现了重点风险企业、重点风险场所全覆盖。

## （二）专业应急救援人才队伍工作成效

近年来，中石油按照《关于进一步加强中石油天然气中石油应急救援体系建设的建议》，利用国有资本金和中石油安全生产保证基金专项费用支持，提出并开展了应急救援体系完善工作，截至2019年，中石油应急救援队伍体系为"井控、管道、海上"三大应急救援响应中心和消防应急救援体系，管道维抢修应急救援体系，包括专职应急救援队伍40支，人员超过15000人，其中15支专职应急救援队义务被纳入国家级应急救援队伍，形成了快速处置、及时救援与区域协调的应急救援保障网络，做专、做强中石油一级应急救援响应队伍（见图8）。

### 1.井控应急救援响应中心

中国石油井控应急救援响应中心是在1991年赴科威特灭火的"中国灭火队"基础上，于1994年组建的全国第一支油气井井控应急救援专业

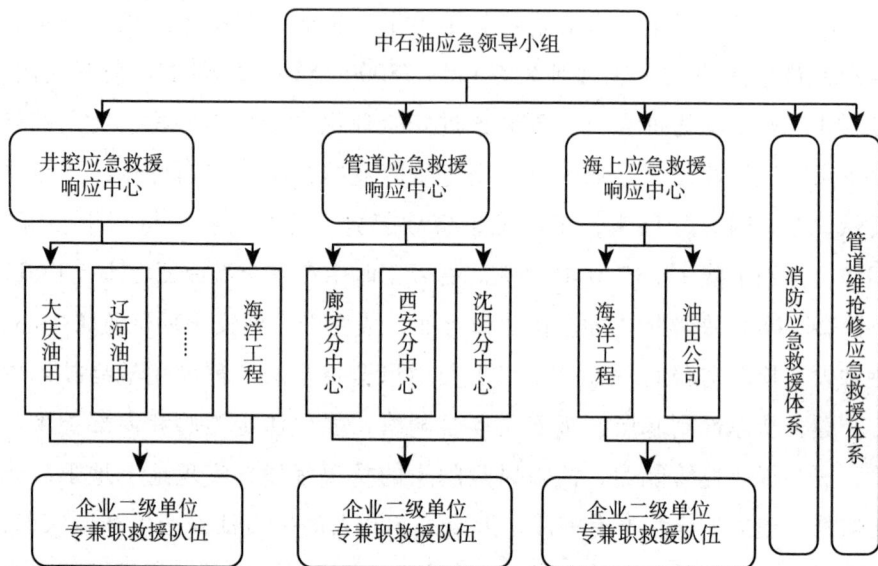

图8  中石油应急救援体系

化队伍，其诞生和发展，一致受到国家有关部门和集团公司各级领导的高度重视和大力支持。2009年10月28日，被中国石油集团挂牌为中国石油井控应急救援响应中心，同时被国家安全生产监督管理总局（现应急管理部）授牌为国家油气田救援广汉基地。2018年被国家安全生产应急指挥中心挂牌为国家油气田井控应急救援川庆队，2019年被应急管理部授予"跨国（境）生产安全事故应急救援常备力量"，2021年4月，集团公司正式设立中国石油井控应急救援响应中心，列川庆钻探工程有限公司二级单位序列。

中心集中了国内顶尖的应急救援技术专家和技能人才，通过自主研发、引进和配套，形成了以"失控井一体化井口重建装置"为代表的8大类抢险救援装备，形成了以安全防护、清障切割、井口重置为代表的十大井控应急救援技术及油气井隐患治理技术。多年来在国内16个油气区以及科威特、土库曼斯坦等海外6个国家完成了60余次井喷失控、着火事故的救援，处理100余次井口泄漏、非常规压井等井控事件。创造了多项世界油气井应急救援史上的新纪录。受到国内外广泛赞誉，整体技术水平和实战能力跻身国际先进行列，被誉为"油气田安全卫士"。

近年来，中石油井控应急中心完成国内 16 个油气区，以及科威特、乌兹别克斯坦、印度尼西亚、缅甸、土库曼斯坦、巴基斯坦等国家 40 余井次井喷失控抢险任务，成功率100%，达到世界先进水平，为石油安全和国家战略发挥了巨大作用。

### 2. 管道应急救援响应中心

2011 年中石油组建管道应急救援响应中心，总部设在河北廊坊，在廊坊、沈阳、西安设立 3 个应急抢险分中心，在东莞、长沙、苏州、库尔勒、济阳、呼和浩特设立 6 个区域分中心。在苏丹、伊朗、伊拉克、阿联酋、马来西亚、叙利亚、印度尼西亚等国家设立分支机构。现有维抢修专业技术及操作人员 1000 余人，拥有维抢修设备 4000 余台（套），开孔封堵关键设备 2000 余台（套），关键设备基本实现系列化、标准化。具备 1~48in 系列管径的原油、轻质油、成品油、天然气、乙烯、氮气等不同介质管道的不停输开孔封堵和动火连头作业能力。开孔操作压力达到 15MPa，封堵作业压力达到 12MPa。近年来，中石油管道救援响应中心共完成应急抢险工程 116 项，出动中石油抢险 61 次，地方政府及有关企业抢险 55 次。2015 年 8 月，天津港"8·12"特别重大火灾爆炸事故发生后，管道应急救援响应中心接到天津滨海爆炸事故指挥中心请求后，立即组织有关人员前往爆炸核心区处理遗留危险化学品，利用成熟的密闭空间打开和注氮封存技术对现场遗留的危险物质进行打开作业，应急处置工作安全、高效，得到了国家应急管理部、天津市人民政府的书面表扬。

### 3. 海上应急救援响应中心

中石油海上应急救援响应中心成立于 2006 年 12 月 10 日，主要负责渤海湾海上及陆上水域等勘探开发突发事件人员救助、火灾扑救、溢油处置、重大工程项目守护等。拥有人员 228 人，下设 3 个基层救援站。各类应急船舶 18 艘、水陆两栖溢油回收车 8 辆、围油栏 17 种、长 20705 米、溢油回收装备 66 台。具备海上石油勘探开发 Ⅱ 级突发事件应急处置能力，获得国家一级船舶污染清除作业单位资质。近年来，中石油海上应急救援响应中心完成突发事件应急 35 次，其中溢油应急 13 次，海上救助应急 16 次。

### 4. 消防应急救援体系

中石油目前有专职消防队 33 支，其中 12 支队伍列为国家危险化学品应急救援队伍，专业消防人员 12286 人，拥有 1732 台消防专用车辆，具备灭火救援、消防监护、应急救援等专业能力，承担特级动火作业消防条件确认审批和消防安全监督考核职能。近年来，中石油专职消防队多次执行国家应急演练和突发事件抢险救援任务，展现出坚定的战斗意志和高超的专业技能，获得应急管理部、国家安全生产应急救援中心和地方政府的高度肯定。2021 年 3 名同志因参与抢险救灾荣立三等功，其中华北油田消防支队参与 2021 年河北沧州渤海新区南大港产业园区 "5·31" 油罐着火事故应急救援工作，收到国家安全生产应急救援中心发来的感谢信；长庆油田消防支队参与 2021 年河南新乡抗洪抢险救援受到应急管理部充分肯定，中石油 3 名同志荣获首届国家应急管理系统先进工作者。

### 5. 管道维抢修应急救援体系

截至 2019 年 12 月，中石油针对油气管道分布 "点多、面广、线长" 的特点，按照 "区域优化、合理配备、立足自救、企地联动" 的原则，统一规划部署，分别在东北、华北、西北、西南、华中和华东六大区域，以最大辐射公路里程半径不超过 700km 为原则，在油气长输管道枢纽地区设置 20 个维（抢）修中心；以最大辐射公路里程半径不超过 350km 为限，组建 36 支抢修队、21 支维修队，共同构成全国性的应急救援网络体系，实现了国内油气官网的全覆盖，并为近 80 家燃气企业提供了油气管道抢险保驾服务，保障了城市居民和化工企业的用气安全。配备了履带吊焊机、割管机、囊式封堵器等应急抢险设备 830 余台套。日常开展维护保养和检维修，紧急情况下开展封堵抢险和确保恢复油气输送。

### （三）安全应急审核人才队伍建设成效

安全应急审核人才（应急审核员、HSE 审核员）队伍建设是中石油

HSE 管理体系、应急管理体系的重要组成部分。2009 年和 2012 年，中石油总部在所属企业层面推行了应急管理量化审核、HSE 量化审核工作，应急和 HSE 两支审核员队伍建设应运而生，总人数数千人。

中石油连续多年的应急管理和 HSE 体系审核，使得安全环保理念观念得到巩固和固化，有感领导、直线责任、属地管理的责任体系得到较好的落实，推动了安全环保监管方式由事故驱动型的被动管理向以风险管控为核心的主动管理转变，由定性的体系审核向定量的体系审核转变，由领导主导的安全生产监管向专家会诊把脉式的诊断评估方式转变。通过审核实践，发现了大量隐患和管理问题并得到有效解决，安全环保对生产经营的保障作用进一步增强，形成了一批强化管理的制度措施，培养了数千名审核人员，推动了企业自我完善、自我约束和自我改进工作机制的建立。以持续改进为标志的体系审核已经成为中石油强化安全环保管理的重要抓手和有效载体。

# 三　安全应急人才队伍发展趋势

安全管理是未来企业的核心竞争力，也是中石油建设世界一流企业的重要基石，它直接关系企业的稳定发展和员工的生命安全。随着经济全球化和科技的快速发展，安全管理面临着越来越多的挑战和机遇。因此，培养和建设一支高素质、专业化的安全管理人才队伍显得尤为重要。

## （一）人才队伍建设存在的问题

一是安全意识不足、责任落实不到位。部分安全管理人才对安全管理的认识不够深刻，缺乏足够的安全意识和知识，对于自身安全应急能力建设不关心、不关注，部分企业领导对安全应急人才的专业性认识不足，对人才队伍建设工作的重视程度不够。

二是素质参差不齐，专业技能和经验欠缺。一些安全管理人员没有经过系统的专业培训，缺乏必要的技能和经验，在实际工作过程中无法准确识别潜在的安全隐患。专业应急救援队伍中，专业技术人员的比例相对较低，大部分队员可能是一线工人或普通群众。这导致在应急救援过程中，技术水平不高、专业素质有限，影响了应急救援的效果。

三是整体数量不足，队伍流动性大。安全管理队伍流动性大是一个普遍存在的问题。由于一些企业缺乏对安全管理人员的长期培养和职业规划，导致安全管理人员频繁更换工作岗位或离职，不利于安全管理经验的积累和安全管理水平的持续提高。

四是激励机制不完善。一些企业缺乏完善的激励机制，使得安全管理人员缺乏工作积极性和动力。

## （二）人才队伍建设的发展趋势

### 1.更加强调专业化与精细化

中石油主营业务包含国内外石油天然气勘探开发、炼油化工、油气销售、管道运输、国际贸易、工程技术服务、工程建设、装备制造、金融服务、新能源开发，涉及原油和天然气的勘探、开发、生产和销售；原油和石油产品的炼制、运输、储存和销售；基本石油化工产品、衍生化工产品及其他化工产品的生产和销售；天然气、原油和成品油的输送及天然气的销售等多个生产环节。近年来，中石油还拓展了太阳能光伏、风电、地热、可控核聚变等多个新能源新材料领域的技术研发与生产工作，随着安全管理领域的不断细分和深化，对安全管理人才的专业化和精细化要求也越来越高。

未来，安全管理人才队伍将更加注重专业背景和技能的培养，以适应不同行业和领域的安全管理需求。同时，安全管理人才还需要具备精细化管理的能力，能够针对具体的安全问题提出精准的解决方案。

### 2.更加强调数智化技术创新驱动

当前人类社会正在经历第四次工业革命，以物联网、5G、大数据、人工智能等为核心数字化智能化技术深刻快速改变着人类的生产生活方式。智能化技术已在工业生产、公共疫情防控和自然灾害防治等领域快速深入应用，极大地提高了生产和管理效率，爆发了令人叹为观止的技术颠覆和管理换代潜能。全球各大石油公司纷纷将数字化智能化转型列入发展战略，要通过持续的数字化智能化技术创新应用支撑和引领公司高质量发展。近年来，中石油大力推动信息化建设工作，明确了以数字化转型驱动油气产业高质量发展的战略举措，"十四五"末将初步建成"数字中石油"。当前，中石油智能油气田、智慧化炼厂、数字化加油站等主营业务数字化建设项目初显成效，集成有工艺参数、设备状态、生产参数与环境数据等各类动静态参数与海量数据信息，为实施提高安全管理水平奠定了良好的数字数据基础条件。

未来的安全应急管理人才需要具备技术创新的能力，能够运用先进的技术手段提高安全管理的效率和准确性。例如，未来安全应急管理人员可以通过监控、感知、分析与控制等技术手段对生产过程中的各类风险要素进行全过程、全生命周期、不间断的监测和控制，从而实现本质安全，进而达到HSE管理"零事故、零污染、零伤害"的终极目标。

### 3. 更加强调全球化国际化视野

当前，中石油HSE管理体系建立在与国际石油天然气行业先进的管理经验基础之上，本身就有较好的国际化根基。HSE管理体系最早起源于国际石油天然气行业，中石油自1997年开始学习、引入、推进HSE体系建设，始终坚持把HSE体系建设作为规范和强化健康安全环保工作的主线，不断总结经验，完善方法，丰富内涵，形成了接轨国际通行做法、具有中石油特色、持续改进完善的HSE管理体系。

国际化是中石油五大核心发展战略之一，中石油海外油气资源占比为企业总资源量的33%。随着经济全球化和共建"一带一路"大背景下，作为世界性石油企业的中石油，其安全应急管理人才的建设也需要具备国际化视野。未来的安全管理人才需要了解国际安全标准、法规和政策，能够参与国际安全合作与交流。同时，还需要具备跨文化沟通的能力，能够在不同文化背景下有效地进行安全管理。

### 4. 更加强调跨学科融合知识背景

中石油生产经营业务点多、面广、战线长、管理幅度大，高温高压、有毒有害、易燃易爆的行业高风险特点十分突出。以井喷失控风险为例，井喷失控风险是中石油安全生产"八大风险"之首，随着当前勘探开发正向新领域、超深层、非常规大举进军，钻井中井控新老风险交织叠加，"三高一超"井、水平井和工厂化井、浅层气井风险突出，井控安全面临严峻挑战。然而，现场井控安全涉及地质学、石油工程、机械工程、材料科学、电子工程、化学工程、安全工程等多个学科和专业的交叉融合，通过综合运用多学科、多专业的知识和技术，才能有效地提升井控安全的水平，确保油井的安全、高效生产。

未来的安全应急管理人才队伍将更加注重跨学科的融合，通过多学科知识交叉和融合，形成综合性安全管理能力。这种跨学科的融合将有助于解决更为复杂的安全问题，提高安全管理的科学性和有效性。

5. 更加强调实践与经验水准

安全应急学科本身就是实践性非常强的一门学科，实践经验对于安全应急管理人才来说至关重要。未来的安全应急管理人才队伍将更加注重实践能力的培养和积累。通过参与实际的安全管理项目、应急处置和事故调查等工作，安全管理人才可以不断提升自己的实践能力和经验水平。特别是对专业应急救援人员而言，实践经验的重要性不言而喻。在石油石化的火灾爆炸应急处置过程中，实践经验有助于救援人员更好地了解各种突发事件的性质和特点。通过多次参与实际救援行动，他们能够逐渐掌握各类事件的规律性，对于可能出现的情况有更为准确的预判，从而在关键时刻作出正确的决策。此外，救援工作往往面临着极大的压力和风险，救援人员需要具备强烈的责任心、冷静的心态和强大的心理承受能力。通过多次参与实际救援行动，救援人员能够逐渐适应这种工作环境，提高自己的心理素质，确保在关键时刻能够保持冷静，果断应对各种挑战。

# B.16
# 典型煤炭开采企业安全生产管理人才的调研与对策

傅 贵*

**摘 要：** 我国煤炭行业对安全人才的需求一直很高，因此掌握煤炭企业的安全人才状况十分重要。以 39 家从事煤炭开采的中央企业、地方国企和民营企业为样本，调研并估算得到了全国煤炭开采企业安全生产管理人员的总量、学历背景、年龄结构和工作经验状况。调研得到的结论是，2021~2023 年我国平均每年生产煤炭 45 亿吨，平均拥有煤矿 4400 座，平均用工约 300 万人。煤炭开采企业共有安全生产管理人才约 20 万人，平均年龄 43 岁，平均工龄约 8 年，既年富力强也经验丰富。存在的比较典型的问题是，在全部的煤炭开采企业安全生产管理人才中，只有 12% 毕业于安全、应急类专业，其他人员均毕业于采矿、机电、通风等工程技术专业，综合性安全生产管理知识、安全科学基础理论知识严重缺乏，不利于持续稳定提高煤炭开采企业的安全业绩，也较难为其他行业提供近年来煤炭行业所取得优良安全业绩的成功经验。根据调研结果，建议丰富安全、应急类专业教学内容，进一步采取措施鼓励该类人才服务基层，是改善原煤生产安全管理人才状况的重要途径。

**关键词：** 煤炭开采企业 安全管理人才 应急管理

---

* 傅贵，中国矿业大学（北京）安全管理研究中心主任，二级教授、博士生导师，主要研究方向为安全管理、事故致因理论与应用。

# 一 相关定义及调研方法

煤炭行业对安全人才的培养十分重视。2024 年施行的《煤矿安全生产条例》是煤矿安全生产领域的主干法规之一，对煤炭行业安全人才的发展和职责作出了明确规定，第十二条指出，国家鼓励和支持煤矿安全生产科学技术研究和煤矿安全生产先进技术、工艺的推广应用，提升煤矿智能化开采水平，推进煤矿安全生产的科学管理，提高安全生产水平；第二十二条指出，煤矿企业应当为煤矿分别配备专职矿长、总工程师，分管安全、生产、机电的副矿长以及专业技术人员。对煤（岩）与瓦斯（二氧化碳）突出、高瓦斯、冲击地压、煤层容易自燃、水文地质类型复杂和极复杂的煤矿，还应当设立相应的专门防治机构，配备专职副总工程师；第二十三条指出，煤矿企业应当按照国家有关规定建立健全领导带班制度并严格考核。井工煤矿企业的负责人和生产经营管理人员应当轮流带班下井，并建立下井登记档案；第二十四条指出，煤矿井下工作岗位不得使用劳务派遣用工。国家矿山安全监察局2022 年发布的《"十四五"矿山安全生产规划》中所列的重大工程中，明确指出要加快矿山智能化人才培养、推动规模以上矿山企业组建安全生产管理和技术团队，引导矿山企业因地制宜地引进一批高素质人才、招录一批高技能职工。组织开展从业人员和各类特种作业人员安全生产培训，推进建设知识型、技能型、创新型劳动者大军；监管监察能力提升工程明确指出，实施矿山安全监管监察人才引进和队伍素质提升工程，加强监管监察队伍建设，配强监管监察人员和专业人员。提高具有专业教育背景的监管监察人员比例，加大培训力度，共享监管监察培训资源，全面提高干部的履职能力。建立矿山安全专家和监察干部队伍人才库，加强高层次人才培养。从上述法规可以看出，煤炭行业对于安全人才的要求是很高的，需求是迫切的，而且明确要求煤矿要配备分管安全的副矿长以及专业技术人员。这些岗位的业务性质既具有管理性也具有技术性，因此复合型人才特别是高水平大学安全工程或者应急类专业的毕业生最适合此类岗位，但是这类人才目前还是处于短缺状态。

## （一）典型煤炭企业

煤炭企业有很多种类[①]，主要有：煤炭开采企业即煤矿，主要从事原煤开采和销售；煤矿基本建设企业，主要从事矿井建设，一般从建井开始到首采工作面形成为止，然后将矿井移交给煤炭开采企业运营；地质勘探企业，负责煤炭开采前的地质勘探工作，查明煤层状况与储量，水、火、瓦斯、顶板等自然因素对煤炭开采的威胁情况；煤矿设备生产企业，生产煤炭开采企业使用的采煤机、掘进机、液压支架、各类运输机、相关的电气设备等；煤炭科研、设计企业，从事煤矿设计、开采中的各类问题的解决与咨询等。煤炭企业的种类虽然众多，但是煤炭开采是煤炭行业最典型、最具代表性的企业[②③]，因此在本文中称之为"典型煤炭企业"，其安全生产管理、应急管理或应急救援人才状况在很大程度上具有煤炭企业安全管理人才状况的代表性。2021~2023年我国平均每年生产煤炭45亿吨，平均拥有煤矿4400座，平均年用工约300万人[④]。

## （二）安全生产管理人员与人才

按照我国传统和有关法规，煤炭行业的安全管理人员一般包括煤矿企业分管安全生产工作的副董事长、副总经理、副局长、副矿长、总工程师、副总工程师或者技术负责人，安全生产管理机构负责人及管理的人员，生产、技术、通风、机电、运输、地测、调度等职能部门（含煤矿井、区、科、队）的负责人[⑤]。这些人员包括了煤炭开采企业的几乎所有主要岗位的管理

① 付迪、贺阿红：《煤炭企业精益生产成本管控优化研究》，《煤炭技术》2021年第3期，第170~173页。

② Guofa Wang, Yongxiang Xu, Huaiwei Ren "Intelligent and ecological coal mining as well as clean utilization technology in China: Review and prospects" [J]. *International Journal of Mining Science and Technology*, 2019, 29 (2): 161~169.

③ 郝清民、赵国杰：《煤炭行业上市公司财务结构分析》，《工业工程》2004年第2期，第55~59页。

④ 《数字说话》，《中国煤炭工业》2024年第8期，第35页。

⑤ 《煤矿安全培训规定》，《中华人民共和国国务院公报》2018年第11期，第60~67页。

者。但是，这些人员中，只有分管安全生产的企业负责人副职、安全生产管理部门的领导和工作人员、应急救援人员是专门从事安全生产管理和应急管理的人员，其他人员都是兼做安全生产管理工作①②。为同本文其他部分、同其他行业的一般情况相一致，本文定义，分管安全部门的领导、安全部门的领导和员工以及从事应急救援（煤矿救护队）的人员是煤炭开采企业的安全生产管理人员。

按照我国传统，在煤矿和大多数其他行业的企业中，拥有中专及以上学历者一般在国有企业中是"干部身份"即管理人员③。由于他们掌握的知识相对较多，因此将安全生产管理人员中具有中专及以上学历者称为"安全生产管理人才"。本文将根据调研结果阐述我国煤炭生产企业的安全生产管理人才的发展状况。

### （三）人才状况的调研范围

我国煤炭开采企业的管理体制也有多种④。因此调研需要明确时间和空间范围。调研的企业空间范围包括国家国资委管理的中央企业、省国资委管理的地方国有企业、民营企业。调研的中央企业有国家能源投资集团有限责任公司、中国中煤能源集团有限公司、中国华能集团有限公司所属的煤矿；调研的地方国有企业有四川省煤炭产业集团有限责任公司、河南能源化工集团有限公司、淮北矿业（集团）有限责任公司、淮南矿业（集团）有限责任公司、冀中能源集团有限责任公司、黑龙江龙煤矿业控股集团有限责任公司、山东能源集团有限公司、山西焦煤集团有限责任公司、安徽省皖北煤电集团有限责任公司、郑州煤炭工业（集团）有限责任公司、霍州煤电集团有限责任公司、山西潞安集团有限公司、华亭煤业集团有限责任公司等

---

① 《煤矿安全生产条例》，《人民日报》2024年2月20日。
② 矿山救护规程：AQ 1008-2007［S］。
③ 王丹：《煤矿企业安全人才的激励策略研究》，《科技和产业》2011年第1期，第89~90页。
④ 林圣华：《世界主要产煤国煤炭行业管理模式及启示》，《煤炭经济研究》2016年第10期，第85~88页。

（详见表 1）所属煤矿；调研的民营企业是内蒙古伊泰集团有限公司所属煤矿。调研的地理空间范围横跨内蒙古、黑龙江、河南、山东、山西、甘肃、安徽、四川、新疆等主要产煤省份。调研涉及上述煤炭开采企业共 39 家，数量较多且分布广泛，数据具有较强的代表性。调研的时间范围是最近三年，即 2021、2022 和 2023 年，调研的内容有安全生产管理人才的数量、专业结构、年龄结构和本职工龄情况。

表 1    所调研的煤炭开采企业名称

| 序号 | 煤矿所在集团 | 企业性质 | 调研的煤矿数（处） |
|---|---|---|---|
| 1 | 国家能源投资集团有限责任公司 | 中央企业 | 3 |
| 2 | 中国中煤能源集团有限公司 | 中央企业 | 4 |
| 3 | 中国华能集团有限公司 | 中央企业 | 5 |
| 4 | 四川省煤炭产业集团有限责任公司 | 地方国企 | 3 |
| 5 | 河南能源化工集团有限公司 | 地方国企 | 3 |
| 6 | 淮北矿业(集团)有限责任公司 | 地方国企 | 3 |
| 7 | 淮南矿业(集团)有限责任公司 | 地方国企 | 1 |
| 8 | 冀中能源集团有限责任公司 | 地方国企 | 1 |
| 9 | 黑龙江龙煤矿业控股集团有限责任公司 | 地方国企 | 4 |
| 10 | 山东能源集团有限公司 | 地方国企 | 5 |
| 11 | 山西焦煤集团有限责任公司 | 地方国企 | 3 |
| 12 | 安徽省皖北煤电集团有限责任公司 | 地方国企 | 1 |
| 13 | 郑州煤炭工业(集团)有限公司 | 地方国企 | 2 |
| 14 | 内蒙古伊泰集团有限公司 | 民营企业 | 1 |

## （四）人才状况的调研方法

以上述煤炭企业集团内的煤矿为单位进行数据调研，样本煤矿共计 39 家。调研得到或根据调研数据计算得到样本煤矿近三年的百万吨煤炭产量安全生产管理人才数、安全专业毕业生占比、安全管理人才的平均年龄及 45 岁以下人才占比、安全管理人才本职工龄七个方面的平均值，以此平均值代表全国煤炭开采企业安全生产管理人才状况的平均值，就可以根据近三年全国煤炭总产量计算煤炭开采企业的全国人才状况了。

## 二　调研数据分析

### （一）数据指标的含义解释

调研数据的结构分析包括总量分析、专业结构分析、年龄结构分析、本职工龄结构分析。总量代表全国煤矿安全生产管理人才的总体数量概貌。专业结构用安全工程类、应急管理类专业毕业生占煤炭开采企业安全生产管理人才的比例来代表。按传统来说，煤炭开采企业的安全生产管理人员或其中的人才，大多数都不是安全工程类、应急管理类专业毕业的。安全工程专业自 1984 年在我国设立，到 2023 年底全国高校大约有 190 个开设安全工程专业，年招生人数在 1.5 万人左右，这些还都是自 2000 年以来快速增长起来的。应急管理类专业在 2018 年应急管理部设立之后才在高等学校逐步建立，目前全国共有 44 所高校开设该专业，每年招生人数在 2000 人左右。因此煤炭开采企业从事安全管理的人员或人才，其实在学历教育期间都不是在安全与应急类专业学习，大多数学习的是煤炭开采、通风、机电等技术类专业，专业知识比较单一，以工程技术为主，安全生产综合管理、事故预防综合对策、风险管理与事故致因等安全科学基础理论知识较为缺乏，本次调研的专业结构指标就反映了这个问题。年龄结构，用 45 岁以下人才占比、平均年龄这两个指标来代表，旨在反映煤炭开采企业的安全管理人才年轻化程度。本职工龄年数反映的是煤炭开采企业的安全生产管理人才的工作经验状况。

### （二）数据分析

#### 1. 人才总量分析

2021、2022、2023 年煤炭开采企业的安全生产管理人才数量分别是

17.8、22.4、22.1 万人，平均 20.8 万人，如图 1 所示，各年总量变化不大。虽然全国煤炭产量从 41 亿吨增长到 47 亿吨[①]，但是安全管理人才数量变化不明显。

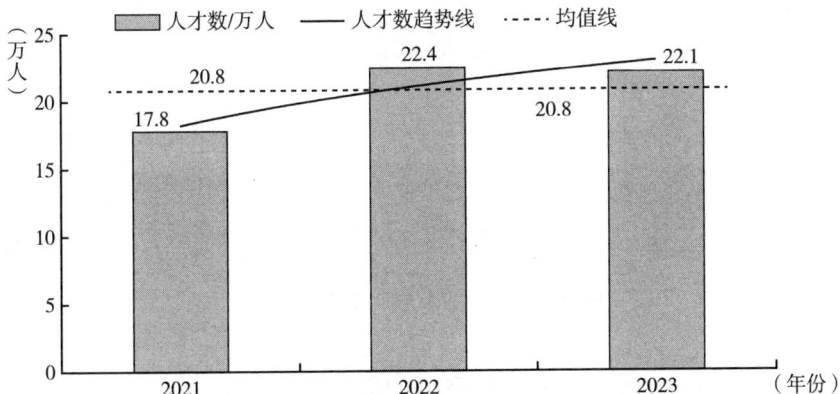

**图 1　2021～2023 年煤炭开采企业安全生产管理人才总量**

### 2. 人才的专业结构分析

2021、2022、2023 年煤炭开采企业的安全生产管理人才中，安全类专业毕业生的比例分别是 11.4%、12.5%、12.4%，平均 12.1%，其中 2021～2023 年的变化趋势，仅仅是略有上升，如图 2 所示。理论上讲，从事安全生产管理的人才主要应该是安全和应急类专业毕业，遗憾的是这个比例目前在煤矿企业中仅是 12.1%。综合性安全管理人才，能采用综合策略预防事故的人才，具有安全科学理论基础或者事故致因理论基础知识的人才奇缺。

### 3. 人才的年龄结构分析

2021、2022、2023 年煤炭开采企业的安全生产管理人才，其平均年龄分别是 42.8、42.8、42.9 岁，平均 42.8 岁，说明人才正处于年富力强阶段的较多，如图 3 所示。

---

① 朱吉茂、孙宝东、张军等：《"双碳"目标下我国煤炭资源开发布局研究》，《中国煤炭》2023 年第 1 期，第 44～50 页。

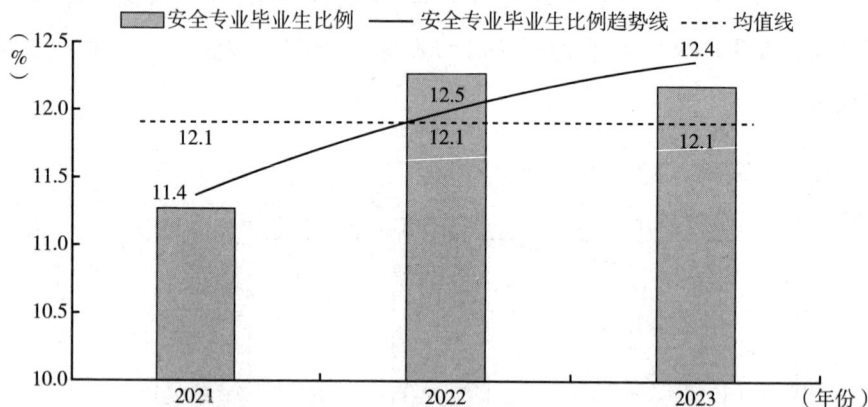

图2　2021~2023年安全类专业毕业生占安全管理人才的比例

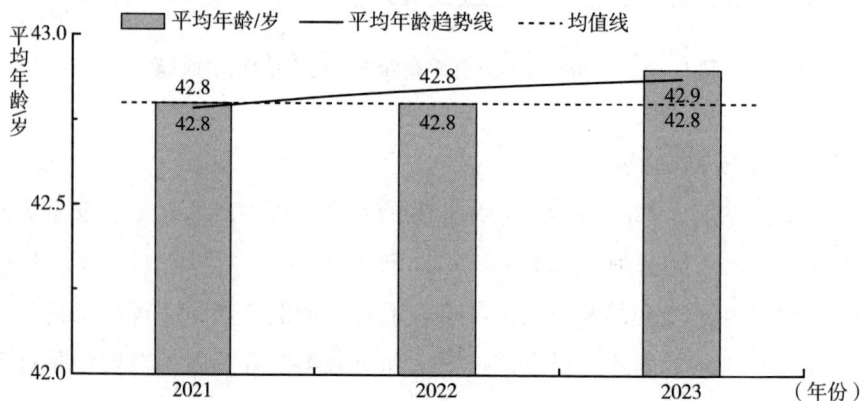

图3　2021~2023年煤炭开采企业安全管理人才平均年龄

45岁以下的人才占人才总数的比例平均是56.5%，如图4所示，吸收更多年轻人才来从事安全管理，尽可能提高这个比例。对行业发展较为利好。

4.人才的本职工龄结构分析

2021、2022、2023年煤炭开采企业的安全生产管理人才中，其平均做安全管理工作的工龄分别是10.8、10.8、10.6年，平均10.7年，说明人才是经验较为丰富的，如图5所示。

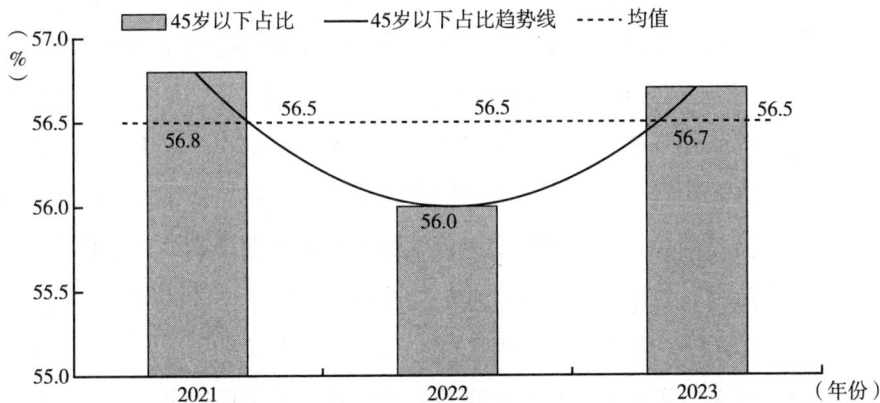

图 4  2021~2023 年煤炭开采企业 45 岁以下人才总数的比例

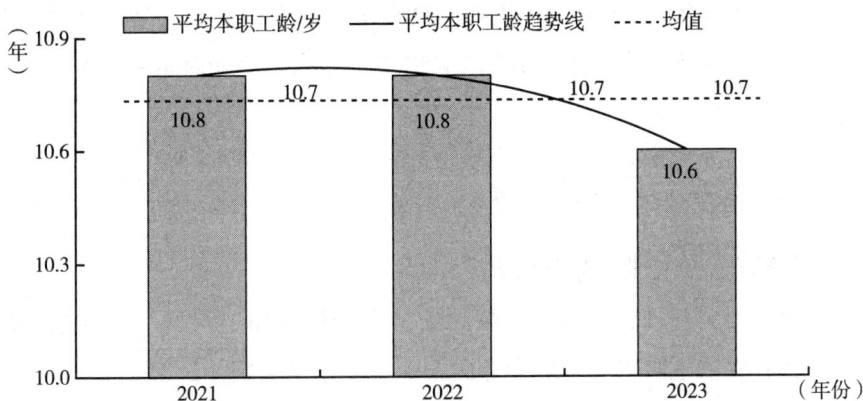

图 5  2021~2023 年煤炭开采企业安全管理人才平均本职工龄

# 三  人才的优势、问题与对策

## （一）人才的问题与优势分析

从煤炭开采企业安全管理人才的数量，人才的专业、年龄、工作经验结构的调研数据来看，目前存在问题还是较多的。其中主要问题之一是，人才的专业结构严重不合理，主要是安全和应急类专业的毕业生比例严重偏低，仅占目前 20 万安全管理人才的约 12%，即只有 2 万余人是安全和应急类专业毕业的，单一的采矿、机电、通风等工程技术专业结构严重不适应煤矿企业安全生产综合管理，以及在事故致因理论指导下采用综合策略预防事故的优质需求，这可以说在一定程度上解释了煤炭行业的安全业绩有大幅提升但缺乏持续稳定性，也不能给其他行业提供明确的科学借鉴的问题。主要问题之二是，人才的平均年龄偏大，45 岁以下人才仅占 50% 左右，需要补充年轻的综合性安全管理人才，也就是需要高等学校大量培训这类人才，补充煤炭等行业的实际需要。

通过调研，发现煤炭生产企业的安全管理人才的一些优势，其中之一是当前的人才平均年龄 43 岁，在年龄上算是年富力强的；之二是安全管理人才的工作经验较为丰富，平均本职工龄在 8 年左右，表明对本职工作是较为熟悉的。

### （二）改善人才状况的对策

#### 1. 鼓励安全类毕业生到基层去

在面对煤炭开采企业日益严峻的安全生产挑战和"科班"人才短缺的背景下，有效措施吸引安全类专业的毕业生到基层去成了一项迫切的任务。首先，提高基层工作的吸引力是关键。可以通过具有竞争力的薪酬方案、奖金制度、安家补助等经济激励措施实现，同时，通过制定清晰的职业发展路径和提供专业成长机会，满足年轻人才对职业发展的期待[①]。其次，加强与高等院校的合作，通过校企合作项目、实习实训基地的建立等方式，让学生能够直接接触到煤炭开采企业的实际工作环境，增强他们的实践经验和

---

① 马汉鹏：《我国煤矿从业人员安全素质提升对策研究》，《煤炭经济研究》2019 年第 4 期，第 37~41 页。

工作兴趣①。

此外，改善基层工作环境，保障安全生产是吸引和留住人才的基础。通过引入先进的安全技术和设备、加强安全培训、建立健全的安全管理体系等措施，不仅可以有效降低安全事故的发生率，也能增强毕业生对煤炭开采企业工作的信心和认同。同时，开展丰富多样的员工关怀活动，如健康检查、心理辅导、团队建设等，增强员工的归属感和满意度。

在宣传策略上，煤炭开采企业应当利用现代网络平台，如社交媒体、专业论坛等，积极塑造企业品牌，广泛传播煤炭开采企业的正面形象和基层工作的价值，吸引更多安全专业的毕业生关注和加入。通过邀请行业内的知名专家和在基层取得显著成就的人员分享他们的工作经历和成就，激发学生的工作热情和职业激情②。

总之，鼓励安全专业的毕业生到基层去，不仅需要经济和职业发展上的吸引，更需要通过实际行动改善工作环境，保障工作安全，同时，通过有效的宣传策略展示煤炭开采企业的积极形象和基层工作的重要意义，共同构建一个安全、健康、有吸引力的工作环境，为煤炭开采企业的可持续发展注入强大的人才动力。

### 2. 基于事故致因理论的综合型对策

在煤炭开采企业内部，通过加强对现有员工的专业教育和培训，以提高他们在安全管理方面的专业能力，是确保整个行业安全业绩提升的关键措施③。这种教育重点应放在深化员工对事故致因理论的理解上，从而使他们能够运用这一理论指导下的综合对策来预防事故的发生。通过这种方式，不仅可以增强员工对潜在安全风险的识别和应对能力，也为煤炭行业的持续安全生产提供了坚实的人才支持。教育培训需要重点加强以下方面。

---

① 薛蔚：《智慧煤矿技能型人才培养路径研究》，《煤炭经济研究》2021 年第 11 期，第 78~82 页。

② 周福宝：《煤炭行业安全工程专业创新人才培养研究》，《中国煤炭》2021 年第 4 期，第 1~7 页。

③ 张丽：《煤矿安全生产应急管理中的问题及解决策略探析》，《矿业装备》2024 年第 1 期，第 81~83 页。

一是加强和提高认识，强调组织文化是推动安全管理的根本力量。第一，必须建立一种将安全视为核心价值的文化环境，强调安全不仅仅是一项政策或规程，而是每个人的内在信念和行为准则。通过组织安全月、安全知识竞赛和案例分享会等方式，不断强化这种文化。第二，鼓励员工积极参与安全管理，通过建立匿名危险与隐患报告系统、定期召开安全讨论会等方式，让员工敢于指出问题并提出改进建议。这样的文化氛围有利于促使每个人都成为安全管理的积极参与者。第三，建立安全先行的文化，由高层领导亲自参与安全培训，通过行为示范，强化"安全第一"的文化。第四，组织定期的安全文化活动，如安全知识竞赛、安全宣传日等，提高员工的安全意识。

二是完善管理体系。煤炭开采企业需要建立一套全面的安全管理体系，从风险评估、安全培训、事故调查到应急响应等各个环节都要有明确的流程和制度。首先，对所有作业过程进行风险评估，识别潜在的危险源，然后制定相应的控制措施。其次，建立一个综合的安全信息系统，收集和分析安全相关数据，包括事故记录、巡检结果和员工反馈，利用这些信息指导安全决策和改进措施。最后，定期对安全管理体系进行审核和评估，确保其有效性和适应性。

三是实施全员安全培训计划提升个体能力，包括设置基础的安全知识教育、针对性的技能培训以及高级的安全管理课程。特别是对于新员工，要进行详细的安全入职培训，确保其了解煤矿的安全规程和操作标准。对于中高层管理人员，则开展专门的安全领导力培训，提升其在安全管理、风险评估和决策制定方面的能力。此外，可提供心理健康支持和压力管理培训，帮助员工应对工作压力，保持良好的心理状态。

四是规范和提升个体操作，确保有安全的直接操作措施。这包括严格执行安全操作规程、正确使用个人防护装备以及参与定期的应急演练。企业应该制定一套详细的安全操作标准，并通过现场培训、视频教学等方式，确保员工熟练掌握。同时，要定期组织应急演练，如模拟煤尘爆炸、火灾等紧急情况，提高员工的应急反应能力和自救互救技能。此外，还应强化现场监督检查，及时纠正不安全的行为和操作，确保安全规程得到有效执行。

通过以上四个维度的综合对策实施，可以显著提升煤炭开采企业的安全管理水平，降低事故发生的风险，保障员工的生命安全和身体健康。安全管理不仅需要制度和技术的支撑，更重要的是要通过持续的教育和培训，提升每个人的安全意识和能力，形成一个安全文化，最终实现零事故的目标。

### 3. 人才结构优化与安全管理提升

为提升煤炭行业的安全管理水平，解决人才结构问题，高校和行业机构需联手调整教育课程，重点增设安全管理、应急响应等专业课[①]，同时开展针对性的在职培训，弥补当前安全专业人才短缺。此外，通过提供有竞争力的薪资福利、清晰的职业晋升路径和优化的工作环境，可以有效吸引年轻人才加入，特别是鼓励他们参与到实际的安全管理和事故预防工作中。将教育内容与实际工作紧密结合，如通过实习项目和现场训练，让学生和年轻员工直接参与到煤炭企业的安全生产中，不仅能够增强实践经验，也能够促进理论知识的应用。同时，引入先进的科技手段，如利用大数据分析风险、运用人工智能进行事故预测，不仅可以提升安全管理的效率，还能作为吸引年轻科技人才加入的重要因素。通过这样的综合策略，可以有效地解决人才结构不合理和老龄化问题，为煤炭行业的安全生产提供有力支撑。

---

① 张颖：《加强煤炭企业人才培养对策》，《现代国企研究》2018 年第 14 期，第 60 页。

# 附录1
# 习近平会见全国应急管理系统先进模范和消防忠诚卫士表彰大会代表

新华社北京 2021 年 11 月 6 日电　中共中央总书记、国家主席、中央军委主席习近平 5 日上午在北京亲切会见全国应急管理系统先进模范和消防忠诚卫士表彰大会代表，向他们表示热烈祝贺，并向全国应急管理系统广大干部和消防救援指战员致以诚挚问候。

中共中央政治局常委、中央书记处书记王沪宁，中共中央政治局常委、国务院副总理韩正参加会见。

上午 11 时 15 分，习近平等来到人民大会堂金色大厅，全场响起热烈掌声。习近平等走到代表们中间，同大家亲切交流并合影留念。

丁薛祥、刘鹤、王勇、赵克志参加会见。

首届全国应急管理系统先进模范和消防忠诚卫士表彰大会 4 日在京举行。王勇出席大会并讲话，他要求全国应急管理系统坚持以习近平新时代中国特色社会主义思想为指导，牢记习近平总书记重要训词精神，全面落实党中央、国务院决策部署，坚持人民至上、生命至上，更好统筹发展和安全，尽心竭力做好应急管理各项工作，坚决扛起保民平安、为民造福的神圣职责，努力在新的奋斗征程上为党和人民作出更大贡献、争取更大光荣。

会上，全国应急管理系统 8 名一级英雄模范、99 个先进集体、190 名先进工作者、30 名"中国消防忠诚卫士"和 30 名二级英雄模范受到表彰。江苏省盐城市消防救援支队西环路特勤站政治指导员赵毅，四川省泸州市应急管理局局长李华桂，西藏森林消防总队那曲大队大队长孔特特，国家安全生产应急救援中心副主任肖文儒，北京市天安门地区消防救援支队故宫特勤站政治指导员蔡瑞等受表彰代表在大会上发言。

# 附录2
# 全国应急管理系统先进工作者

2021 年 11 月，人力资源社会保障部　应急管理部《关于表彰全国应急管理系统一级英雄模范、先进集体和先进工作者、中国消防忠诚卫士的决定》（人社部发〔2021〕85 号），为表彰先进、鼓舞士气，激励全系统广大干部和消防救援指战员新时代新担当新作为，推动应急管理事业高质量发展，人力资源社会保障部、应急管理部决定，授予靳玉光等 190 名同志"全国应急管理系统先进工作者"称号。中共中央总书记、国家主席、中央军委主席习近平 5 日上午在北京亲切会见全国应急管理系统先进模范和消防忠诚卫士表彰大会代表，向他们表示热烈祝贺，并向全国应急管理系统广大干部和消防救援指战员致以诚挚问候。

### 1. 省级及以下应急管理部门（95名）

靳玉光　北京市应急管理局火灾防治管理处处长、一级调研员

崔　晓　北京市安全生产执法监察总队一支队副支队长、一级主任科员

邵连双（满族）　北京市海淀区应急管理局人事政工科科长兼办公室主任、一级主任科员

贾福芹（女）　北京市平谷区应急管理局防汛抗旱中心主任

康文波　北京市延庆区应急管理局森林消防大队八级职员

张晋华　天津市应急管理局应急指挥中心主任、一级调研员

高　杰　天津市东丽区应急管理局安全生产科科长、一级主任科员

王建顺　天津市宝坻区应急管理局综合协调科科长

李林龙（满族）　河北省应急管理厅办公室主任、一级调研员

吕建兵　河北省石家庄市应急管理局救灾物资保障科科长、一级主任科员

马建敏　河北省邢台市应急管理局邢东新区分局副局长

耿建举　山西省大同市应急管理局党委书记、局长

崔天方　山西省晋城市应急管理局事故调查科科长、一级主任科员

杨小萍（女）　山西省交城县应急管理局安全生产综合监督管理股专业技术九级干部

梁国庆　内蒙古自治区应急管理厅安全生产基础处处长

党　维　内蒙古自治区乌海市应急管理局安全生产基础科科长

陈　刚　内蒙古自治区呼伦贝尔市航空护林站副站长

张　彬　辽宁省沈阳市应急管理局制造业安全监督管理处一级主任科员

李亮亮　辽宁省大连市应急管理局执法监察局二级主任科员

许占军　辽宁省台安县应急管理局党委委员、副局长、三级主任科员

裴雅涛　吉林省长春市应急管理局危险化学品安全监管处副处长

毛　宇　吉林省梅河口市应急管理局政治处主任、三级主任科员

姚　庆　吉林省白山市应急管理局安全生产监督管理科科长、一级主任科员

刘　洋　黑龙江省哈尔滨市平房区应急管理局监管督查科科长

闫立和　黑龙江省依安县应急管理局党委书记、局长、一级主任科员

张雪亮　黑龙江省伊春市应急预警技术运维中心副主任

孙佰发　黑龙江省佳木斯市安全生产和应急救援保障中心主任

杨永德　上海市普陀区应急管理局办公室主任、一级主任科员

诸卫军　上海市杨浦区应急管理局安全生产执法监察科科长、一级主任科员

顾　琼（女）　上海市闵行区应急管理局党委委员、副局长

任小青　江苏省无锡市应急管理综合行政执法监督支队副支队长、一级主任科员

杨　松　江苏省徐州市泉山区应急管理局党委书记、局长

杨成栋　江苏省常州市钟楼区应急管理局危险化学品安全监督管理科科长

王兆革（女，满族）　江苏省宿迁市宿城区应急管理局党委委员、区安全生产委员会办公室副主任

马春磊　浙江省应急管理厅危险化学品安全监管处二级主任科员

周全喜　浙江省金华市婺城区应急管理局党委委员、副局长、二级主任科员

全开林　浙江省庆元县应急管理局党委书记、局长、一级主任科员

田家顺　安徽省安庆市迎江区应急管理局党委书记、局长、一级主任科员

王献余　安徽省滁州市应急管理局党委书记、局长、一级调研员

曾　涛　安徽省宿州市应急管理局安全生产监督管理一科科长、一级主任科员

杨宋培　安徽省广德市应急管理局党委委员、副局长

钱向炜　福建省应急管理厅防汛抗旱处三级主任科员

陈华森　福建省三明市应急管理局办公室主任、一级主任科员

陈国锋　福建省石狮市应急管理局党委书记、局长、一级主任科员

朱珍华　江西省应急管理厅直属机关党委专职副书记

喻秀平　江西省新余市森林防灭火指挥部办公室主任

邓志庆　江西省吉安市应急管理局减灾救灾科科长、一级主任科员

黄秀松　江西省万年县应急管理局党委书记、局长

冯再法　山东省枣庄市人民政府副秘书长、市应急管理局党委书记、局长、一级调研员

魏　哲　山东省寿光市应急管理局局长

陈亚鹏　山东省菏泽市应急管理局巡查督查科科长

李新可　河南省应急管理宣传教育考试中心宣传科科长

冯　鹏　河南省获嘉县应急管理局党委书记、局长、一级主任科员

石孝广　河南省濮阳市应急管理局党委书记、局长

徐宏博　湖北省武汉市江汉区应急管理局防汛减灾科副科长

邓祖义（藏族）　湖北省十堰市应急管理局应急指挥中心主任

袁　明　湖北省当阳市应急管理局党委书记、局长

伍兴章　湖北省保康县应急管理局党委副书记、副局长、二级主任科员

丁　旺　湖南省应急管理厅办公室二级主任科员

周育山　湖南省益阳市安全生产执法支队支队长

成海峰　广东省应急管理厅科技和信息化处一级主任科员

刘建军　广东省深圳市应急管理局应急指挥和预案管理处处长

张定文　广东省鹤山市应急管理局党委委员、副局长、三级主任科员

李建立　广东省肇庆市应急管理局调查和评估统计科副科长

杨　懿　广西壮族自治区南宁市应急管理局综合协调科科长

王功理（壮族）　广西壮族自治区凌云县应急管理局党委书记、局长、一级主任科员

杨　丽（女）　海南省海口市应急管理局综合减灾和火灾防治科副科长

林　靖　海南省万宁市应急管理局党委书记、局长、四级调研员

黎绍玉　重庆市九龙坡区应急管理局党委书记、局长

张　寅（满族）　重庆市合川区清平镇综合行政执法大队队长

陈　戈　重庆市垫江县应急管理综合行政执法支队四级主任科员

冉洪宇（土家族）　重庆市彭水苗族土家族自治县应急救援中心综合协调科科长

李思能　四川省应急管理厅安全生产综合协调处处长、一级调研员

何鹏飞　四川省青川县应急管理局党委书记、局长、一级主任科员

张　尖　四川省内江市应急管理局危险化学品安全监管科科长

陈　华　四川省宜宾市综合应急救援队队长

王　忻　四川省芦山县应急管理局党委书记、局长、一级主任科员

冷劲松　贵州省安顺市安全生产应急救援指挥中心正科级干部

梅芝凌（土家族） 贵州省印江土家族苗族自治县应急管理局党委书记、局长、二级主任科员

李志刚 云南省应急管理厅水旱灾害应急救援管理处处长

蔺如贤 云南省罗平县鲁布革布依族苗族乡人民政府经济发展办公室副主任（安全生产监督管理工作负责人）

德 青（藏族） 西藏自治区林芝市应急管理局党委书记、副局长

次仁群宗（女，藏族） 西藏自治区阿里地区应急管理局自然灾害防治预警中心主任

景 涛 陕西省应急管理厅煤矿灾害防治指导处一级主任科员

陈 峰 陕西省渭南市应急管理局党委书记、局长

马占祥（回族） 甘肃省康乐县应急管理局党组书记、局长、二级主任科员

颜鲁雁 青海省西宁市应急管理局应急救援科科长

才 白（藏族） 青海省玛沁县应急管理局局长、二级主任科员

马 超（回族） 宁夏回族自治区银川市应急管理局综合协调和应急管理科科长、一级主任科员

樊镇洪 宁夏回族自治区盐池县应急管理局党委书记、局长、四级调研员

丁 刚 新疆维吾尔自治区应急管理厅风险监测和综合减灾处处长

张 强 新疆维吾尔自治区克拉玛依市应急管理局危险化学品管理科科长、一级主任科员

山加甫（蒙古族） 新疆维吾尔自治区巴音郭楞蒙古自治州应急管理局防汛抗旱科一级主任科员

杨基刚 新疆生产建设兵团第一师应急管理局安全生产监督管理科副科长

杨 磊 新疆生产建设兵团第十二师应急管理局综合科科长、一级主任科员

2. 矿山安监机构（9名）

王庆林　河北煤矿安全监察局邯郸监察分局局长

李忠魁　辽宁煤矿安全监察局辽东监察分局原科员

于跃波　黑龙江煤矿安全监察局哈南监察分局监察一室主任、一级主任科员

杨志钢　江苏煤矿安全监察局徐州监察分局监察二室主任、一级主任科员

汪　浩　安徽煤矿安全监察局淮北监察分局监察一室主任

曹佐勇（布依族）　贵州煤矿安全监察局毕节监察分局副局长

杨照方　云南煤矿安全监察局昭通监察分局办公室主任、一级主任科员

刘小术　陕西煤矿安全监察局榆林监察分局一级主任科员

卢丽雄　甘肃煤矿安全监察局兰州监察分局三级主任科员

3. 地震机构（12名）

王士成　福建地震台地震预警室副主任

魏　玮（女）　山东省地震局宣传教育中心科普创作室负责人

刘海波　湖北省地震局武汉地震计量检定与测量工程研究院院长

叶秀薇（女）　广东省城市地震安全研究所（广东省防震减灾科技协同创新中心）所长（主任）

龙　锋　四川地震台综合业务室主任

牛百勇　陕西省地震局规划财务处处长、一级调研员

冯建刚　甘肃地震台副台长

李永华　中国地震局地球物理研究所地球内部物理研究室主任

聂高众　中国地震局地质研究所首席专家

孟国杰　中国地震局地震预测研究所地震预测重点实验室主任

曲　哲　中国地震局工程力学研究所恢先地震工程综合实验室副主任

郝　明　中国地震局第二监测中心共享服务部主任

4. 国家综合性消防救援队伍（61名）

马小卫　北京市丰台区消防救援支队方庄特勤站政治指导员

崔利杰　天津港保税区临港消防救援站站长助理

韩其辰　河北省邢台市消防救援支队灭火救援指挥部副部长兼作战训练科科长

袁　冰　河北省沧州市消防救援支队灭火救援指挥部副部长兼作战训练科科长

张高峰　山西省太原市消防救援支队特勤大队二站站长助理

陈念念　山西省泽州县消防救援大队政治教导员

巴特尔（蒙古族）　内蒙古自治区呼和浩特市玉泉区南二环路消防救援站站长

刘雪峰　内蒙古自治区森林消防总队大兴安岭支队支队长

王　成　内蒙古自治区森林消防总队锡林郭勒盟支队东乌旗大队乌里雅斯太中队队长助理

高大千　辽宁省抚顺市消防救援支队新闻宣传科科长

梁　勇　辽宁省阜新蒙古族自治县北环路消防救援站政治指导员

王洪伟　吉林省长春市消防救援支队特勤大队一站站长助理

于彦军　吉林省四平市消防救援支队南四纬路特勤站站长助理

汤　徽　吉林省森林消防总队延边朝鲜族自治州支队珲春市大队副政治教导员

陈　庚　黑龙江省哈尔滨市道外区振江街消防救援站政治指导员

李云清　黑龙江省森林消防总队佳木斯市支队直属大队大队长

汪显宁　黑龙江省森林消防总队大兴安岭地区支队图强大队十六中队队长助理

陆科肖　上海市崇明区消防救援支队长兴特勤站班长

季辛德　上海市嘉定区安亭消防救援站站长助理

陈新宽　江苏省淮安市淮安区翔宇消防救援站站长助理

吕　挺　浙江省消防救援总队湖州支队安吉大队原安吉中队中队长

潘五好　安徽省滁州市消防救援支队应急通信与车辆勤务站班长

徐长青　安徽省宣城市消防救援支队支队长

乔巍然 福建省泉州市消防救援支队特勤大队一站消防员

岳承浩 福建省森林消防总队南平市支队副支队长兼灭火救援指挥部部长

皮文侠 江西省萍乡市消防救援支队跃进北路特勤站站长

吴 刚 江西省景德镇市消防救援支队昌江大道特勤站站长助理

刘 森 山东省日照市岚山区沿海路消防救援站站长

娄磊磊 山东省潍坊滨海经济技术开发区消防救援大队大队长

李长春 湖北省武汉市江汉区江汉路消防救援站站长助理

邓 力 湖南省衡阳市蒸湘区船山大道消防救援站站长

王国宇 中国救援广东机动专业支队一分队班长

林清峰 广东省珠海市金湾区红旗消防救援站政治指导员

张章煌 广西壮族自治区南宁市消防救援支队特勤大队一站站长

农国切（壮族） 海南省洋浦经济开发区新英湾消防救援站分队长

张海洋 重庆市沙坪坝区磁器口消防救援站站长

白云平 四川省绵阳市涪城区长虹大道消防救援站站长助理

白 春（纳西族） 四川省森林消防总队甘孜藏族自治州支队康定市中队班长

郭又元 贵州省贵阳市消防救援支队作战训练处副处长

黄 永（彝族） 贵州省六盘水市钟山区人民中路消防救援站站长

尹陈张（彝族） 云南省楚雄彝族自治州消防救援支队东盛西路特勤站分队长

赵云松 云南省昆明市消防救援支队特勤大队一站政治指导员

郭元首 云南省森林消防总队普洱市支队应急通信与车辆勤务中队队长助理

向巴朗加（藏族） 西藏自治区昌都市卡若区消防救援大队大队长

罗桑念扎（藏族） 西藏自治区拉萨市消防救援支队政治部主任

杨 洋 西藏自治区森林消防总队特勤大队大队长

张念峰 陕西省咸阳市消防救援支队光明路特勤站班长

杨　玺　甘肃省徽县消防救援大队副政治教导员

郭同海　甘肃省森林消防总队陇南市支队支队长

党　军　甘肃省森林消防总队特勤大队副大队长

敬占雄　青海省玉树藏族自治州消防救援支队应急通信与车辆勤务站副班长

马小平　宁夏回族自治区中卫市消防救援支队文昌特勤站站长助理

李运飞　新疆维吾尔自治区库车市长宁路消防救援站政治指导员

孙飞虎　新疆维吾尔自治区森林消防总队阿勒泰地区支队应急通信与车辆勤务中队政治指导员

刘洪强　应急管理部消防救援局作战训练处高级专业技术职务

李佳徽　应急管理部消防救援局南京训练总队训练六大队大队长

邵　薇（女）　应急管理部消防救援局昆明训练总队水域救援教研室主任

张睿泽　应急管理部森林消防局机动支队作战训练处二级助理员

郭　胜　应急管理部森林消防局昆明航空救援支队飞行大队一中队中队长

程　科　中国消防救援学院办公室副主任

纪任鑫　中国消防救援学院应急通信与信息工程系主任

**5. 国家安全生产应急救援队伍（7名）**

杨　健　国家危险化学品应急救援天津石化队战训装备科科长

李计川　国家油气管道应急救援廊坊队应急救援管理办公室主任

王菊喜　国家矿山应急救援大同队平旺中队中队长

朱治欧（蒙古族）　国家危险化学品应急救援大庆油田队战训装备部主任

苟　忠　国家矿山应急救援芙蓉队常务副队长

王　龙　国家危险化学品应急救援长庆油田队消防队伍管理科科长

张振亚　国家矿山应急救援靖远队作战训练部部长

6. 社会应急救援力量（4名）

王清敏　中国安能建设集团有限公司应急救援事业部部长

王　刚　福建省厦门市曙光救援队队长

王骁宙　山东省济南市蓝天救援服务中心队长

石　欣　广东省深圳市公益救援志愿者联合会会长

7. 应急管理部机关、所属事业单位（2名）

王世龙　应急管理部办公厅研究室主任

李全明　中国安全生产科学研究院矿山安全技术研究所所长

# 附录3
# 应急管理部直属机关优秀青年干部

2022年4月，应急管理部召开部直属机关优秀青年干部表彰会，表彰了10名优秀青年干部标兵和40名优秀青年干部。

**附表1　应急管理部直属机关优秀青年干部标兵名单**

（共10名）

| 姓名 | 工作单位及职务 |
|------|------|
| 邓海强 | 办公厅（党委办公室）研究室一级主任科员 |
| 刘　璞 | 应急指挥中心值守处处长 |
| 彭敏瑞（女） | 防汛抗旱司黄河淮河流域处处长 |
| 石国胜 | 新闻宣传司副司长 |
| 印明昊 | 国家矿山安全监察局煤矿安全监察司监察执法处（执法监督处）三级调研员 |
| 陈　石 | 中国地震局地球物理研究所党委委员、重力与地壳形变研究室主任 |
| 陈云国 | 消防救援局办公室一级督导员 |
| 谢东辉 | 森林消防局队务处处长 |
| 乔天楷 | 国家安全生产应急救援中心指挥协调部协调处三级主任科员 |
| 曾明荣 | 中国安全生产科学研究院安全生产理论与法规标准研究所所长 |

**附表2　应急管理部直属机关优秀青年干部名单**

（共40名）

| 姓名 | 工作单位及职务或专业岗位 |
|------|------|
| 罗　旋 | 办公厅（党委办公室）督查室四级调研员 |
| 鞠治兴 | 人事司（党委组织部）综合处处长 |
| 杜　欢（女） | 教育训练司（党委宣传部）综合处一级督导员 |
| 徐奥哲 | 风险监测和综合减灾司减灾处三级主任科员 |
| 史志龙 | 救援协调和预案管理局指挥协调处二级主任科员 |

续表

| 姓名 | 工作单位及职务或专业岗位 |
|---|---|
| 孙鹏冲 | 火灾防治管理司综合处一级主任科员 |
| 温铭生 | 地震和地质灾害救援司救援处处长 |
| 王 奔 | 危险化学品安全监督管理一司石油化工处四级调研员 |
| 王明灿 | 危险化学品安全监督管理二司综合处二级主任科员 |
| 齐 璐 | 安全生产执法和工贸安全监督管理局执法指导处四级调研员 |
| 羊 鸣 | 安全生产综合协调司协调三处副处长 |
| 代瀚锋 | 救灾和物资保障司灾情管理处三级主任科员 |
| 郑智强 | 政策法规司综合处副处长、二级调研员 |
| 周宏芳(女) | 国际合作和救援司多边合作处四级调研员 |
| 黄 骏 | 规划财务司发展规划处副处长 |
| 李德才 | 调查评估和统计司信息研究处处长 |
| 朱海国 | 科技和信息化司卫星与无线通信管理处副处长 |
| 王延磊 | 机关党委(党委巡视办)综合处二级主任科员 |
| 孙 赞(女) | 离退休干部局综合处(人事处)四级调研员 |
| 赵 洋 | 驻部纪检监察组第二纪检监察室二级主任科员 |
| 王翔丙 | 国家矿山安全监察局机关党委(人事司)纪律检查处处长 |
| 陈 涛 | 中国地震局科技与国际合作司科技发展处处长 |
| 白 杨 | 消防救援局后勤装备处二级督导员 |
| 张向龙 | 消防救援局消防产品合格评定中心助理研究员 |
| 李洪亮 | 森林消防局防火监督处副处长 |
| 张凌云 | 森林消防局后勤处一级督导员 |
| 李英辉 | 中国消防救援学院消防工程系党委书记、主任 |
| 刘 昕 | 机关服务中心文印室主任 |
| 陈 凡 | 林火预警中心网络处管理岗位七级职员 |
| 杜晓霞(女) | 中国地震应急搜救中心财务资产部主任 |
| 郭桂祯 | 国家减灾中心综合风险监测预警中心副主任 |
| 张元朴(女) | 宣传教育中心宣教部专业技术十级岗位职员 |
| 谭景华 | 干部培训学院(党校)培训一处副处长 |
| 王国栋 | 研究中心发展研究五处技术七级职员 |
| 张新菊(女) | 大数据中心数据服务部干部 |
| 姜文亮 | 国家自然灾害防治研究院空间信息研究中心副主任(正处级) |
| 王丽丽(女) | 应急管理报社专刊部副主任 |
| 尹忠昌 | 信息研究院应急管理出版社编辑一室主任 |
| 沈 寻 | 应急总医院神经外科副主任医师 |
| 褚廷湘 | 华北科技学院安全监管学院教研室主任 |

# 附录4
# 全国高校安全应急专业设置一览表
# （概览）

完成人：河南理工大学应急管理学院 张小兵教授、韩菁雯博士、研究生陈帅豪、研究生石亚楠。

附表3　设置防灾减灾科学与工程专业高校概况

| 高校名称 | 专业开设时间 | 年均招生数（人） |
|---|---|---|
| 南京信息工程大学（10300） | 2019 年 | 约 40 |
| 华北科技学院（11104） | 2020 年 | 约 60 |
| 东华理工大学（10405） | 2021 年 | 约 50 |
| 山东科技大学（10424） | 2021 年 | 约 90 |
| 防灾科技学院（11775） | 2021 年 | 约 40 |
| 南京工业大学（10291） | 2022 年 | 约 30 |
| 河北地质大学（10077） | 2023 年 | 约 25 |

注：按专业开设年份及高校代码排序；数据来源于各院校官网及课题组调研；—表示未查明数据，下同。

附表4　设置应急装备技术与工程专业高校概况

| 高校名称 | 专业开设时间 | 年均招生数（人） |
|---|---|---|
| 辽宁工业大学（10154） | 2021 年 | 约 50 |
| 南京工业大学（10291） | 2022 年 | 约 30 |
| 华北科技学院（11104） | 2022 年 | 约 35 |
| 中国消防救援学院（10039） | 2023 年 | — |
| 山东科技大学（10424） | 2023 年 | 约 120 |

### 附表5　设置安全工程专业高校概况

| 高校名称 | 专业开设时间 | 年均招生数（人） |
| --- | --- | --- |
| 沈阳航空航天大学（10143） | 1982 年 | 约 70 |
| 东北大学（10145） | 1983 年 | — |
| 江苏大学（10299） | 1984 年 | 约 130 |
| 北京理工大学（10007） | 1985 年 | — |
| 中国地质大学（北京）（11415） | 1985 年 | 约 25 |
| 中国地质大学（武汉）（10491） | 1988 年 | 约 30 |
| 南京工业大学（10291） | 1989 年 | 约 110 |
| 江西理工大学（10407） | 1990 年 | 约 90 |
| 大连交通大学（10150） | 1994 年 | 约 80 |
| 中国矿业大学（10290） | 1994 年 | — |
| 常州大学（10292） | 1994 年 | 约 130 |
| 中国科学技术大学（10358） | 1996 年 | — |
| 太原理工大学（10112） | 1998 年 | 约 150 |
| 安徽理工大学（10361） | 1998 年 | 约 360 |
| 福州大学（10386） | 1998 年 | 约 55 |
| 西安建筑科技大学（10703） | 1998 年 | 约 65 |
| 西安科技大学（10704） | 1998 年 | 约 125 |
| 辽宁工程技术大学（10147） | 1999 年 | 约 110 |
| 南京理工大学（10288） | 1999 年 | — |
| 山东科技大学（10424） | 1999 年 | 约 100 |
| 中国石油大学（华东）（10425） | 1999 年 | 约 75 |
| 河南理工大学（10460） | 1999 年 | 约 270 |
| 湖南科技大学（10534） | 1999 年 | 约 145 |
| 中国石油大学（北京）（11414） | 1999 年 | 约 70 |
| 沈阳化工大学（10149） | 2000 年 | 约 95 |
| 华南理工大学（10561） | 2000 年 | — |
| 中国矿业大学（北京）（11413） | 2000 年 | 约 50 |
| 河北工业大学（10080） | 2001 年 | 约 100 |
| 河北科技大学（10082） | 2001 年 | 约 70 |
| 中国计量大学（10356） | 2001 年 | 约 70 |
| 重庆大学（10611） | 2001 年 | — |
| 中国民航大学（10059） | 2002 年 | 约 135 |
| 天津理工大学（10060） | 2002 年 | 约 100 |
| 吉林建筑大学（10191） | 2002 年 | 约 125 |

| 高校名称 | 专业开设时间 | 年均招生数（人） |
|---|---|---|
| 上海应用技术大学（10259） | 2002 年 | 约 65 |
| 武汉工程大学（10490） | 2002 年 | 约 60 |
| 中南大学（10533） | 2002 年 | — |
| 昆明理工大学（10674） | 2002 年 | 约 80 |
| 华北科技学院（11104） | 2002 年 | 约 130 |
| 石家庄铁道大学（10107） | 2003 年 | — |
| 青岛科技大学（10426） | 2003 年 | 约 60 |
| 青岛理工大学（10429） | 2003 年 | 约 95 |
| 郑州大学（10459） | 2003 年 | — |
| 西南科技大学（10619） | 2003 年 | — |
| 西安石油大学（10705） | 2003 年 | 约 80 |
| 长安大学（10710） | 2003 年 | 约 50 |
| 黑龙江科技大学（10219） | 2004 年 | 约 115 |
| 南华大学（10555） | 2004 年 | 约 240 |
| 中国民用航空飞行学院（10624） | 2004 年 | 约 95 |
| 四川师范大学（10636） | 2004 年 | 约 120 |
| 北京化工大学（10010） | 2005 年 | — |
| 安徽建筑大学（10878） | 2005 年 | 约 75 |
| 华北理工大学（10081） | 2006 年 | 约 130 |
| 南京信息工程大学（10300） | 2006 年 | 约 50 |
| 重庆科技大学（11551） | 2006 年 | 约 145 |
| 北京科技大学（10008） | 2007 年 | 约 35 |
| 安徽工业大学（10360） | 2007 年 | 约 105 |
| 湖南工学院（11528） | 2007 年 | 约 170 |
| 江苏海洋大学（11641） | 2007 年 | 约 65 |
| 河北工程大学（10076） | 2008 年 | 约 95 |
| 辽宁石油化工大学（10148） | 2008 年 | 约 75 |
| 上海海事大学（10254） | 2008 年 | 约 50 |
| 西南石油大学（10615） | 2008 年 | 约 50 |
| 广西民族大学相思湖学院（13640） | 2008 年 | 约 45 |
| 湖南农业大学（10537） | 2009 年 | 约 30 |
| 大连理工大学（10141） | 2010 年 | — |
| 湘潭大学（10530） | 2010 年 | 约 75 |
| 常熟理工学院（10333） | 2011 年 | 约 85 |

续表

| 高校名称 | 专业开设时间 | 年均招生数（人） |
|---|---|---|
| 重庆交通大学（10618） | 2012 年 | 约 65 |
| 广东工业大学（11845） | 2012 年 | 约 60 |
| 北京石油化工学院（10017） | 2013 年 | 约 60 |
| 武汉理工大学（10497） | 2013 年 | — |
| 北京航空航天大学（10006） | 2014 年 | — |
| 东北石油大学（10220） | 2014 年 | 约 60 |
| 大连海事大学（10151） | 2019 年 | 约 25 |
| 沈阳建筑大学（10153） | 2022 年 | 约 60 |
| 浙江工业大学（10337） | 2023 年 | 约 35 |
| 武汉科技大学（10488） | — | 约 50 |
| 贵州大学（10657） | — | 约 75 |
| 兰州理工大学（10731） | — | 约 35 |

## 附表 6　设置应急技术与管理专业高校概况

| 高校名称 | 专业开设时间 | 年均招生数（人） |
|---|---|---|
| 太原理工大学（10112） | 2019 年 | 约 60 |
| 辽宁工程技术大学（10147） | 2019 年 | 约 30 |
| 河南理工大学（10460） | 2020 年 | 约 60 |
| 西安科技大学（10704） | 2020 年 | 约 55 |
| 防灾科技学院（11775） | 2020 年 | 约 45 |
| 石家庄铁道大学（10107） | 2021 年 | — |
| 黑龙江科技大学（10219） | 2021 年 | 约 55 |
| 安徽理工大学（10361） | 2021 年 | 约 80 |
| 中国地质大学（武汉）（10491） | 2021 年 | 约 45 |
| 湖南科技大学（10534） | 2021 年 | 约 50 |
| 西华大学（10623） | 2021 年 | 约 30 |
| 中国矿业大学（北京）（11413） | 2021 年 | 约 50 |
| 重庆科技大学（11551） | 2021 年 | 约 30 |
| 中国劳动关系学院（12453） | 2021 年 | 约 30 |
| 北京师范大学（10027） | 2022 年 | — |
| 南京工业大学（10291） | 2022 年 | 约 50 |
| 常州大学（10292） | 2022 年 | 约 20 |
| 武汉工程大学（10490） | 2022 年 | 约 30 |

续表

| 高校名称 | 专业开设时间 | 年均招生数（人） |
|---|---|---|
| 中国民航大学（10059） | 2023 年 | — |
| 天津理工大学（10060） | 2023 年 | 约 30 |
| 中北大学（10110） | 2023 年 | — |
| 内蒙古科技大学（10127） | 2023 年 | 约 75 |
| 江苏大学（10299） | 2023 年 | 约 25 |
| 鲁东大学（10451） | 2023 年 | 约 45 |
| 辽宁警察学院（11432） | 2023 年 | 约 100 |
| 南通理工学院（12056） | 2023 年 | 约 100 |

附表 7　设置安全生产监管专业高校概况

| 高校名称 | 专业开设时间 | 年均招生数（人） |
|---|---|---|
| 华北科技学院（11104） | 2023 年 | 约 60 |

附表 8　设置消防工程专业高校概况

| 高校名称 | 专业开设时间 | 年均招生数（人） |
|---|---|---|
| 沈阳航空航天大学（10143） | 1995 年 | 约 70 |
| 中国矿业大学（10290） | 2001 年 | — |
| 中国矿业大学（北京）（11413） | 2001 年 | 约 50 |
| 南京工业大学（10291） | 2002 年 | 约 50 |
| 华北水利水电大学（10078） | 2003 年 | 约 40 |
| 河南理工大学（10460） | 2004 年 | 约 90 |
| 中南大学（10533） | 2004 年 | — |
| 西南交通大学（10613） | 2004 年 | |
| 西安科技大学（10704） | 2009 年 | 约 45 |
| 重庆科技大学（11551） | 2011 年 | 约 60 |
| 安徽理工大学（10361） | 2017 年 | 约 40 |
| 常州大学（10292） | 2020 年 | 约 70 |

附表9 设置抢险救援指挥与技术专业高校概况

| 高校名称 | 专业开设时间 | 年均招生数（人） |
| --- | --- | --- |
| 中国人民警察大学（11105） | 2010 年 | 约 45 |
| 中国消防救援学院（10039） | 2020 年 | 约 110 |

附表10 设置应急管理专业高校概况

| 高校名称 | 专业开设时间 | 年均招生数（人） |
| --- | --- | --- |
| 武汉理工大学（10497） | 2020 年 | — |
| 河北科技大学（10082） | 2021 年 | — |
| 山西财经大学（10125） | 2021 年 | 约 40 |
| 沈阳化工大学（10149） | 2021 年 | 约 40 |
| 沈阳建筑大学（10153） | 2021 年 | 约 30 |
| 河海大学（10294） | 2021 年 | 约 25 |
| 盐城工学院（10305） | 2021 年 | 约 70 |
| 南京师范大学（10319） | 2021 年 | 约 25 |
| 江西理工大学（10407） | 2021 年 | 约 100 |
| 济南大学（10427） | 2021 年 | 约 45 |
| 中国地质大学（武汉）（10491） | 2021 年 | — |
| 西北大学（10697） | 2021 年 | — |
| 石河子大学（10759） | 2021 年 | 约 70 |
| 华北科技学院（11104） | 2021 年 | 约 100 |
| 防灾科技学院（11775） | 2021 年 | 约 80 |
| 齐鲁师范学院（14279） | 2021 年 | 约 40 |
| 内蒙古科技大学（10127） | 2022 年 | 约 35 |
| 中国矿业大学（10290） | 2022 年 | 约 55 |
| 南京工业大学（10291） | 2022 年 | 约 50 |
| 南京信息工程大学（10300） | 2022 年 | 约 35 |
| 集美大学（10390） | 2022 年 | 约 30 |
| 湘潭大学（10530） | 2022 年 | — |
| 湖南工商大学（10554） | 2022 年 | 约 25 |
| 西华大学（10623） | 2022 年 | 约 80 |
| 山西警察学院（12111） | 2022 年 | — |

续表

| 高校名称 | 专业开设时间 | 年均招生数（人） |
|---|---|---|
| 西南财经大学天府学院（14037） | 2022 年 | 约 14 |
| 中国民用航空飞行学院（10624） | 2023 年 | 约 45 |
| 安徽建筑大学（10878） | 2023 年 | —— |
| 南昌工程学院（11319） | 2023 年 | 约 40 |
| 福建警察学院（11495） | 2023 年 | 约 100 |
| 贵州商学院（11731） | 2023 年 | 约 50 |
| 徐州工程学院（11998） | 2023 年 | 约 40 |
| 无锡学院（13982） | 2023 年 | 约 40 |
| 宿迁学院（14160） | 2023 年 | 约 50 |
| 河南理工大学（10460） | 2005 年（公共安全管理） | 约 60 |
| 暨南大学（10559） | 2009 年（行政管理专业应急管理方向） | 约 35 |

附表 11　设置海外安全管理专业高校概况

| 高校名称 | 专业开设时间 | 年均招生数（人） |
|---|---|---|
| 中国人民警察大学（11105） | 2021 年 | 约 60 |
| 福建警察学院（11495） | 2023 年 | 约 50 |

附表 12　设置航空安防管理专业高校概况

| 高校名称 | 专业开设时间 | 年均招生数（人） |
|---|---|---|
| 中国民航大学（10059） | 2023 年 | 约 40 |

# 附录5
# 中关村安全管理技术人才发展促进会

中关村安全管理技术人才发展促进会（简称促进会，英文缩写为ZSMTTA）成立于2020年1月，是在应急管理部有关部门和北京市科委中关村管委会指导下，由全国安全应急领域相关企事业单位、社会团体、科研机构、高等院校以及有关专业人士自愿结成的全国性、行业性、非营利性社会团体。促进会是唯一一家围绕安全应急管理人才建设与事业发展的全国性、综合性社会团体，是安全技术与应急管理、科技创新的重要平台，是制定安全应急管理人才发展规划和政策标准的推动者，是制定安全应急管理人才发展战略的高端智库。

促进会宗旨：促进安全应急管理人才发展，服务国家应急管理体系建设。

专家委员会：专家委员会由顶尖学者与行业领袖共同构成，其核心领导层包括中国工程院院士、清华大学公共安全研究院院长范维澄教授担任主任，以及由黄盛初博士、杜兰萍将军、全勇院长等资深专家组成的副主任团队。委员会汇聚了安全应急管理领域内近300位杰出专家学者，构建起一个强大的专家智囊团，为相关领域的发展提供深邃洞察与卓越指导。

促进会机构设置：促进会现设有综合事务部（秘书处）、会员服务部、财务管理部、培训评价部、事业发展部、学术研究部六大业务部门。

促进会主要工作与成绩：促进会荣获北京市民政局授予的AAA级社会组织殊荣，是应急管理部"一带一路"应急管理教育联盟理事单位，积极参与并推动国际应急管理教育的合作与发展。促进会也是北京国际商会常务理事单位，进一步巩固了本会在国际商务交流与合作中的桥梁地位，助力应急管理与国际市场的深度融合。同时，促进会是全国应急技术与管理本科专业高校联盟副理事长单位，在高等教育领域内发挥着引领与协调作用，促进应急技术与管理的学术研究与人才培养。

促进会在全国人大会议中心成功举办两届全国安全应急管理人才建设高峰论坛。特邀十二届全国政协副主席马培华，中国工业经济联合会会长、工业和信息化部原部长李毅中，国务院原参事、国务院应急管理原专家组组长、国家减灾委专家委员会原副主任闪淳昌，国家安全生产监督管理总局原副局长、中国安全生产协会会长赵铁锤，中央党校（国家行政学院）应急管理培训中心（中欧应急管理学院）主任（院长）马宝成，中国工程院院士、清华大学公共安全研究院院长范维澄，中国太平洋学会会长张宏声等领导莅临了大会，在推动安全应急管理人才队伍建设方面具有深远影响。

促进会创新性地启动了全国企业应急管理大讲堂公益直播活动，为全国企业和相关机构进行安全生产和应急管理培训，建设高水平的安全生产和应急管理队伍，对提高各行业领域相关部门和企业特别是基层安全生产和应急管理水平，有效应对各种自然灾害、防范重大安全风险、遏制重特大安全生产事故发生、实现安全发展具有重要意义，推动我国安全生产与应急管理体系迈向更加成熟、高效的新阶段。

促进会主导编纂了《全国企业应急管理人才培训辅导教材》系列，涵盖《企业应急管理基础》、《企业应急管理能力》及《企业应急管理案例》三大教材，全面系统地助力企业应急管理人才培养。同时，促进会积极引领行业标准化进程，成功制定了《企业应急管理师课程体系及岗位能力评价标准》《心理疏导师课程体系及岗位能力评价标准》《心理健康管理师课程体系及岗位能力评价标准》《校园安全管理师课程体系及岗位能力评价标准》四套团体标准，为相关领域专业人才的培养与认证树立了标杆。

分支机构：促进会下设多个专业分支机构，包括安全应急产业融合专委会，专注于推动产业间的深度融合与发展；公共安全系统创新研究中心，致力于公共安全领域的创新探索与研究；智慧消防专业委员会，聚焦于智慧消防技术的研发与应用推广；以及法律服务专业委员会，提供专业法律支持与咨询服务，共同构建起全方位、多领域的服务体系。

社会科学文献出版社

# 皮 书

## 智库成果出版与传播平台

### ❖ 皮书定义 ❖

皮书是对中国与世界发展状况和热点问题进行年度监测，以专业的角度、专家的视野和实证研究方法，针对某一领域或区域现状与发展态势展开分析和预测，具备前沿性、原创性、实证性、连续性、时效性等特点的公开出版物，由一系列权威研究报告组成。

### ❖ 皮书作者 ❖

皮书系列报告作者以国内外一流研究机构、知名高校等重点智库的研究人员为主，多为相关领域一流专家学者，他们的观点代表了当下学界对中国与世界的现实和未来最高水平的解读与分析。

### ❖ 皮书荣誉 ❖

皮书作为中国社会科学院基础理论研究与应用对策研究融合发展的代表性成果，不仅是哲学社会科学工作者服务中国特色社会主义现代化建设的重要成果，更是助力中国特色新型智库建设、构建中国特色哲学社会科学"三大体系"的重要平台。皮书系列先后被列入"十二五""十三五""十四五"时期国家重点出版物出版专项规划项目；自2013年起，重点皮书被列入中国社会科学院国家哲学社会科学创新工程项目。

# 权威报告·连续出版·独家资源

# 皮书数据库
## ANNUAL REPORT(YEARBOOK)
## DATABASE

## 分析解读当下中国发展变迁的高端智库平台

### 所获荣誉

- 2022年，入选技术赋能"新闻+"推荐案例
- 2020年，入选全国新闻出版深度融合发展创新案例
- 2019年，入选国家新闻出版署数字出版精品遴选推荐计划
- 2016年，入选"十三五"国家重点电子出版物出版规划骨干工程
- 2013年，荣获"中国出版政府奖·网络出版物奖"提名奖

皮书数据库　　"社科数托邦"
微信公众号

### 成为用户

登录网址www.pishu.com.cn访问皮书数据库网站或下载皮书数据库APP，通过手机号码验证或邮箱验证即可成为皮书数据库用户。

### 用户福利

- 已注册用户购书后可免费获赠100元皮书数据库充值卡。刮开充值卡涂层获取充值密码，登录并进入"会员中心"—"在线充值"—"充值卡充值"，充值成功即可购买和查看数据库内容。
- 用户福利最终解释权归社会科学文献出版社所有。

数据库服务热线：010-59367265
数据库服务QQ：2475522410
数据库服务邮箱：database@ssap.cn
图书销售热线：010-59367070/7028
图书服务QQ：1265056568
图书服务邮箱：duzhe@ssap.cn

社会科学文献出版社 皮书系列
SOCIAL SCIENCES ACADEMIC PRESS (CHINA)

卡号：257644765266
密码：

# S 基本子库
## SUB DATABASE

## 中国社会发展数据库（下设 12 个专题子库）

紧扣人口、政治、外交、法律、教育、医疗卫生、资源环境等 12 个社会发展领域的前沿和热点，全面整合专业著作、智库报告、学术资讯、调研数据等类型资源，帮助用户追踪中国社会发展动态、研究社会发展战略与政策、了解社会热点问题、分析社会发展趋势。

## 中国经济发展数据库（下设 12 专题子库）

内容涵盖宏观经济、产业经济、工业经济、农业经济、财政金融、房地产经济、城市经济、商业贸易等 12 个重点经济领域，为把握经济运行态势、洞察经济发展规律、研判经济发展趋势、进行经济调控决策提供参考和依据。

## 中国行业发展数据库（下设 17 个专题子库）

以中国国民经济行业分类为依据，覆盖金融业、旅游业、交通运输业、能源矿产业、制造业等 100 多个行业，跟踪分析国民经济相关行业市场运行状况和政策导向，汇集行业发展前沿资讯，为投资、从业及各种经济决策提供理论支撑和实践指导。

## 中国区域发展数据库（下设 4 个专题子库）

对中国特定区域内的经济、社会、文化等领域现状与发展情况进行深度分析和预测，涉及省级行政区、城市群、城市、农村等不同维度，研究层级至县及县以下行政区，为学者研究地方经济社会宏观态势、经验模式、发展案例提供支撑，为地方政府决策提供参考。

## 中国文化传媒数据库（下设 18 个专题子库）

内容覆盖文化产业、新闻传播、电影娱乐、文学艺术、群众文化、图书情报等 18 个重点研究领域，聚焦文化传媒领域发展前沿、热点话题、行业实践，服务用户的教学科研、文化投资、企业规划等需要。

## 世界经济与国际关系数据库（下设 6 个专题子库）

整合世界经济、国际政治、世界文化与科技、全球性问题、国际组织与国际法、区域研究 6 大领域研究成果，对世界经济形势、国际形势进行连续性深度分析，对年度热点问题进行专题解读，为研判全球发展趋势提供事实和数据支持。

# 法律声明

"皮书系列"（含蓝皮书、绿皮书、黄皮书）之品牌由社会科学文献出版社最早使用并持续至今，现已被中国图书行业所熟知。"皮书系列"的相关商标已在国家商标管理部门商标局注册，包括但不限于LOGO（▧）、皮书、Pishu、经济蓝皮书、社会蓝皮书等。"皮书系列"图书的注册商标专用权及封面设计、版式设计的著作权均为社会科学文献出版社所有。未经社会科学文献出版社书面授权许可，任何使用与"皮书系列"图书注册商标、封面设计、版式设计相同或者近似的文字、图形或其组合的行为均系侵权行为。

经作者授权，本书的专有出版权及信息网络传播权等为社会科学文献出版社享有。未经社会科学文献出版社书面授权许可，任何就本书内容的复制、发行或以数字形式进行网络传播的行为均系侵权行为。

社会科学文献出版社将通过法律途径追究上述侵权行为的法律责任，维护自身合法权益。

欢迎社会各界人士对侵犯社会科学文献出版社上述权利的侵权行为进行举报。电话：010-59367121，电子邮箱：fawubu@ssap.cn。

社会科学文献出版社